山西省地方志办公室 编

民国山西实业志

下册

山西出版传媒集团
山西人民出版社

中國實業誌目錄

山西省

第二編 山西經濟之鳥瞰 一——一一九（乙）

第四編　農林畜牧　一——一五三（丁）

第六編　工業　一——七〇一(己)

大同所染布疋未詳外，計染布八十萬六千三百三十二疋，每年染價總額為四十一萬八千六百十三元三角。

五　交易

晉省染坊之染布顧客，一為就地居民，一為本縣土布商店，皆由主顧將布自行送至染坊，說明所染色彩及取貨日期，染坊將布疋點收後，即行給主顧以染布票據，屆取貨時，由主顧再行到坊，憑票取布，同時交付染資，惟土布商店與染坊有往來者，則行約期交付染資，或行三節結賬。

十一　酒精及製酸業

一　概說

硝酸、硫酸、酒精、依脫、為工業上及國防上之重要材料，晉省近來積極從事於各項建設，對於是種工業，甚為注意，故於民國二十三年九月一日，由壬申化學工廠，改組為西北實業公司西北化學工廠，充實資本，添加機器，精製硝酸、硫酸、酒精、依脫四種出品，是年春季，晉北大同，亦鑒於酒精在社會上有重大需要，謀設與農化學工業社股份有限公司，遂募招股本，建築廠房，購辦機器，至民國二

十四年一月，亦正式開工出貨，單獨製造酒精，現時兩廠。辦理有方，出貨亦日益加多，

二　現況

西北實業公司西北化學工廠，廠址在太原市北門外，組織係官督商營，現備資本十四萬四千三百八十元，有廠屋七十二廠，廠基一百三十四畝，估計三萬一千〇三十五元，廠內設備，計有鉛室硫酸廠，硝酸爐，酒精蒸溜器，精依脫蒸溜器各一座，提濃爐二座，粗依脫蒸溜器四座，原動力用一百二十馬力之蒸汽引擎，現廠內僱員十五名，男工五十八名，分別製造硝硫等酸及酒精依脫等，薪水方面，職員以月計，月需八百十六元，工人以日計，月需七百十元。

大同之興農化學工業社股份有限公司，在大同縣北門外平綏路車站旁，係民國二十三年十一月，正式宣佈成立，至二十四年一月，始開工出貨，組織爲股份有限公司，資本十二萬元，固定者占八萬元，流動者占四萬元，廠房係新造，計樓房一所，平房七十八間，廠基面積四十畝，估值三萬五千元，廠內備有酒精蒸溜機，蒸煑機各一架，糖化機二架，管子鍋爐一具，三節立式鍋爐二具，發電機一部，以十五匹馬力之蒸汽引擎一部爲原動力，現僱職員十餘名，男工四十七名，以製普通酒精及改性酒精，職員薪水，皆以月計，月需六百餘元，工人工資，亦按月計算，惟正額外加工之工資，則按日計算，如有請假缺工情事，工資亦按日照扣，月需工資約三百三十元，

以上兩廠普通工人，皆爲就地居民，若具有專門技能者，乃由外縣僱來，現時兩廠皆全年開工，日夜不停。

三　原料

製造酒精之原料，凡含澱粉質之大麥、高粱、玉蜀黍、馬鈴薯、甘薯、含糖質之甜蕉、甜菜、及製糖後之廢液，有纖維質之木材，鋸屑，及製紙廢液，用人工合成法所製之電石、輕氣、硫酸、苛性鉀等。皆可使用，晉省以採取原料便利關係，大同興農化學工業社，通用馬鈴薯、高粱、麩皮、玉米等，其採辦地點，馬鈴薯、麩皮等係就地收買，不足時則向綏遠採集，馬鈴薯年用三百萬斤，麩皮十二萬斤，高粱購於晉北之應縣大同爲主，其半數乃由廠方派員分赴平綏路沿綫及綏遠之薩拉齊購辦，每年用量約九千石，玉米由察哈爾之懷來及康莊等地選購，年用五百石，總值四萬七千七百八十元，太原市之西北化學工廠，其採用原料，亦以高粱、馬鈴薯麩皮爲主，先將是項原料製成生酒，再行提煉酒精，現時年用生酒量計十九萬磅，每磅價九分七厘九毫，總值一萬八千六百零一元，晉省高粱所含澱粉，因其生長及種類不同，約在百分之六十左右，用以製造酒精，百斤高粱，可得三十斤，馬鈴薯所含澱粉，普通爲百分之十五至二十，乾燥之馬鈴薯內所含澱粉，約百分之八十至八十五，用以製造酒精，鮮貨每百斤得七斤至十斤，乾貨每百斤得四十斤至四十二斤，若用生酒以製酒精，則生酒一、六四磅，可得酒精一磅。

西北化學工廠之製造硝酸、硫酸、依脫、其採用原料，硫酸乃用本省硫磺及本廠硝酸兩種，每製硫酸一磅，用硫磺〇、三六磅及硝酸〇，〇三七磅，依民國二十四年之需要量，硫磺爲十八萬磅，向商家訂購，每磅價七分六厘，值一萬三千六百八十元，硝酸一萬八千三百五十磅，每磅價四角八分，值八千八百〇八元，硝酸用硫酸與芽硝配合製成，每製硝酸一磅，用硫酸二磅，芽硝二磅，依脫用硫酸與酒精製就，每製依脫一磅，用硫酸一磅，酒精二磅，現時該廠用量，硫酸年需二十八萬七千磅，每磅價七分三厘，值二萬〇九百五十一元，酒精九萬磅，每磅一角九分，值一萬七千一百元，芽硝係本省貨，年需三十萬磅，每磅一角一分，值三萬三千元。總計兩廠年用原料總值，爲十六萬餘元。

四　生產

晉省製造酒精，先將高粱、馬鈴薯、玉米等分別洗淨篩選粉碎後，置於蒸煮機內，用高壓蒸汽蒸煮，待全部糊化後，導入糖化機內加以麩皮，使其中糊化後之澱粉，行糖化作用，至糖化至相當時期，乃使冷却至醱酵用之適當溫度，斯時便再加入純粹培養醱酵油精之酵母，越三四日醱酵終結時，始移入蒸溜機蒸溜，將醪內所含之酒精及一部分揮發性雜質，盡量取出，卽得粗酒精，繼將粗酒精溫度加高，使低溫沸騰之雜質與酒精分離，最後將酒精濃度縮至九十度之譜，同時將雜醇酒等雜質除去，卽成精製酒精。

現時西北化學工廠製造酒精，每日夜可出五百磅，於民國二十四年中，產十七萬磅，每磅售價一角九分四厘三毫六絲，值三萬三千零四十一元二角，與農化學工業社製造酒精，每日夜出一千九百二十磅，商標爲八卦牌，分普通酒精及改性酒精二種，於民國二十四年中各產一萬八千桶，每桶淨重三十二磅，兩種之出產共一百十五萬二千磅，普通酒精售價每磅一角八分七厘五毫，改性酒精售價一角五分六厘二毫五絲，值十九萬八千元，綜計上述，晉省兩廠酒精出產一百三十二萬二千磅，值二十三萬一千零四十一元二角。

硫酸之製造，西北化學工廠係用鉛室法，先將硫磺原料置入硫磺燃燒爐內，用火燃燒，發生二養化硫氣，該氣體經過去塵室沉下塵灰後，即通入格樂夫塔，格樂夫塔係用鉛板製成，內部築以磚砌，並以堆積物實之，塔之上部，流入硝酸及由蓋爾撒塔流出之酸，有時並流入淡硫酸，使其濃度增大，而二養化硫氣，由塔之底部，與塔頂注下之酸相連，發生作用，淡硫酸變成濃硫酸，HNSO 過水氣及二養化硫氣，立即分解爲硫酸及淡養氣，斯時該種氣體，由格樂夫塔之上部通入第一鉛室，再行過冷及蒸氣，即凝成硫酸，餘下之淡養氣，則經過蓋爾撒塔，該塔上部亦注入硫酸，此種硫酸與第一鉛室所來之淡養氣相遇，即生酸復入格樂夫塔，至若蓋爾撒塔內剩餘之氣體，恐有剩餘之二養化硫及淡氣化合物，故再使通入第二鉛室，將硫酸完全凝結，淡氣則通入蓋爾撒塔後始行通出空中。該廠用此方法每日夜出硫酸一千五百磅，於民國二十四年中約產五十萬磅，每磅售價平均七分三厘三毫五絲，值三萬六千六百七十五元。

硝酸之製造，西北化學工廠利用硝酸爐以蒸溜法取得，其硝酸爐中，可分蒸溜甑、濃縮機、抽空機三種。（甲）蒸溜甑係用生鐵爲之，分上下兩部份，下部份狀如圓鍋，底與壁相接作彎形，圓鍋之外部有四大耳，使鐵甑得穩置於黏土竈座上，底旁通一鐵管，徑六分，直士出座之外，管口有蓋，可以開關，酸性硫酸由此泄出，上部份狀如穹窿，有兩口，其一有蓋，合攏處夾矽綿，硝酸鹽由此裝入甑中，其一卽甑內發生之氣體硝酸，由此導入濃縮器，此外尚有數小口，一插溫度表，以察甑中反應之狀況，一插氣壓表，以驗甑中之壓力高低，一附活拴，以注入硫酸或空氣，此甑除上部份開口處外，其餘全部埋入黏土磚座中，壁衣皆用煉磚砌成之，甑與座壁隔成空間，以容火燄，灶之位置，卽在排泄硝酸鹽鐵管之下，中盛煤鐵欄，火燄可抹過甑底，直上包裹甑之全部，其烟由通管向烟囪逸出，土座旁面，各有小窗以察灶內火燄之用。（乙）濃縮器以砂甏砂管組成，裝置於蒸溜甑附近，蒸溜甑與濃縮器相連處，用砂管相接，一端接於甑內發生氣體硝酸之口，一端接於濃縮器之小砂甏上，該砂甏再用砂管接於蛇形之盤旋管中，氣體硝酸，大部份集於盤旋管內，行冷却作用，濃縮爲液體，繼第一盤旋管中液體硝酸經過大砂甏以入第二、第三之盤旋管而得濃硝酸，此等大小砂甏，形式一致，性質堅固，磨砯精巧，熱之抵抗力甚强，甏之頭部各有通氣管，下部有排泄管，甏與甏之間，另用砂管相連處，則都用矽線爲關節，以防抽空運動時空氣侵入器內，至於蛇形盤旋管，皆裝入能貯水之器中，注長流冷水，俟其冷却而得濃縮之效力。抽空機係濃縮器之扶助機件，裝置簡單，其主要功用，乃使各種液體流動，此硝酸爐之大概情形，至於製造程序，先將芽硝打碎，由蒸溜甑之上口裝入甑中，甑口之蓋，旋即緊閉，次將全部所有活栓關閉，乃開動抽空機將硫酸徐徐注入甑中，同時砂鬆中注入石灰水，經相當時間及相當數量時期，便在灶內發火燃燒，蒸溜告始，即盛生綠氣，蜿蜒而至砂鬆，與石灰水化合而成綠化鈣，溶解於水而止，甑內溫度，初增長頗速，繼則不甚改移，最後着力推高，以溶解酸性硫酸鹽，斯時氣體硝酸便通入濃縮器，經小鬆及第一蛇形盤旋管而濃度加增，再入盤旋管後之砂鬆中而成硝酸，開放砂鬆之排泄管以取出，每日夜約產四百四十磅，全年計出十五萬磅，每磅售價四角八分二厘四毫三絲，值七萬二千三百六十四元五角。

依脫之製造，將硫酸及酒精在鍋內加熱，則生依脫氣體，通入凝結器成依液蒸體，再經因溜器一度之蒸溜，便成依脫，現西北化學工廠每日夜可出一百三十三磅，全年計產四萬五千磅，每磅售價五角七分二厘五毫七絲，值二萬五千七百六十五元六角五分。

據上所述，晉省酒精、硫酸、硝酸、依脫之總產值，計三十六萬五千八百四十六元三角五分。西北化學工廠占十六萬七千八百四十六元三角五分，與農化學工業祇占十九萬八千元。

五　銷路

酒精在有機化學工業上，用途極大，小部份卽採爲直接原料，大部份是用他爲溶劑，屬於前項者，如製造有機化學工業中常用之依脫，安那林及醫藥用之迷蒙精，黃礦，具有鮮果香之人造香料，軍火用之雷汞，毒瓦斯，芥氣等，屬於後項者，如造無煙火藥，假象牙，人造絲，棉質假漆、化粧、透明肥皂等，晉省之酒精銷費，以製無烟火藥爲最多，其次製造依脫，其他乃供紙烟醫院藥房學校及油漆木器等所用，硫酸、硝酸、依脫三項，亦爲工業上重要用品，而晉省所出者，供給本省製造軍火爆發品居多，現據西北廠報告，年出酒精十七萬磅，硝酸十五萬磅，硫酸五十萬磅，依脫四萬五千磅中，除本廠自用酒精九萬磅，硫酸二十八萬七千磅，硝酸一萬八千三百五十磅外，都售於太原市中，外縣購買者，爲數極少，包裝用磁罈裝盛，外加木箱，每罈淨重百磅。與農化學工業社所出之酒精，因出品成份，能永保九十五度，其價格常較舶來品爲賤，故銷路頗暢，南銷河南之開封、鄭州、北銷北平天津，東銷魯省之濟南，當轉運之前，均用洋鐵桶包裝，每桶淨重三十二磅，凡運銷北平者，則由平綏路運輸，係按二等貨收費，自大同站至平北前門車站，每公噸二十二元零三分，此外尚有一五加價及百分之十負責費等，若行銷於天津者，則除平綏路外，尙經北寧鐵路，自前門至天津車站，每噸運費七元四角一分，至於行銷漢口，則由平綏平漢兩鐵路運去，行銷濟南青島者，則經過平綏北寧津浦膠濟等路。其運費高貴遠甚。

六　交易

與農化學工業社酒精之交易，計有兩種，(一)包銷法，此種交易，先在各著名商埠，由廠方覓得富有推銷能力之商人及商號，講定條件，及每月包銷數額與佣金等，然按月依照包銷定額送去，承銷之家收到酒精，即行付一個月之期票，票面價格，乃依照酒精總值扣除佣金數。(二)直接訂貨法，此種辦法，都為各大醫院及各大學所採用，因彼等不欲經過包銷者之手，故直接向廠訂貨，訂貨時先付貨價之半，取貨時再行付清，西北化學工廠酒精及硝酸硫酸依脫之交易，乃分零售及躉批兩種，零售者，皆由顧客自備器具來廠現款購買，躉批者，是種主顧與廠方，大半訂有合同，其付款手續及取貨數量取貨日期，皆按照合同所訂手續履行。

十二　硝皮業

一　沿革

山西以牧羊著稱，硝皮業亦隨之發達。全省硝皮業之發軔，以大同交城兩地為最早，在明末清初之季，已有硝皮坊之經營，繼之以起者，有新絳、渾源、朔縣、晉城、太谷、解縣，忻縣以及廣靈諸縣。

發達時期

本業發達時期。在光緒二十一至二十四年之間，其時皮貨國外貿易興旺，交城大同兩地，每年皮貨銷售總值，各在百萬兩以上，交城硝皮莊由十餘家增至一百餘家，大同由十餘家增至八十餘家，可謂晉省皮貨業之黃金時代。

民國以還，漸趨衰落，迄乎晚近，益見蕭條，交城皮貨莊僅存三十八家，大同僅存十四家，而營業遠不如往昔。考其衰落原因，主要者爲國外銷路減少，國內銷路亦同時呆滯，其次爲原料之採辦，較之昔日，更感困難，外蒙商路封鎖，生皮來源斷絕，甘肅、寧夏、陝西、青海、各省產皮區域，捐稅奇重，因此影響貨價成本增高，加以近年銀根奇緊，皮商向產地採辦貨物，昔日訂期付款制度，無形廢置，非用現金交易不可，凡此諸端，均爲硝皮業不振之要因。

二　現狀

全省硝皮業，其有專業性質，規模較大者，據此次調查，計有八十四家。其地域分配如下：

縣別	家數	資本總額（元）	職工總數	全年硝皮總量（張）	全年生產總值（元）
交城	三八	五四二、九八九	一、九九五	二三〇、九三七	四九一、二七八
大同	一四	七五、〇〇〇	二一二	九八、〇〇〇	一一六、一〇〇
新絳	一一	一五、二五〇	七〇	一二〇、二五〇	六七、八九〇
廣靈	八	三、二五七	一六七	一四、〇〇〇	一九、七九七
解縣	三	一、三〇〇	一一	一、一五〇	三、一〇〇

忻縣	三	一五五	一一	不詳	四、二三〇
晉城	二	一、八四一	一八	二、七〇〇	二、八三五
渾源	二	六、〇〇〇	四六	一四、〇〇〇	一四、三七五
朔縣	二	一、八〇〇	一二	一、二〇〇	二、一六〇
太谷	一	二八〇	九	二、五〇〇	二、〇七〇
共計	八四	六四七、八四五	二、五五一	四八四、七三七	七二三、三九〇

據上表，山西全省重要硝皮坊，以交城最爲集中，計有三十八家，大同次之，計有十四家，再次新絳十一家，廣靈八家，解縣忻縣各三家，晉城、渾源、朔縣各二家，太谷一家。

資本方面，以交城大同兩地爲最雄厚，蓋因硝皮坊多兼營皮貨莊也。交城硝皮全業資本總數，計五十四萬二千九百八十九元，大同七萬五千元，其次新絳之一萬五千二百五十元，渾源之六千元，廣靈之三千二百五十七元，晉城之一千八百十四元，朔縣之一千八百元，解縣之一千三百元，太谷之二百八十元，忻縣之一百五十五元。

全年硝皮量，其總數在四十八萬四千張以上。其中以交城之二十三萬零九百三十七張爲最多，次爲新絳之十二萬零二百五十張，每次爲大同之九千八百張，渾源及廣靈各爲一萬四千張，晉城二千七百張，太谷二千五百張，朔縣一千二百張，解縣一千一百五十張，至於忻縣每年僅知其硝皮價值，而未詳其硝皮數量。總計全省全年產值，爲七十二萬三千三百九十元。

三　原料

來源

山西硝皮業，以硝羊皮爲主，故所用生皮原料，以羊皮居多，早年尙有狐皮及其他野獸皮之泡製，輓近以營業衰落，雜皮泡製日漸稀少，現在雖有少數皮坊兼製猾皮，猫皮，狗皮等類，但數量極微。各種生皮之來源，多仰給西北各省產皮區域，本省所產者，僅有老羊皮一種，產量不多，毛質粗劣，祇可供當地一般平民及兵士服用，，未能銷行外地，故硝皮莊對老羊皮並不重視，如交城大同爲大皮莊，均集中灘皮之泡製，其次爲羔皮。大同所需之生皮，昔以外蒙爲採辦地，近以外蒙商路不通，改由靑海、新疆、甘肅、寧夏、陝西、綏遠、察哈爾等地運入，與交城各地之來源相似。

種類

生皮因產區不一，故品質亦殊，除寧夏之平羅、寶豐、陝西之定邊、鹽池、皆產灘羊皮而外，其他各地所產皮張，因地命名，無復有統一之名稱，舉其要者而言，有寧皮、永昌皮，口皮、榆林皮等數種，此外尙有猾皮，貓皮、狗皮之類，每張價格，由五六角至三元餘不等，羊皮中以灘皮爲最貴，每張價格，至少在二元以上，細毛中以猫皮爲最貴，每張價格約爲七八角之譜。

採辦方法

生皮採辦時期，每屆冬臘月或正月，皮莊卽派人前往產皮區域，投當地皮行收集，至四月間運回，概以現款現貨交易，購買手續簡單，評價收貨，均由行家辦理，如有合意皮張，卽可成交。惟產皮各省，捐稅繁重，由出產地收買時起，至運回皮莊時止，經納捐稅五六次之多，捐稅之名稱，有出產稅，特稅，臨時維持費，過路捐、印花稅、附加捐等、平均硝皮一張，除價格及運費不計外，捐稅完納達三角二三分之多，因此皮貨商人，每感原料採辦之艱苦，資本薄弱者，竟因之無法維持。

四　生產

硝皮生產時期，每年自五月起至九月止，祗有五個月時間，並不通年生產，其硝製手續，各地大同小異，茲就一般程序而言，先用清水將皮板浸濕，而後以鞭杆將毛打開，晒乾後，再用鐵抓梳通，將垢土抽淨，用沸熱水和以皂角洗滌，以去其油膩，然後合皮硝傾入開水溶化，並將蕎米磨成麵粉，谷米煑成稀粥，傾入木缸內調勻，將皮張放入缸內浸泡，謂之「泡皮」，每日晨間及中午各翻動一次，夏季天時炎熱，經十四五天可熟，春秋兩季須經二十四五日方熟，熟後出缸，晒至半乾，乘其熱度未散，即用麻包紮起，待三四小時後，將皮毛內所積存之米粉硝渣及粥渣等穢質抖淨，再移置陽光中晒乾，而後用清水噴濕皮板，隔十小時之後，用拖圈拉軟，再用鐵鏟將皮板鏟薄，皮張即見柔軟，至此、硝皮工作可告一段落。以後可著技士選毛色高低，花紋粗細，配成各種衣料，縫就之後，用清水將皮板浸濕，敷以石灰粉，晒乾之後，將皮板揉軟，並將毛內粉末打淨，然後用海沫石將皮板磨光，再用清水洗毛，以使原有花紋，恢復常態，再移於陽光中晒乾之後，疊置一地，用重量木板加上石頭壓半月之久，則製皮全部工作，即可完成矣。

在硝皮業全部工作中，最重要者，莫過於配皮，蓋配皮均勻與否，於衣料之美觀，以及貨價之高低，關係至切，稍有疏忽，影響於營業之得失甚鉅，是項工作，非富有經驗者，不克勝任，故硝皮莊，對於配皮工人之遴選，特別注意，通常一般小皮莊，大多由經理自任。皮衣之種類，可分大褂、長袍、馬褂、女旗袍、女襖各種，每件大褂約需羊皮八九張，長袍需用皮十張左右，馬褂需皮五六張，女旗袍需皮七八張，女襖需用皮五六張不等。

產品種類

五　銷路

山西省北路皮貨以大同為代表，南路皮貨以交城為代表，品質略有差異，銷路亦因之不同，交城皮貨，以灘皮為最著，製工之精美，遠在大同之上。曩年以銷行國外為大宗，近年雖屬減少，尚不失其晉省皮貨出口之代表地位，其在國內市場，有太原、北平、天津、漢口、上海各地。大同皮貨，現在少有出口，其在國內市場，在前為上海、蘇州、常州、天津、漢口等地，現在津、滬、漢各大商埠、銷數減少，銷路較旺者，祗有蘇常兩地耳。廣靈皮貨，專銷河北保定一帶，渾源皮貨銷路，與大同皮貨有連帶關係，但數量甚少，其他各縣所出之粗皮貨，均在省內銷佳，此外尚有括皮、狗皮褥子等貨，均售與上海、天津各洋商，運銷國外。

交易

皮貨交易，每年自九月至十二月爲行銷時期，其銷售方法，在前皮貨營業興盛時代，外埠客商大多赴晉採辦，或先期匯款訂貨者，今以營業不振，均告停止，各泡皮莊祗得自行運銷各地，交與皮貨行店，以爲推銷，一經皮貨櫃台買主雙方同意之後，即可成交，皮貨行雙方抽佣，或有顧客訂期付款者，皮貨行應負担保貨價之責。

運輸

皮貨運輸，概由郵局包裹寄運，先用油紙將皮貨捆紮，再加布袋包裝，每包重量，按照郵政規章，以十六公斤爲度，每包運費，在本省內一元一角，在省外爲二元二角，如經過海關，另加關稅，現在一般皮貨商人，爲減輕貨價成本起見，凡運至上海皮貨，並不直接寄滬，先由郵寄至蘇州皮莊，然後再轉運上海，因此可免除關稅之担負。

價格

皮貨市場，變動甚劇，以前均用銀兩計算，如灘皮大褂料一件，從前須售銀三十四五兩至四十兩，今則已落至二十五六元至三十元之間，但生皮價格，並不隨熟皮之價格而低落，與前相較，僅低落百分之十而已，一經製成皮衣，所費成本甚鉅，無怪皮商有「生貴熟賤」之歎。

山西省硝皮業現況一覽表

縣別	廠坊名	地址	設立年月	組織	資本額(元)	職工數	全年皮產量(張)	產值(元)
交城	聚源厚		民國二十一年五月	合資	三四、〇〇〇	一三五	一二、五〇〇	三三、七九〇

益記皮莊		民國十七年二月	獨資	三六、二〇〇	一一〇	一一、二〇〇	三〇、八四〇
泳記皮莊		民國二十四年三月	獨資	七、五〇〇	七一	五、九〇〇	一三、一五〇
永慶和		民國十五年一月	合資	一二、〇〇〇	二三	三、〇〇一	六、七八〇
天源聚		民國二十三年一月	獨資	七、一四〇	二二	二、一九四	五、一五〇
天德源		清光緒二一年九月	合資	二一、〇六二	五九	六、八〇一	一八、四〇〇
吉慶永		民國五年一月	獨資	三八、三六六	九一	八、九四〇	二五、八〇〇
自誠號		民國元年一月	獨資	四、二二〇	二九	七、二八〇	六、一三五
恆記		民國二十年一月	獨資	三、三八〇	一一	二、六〇八	一、七五一
振興源		民國二十年十月	獨資	一、九〇〇	三	一、四三九	一、一〇四
聚源興		民國十四年二月	合資	三三、〇〇〇	一一九	一二、五〇〇	三六、二〇〇
慶和恆		民國二十三年二月	合資	九、〇〇〇	二四	二、〇一四	六、〇五〇
四合源		清咸豐元年	合資	二三、九七六	七〇	一四、〇〇〇	二四、八〇〇
晉記		民國十四年三月	合資	一五、〇〇〇	四一	四、七二〇	一四、四七〇
三合和		民國十五年二月	合資	一八、一九六	五五	四、三四二	一二、二九一
又新生		民國二十四年三月	合資	五、八〇〇	一五	五、一三五	三、四五四
盛記		民國二十四年三月	合資	四、七〇〇	一二	六、七〇〇	三、九六〇
復成慶		民國二十三年二月	合資	三、七〇〇	三一	三、一一一	四、八〇〇

玉泰厚		民國十四年二月	獨資	三〇、二五〇	六四	八、四〇〇	二〇、八四五
順記		民國二十二年三月	合資	四、八〇〇	二四	六、五〇〇	三、九四〇
意和德		清光緒十九年	合資	二二、一〇〇	九五	八、五五〇	二四、三二〇
意和源		清光緒二十一年	合資	一二、八八九	四三	四、九九四	一三、五六〇
正興隆		民國二十二年	合資	二六、四〇〇	九七	一二、二八六	二九、七三九
復興源		民國十九年	合資	一二、〇〇〇	八二	四、五九一	一三、五二五
和億權		民國五年	合資	二一、四〇〇	六四	六、二〇〇	一九、六〇〇
同和慶		民國三年	合資	二一、八〇〇	八三	七、四〇〇	二二、三一〇
福元玉		民國二十三年	合資	九、〇〇〇	五五	二、八〇〇	七、七〇〇
同記皮莊		民國二十二年	合資	三、〇〇〇	一六	三、六〇〇	二、八四七
玉慶永		民國二十一年	合資	五、八〇〇	四六	三、四四〇	六、八五〇
慶和祥		民國十年	合資	二二、一六〇	九二	八、八五〇	二三、五〇五
天合源		民國二十一年	合資	一三、〇五〇	四五	五、一六〇	一〇、五五〇
公盛永		民國二十年	合資	四、五〇〇	三一	八、二三〇	四、四四四
源記皮莊		民國二十一年	合資	一〇、〇〇〇	二六	四、五一八	五、三五〇
天心玉		民國二十三年	合資	五、一〇〇	二八	一〇、七〇〇	四、八一〇
天源長		民國二十年	獨資	一一、三三〇	六〇	三、二〇〇	八、九七五

	和成源		民國十四年	獨資	四、七七〇	三一	一、一三三	三、六二〇
	慶義永		民國二十年	合資	一四、〇〇〇	五一	三、九四〇	一〇、一八〇
	義生源		民國九年	合資	八、五〇〇	四一	二、〇六一	五、六八三
太谷	自成玉硝皮坊	東寺園	民國二十二年四月	合資	二八〇	九	二、五〇〇	二、〇七〇
晉城	德泰魁	南關西巷	清光緒三十年	獨資	一、〇〇八	九	一、五〇〇	一、五七五
	德順祥	南關西巷	民國十五年	獨資	八〇六	九	一、二〇〇	一、二六〇
解縣	公興奎	下街	清光緒三十二年	合資	三〇〇	三	三〇〇	九〇〇
	源興濟	下街	民國二十年十一月	合資	五〇〇	五	四〇〇	一、〇〇〇
	合順源	下街	民國二十三年九月	合資	五〇〇	三	四五〇	一、二〇〇
新絳	三盛郁	城內樂善巷	清光緒十六年八月	獨資	四、二〇〇	一三	四七、五〇〇	二六、九七〇
	新盛魁	城內樂善巷	民國二十三年三月	獨資	九〇〇	四	四、一〇〇	一、九五〇
	元記	府君巷	民國十六年一月	獨資	八〇〇	七	七、五〇〇	五、四二〇
	福林誠	府君巷	民國十二年一月	獨資	九〇〇	八	一一、〇〇〇	六、三七〇
	永豐和	府君巷	民國十民二月	獨資	一、二〇〇	六	四、七五〇	六、二四〇
	積玉合	蔚家圪塔	民國十七年三月	獨資	七〇〇	四	四、三五〇	三、八八〇
	和祥長	蔚家圪塔	民國二十一年一月	獨資	四五〇	三	三、七五〇	二、八八〇
	廣興長	過橋樓	民國二十一年	獨資	八〇〇	六	四、八〇〇	二、〇〇〇

	德興公	蔡家巷	民國十四年	合資	二、一五〇	七	一二、六〇〇	四、六六〇
	德盛正	鉄香爐	民國十六年	獨資	二、一〇〇	八	一三、〇〇〇	四、八四〇
	三盛正	過橋樓	民國十七年	合資	一、〇五〇	四	七、〇〇〇	二、六八〇
大同	天成源	南關	清同治九年	合資	二七、五五〇	二四	一〇、〇〇〇	二五、〇〇〇
	晉泰昌	南關	民國十八年	合資	六、〇〇〇	二〇	八、〇〇〇	一六、〇〇〇
	德義興	南關	民國十五年	合資	四、〇〇〇	一七	一〇、〇〇〇	五、七〇〇
	三和銳	南關	民國十八年	合資	一、五〇〇	一五	三、〇〇〇	三、六〇〇
	湧復昌	南關	民國二十三年	合資	四、〇〇〇	一四	四、〇〇〇	六、二〇〇
	德和成	南關	民國二十四年	獨資	二、六〇〇	一四	四、〇〇〇	五、〇〇〇
	大同魁	南關	民國十一年	合資	三、二〇〇	八	二一、〇〇〇	一九、〇〇〇
	萬順和	南關	民國二十二年	合資	九、一五〇	二二	七、〇〇〇	一一、〇〇〇
	湧泉	南關	清光緒三年	獨資	三、〇〇〇	一七	六、〇〇〇	四、八〇〇
	萬德昌	南關	清光緒三十二年	合資	七、〇〇〇	一五	八、〇〇〇	一一、〇〇〇
	德和順	南關	民國十年	獨資	一、五〇〇	一一	二、五〇〇	一、五〇〇
	榮義昌	南關	民國七年	獨資	二、〇〇〇	一四	七、〇〇〇	三、七〇〇
	蘇祿皮莊	南關	民國三年	獨資	二、〇〇〇	一一	三、〇〇〇	一、八〇〇
	德和興	南關	民國十二年	獨資	一、五〇〇	一〇	四、五〇〇	一、八〇〇

渾源	德厚永	南城外	民國七年	合資	四、〇〇〇	二八	一〇、〇〇〇	一〇、三五〇
	福厚永	南城外	民國十八年	合資	二、〇〇〇	一八	四、〇〇〇	四、〇二五
廣靈	長誠發	北關		合資	八〇〇	二六	一、四〇〇	三、三八五
	福慶魁	西城壕		合資	三〇〇	一九	二、〇〇〇	二八二五
	福興德	西關		合資	二五七	一八	一二〇〇	一、七一〇
	協成厚	東沙河		合資	二〇〇	一七	一、〇〇〇	一、四一二
	福興長	東加斗		合資	八〇〇	二九	二、八〇〇	三、九五〇
	林發瑞	東蕉山		合資	二七〇	一九	一、五〇〇	二、一一〇
	同義公	東蕉山		合資	三二〇	二〇	一、六〇〇	二、二七〇
	長勝隆	社台山		合資	三一〇	一九	一、五〇〇	二、一三五
朔縣	德榮長	城內草市街	民國二十三年	合資	一、〇〇〇	七	七〇〇	一、二六〇
	復興長	城內大營街	民國二十四年	獨資	八〇〇	五	五〇〇	九〇〇
忻縣	萬合隆	盛成街	民國十一年二月	合資	一〇五	四	未詳	三、二〇〇
	孫三	順成街	民國二十三年四月	獨資	三〇	四	未詳	五三〇
	郭有登	順成街	民國二十三年四月	獨資	二〇	三	未詳	五〇〇

第五章　五金機器業

一　鍋鼎鐵貨業

一　沿革

晉省鍋鼎鐵貨業之集中產地，首推長治，晉城，陽城。其次爲長子，襄垣，沁水，武鄉，永濟，虞鄉，榮河，萬泉，解縣，平陸，聞喜，大寧，神池。此外中陽，潞城，高平，遼縣，鄉寧，猗氏，夏縣等處，家數均不多，且散在鄉區，字號及地址，無從詳查，故無逐家統計。長治之鐵貨業，係家庭工業性質。亦未能逐家調查。在前清乾嘉年間，長治之蔭城鎮，爲晉南鐵貨業中心，出品暢銷全國，每年交易，達銀數一千餘萬兩之鉅，光緒晚年，海禁大開，洋貨侵入，機製物品，精巧價廉，銷場幾盡爲所佔，迨歐戰發生，外貨輸入銳減，土貨之銷數復旺，其時每年交易，約二百餘萬元，較之往昔，已不啻天壤，民八以還，歐戰告終，外貨繼續傾銷，其業又趨衰落，每年交易，不過七八十萬元，及東北四省失陷後，銷路更塞，每年交易額，降至四十萬元左右，兼之交通不便，運費昂貴，捐稅重複，出品復不求改良，今後情形，惟有每況愈下。晉城所出鐵貨，以鍋鼎刀剪爲大宗，刀剪之屬，向稱特產，唐代卽有幷州快剪之稱，可見其業沿革之久遠，在前清道光年間，全縣鍋坊爐數，共有四百餘座，光緒年間，民遭大祲，地方凋弊，營業驟衰，爐數頓減過半，民國十年以前，尚有二百餘座，近年外貨充斥，銷路大受影響。更兼捐稅苛雜。本重利輕。以致虧欵愈多。現全縣爐數。僅四十餘座，刀剪作坊家數雖增，營業亦見衰落。陽城之鐵貨業，發達甚早，全縣共有作坊四十九家，今昔情形，無甚變動。其餘各縣大都今不如昔。

二　現狀

長子，襄垣，晉城，陽城，沁水，武鄉，永濟，虞鄉，榮河，萬泉，解縣，平陸，聞喜，大寧，神池等處，共有作坊一百五十四家，合計資本數三萬四千零四十元，職工數一千二百七十三人，全年出品總值二十六萬七千零九十七元，茲列現況一覽表於後。

山西省鍋鼎鐵貨業現況一覽表

縣別	廠坊名	地址	設立年月	組織	資本額（元）	職工數	原料用量（斤）	年產額 產量	產值（元）
長子	復生爐廠	色頭村	清光緒三十年三月	獨資	三四〇	四	七、〇〇〇	鋸條 六、七五〇條	一、〇八〇
	中和爐廠	色頭村	清光緒二十年十月	獨資	二六八	四	六、〇〇〇	條 五、七六〇	九二四

	中興爐廠	窰下村	民國三年三月	獨資	一七〇	三	五、〇〇〇	條	四、八五〇	七七六
	萬福爐廠	窰下村	民國六年十月	獨資	一四八	三	四、〇〇〇	條	三、九〇〇	六二四
	三盛爐廠	璩村	民國八年十月	獨資	三二〇	四	六、〇〇〇	條	五、八〇〇	九二八
	和珍爐廠	馬戶村	清光緒二十年十月	獨資	一六〇	三	三、〇〇〇	條	二、九〇〇	四六四
	同興爐廠	鮑寨村	民國三年七月	獨資	一七八	三	四、〇〇〇	條	三、九〇〇	六二四
	大盛爐廠	鮑寨村	清光緒七年十月	獨資	二七〇	四	六、〇〇〇	條	五、七八〇	九二四
	德盛爐廠	璩村	民國十年八月	獨資	一四八	三	四、〇〇〇	條	三、九〇〇	六二四
	天興爐廠	璩村	民國七年六月	獨資	二四〇	四	七九〇〇〇	條	六、七五〇	一、〇八〇
襄垣	萬盛爐	城內南街	民國十七年	獨資	二〇〇	三	一四〇	鏤刀秋犂鋤鏵	七〇件	廿八
	長盛爐	城內衙道街	民國二十年	獨資	一三〇	四	二五〇	仝右	一四〇	二二四
	發盛爐	城內衙道街	民國二十二年	獨資	一九〇	三	二四〇	仝右	一二〇	九五
	鼎興爐	城內西街	民國十九年	獨資	二〇〇	五	五七〇	仝右	三二〇	二五一
	程平	南關	民國二十三年	獨資	一五〇	三	一七五	仝右	一六〇	八五
	黃三	南關	民國十八年	獨資	一五〇	三	二一〇	仝右	一三〇	一〇九
晉城	義昌歧	南石店村	民國十九年十月	獨資	三〇〇	一七	二〇〇、〇〇〇	鐵鍋	一六〇、〇〇〇	三、二〇〇
	義順山	南石店村	民國十九年十月	獨資	三〇〇	一七	二〇〇、〇〇〇	鐵鍋	一六〇、〇〇〇	三、二〇〇
	祁記	南石店村	民國十七年九月	獨資	三〇〇	一七	二〇〇、〇〇〇	鐵鍋	一六〇、〇〇〇	三、二〇〇

新泰岐	孫村	民國二十年七月	獨資	三〇〇	一七	三〇〇,〇〇〇	鐵鍋	一六〇,〇〇〇	三,二〇〇
協盛隆	三里橋村	民國二十一年十月	獨資	三〇〇	一七	三〇〇,〇〇〇	鐵鍋	一六〇,〇〇〇	三,二〇〇
萬盛隆	三里橋村	民國二十一年十月	獨資	三〇〇	一七	三〇〇,〇〇〇	鐵鍋	一六〇,〇〇〇	三,二〇〇
隆盛岐	三里橋村	民國十九年八月	獨資	三〇〇	一七	三〇〇,〇〇〇	鐵鍋	一六〇〇〇〇	三,二〇〇
天順祥	三里橋村	民國十九年八日	獨資	三〇〇	一七	三〇〇,〇〇〇	鐵鍋	一六〇,〇〇〇	三,二〇〇
協和永	前村	民國二十二年九月	獨資	三〇〇	一七	三〇〇,〇〇〇	鐵鍋	一六〇,〇〇〇	三,二〇〇
福星祥	前村	民國二十年八月	獨資	三〇〇	一七	三〇〇,〇〇〇	鐵鍋	一六〇,〇〇〇	三,二〇〇
泰順永	裴圪塔村	民國二十三年九月	獨資	三〇〇	一七	三〇〇,〇〇〇	鐵鍋	一六〇,〇〇〇	三,二〇〇
德順山	莊溝村	民國二十年十月	合資	三〇〇	一七	三〇〇,〇〇〇	鐵鍋	一六〇,〇〇〇	三,二〇〇
德順東	莊溝村	民國二十年十月	獨資	三〇〇	一七	三〇〇,〇〇〇	鐵鍋	一六〇,〇〇〇	三,二〇〇
復順隆	莊溝村	民國十八年八月	獨資	三〇〇	一七	三〇〇,〇〇〇	鐵鍋	一六〇,〇〇〇	三,二〇〇
復泰岐	莊溝村	民國十八年八月	獨資	三〇〇	一七	三〇〇,〇〇〇	鐵鍋	一六〇,〇〇〇	三,二〇〇
義泰岐	莊溝村	民國二十二年七月	獨資	三〇〇	一七	三〇〇,〇〇〇	鐵鍋	一六〇,〇〇〇	三,二〇〇
興盛厚	莊溝村	民國二十一年九月	獨資	三〇〇	一七	三〇〇,〇〇〇	鐵鍋	一六〇,〇〇〇	三,二〇〇
重義岐	紅廟嶺村	民國二十一年九月	獨資	三〇〇	一七	三〇〇,〇〇〇	鐵鍋	一六〇,〇〇〇	三,二〇〇
茂盛岐	紅廟嶺村	民國二十年十一月	合資	三〇〇	一七	三〇〇,〇〇〇	鐵鍋	一六〇,〇〇〇	三,二〇〇
福盛昌	紅廟嶺村	民國二十年十一月	合資	三〇〇	一七	三〇〇,〇〇〇	鐵鍋	一六〇,〇〇〇	三,二〇〇

德順東	耶莊村	民國二十年七月	縣資	三〇〇	一七	二〇〇,〇〇〇	鐵鍋	一六〇,〇〇〇	三,二〇〇
中德順	耶莊村	民國二十年七月	獨資	三〇〇	一七	二〇〇,〇〇〇	鐵鍋	一六〇,〇〇〇	三,二〇〇
義盛山	河底村	民國十九年八月	獨資	六〇〇	三四	四〇〇,〇〇〇	鐵鍋	三二〇,〇〇〇	六,四〇〇
義盛昌	河底村	民國十八年七月	獨資	三〇〇	一七	一〇〇,〇〇〇	鐵鍋	一六〇,〇〇〇	三,二〇〇
誠順興	北山底村	民國十八年七月	獨資	三〇〇	一七	二〇〇,〇〇〇	鐵鍋	一六〇,〇〇〇	三,二〇〇
德順岐	張莊村	民國十七年八月	獨資	三〇〇	一七	二〇〇,〇〇〇	鐵鍋	一六〇,〇〇〇	三,二〇〇
豐泰永	張莊村	民國二十年九月	獨資	三〇〇	一七	二〇〇,〇〇〇	鐵鍋	一六〇,〇〇〇	三,二〇〇
德順山	北大社村	民國二十年九月	獨資	三〇〇	一七	二〇〇,〇〇〇	鐵鍋	一六〇,〇〇〇	三,二〇〇
全順東	西峪村	民國十五年七月	獨資	三〇〇	一七	二〇〇,〇〇〇	鐵鍋	一六〇,〇〇〇	三,二〇〇
興泰山	西峪村	民國十九年八月	合資	三〇〇	一七	二〇〇,〇〇〇	鐵鍋	一六〇,〇〇〇	三,二〇〇
聚盛山	馬匠村	民國十九年八月	獨資	三〇〇	一七	二〇〇,〇〇	鐵鍋	一六〇,〇〇〇	三,二〇〇
聚盛合	馬匠村	民國十九年八月	獨資	三〇〇	一七	二〇〇,〇〇〇	鐵鍋	一六〇,〇〇〇	三,二〇〇
義聚岐	馬匠村	民國十九年八月	獨資	三〇〇	一七	二〇〇,〇〇〇	鐵鍋	一六〇,〇〇〇	三,二〇〇
復興合	馬匠村	民國二十年十月	獨資	三〇〇	一七	二〇〇,〇〇〇	鐵鍋	一六〇,〇〇〇	三,二〇〇
泰盛山	馬匠村	民國二十年十月	獨資	三〇〇	一七	二〇〇,〇〇〇	鐵鍋	一六〇,〇〇〇	三,二〇〇
永茂恒	馬匠村	民國十八月九月	獨資	三〇〇	一七	二〇〇,〇〇〇	鐵鍋	一六〇,〇〇〇	三,二〇〇
永茂東	馬匠村	民國十八年九月	獨資	三〇〇	一七	二〇〇,〇〇〇	鐵鍋	一六〇,〇〇〇	三,二〇〇

	大成功	司匠村	民國十八年九月	獨資	六〇〇	三四	四〇〇,〇〇〇	鐵鍋	三二〇,〇〇〇	六,四〇〇
	興順成	司匠村	民國十九年六月	獨資	六〇〇	三四	四〇〇,〇〇〇	鐵鍋	三二〇,〇〇〇	六,四〇〇
	積玉成	司匠村	民國二十一年十月	獨資	三〇〇	一七	二〇,〇〇〇	鐵鍋	一六〇,〇〇〇	三,二〇〇
	泰山義	南門外	清嘉慶二十年	獨資	一,五二〇	一八	三,六〇〇	鐵鍋	一八,〇〇〇把	一,九八〇
	復泰義	南門外	清光緒三十年	獨資	五一五	一三	一,八〇〇	鐵鍋	九三〇〇〇	八五〇
	泰生義	南門外	民國二十四年	獨資	四一〇	七	一,二六〇	鐵鍋	六,三〇〇	八二三
	德生義	小東關	民國十八年	獨資	二一〇	七	一,二六〇	鐵鍋	六,三〇〇	八二三
	天盛義	小東關	清光緒二十八年	獨資	五一五	一〇	一,三六〇	鐵鍋	九,三〇〇	一,一六七
	泰興義	小東關	民國二十四年	獨資	三一〇	七	一,三一〇	鐵鍋	八,〇〇〇	九〇八
	全山義	南寨	民國二十三年	獨資	二一〇	五	一,〇〇〇	鐵鍋	六,三〇〇	七一四
	福順義	小東關	民國二十三年	獨資	二一〇	五	一,〇〇〇	鐵鍋	五,八〇〇	六五二
陽城	郭鉦和	水村	民國十五年	獨資	一三〇	五	九四,一〇〇	鐵鍋	三三,〇〇〇件	一,八八二
	雙興爐	潤城鎮	民國十七年	獨資	一二〇	四	九一,〇〇〇	鐵鍋	三二,〇〇〇	一,八二〇
	合義和	潤城鎮	民國十一年	獨資	一八〇	六	九五,〇〇〇	鐵鍋	三四,〇〇〇	一,九〇〇
	聚天盛	潤城鎮	民國二十年	獨資	一三〇	四	八五,〇〇〇	鐵鍋	二八,〇〇〇	一,七〇〇
	復順祥	潤城鎮	民國二十一年	獨資	一八〇	六	七五,〇〇〇	鐵鍋	二五,〇〇〇	一,五〇〇
	復盛元	潤城鎮	民國十九年	獨資	一三〇	四	九五,〇〇〇	鐵鍋	三四,〇〇〇	一,九〇〇

侯小八	上孔村	民國十七年	獨資	一二〇	五	八四、〇〇〇	鐵鑪	八三、〇〇〇件	一、六八〇
侯高生	上孔村	民國十四年	獨資	一七〇	六	九二、〇〇〇	鐵鑪	九〇、〇〇〇	一、八四〇
焦綏平	上孔村	民國九年	獨資	一八〇	五	八五、〇〇〇	鐵鑪	八二、〇〇〇	一、七〇〇
焦豐喜	上孔村	民國二十年	獨資	一二〇	四	七八、〇〇〇	鐵鑪	七五、〇〇〇	一、五六〇
焦老園	上孔村	民國十八年	獨資	一八〇	六	九六、〇〇〇	鐵鑪	九〇、〇〇〇	一、九二〇
靳鉞慶	安陽村	民國二十一年	獨資	一二〇	四	九五、〇〇〇	鐵鍋鐵盤等	三六、〇〇〇件	一、九〇〇
靳德升	安陽村	民國二十年	獨資	一二〇	四	九一、〇〇〇	鐵鍋鐵盤等	三〇、〇〇〇	一、八二〇
靳安慶	安陽村	民國十七年	獨資	一八〇	六	八八、〇〇〇	鐵鍋鐵盤等	二九、〇〇〇	一、七六〇
潘聚碑	安陽村	民國二十年	獨資	一二〇	四	九二、〇〇〇	鐵鍋鐵盤等	三一、〇〇〇	一、八四〇
王科科	安陽村	民國十年	獨資	一八〇	六	九七、〇〇〇	鐵鍋鐵盤等	三五、〇〇〇	一、九四〇
王峯秀	安陽村	民國九年	獨資	一八〇	六	九五、〇〇〇	鐵鍋鐵盤等	三三、〇〇〇	一、九〇〇
成永永	安陽村	民國二十年	獨資	一八〇	六	九二、〇〇〇	鐵鍋鐵盤等	三一、〇〇〇	一、八四〇
成光財	安陽村	民國十九年	獨資	一二〇	五	九三、〇〇〇	鐵鍋鐵盤等	三三、〇〇〇	一、八六〇
張義奎	安陽村	民國十一年	獨資	一二〇	五	九五、〇〇〇	鐵鍋鐵盤等	三三、〇〇〇	一、九〇〇
范聚昌	安陽村	民國二十年	獨資	一二〇	五	九二、〇〇〇	鐵鍋鐵盤等	三一、〇〇〇	一三八四〇
天順爐	安陽村	民國十七年	獨資	一二〇	五	九五、〇〇〇	鐵鍋鐵盤等	三三、〇〇〇	一、九〇〇
成和爐	安陽村	民國二十一年	獨資	一二〇	五	九三、〇〇〇	鐵鍋鐵盤等	三三、〇〇〇	一、六八〇

協泰長	義城村	民國七年	獨資	一八〇	六	九六、〇〇〇	鐵鍋鐵盤等	三四、〇〇〇	一、九二〇
楊全馬	義城村	民國十五年	獨資	一三〇	六	九四、〇〇〇	鐵鍋鐵盤等	三一、〇〇〇	一、八八〇
王才庫	嵩峪村	民國十七年	獨資	一三〇	五	九八、〇〇〇	鐵籠鐵盤	三一、〇〇〇件	一、九六〇
鄭顯	嵩峪村	民國十二年	獨資	一三〇	五	九一、〇〇〇	鐵籠鐵盤	三〇、〇〇〇	一、八二〇
李柏	嵩峪村	民國十年	獨資	一三〇	四	九五、〇〇〇	鐵籠鐵盤	三〇、〇〇〇	一、九〇〇
鄭小和	嵩峪村	民國二十年	獨資	一八〇	六	八〇、〇〇〇	鐵籠鐵盤	二八、〇〇〇	一、六〇〇
衛接喜	嵩峪村	民國二十年	獨資	一三〇	六	九七、〇〇〇	鐵籠鐵盤	三〇、〇〇〇	一、九四〇
鄭道士	嵩峪村	民國二十年	獨資	一三〇	六	九五、〇〇〇	鐵蒸籠鐵盤	三一、〇〇〇	一、九〇〇
馬莫然	嵩峪村	民國十八年	獨資	一三〇	四	九八、〇〇〇	鐵蒸籠鐵盤	三三、〇〇〇	一、九六〇
馬開開	嵩峪村	民國十八年	獨資	一八〇	六	九四、〇〇〇	鐵蒸籠鐵盤	三一、〇〇〇	一、八八〇
馬殿銀	嵩峪村	民國十年	獨資	一三〇	六	九二、〇〇〇	鐵蒸籠鐵盤	三一、〇〇〇	一、八四〇
馬未申	嵩峪村	民國二十年	獨資	一八〇	六	九六、〇〇〇	鐵蒸籠鐵盤	三二、〇〇〇	一、九二〇
侯乙成	嵩峪村	民國十七年	獨資	一八〇	五	九七、〇〇〇	鐵蒸籠鐵盤	三三、〇〇〇	一、九四〇
栗忠堂	尹家溝	民國二十二年	獨資	一八〇	六	九二、〇〇〇	鐵蒸籠鐵盤	三一、〇〇〇	一、八四〇
義聚和	尹家溝	民國二十一年	獨資	一三〇	四	九一、〇〇〇	鐵蒸籠鐵盤	三〇、〇〇〇	一、八二〇
尹小戊	尹家溝	民國十年	獨資	一三〇	五	九四、〇〇〇	鐵蒸籠鐵盤	三一、〇〇〇	一、八八〇
尹揪栓	尹家溝	民國十八年	獨資	一七〇	五	九五、〇〇〇	鐵蒸籠鐵盤	三二、〇〇〇	一、九〇〇

	延金生	劉善村	民國二十年	獨資	一二〇	五	九五、〇〇〇	鐵壺鐵盤	三一、〇〇〇件	一、九〇八
	茹應啓	劉善村	民國十八年	獨資	一二〇	四	八九、〇〇〇	鐵壺鐵盤	二六、〇〇〇	一、七八〇
	原啓正	劉善村	民國十一年	獨資	一八〇	六	九二、〇〇〇	鐵壺鐵盤	三一、〇〇〇	一、八四〇
	成引來	美泉村	民國十五年	獨資	一二〇	六	九六、〇〇〇	鐵鍋鐵蒸籠	三二、〇〇〇件	一、九二〇
	尹來才	美泉村	民國十七年	獨資	一八〇	五	九三、〇〇〇	鐵鍋鐵蒸籠	二八、〇〇〇	一、八六〇
	楊福才	美泉村	民國二十年	獨資	一八〇	三	九六、〇〇〇	鐵鍋鐵蒸籠	三一、〇〇〇	一、九二〇
	義生爐	桑林村小窊坨梁	民國十八年	獨資	三〇〇	八	一五〇、九〇〇	鐵犂面	一五、〇九〇個	三、〇一八
	瑞興爐	蓮化盆	民國二十年	獨資	四五〇	一〇	一八〇、〇〇〇	鐵犂面	一八、〇〇〇	三、六〇〇
	通順爐	鄭峯村白龍池	民國十九年	獨資	三〇〇	八	一三三、〇〇〇	鍛犂面	一三、三〇〇	二、六六二
沁水	合記鐵爐	城內		獨資	一二〇	二	一、二二〇	各種鐵器	一、一〇七斤	二二〇
	自立成	城內		獨資	一二〇	二	一、五六〇	各種鐵器	一、四〇四	二八一
	德興爐	富店		獨資	一二〇	二	一、三〇〇	各種鐵器	一、一七〇	二三四
武鄉	成城鐵廠	馬嵐頭	民國十八年七月	獨資	二、〇〇〇	九		各種鐵器	六、二八〇件 二〇、〇〇〇斤	一、二〇六
	開源鐵廠	窰串脚	民國十五年一月	獨資	一、一〇〇	九		各種鐵器	六、八〇〇個 二〇、〇〇〇斤	一、二四四
	利用亨鐵廠	窰串脚	民國二十二年十二月	獨資	二〇〇	六		各種鐵器	三、二四〇件	一八八
永濟	王成仁鐵匠舖	東關街	民國二十三年六月	獨資	三〇	四	三、〇〇〇	鐵刀鐵犂等	二、六〇〇斤	二〇八
	任平號鐵匠舖	東關街	民國十五年二月	獨資	四五	四	四、〇〇〇	鐵刀鐵犂等	三、七〇〇	二九六

	史保娃鐵匠鋪	東關街	民國十八年三月	獨費	四三	三	三,〇〇〇	鐮刀鐵犂等	二,六〇〇	二〇八
	蔡重旺鐵匠鋪	東關南巷	民國十八年六月	獨資	六〇	五	四,〇〇〇	鐮刀鐵犂等	三,七〇〇	二九六
	張發明鐵匠鋪	東關南巷	民國二十年五月	獨資	四八	四	四,〇〇〇	鐮刀鐵犂等	三,七〇〇	二九六
虞鄉	尹剛	城內	清光緒年間	獨資	三三〇	五		犂耙	一,九〇〇具	二,六七〇
	韓明	城內	清光緒年間	獨資	二五〇	四		秋鋤钁	二,四〇〇	二,〇二〇
榮河	孫百昌	孫吉鎮	民國十三年二月	獨資	一八〇	五	四,〇〇〇	鐵鋤山犂	三,〇〇〇件	五〇〇
萬泉	楊青山	城內	民國十八年一月	獨資	一〇〇	二	五〇〇	秋钁鋤	四〇〇斤	一二八
	謝滿堂	城內	民國十五年二年	獨資	二〇〇	二	六〇〇	秋钁鋤	四八〇	一四三
	張畢	皇甫村	民國十一年五月	獨資	一五	三	六五〇	秋鐮刀	五二〇斤	一六六
	謝德安	高村	民國十六年二月	獨資	一〇	二	五〇〇	秋鐮刀	四〇〇	一二八
	童小娃	解店	民國十三年九月	獨資	二〇	二	七〇〇	秋鐮刀	五六〇	一七九
	李藏子	東塢底	民國二年八月	獨資	二五	二	六二〇	秋鐮刀	五〇〇	一六〇
解縣	伍生花	果市	民國二十二年一月	獨資	二〇	二	五〇〇	鋤刀钁鐮等	一三〇件	一〇六
	潘卿	果市	民國二十年三月	獨資	二〇	二	三〇〇	鋤刀钁鐮等	一一〇	七八
平陸	永興鐵爐	城內	民國七年八月	獨資	一一〇	四	四,〇〇〇	鋤刀钁鐮等	三,〇〇〇斤	六〇〇
	茂盛鐵爐	城內	民國十四年五月	獨資	二五〇	七	三,五〇〇	鋤刀钁鐮等	三,〇〇〇	六〇〇
	隆興鐵爐	茅津鎮	民國十年二月	獨資	一三〇	三	五,〇〇〇	鋤刀钁鐮等	三,五〇〇	七〇〇

	德泰鐵爐	茅津鎮	民國十九年六月	獨資	三〇〇	六	四、五〇〇	钁鏟刀等	四、〇〇〇		八〇〇
	復盛鐵爐	張店鎮	民國十六年二月	獨資	一七〇	五	五、五〇〇	钁鏟刀等	五、〇〇〇	一、〇〇〇	
聞喜	劉順興	縣城東街	民國十二年三月	獨資	五〇	三	三、〇〇〇	钁鏟刀等	五二〇件		三五〇
	劉永興	城內山門道	民國二十年七月	獨資	五〇	三	三、〇〇〇	钁鏟刀等	五二〇		三五〇
	周順興	縣城西關	民國十七年四月	獨資	五〇	三	三、〇〇〇	钁鏟刀等	五二〇		三五〇
	張興爐	縣城南街	民國二十三年四月	獨資	五〇	三	三、〇〇〇	钁鏟刀等	五二〇		三五〇
大寧	營興鐵舖	城內	清光緒二十年一月	獨資	一〇〇	五	五七〇	鐵器	四〇〇斤		四〇〇
	雷師鐵舖	城內	清宣統二年五月	獨資	一三〇	五	六〇〇	鐵器	五〇〇		五〇〇
神池	王文泰	八角	民國十五年	獨資	三五	四	一、二〇〇	犂鏵鍬钁廚刀	一、一六〇件		三八五
	王三泰	八角	民國十七年	獨資	三三	四	一、〇〇〇	犂鏵鍬钁廚刀	七〇〇		一九五
	張鐵匠	八角	民國二十年	獨資	四〇	四	七五〇	犂鏵鍬钁廚刀	五〇〇		一四〇
	谷科	城內	民國十二年	獨資	三六	二	七五〇	犂鏵鍬钁廚刀	五〇〇		一四〇
	王喜小	城內	民國十五年	獨資	三四	二	六五〇	犂鏵鍬钁廚刀	六二〇		二〇五
	連富榮	城內	民國十三年	獨資	四五	三	六五〇	犂鏵鍬钁廚刀	六二〇		二〇五
	劉二	城內	民國八年	獨資	三七	三	五五〇	犂鏵鍬钁廚刀	四二〇		一五〇
	谷四亥	城內	民國三年	獨資	三	二	一、〇〇〇	犂鏵鍬钁廚刀	一、〇〇〇		二七五

除上表所列各縣外，長治之鐵貨業，係家庭工業性質，全縣業此者二百餘家，人數約一千左右，集

中市場，爲距城六十里之蔭城鎭，晉南鐵貨，咸萃於此，該鎭共有經營鐵貨之行棧及商號四十餘家，每年交易，約計四十餘萬元，中陽、潞城、高平、遼縣、鄉寧、猗氏、夏縣等處，共有作坊一百餘家，職工九百餘人，全年出品總值，約六萬元之譜。

三 原料

山西省產鐵之區，鐵貨原料，無虞缺乏。中陽、潞城、晉城、高平、陽城、沁水、遼縣、武鄉、鄉寧、解縣等處所需原料，均可就地購用。永濟、萬泉、猗氏、夏縣等處所需原料，均購自翼城。長子、襄垣所需原料，均購自長治之蔭地鎭。長治所需原料，購自蔭城鎭及高平。平陸所需原料，購自曲沃，翼城。虞鄉所需原料，購自解縣。滎河所需原料，購自新絳。聞喜所需原料，購自陽城。大寧所需原料，購自洪洞。神池所需原料，購自盂縣。原料價格，生鐵每百斤自二元至七元，熟鐵每百斤自六元至二十元，廢鐵每百斤自一二元至四五元不等。

四 生產

鑄造鍋鼎之屬，手續甚簡，先將生鐵或廢鐵入冶爐中，冶成流液，同時將泥模安置妥當，於橫腔內壁，塗以煙煤水，俟乾，傾融鐵於內，約經五分鐘，卽成器用。工農器具及刀剪等類，多用熟鐵打造，先將原料置爐內，俟燒紅取出，用錘打成初坯，再加細工鑿磨卽成。晉省鐵貨業出品，以鍋鼎爲大宗，其次爲工農器具，又其次爲刀剪。鍋鼎之屬，多按斤計值，每百斤價格自二元至五元，工農器具，每件價格自數分至七八元，刀剪雜件等類，每件價格自數分至數角。

五 交易

長治鐵貨之銷路，除本省外，爲山東、河南、河北、陝西、甘肅等處。晉城鐵貨，銷本省及陝西、湖北、山東、河南、河北等處。陽城鐵貨，銷河南、陝西。中陽鐵貨，銷陝西、甘肅、寧夏。長子鐵貨，銷本省及陝西。其餘各縣出品，極少運銷出境。客商向行棧定貨之手續，須經雙方議妥價格及數量，訂立成交憑證，先將貨價付清，由行代向爐戶定造，隨後絡續交貨，於約定期內交齊，付款以收據爲憑，交貨以發單爲憑，牙佣值百抽二，如定貨不能交齊，其損失歸行棧賠償。亦有客商先將貨物載去，俟售脫後付款者，但此項賒欠辦法，必須覓具妥保。至於零星買賣，則向少賒欠。

二 煉鐵業

一 沿革

晉省煉鐵業之規模最大者，首推平定之保晉鐵廠，其次則為晉城之土法煉鐵，保晉鐵廠創辦於民國六年，內分煉鐵，燒磁及製造機器等部份，煉鐵部份，於十五年開始出貨，歷年營業狀況，因限於資力，及受外鐵傾銷影響，未能盡量發展。晉城縣現有爐廠三十九家，其中計煉生鐵者二十二家，煉熟鐵者九家，兼煉生熟鐵者八家，在前清道光年間，其業甚為發達，全縣爐數，計千餘座之多，光緒初年，民遭大祲，地方凋弊，爐數頓減過半，民國十年以前，尚有四五百座，近年外鐵充斥，銷路日促，蓋以捐稅增重，交通不便，運費昂貴，營業愈趨衰落，爐數銳減至百餘座。

二　現狀

保晉鐵廠資本額七十萬元，機械設備，約值四十餘萬元，馬力共三百五十四，廠址在平定縣陽泉車站，煉鐵部份，計有工人一百五十五名，每年出紫口生鐵八千公噸，每噸價格，平均七元上下，總值五萬餘元，銷本省及河北、綏遠、察哈爾等處。

晉城縣三十九家爐廠中，計合資者二十九家，獨資者十家，合計資本數三萬八千元，職工一千五百九十一人，全年產值三十四萬八千元，茲將各家統計，列表於後。

晉城縣煉鐵業現況一覽表

廠坊名	地址	設立年月	組織	資本額（元）	職工數	原料用量（斤）	年產額 產量（斤）	年產額 產值（元）	備註
協泰岐	大陽鎮	民國十九年八月	獨資	六〇〇	三五	二、四〇〇、〇〇〇	一、二〇〇、〇〇〇	一〇、八〇〇	生鐵爐
龍盛岐	大陽鎮	民國二十一年九月	獨資	一〇〇	一〇	四〇〇、〇〇〇	二〇〇、〇〇〇	一、八〇〇	生鐵爐
順興山	來村鎮	民國二十年十月	合資	一五〇	一四	六〇〇、〇〇〇	三〇〇、〇〇〇	二、七〇〇	生鐵爐
同興岐	大陽鎮	民國二十三年九月	合資	一五〇	一五	六〇〇、〇〇〇	三〇〇、〇〇〇	二、七〇〇	生鐵爐
永盛岐	大陽鎮	民國二十三年九月	合資	一〇〇	一〇	四〇〇、〇〇〇	二〇〇、〇〇〇	一、八〇〇	生鐵爐
德盛山	大陽鎮	民國二十年八月	合資	一〇〇	一〇	四〇〇、〇〇〇	二〇〇、〇〇〇	一、八〇〇	生鐵爐
鴻泰岐	李村舖	民國十八年七月	合資	一五〇	一五	六〇〇、〇〇〇	三〇〇、〇〇〇	二、七〇〇	生鐵爐
福祥永	來村鎮	民國二十二年十月	合資	三五〇	二三	一、四〇〇、〇〇〇	七〇〇、〇〇〇	六、三〇〇	生鐵爐
泰豐昌	來村鎮	民國二十二年十月	合資	二〇〇	一九	八〇〇、〇〇〇	四〇〇、〇〇〇	三、六〇〇	生鐵爐
興泰成	石伏頭村	民國十八年八月	合資	五〇	六	二〇〇、〇〇〇	一〇〇、〇〇〇	九〇〇	生鐵爐
同興岐	圪了溝村	民國二十年九月	合資	三〇〇	二八	一、二〇〇、〇〇〇	六〇〇、〇〇〇	五、四〇〇	生鐵爐
復順成	柳樹底村	民國二十年九月	合資	五〇	六	二〇〇、〇〇〇	一〇〇、〇〇〇	九〇〇	生鐵爐
復興仁	史村河	民國二十年九月	合資	一五〇	一五	六〇〇、〇〇〇	三〇〇、〇〇〇	二、七〇〇	生鐵爐
華記	來村鎮	民國十九年九月	合資	二五〇	二三	一、〇〇〇、〇〇〇	五〇〇、〇〇〇	四、五〇〇	生鐵爐
泰豐裕	來村鎮	民國十七年九月	合資	三〇〇	二八	一、二〇〇、〇〇〇	六〇〇、〇〇〇	五、四〇〇	生鐵爐

祥泰山	宋王山村	民國十九年十月	合資	三〇〇	二八	一、二〇〇、〇〇〇	六〇〇、〇〇〇	五、四〇〇	生鐵爐
順興山	張莊村	民國五年九月	獨資	二〇〇	二八	一、二〇〇、〇〇〇	六〇〇、〇〇〇	五、四〇〇	生鐵爐
福興山	原慶村	民國二十一年七月	獨資	三〇〇	二八	一、二〇〇、〇〇〇	六〇〇、〇〇〇	五、四〇〇	生鐵爐
裕昌	高都村	民國二十三年九月	獨資	三五〇	三三	一、四〇〇、〇〇〇	七〇〇、〇〇〇	六、三〇〇	生鐵爐
天興成	黑山溝村	民國二十三年八月	獨資	五〇	六	二〇〇、〇〇〇	一〇〇、〇〇〇	九〇〇	生鐵爐
立成山	泊南村	民國二十三年七月	獨資	一五〇	一四	六〇〇、〇〇〇	三〇〇、〇〇〇	二、七〇〇	生鐵爐
同德岐	水北村	民國二十二年十月	獨資	五〇	六	二〇〇、〇〇〇	一〇〇、〇〇〇	九〇〇	生鐵爐
泰積鎰	大張村	民國五年七月	合資	三、〇〇〇	五三	六〇〇、〇〇〇	四〇〇、〇〇〇	三、〇〇〇	熟鐵爐
祀記	孫村	民國十七年九月	合資	一、五〇〇	四八	六〇〇、〇〇〇	四〇〇、〇〇〇	三、〇〇〇	熟鐵爐
新泰岐	孫村	民國二十年七月	合資	一、五〇〇	四八	六〇〇、〇〇〇	四〇〇、〇〇〇	三、〇〇〇	熟鐵爐
興順岐	椿樹頭村	民國二十二年八月	合資	一、五〇〇	四八	六〇〇、〇〇〇	四〇〇、〇〇〇	三、〇〇〇	熟鐵爐
敬慎德	河西村	民國二十四年四月	合資	一、五〇〇	四八	六〇〇、〇〇〇	四〇〇、〇〇〇	三、〇〇〇	熟鐵爐
順興禮	南村鎮	清光緒三十三年十月	合資	一、五〇〇	四八	六〇〇、〇〇〇	四〇〇、〇〇〇	三、〇〇〇	熟鐵爐
泰豐厚	南村鎮	民國十五年八月	合資	一、五〇〇	四八	六〇〇、〇〇〇	四〇〇、〇〇〇	三、〇〇〇	熟鐵爐
正興泰	南莊村	民國十六年七月	合資	一、五〇〇	四八	六〇〇、〇〇〇	四〇〇、〇〇〇	三、〇〇〇	熟鐵爐
岐山合	南莊村	民國二十三年十月	合資	一、五〇〇	四八	六〇〇、〇〇〇	四〇〇、〇〇〇	三、〇〇〇	熟鐵爐
泰盛岐	大陽鎮	清光緒二十三年六月	獨資	三、五〇〇	九八	二、六〇〇、〇〇〇	一、四〇〇、〇〇〇	三、〇〇〇	生熟鐵爐

吉星山	大陽鎮	清光緒十五年七月	合資	三、五〇〇	九八	二、六〇〇、〇〇〇	一、四〇〇、〇〇〇	二一、〇〇〇	生熟鐵爐
協泰山	大陽鎮	民國二十四年四月	獨資	一、八〇〇	七六	一、八〇〇、〇〇〇	一、〇〇〇、〇〇〇	一七、四〇〇	生熟鐵爐
聚興岐	大陽鎮	民國十年九月	合資	二、〇〇〇	九四	二、六〇〇、〇〇〇	一、四〇〇、〇〇〇	二一、〇〇〇	生熟鐵爐
復森岐	來村鎮	民國二十年十月	合資	一、九〇〇	八五	二、二〇〇、〇〇〇	一、二〇〇、〇〇〇	一九、二〇〇	生熟鐵爐
峻泰昌	來村鎮	民國十九年八月	合資	一、九〇〇	八五	二、二〇〇、〇〇〇	一、二〇〇、〇〇〇	一九、二〇〇	生熟鐵爐
裕泰昶	來村鎮	民國三年二月	合資	二、一〇〇	一〇三	三、〇〇〇、〇〇〇	一、六〇〇、〇〇〇	二三、八〇〇	生熟鐵爐
福和永	原慶村	民國二十三年十月	合資	一、八〇〇	七六	一、八〇〇、〇〇〇	一、〇〇〇、〇〇〇	一七、四〇〇	生熟鐵爐

三 生產

煉生鐵之主要原料爲礦砂，其次爲矸土，黑土，引煤，炭等類。熟鐵原料，除生鐵外，即爲柴炭。原料價格，礦砂每千斤六角，矸土每千斤二角，引煤每千斤四角，炭每千斤六角至八角，柴每担一元，晉城煉鐵業所用原料，均係就地採購，無須仰給於外，煉鐵程序，生鐵與熟鐵不同，玆分別述之。

煉生鐵之法，先用矸土製成矸筒，將礦砂和黑土引煤攪勻，裝入筒內，置炭火爐中，然後抽動爐旁風箱，使爐火融熾。經數小時之久，視火候成熟，將矸筒取出，則筒內之鐵已成。每熔爐一座，一晝夜可煉鐵五百斤，共需礦砂及炭各二千斤，矸土一千斤，黑土六百斤，引煤二百斤。

熟鐵煉法，用柴火爐將生鐵燒軟，打成小塊，再入爐熔化，用鐵棍就爐內將其攪勻，同時抽動爐旁風箱，以助火力，俟火候到時，用鉗夾置砧上，打成荒鐵，放入炭火爐中燒之，經相當時間取出，打成各種材料，每熔爐一座，每天可出熟鐵二千斤，共需生鐵三千斤，柴二千一百斤，炭四千四百斤。

四　銷路及交易

生鐵之用途，成色高者，供煉熟鐵之用，次等貨色，用作鑄鍋原料，熟鐵則多數用於打造農器及刀剪之屬。晉城出品，生鐵悉銷於本縣，熟鐵除銷本省外，並銷往陝西河南等處，在民國十三年時，生鐵每萬斤市價，曾達一百六十元上下，熟鐵每萬斤市價，曾達五百八十元，現時市價，生鐵每萬斤僅售九十元，熟鐵每萬斤僅售三百元。其交易手續。凡熟鐵爐廠或鍋廠向生鐵爐廠辦貨，均由買賣雙方直接訂立言帖，載明數量及價格，先行付款，隨後絡續交貨，客商辦貨，則多由牙紀居間說合，將數量及價格講妥後，訂立成交證，買方將貨款付給鐵行，由行代向爐廠訂購，約期絡續交貨，付款悉憑收據，交貨悉憑發單、如客商定貨，不能交齊，其損失歸鐵行賠償。熟鐵每萬斤須納省稅八元，縣稅一元四角二分；牙稅值百抽二，買賣雙方，各抽一成；生鐵則尚無捐稅。

三　機器翻砂業

一　沿革

晉省製造機器業，向不發達。民國二十二年，當局籌設西北實業公司於太原（即陽曲縣），其下置汽車修理廠，電氣機械製造廠，機車廠，水壓機廠，機械廠，鑄造廠，煉鋼廠機器廠，農工器具廠，鐵工廠等部份，爲全省規模最著者。汽車修理廠設自民國二十一年，本爲公營事業，專事修理公用汽車，並曾試造新車三輛，嗣於二十三年九月改組，隸西北實業公司。西北機車廠原係山西軍人工藝實習廠所屬砲廠，嗣於二十年份，裁減工人，停造軍械，從事製造各種機床，工具，及普通日用品，翌年，改稱壬申製造廠第一廠，二十三年，復經改組，隸於西北實業公司，改爲機車廠，從事製造客貨車皮及機車等件。西北水壓機廠原名壬申製造廠水壓機廠，於二十三年九月改組，隸西北實業公司，從事試造電機及水泵等機具，現尚未能暢銷。西北機械廠原係學兵團機械實習工廠，設自民國九年，嗣於十三年份，改組爲槍械工務處，十六年，改組爲軍人工藝實習廠衝鋒槍廠，二十一年，改組爲壬申第六廠，二十三年九月，復經改組，隸於西北實業公司，稱機械廠。西北育才煉鋼機器廠創始於民國十三年，時閻百川氏實施整理村範，頒佈厚生計劃案，擬於每縣置普通機器十部，聯合村減半，以期促進人民對於利用機器之注意，並兼育相當技術人才。因有育才機器廠及育才煉鋼廠之設，於十四年份籌備完成，當時因定購機件，未能如期運到，遲至十五年九月，始正式開工，二十年五月，兩廠合併，改稱民生煉鋼機器廠。嗣因煉鋼部份材料不繼停工，二十一年，復改組爲育才煉鋼機器廠，專造生產機器，如麵粉機，織布機，黑油機，毛織機等類，二十三年九月，復經改組，隸於西北實業公司，除製造生產機器外，並兼造各種工作機械，及普通日用品。西北農工器具廠設自民國十二年，原係軍人工藝實習廠砲彈廠，嗣於十六年份，改組爲太原兵工廠砲彈廠，十七年，仍復原稱，二十年，改組爲太原修械所砲彈廠，二十一年，改組爲壬申第二廠，二十三年，復經改組，隸於西北實業公司，始易今稱。西北鑄造廠及西北鐵工廠均設於民國二十三年，西北電氣機械製造廠，則尚在籌備中。此外規模較大者，爲平定之保晉鐵廠，開設於民國六年，惟該廠以煉鐵爲主，製造機器，係其兼業。其次平遙之聚興鐵工廠，臨汾之晉恆鐵工廠，晉興機器工廠，新絳之德記晉泰工廠，聚興成廠，河津之惠民工廠，規模均小。又太原之義聚鐵工廠，萬成鐵廠，同興成鐵工廠，晉興鐵廠，義成鐵工廠，義豐鐵廠等，則多係翻砂廠性質。

二　現狀

現時山西省之機器翻砂業，大小工廠，凡二十二家，而集中太原者，佔十五家之多，此外臨汾，新絳各二家，平遙，平定，河津各一家，除西北實業公司所屬各廠係官辦外，計合資者八家，獨資者五家。全業總資本額五、五九〇、六一五元，西北實業公司所屬各廠佔四、八七三、三〇〇元，保晉鐵廠佔七〇〇、〇〇〇元，其餘各廠合計僅一七、三一五元。職工總數四、〇一四人，西北實業公司所屬各廠佔三、一四六人，保晉鐵廠佔五八一人，其餘各廠佔二八七人。全年產品總值二、〇二〇、三五四元，西北實業公司所屬各廠佔一、八七〇、一六九元，保晉鐵廠佔一〇〇、〇〇〇元，其餘各廠佔五〇、一八五元。茲將該業各家現況，列表於後。

山西省機器翻砂業現況一覽表

縣別	廠坊名	地址	設立年月	組織	資本額（元）	職工數	原料成本（元）	年產額 產值（元）	備註
陽曲	西北實業公司西北汽車修理廠	太原小東門街	民國二十一年四月	官辦	二八〇、〇〇〇	三二五	—	一五〇、〇〇〇	
	西北實業公司西北電汽機械製造廠			官辦	—	一五	—	—	籌備中
	西北實業公司西北機車廠	太原北門外	民國二十三年九月	官辦	一、三五〇、〇〇〇	七四五	—	三三六、〇〇〇	
	西北實業公司西北水壓機廠	太原北門外	民國二十三年九月	官辦	四七六、三〇〇	一二二	—	一一九、四〇〇	
	西北實業公司西北機機廠	壩陵南街	民國十三年	官辦	三二一、〇〇〇	二五〇	五二、八〇〇	一八四、八〇〇	
	西北實業公司西北鑄造廠	太原北門外	民國二十三年九月	官辦	四一八、〇〇〇	四三〇	一五六、八一七	三〇三、六六九	
	西北實業公司西北育才煉鋼機器廠	太原北門外	民國二十三年九月	官辦	二四七、〇〇〇	五一九	七〇、三三〇	三三六、五〇〇	
	西北實業公司西北農工器具廠	太原北門外	民國二十三年九月	官辦	六八四、〇〇〇	一九一	二四、〇〇〇	一六九、八〇〇	
	西北實業公司西北鐵工廠	太原北門外	民國二十三年九月	官辦	一、二三七、〇〇〇	五四〇	五六、〇〇〇	二七〇、〇〇〇	
	義聚鐵工廠	大南門街	民國十五年九月	合資	三〇〇	一三	九〇〇	二、四〇〇	
	萬成鐵廠	大南門街	民國十五年四月	獨資	二〇〇	一二	六、〇〇〇	二、二〇〇	
	同興成鐵工廠	大南門街	民國二十三年五月	獨資	一五〇	一二	一、二〇〇	一、五〇〇	
	晉興鐵廠	大南門街	民國二十三年六月	合資	一五〇	一四	七、九九二	三、〇五〇	

	義成鐵工廠	大南門街	民國十七年二月	獨資	四〇〇	一三	七、二〇〇	四、〇〇〇
	義豐鐵廠	大南門街	民國二十二年六月	合資	二四〇	九	三、〇〇〇	一、二〇〇
平遙	聚興鐵工廠	縣城下西門	民國九年	合資	六七五	二〇	九一五	二、四五五
平定	保晉鐵廠	陽泉車站	民國六年	合資	七〇〇、〇〇〇	五八一		一〇〇、〇〇〇
臨汾	晉恆鐵工廠	東關十字南	民國二十三年四月	獨資	五〇〇	九	八〇〇	四、八六〇
	晉興機器工廠	東關汽車站	民國十八年三月	獨資	五〇〇	二七	六六〇	一、〇二五
新絳	德記晉泰工廠	南關	民國二十三年一月	合資	三、六〇〇	九五	一〇、八九〇	一六、九五五
	聚興成廠	南關	民國二十三年二月	合資	三、六〇〇	三三	二、七五〇	五、四五〇
河津	惠民工廠	東關	民國二十四年三月	合資	七、〇〇〇	三三	二、一〇〇	五、一〇〇

三　原料

機器廠之重要原料，首推鋼鐵，其次爲煤炭，木料，馬口鐵皮，鉛，銅，焦等類。鋼、銅及馬口鐵皮，幾全自外國購入，鋼每磅價格自一角至六角，銅每磅價格，約須六角，馬口鐵皮每磅約五角，育才廠舊製鋼料，較外貨低廉，每磅自一角二分至三角，惟近年未出新貨。鐵及煤炭，本省礦產，頗足自給，陽泉保晉鐵廠所出生鐵，每噸價格約七十元，亦有從漢陽購入者，每噸約一百二十餘元，本省煤炭，每噸約二元，其他雜料，多係國產，但需量甚微。西北實業公司各廠所需外國原料，係由綏省兩署採運處，代向各國直接訂購，國產原料，則係就地招標購辦，需用量佔全業百分之九十以上。

四　生產

西北實業公司所屬各廠，除電氣機械製造廠尚在籌備期間外，汽車修理廠現備有各種工作機器二百五十部，價值十五萬元，馬達六部，馬力一百六十匹，主要業務為修理汽車，出品有汽車零件，木炭代油爐，柴油機，抽水機，鍋爐，水泵等類，並承辦煖汽衛生工程。機車廠備有普通機床七百二十四部，特種機床五十八部，其中一部份購自英德，一部份係自造。共值一百二十三萬餘元，馬達二十四部，馬力七百匹，出品有各種普通機床，各種客貨車皮，各種工廠用具，及普通日用品等類。水壓機廠備有修理工作機四十六部，一部份係外國廠家出品，一部份係本國製造，約共值三萬餘元，文德公司高壓力水泵四部，約值二萬餘元，六十至兩千噸水壓機七部，約值二十五萬元，壓空氣機四部，約值九千五百元，德國製打風機四部，約值八千元，其他機器五部，約值一萬八千八百元，馬達十六部，馬力四百餘匹，出品有水泵，電扇，及 20H.P. 電動機等類。機械廠備有馬達八部，馬力二百十八匹，出品有各種車床，煤汽燈，煤汽爐，燒焊燈，訂書機，抽水機等類。鑄造廠備有德國製格鋸機一部，價值一萬二千八百十七元，三刀，四刀，刨機各一部，價值七千三百四十元，大小齒輪砂模機二部，價值六千七百五十一元，磨粉機一部，價值八千九百六十元，化鐵爐裝料升降機一部，價值七千五百八十元，蒸空氣錘三部，價值一萬元，鋁釘螺拴壓製機一部，價值一萬二千九百九十二元，煤汽引擎二部，馬力三十五匹，馬達十八部，馬力三百四十四，出品有磨粉機，煤汽爐，空氣錘，吊式水鶴，鉛粉罐，排風機，鋁釘，遠心力抽水機，造磚機，壓磚機等類。育才煉鋼機器廠備有工作機器一百七十二部。約值十一萬六千三百餘元，風扇爐具等十餘種，約值四萬九千餘元，馬達三部，馬力九十四，出品有日磨二千袋麵機，日織五百匹布機，八馬力黑油機，三馬力黑油機，織呢機，動力石磨，手織機，壓磚機，各種工作機器，及普通日用品等類。農工器具廠備有元車床三百八十五部，價值二十六萬六千七百五十二元，洗床三十四部，價值五萬一千二百元，刨床十二部，價值三千八百五十元，插床二部，價值四百七十元，舂機三十四部，價值六千五百元，鑽床二十九部，價值一萬八千六百元，老虎鉗一百二十六把，價值二千一百元，馬達四部，馬力一百匹，出品有農具，磅秤，抽水機，製圖儀，卡呎，分厘呎，罐頭，鈕扣，圖釘等類。鐵工廠備有車床二百零七部，價值十八萬八千二百元，洗床二百三十一部，價值三十八萬三千六百元，刨床十八部，價值一萬七千三百元，插床十三部，價值二萬一千八百元，鑽床十一部，價值八千元，專門機器一百十五部，價值十九萬二千八百四十元，馬達十一部，馬力二六七•三匹，出品有銼刀，蔴花鑽，井筒管子，及其他機械工具等類。此外太原之義聚，萬成，同興成，晉興、義成，義豐等廠，共有鏇床七部，刨床，鑽床各二部，三馬力電滾五個，四馬力電滾一個，概以修配機器零件爲主要業務，出品有切麵機，軋花機等類。平遙之聚興鐵工廠，備有六尺車床一部，價值一百五十元，一尺六寸搖輪鑽床一部，價值十元，一百斤熔鐵爐一座。價值五元，煤汽引擎一部，馬力一•五四，出品有軋花機，八寸齒輪，五寸齒輪，三寸齒輪，及機器零件，農具零件，火爐等類。臨汾之晉恆鐵工廠，備有自造鑄鐵爐一座，出品有水車，軋花車，犂鏵等類。晉興機器工廠，備有鏇床一部，價值四百元，搖輪鑽床一部，價值十二元，出品有彈花機，軋花機，吸水機，織布機等類。新絳之德記晉泰工廠，備有鏇床三部，價值九百元，鑽床一部，價值二百元，出品有榨花機，彈花機，軋花機，織布機，切麵機等類。聚興成廠出品，與晉泰廠大致相同。河津之惠民工廠，則並無工作機械設備，純係手工製造，出品有榨花機，彈花機，吸水機等類。

五　交易

西北實業公司所屬各廠出品，除銷本省外，並銷往陝西、綏遠、四川、甘肅等省，新絳出品，銷晉南各縣及陝西省，其餘均無外銷。定貨手續，先經雙方議定價格，訂立合同，或定單，載明出貨期限及地點，先付貨款一半，或三分之一，餘款或到期一次付清，或分期交付，出貨手續，或以貨物出廠，卽爲出貨者，或以購主裝竣使用之日爲出貨者，各家情形，間有不同，小廠家並有口頭定貨習慣，或先付貨價，約期定造，但零星交易，概須隨付現款。

四　銅錫業

一　概說

銅錫器爲我國舊有之小工業，在習慣上銅錫器兼製，向不分開，山西省銅錫業情形，亦復如是。全省銅錫業，以大同爲最發達，產品精良，爲全省冠，其次陽曲、新絳，渾源，晉城，左雲、安邑、平遙，祁縣，河曲，曲沃，猗氏，神池，以及永濟等縣，銅錫器產品亦頗多。

銅錫業最興盛時期，係在清末民初，蓋當時銅錫器皿之用途甚廣，如銅面盆，銅錫壺，水煙筒等之銷路甚佳，後以歐風東漸，日用品日有進化，銅錫業乃漸衰落。就大同情形而論，從前有銅錫作七十餘家，全年產値約十餘萬元，現在全業，僅存四十家，全年產祗有四萬餘元，減少一倍以上，晉省銅錫業之衰落情形，可想而知矣。

二　現狀

全省銅錫器作坊，以大同爲最集中，現有銅錫器作坊四十家，居全省之首位，但其組織情形，與省南各縣不同，均係家庭作坊，規模極小，全家父子兄弟參加工作，雇用工人者甚少，當地通稱之爲「銅器工匠」，所製成銅錫器皿，均由商號批發以去，既無場房設備，又無字號名稱，故對於各作坊個別情形，無從統計。渾源有銅錫作二十六家；左雲現有錫銅作十一家；其組織情形與大同相似，惟在省南一帶，各縣銅錫業多半作場兼舖面，製貨賣貨不分開，故規模較之省北爲大，如陽曲現有銅錫器業十家；新絳九家；晉城六家；平遙五家；祁縣神池各四家；河曲二家；曲沃三家。永濟猗氏各一家，均爲作場兼營舖面之銅錫作。

作坊

資本

銅錫作坊，資本均不雄厚，大同雖屬全省發達之區，而其作坊資本，每家不過二三十元，上述一百二十二家中，資本在千元以上等，祇有陽曲四家，在百元以上及十元以下者，計有十八家，普通以二三十元至五六十元者居多，其總額約一萬四千六百五十元，陽曲占七千九百七十元，大同占一千二百元，曲沃占一千元，猗氏占八百元，渾源占七百八十元，晉城占七百五十四元，新絳占六百六十元，左雲祁縣各占三百三十元，平遙占二百七十元，河曲占二百五十元，神池二百四十元，永濟占五十元，安邑最少爲十元。

工人

工人數量，以大同渾源兩縣爲特多，各有二百名，其次陽曲五十八名，新絳四十九名，平遙三十三名，左雲二十八名，晉城二十四名，曲沃二十一名，河曲二十名，再次神池十一名，祁縣九名，猗氏五名，永濟四名，安邑三名，共計工徒六百六十五名，雇工制度，各地略有不同，在省北大同渾源各地，並不雇用長工，論件給資，如製就銅壺一只，應給工資若干，俗稱「包貨做」，但在省南各縣，均以雇長工爲主，每月工資以四元爲最普通，學徒全年工資四元，膳宿均由東家供給。

原料

山西銅錫業，所需用之原料，以銅爲大宗，蓋製造品以銅器爲主也。其銅質之來源，均係收買民間之廢銅及破碎之銅錫器皿，由本省購辦者居多，鄰省輸入者較少，廢銅每担價格，十五元至二十元不等，廢錫每担價格，五六十元之譜，全年需用量，據調查統計，銅質三十八萬三千二百七十斤，錫鉛共二萬七千六百五十斤，總值七萬一千二百八十元。

生產

銅錫器皿各種式樣不同，故製造方法亦各異，大概銅壺，茶盤，暖鍋等類之製造，第一步手續，先將舊銅質放置爐中溶化，製成銅版，繼將銅版剪錯綴合、水煙筒，銅杓，錫茶壺，錫酒壺，銅錫燭臺等之製造，先用砂箱製成模型，乃取溶化之銅汁，傾入模型，隔時取出，則已具有器皿之粗坯，各種銅錫器製成粗坯後，尙有一步整理工作，頗爲重要，先用銼刀銼光，若需要刻花者，則再加刻花紋，此後繼須拋光，拋光有新舊兩法，新法咸用電機拋光，所謂電鍍是也，舊法則裝上脚踏木製拋車，用刀，砂皮，木炭等以光澤之。

產品與產值

銅錫器皿，種類繁多，舉其要者而言，有銅錫茶壺，銅面盆，暖鍋，銅錫酒壺，銅茶盤，銅杓，水煙筒，銅燈籠，銅錫燭臺，銅瑣以及其他用件等類，其中以大同所產之暖鍋，最有聲譽，蓋以製造精妙非他處所能比擬。各地銅錫器皿產量，或以重量計算，或以件數計算，因其單位不一，故對於生產確數，無從統計，茲就產值而言，二十三年份，全年總產值共爲十萬零五千一百八十九元，其中以大同爲獨多，占四萬三千元，其次陽曲占一萬七千八百七十元、渾源占一萬零一百四十元、再次曲沃占八千元，新絳占六千七百八十元，平遙占五千六百元，左雲占五千三百元，猗氏占二千一百元，祁縣占一千九百九十五元，晉城占一千八百二十七元，河曲占一千二百八十元，神池占八百二十二元，永濟占三百五十元，安邑最少爲一百二十五元。

交易

銅錫之交易，作坊與兼營門市作坊，完全不同，純粹作坊，並不直接門市售貨，凡製成器皿，隨即送交銅錫器商號脫售，貨值之多寡，視貨器分量輕重面議，商號接受貨品後，立付現款，間有作坊周轉不靈時，可向商號預借，以後將貨品抵償，此項交易方法，於省北之大同一帶通行。至兼營門市之銅錫作坊則異，其組織情形，大都前店後場，所製成器皿，均自行門市售出，有時獲利或較大其他作坊，但無絕對盈利之保障，蓋有時受貨品滯銷之影響，似又不及純粹作坊獲利之穩健也。

銷路

銅錫器之銷路，以本省境內爲大宗，其銷售省外者不多，各地銷售省外之銅錫器，可分爲南北兩路，省北所產之銅錫器，銷於平綏路之包頭、豐鎮，張家口，北平等各重要城市都會，此外尙有河北省之西部行唐一帶，省南之銅錫器，銷於平漢路沿綫以達天津，其銷售數量，均係零星件數，係商旅購辦自用者居多，大批販運者，甚少。

山西省銅錫業現況一覽表

縣別	廠坊名	地址	設立年月	組織	資本額(元)	職工數	原料用量	年產額 產值(元)	備註
新絳	德盛祥	中城巷	清光緒卅四年	獨資	一一〇	六	銅二、七〇〇斤	七二〇	
	永盛公	東君巷	民國廿四年	獨資	二〇	四	銅一、二〇〇斤	三三〇	
	順發長	大街	民國廿年	獨資	三〇	三	錫一、二〇〇斤	四四〇	
	豐盛和	木匠巷	清光緒卅年	獨資	九〇	六	銅三、六〇〇斤	九九〇	
	三晉昌	北大街	民國廿年	合資	一五〇	九	銅四、五〇〇斤	一、二六〇	
	永德成	中大街	民國三年	獨資	七〇	六	銅三、〇〇〇斤	八四〇	
	士泉公	木匠巷	清光緒三年	獨資	五〇	五	黑鉛三、〇〇〇斤	八四〇	
	德盛魁	東君巷	民國十八年	合資	九〇	四	銅一、五〇〇斤	五二〇	
	元順公	大街	清光緒卅四年	獨資	五〇	六	銅三、〇〇〇斤	八四〇	
陽曲	雙興永	大南門街	民國二十三年	合資	一、一〇〇	七	銅一〇、〇〇〇斤 錫二、〇〇〇斤	一、八〇〇	銅茶盤
	春生鈺	興隆街	民國二十一年	獨資	五七〇	一〇	銅一六、〇〇〇斤 錫八〇〇斤	一、七六〇	鎔化銅錠
	萬興永	晉府店	民國二十二年	合資	一、一〇〇	七	銅三二、〇〇〇斤	三、五二〇	鎔化銅錠
	天聚成	大南門街	民國廿三年	獨資	七〇〇	八	銅二五、〇〇〇斤	二、七五〇	鎔化銅錠
	泰和永	大剪子巷	民國廿四年	獨資	八〇〇	四	錫八〇〇斤	六四〇	錫酒壺
	黎生裕	靴巷	民國十四年	獨資	五〇〇	三	錫八〇〇斤	六四〇	錫供器

	恆生萬	靴巷	民國二〇年	獨資	三〇〇	三	錫	六〇〇斤	四五〇	錫燈台
	公順興	靴巷	民國十八年	獨資	二〇〇	三	錫	五〇〇斤	三五〇	錫茶壺
	洪盛水	抄米巷	民國廿四年	合資	一、二〇〇	四	銅 錫	一二、〇〇〇斤 四、〇〇〇斤	二、〇〇〇	小錫條
	天裕成	大南門街紙巷	民國十五年	獨資	一、五〇〇	九	銅	三六、〇〇〇斤	三、九六〇	熔化錠銅
安邑	王發成	河東市北大街	民國十七年三月	獨資	一〇	三	銅	六〇〇斤	一二五	
晉城	裕泰山	南街	民國十四年	獨資	三〇四	五	銅 錫	一、〇〇〇斤 五〇〇兩	四〇〇	
	泰盛和	南街	民國十二年	獨資	三〇四	五	銅 錫	一、〇〇〇斤 五〇〇兩	四〇〇	
	鴻慶和	南街	民國十八年	獨資	三四	三	銅 錫	五〇〇斤 三〇〇兩	二〇〇	
	祥瑞泰	南街	民國二十一年	獨資	二四	二	銅 錫	三〇〇斤 一二〇兩	一二〇	
	張發祿	南街	民國十九年	獨資	六四	六	銅 錫	一、二〇〇斤 七〇〇兩	五三〇	
	秦祿孩	南街	民國廿年	獨資	二四	三	銅 錫	四〇〇斤 二〇〇兩	一七七	
猗氏	義瑞永	縣城東街	民國十三年二月	獨資	八〇〇	五	銅	三、〇〇〇斤	二、一〇〇	
永濟	德生長	縣城東南	民國二十三年七月	合資	五〇	四	銅	一、五〇〇斤	三五〇	產值項包括修理舊貨一〇〇元
曲沃	義興德	城內大街	清光緒廿二年一月	獨資	四〇〇	八	錫	四、五〇〇斤	三、二〇〇	
	振興德	城內大街	民國十七年一月	獨資	三〇〇	六	錫	三、〇〇〇斤	二、〇〇〇	
	泰瑞興	城內大街	民國十年二月	獨資	三〇〇	七	錫	四、〇〇〇斤	二、八〇〇	
河曲	樊殿華	本縣南關	民國二十一年	獨資	二一〇	一五	銅	一、〇八〇斤	八三〇	

	武成文	本縣大街	民國二十一年	獨資	四〇	五	鉛錫	一三五斤	四五〇	
神池	左銅舖	西三道街	民國九年	獨資	七〇	四	銅	二五〇斤	九六	
	張銅舖	東三道街	民國二十三年	獨資	五五	三	銅	一五〇斤	九〇	
	李成才	玉皇廟街	民國元年	獨資	五〇	一	錫	二〇〇斤	二六七	
	王家賓	西五道街	民國十八年	獨資	七〇	三	錫	三〇〇斤	三七〇	
平遙	金盛大	第一街	民國八年三月	獨資	五〇	七	銅	二、一〇〇斤	一、一〇〇	
	全盛祥	第一街	民國廿三年二月	合資	八〇	九	銅	二、九〇〇斤	一、四五〇	
	長盛永	第一街	民國三年五月	合資	四〇	四	銅	一、一〇〇斤	一、〇五〇	
	義盛和	第一街	民國十年一月	獨資	五〇	六	銅	一、八〇〇斤	九〇〇	
	天泰生	第一街	民國十二年六月	獨資	五〇	七	銅	二、二〇〇斤	一、一〇〇	
祁縣	文華興	東街	民國十九年	獨資	一〇〇	二	錫	一、五〇〇斤	九〇〇	
	興盛公	西街	民國十七年	獨資	一〇〇	三	銅	一一〇斤	三九〇	
	聚新長	東街	民國十九年	獨資	一〇〇	二	錫	一、一〇〇斤	六六〇	
	四義誠	南街	民國廿五年	獨資	三〇	二	銅	八〇斤	四五	兼修洋車

第六章　日用品工業

一　銀樓首飾業

一　概說

銀樓首飾業，爲我們古有之工藝，普及於全國，以製造婦女粧飾品爲大宗，清季以前，堪稱發達，民國以還，文化日進，粧飾物使用者稀少，兼以舶來品侵入，此業大受影響，年來農村破產，粧飾品銷路益形狹隘，除大商埠都會中，銀樓因有副業而能維持者外，其在內地之首飾舖，或已倒閉，或在苟延殘喘之中，勢難恢復往昔之盛況。山西省一係農村社會，民風古樸，銀樓首飾業，向不發達，加之近年天災人禍相繼而起，首飾業亦隨之不景氣，綜觀全省之銀樓首飾業，唯有太原府之銀樓規模尚有可觀，蓋以省會所在之故，他如內地各縣之首飾舖，規模甚小，資本不過幾十元，全年營業額不過二三百元而已。

二　現狀

家數

全省銀樓首飾舖，據此次調查所得，現共有一百七十七家，其中以晉城最多，計二十家，其次陽曲十三家，再次新絳九家，長治夏縣各八家，長子、武鄉、昔陽、聞喜、垣曲各七家，高平、陵川各六家，太谷、襄垣、臨晉、萬泉、平陸、各五家，平遙、和順、沁縣、稷山各四家，交城、永濟、猗氏、解縣，安邑，芮城，絳縣各三家，祁縣、屯留、榮河、忻縣、各二家，文水、大寧各一家。

資本

銀樓首飾之資本，除少數銀樓外，其餘首飾舖，均甚微薄，不足千元者居多。總計全業資本額，共計十七萬三千六百六十二元，以陽曲爲最多，計佔十一萬二千八百六十元，佔總數百分之六五•三，其次安邑佔八千二百六十元，太谷佔七千九百七十五元，祁縣佔六千零六十元，交城佔五千六百元，平陸佔三千六百元，猗氏佔三千元，新絳佔二千九百八十元，永濟佔二千二百元，聞喜佔二千零八十元，晉城佔二千零三十五元，長子佔一千七百四十元，昔陽佔一千六百三十元，解縣佔一千三百元，和順佔一千二百八十元，絳縣、沁縣、襄垣等縣各佔一千二百元，再次稷山佔九百九十元，臨晉佔九百零五元，長治佔八百五十五元，武鄉佔八百元，忻縣佔六百元，萬泉佔五百六十元，平遙佔五百元，芮城佔四百五十元，垣曲佔三百四十五元，大寧佔三百元，陵川佔二百三十二元，夏縣佔二百三十元，文水、屯留、榮河各佔二百元，高平最少，僅有九十五元。

再就各銀樓首飾舖之個別資本比較，綜計不滿百元者五十五家，由百元起至五百元者八十八家，由六百元起至千元者十家，由一千一百元起及不足二千元者八家，由二千二百元起及不足三千元者二家，由三千三百元起至五千元者五家，在五千五百元以上及不足萬元者六家，由一萬六千五百至一萬九千元者二家，陽曲天聚增銀樓資本最大，計三萬五千元。

職工

職工之雇用，銀樓與首飾舖略有不同，銀樓用職員多工人少，首飾店則工人多而職員少，蓋兩者雖屬同行，而營業範圍大小各異，銀樓資本雄厚，除製造粧飾品外，大部份營業在兌換金銀珠寶物品，首飾舖則僅製造粧飾品而已，間有兌換金銀物品者，爲數亦微。總計全業職工人數八百八十五人，其中以陽曲人數最多，佔二百十八名，其次晉城佔五十四名，新絳佔四十九名，聞喜佔四十一名，平陸佔三十二名，長子佔三十一名，夏縣佔三十名，再次太谷祁縣，各佔二十八名，長治佔二十五名，交城昔陽各佔二十四名，武鄉佔二十二名，安邑佔二十一名，臨晉、垣曲各佔二十名，平遙、萬泉各佔十九名，襄垣佔十八名，陵川、沁縣各佔十六名，和順、忻縣、各佔十五名，猗氏稷山各佔十四名，永濟佔十二名，大寧佔十一名，解縣、絳縣各佔九名，榮河佔六名，屯留佔五名，芮城佔四名，文水佔三名。

職工待遇

職員工人均係常年雇用，職員中有先生學生之分，工人中有老技師工徒之別，職工薪資，按月支給，職員每月每人由二元至八九元不等，工人每月每人由二元起至五元左右，職工待遇，以陽曲最優厚，職員薪金，每月平均七八元，工人工資每月平均四五元，與其他各縣相較，高於一倍之多，學生與工徒在學習時期概不給薪資，僅津貼若干零用，職工膳宿，全由資方供給。

產品與產值

金銀首飾，名目繁多，舉其要者而言，有戒指，手鐲，耳環，簪子，牙丈，項圈，以及賽銀、鍍金包金等零碎飾物，因其單位不一，生產數量無從統計，茲就全年產值而言，總計爲三十六萬二千五百七十四元，其中陽曲產值最大，計佔十八萬五千三百元，佔總產值百分之五十以上，其次永濟佔三萬七千六百二十元，祁縣佔二萬二千九百八十元，平陸佔一萬五千六百元，昔陽佔一萬二千四百元，新絳佔一萬一千一百元，再次聞喜佔九千六百元，晉城佔七千九百八十七元，猗氏佔七千二百元，和順佔五千九百四十元，交城佔五千七百九十元，安邑佔五千七百五十八元，夏縣佔三千五百五十元，長子佔三千三百四十元，沁縣佔三千二百五十元，長治佔三千一百三十四元，河曲佔二千七百元萬，萬泉二千五百八十六元，臨晉佔二千四百元，太谷佔二千二百十四元，武鄉佔一千六百三十元，稷山佔一千六百元，高平佔一千一百八十五元，平遙佔九百六十元，忻縣佔八百五十元，屯留、芮城各佔八百四十元，陵川佔七百三十元，榮河解縣各佔七百元，襄垣佔六百零一元，文水佔六百元，絳縣佔四百九十二元，大寧佔三百九十元。

銷路與交易

銀樓首飾業之營業情形，與一般工商業不同，其產品均係零製零售，既無大宗批發，又不遠銷，以就地銷售爲主，其交易手續，大都係顧客先付款訂貨，如係購辦現貨，習慣上均以現款交易爲尚，概無欠賬情事。

山西省銀樓業現況一覽表

縣別	廠名	地址	設立年月	組織	資本額(元)	職工數	產值(元)	備註
陽曲	裕興恆	太原市	民國九年	合資	一六、五〇〇	二四	二八、八〇〇	
	恆泰信	太原市	民國二十二年	合資	一九、〇〇〇	二五	二七、〇〇〇	
	天聚增	太原市	民國十九年	合資	三五、〇〇〇	三五	三六、〇〇〇	
	天福裕	太原市	民國二十二年	合資	六、五〇〇	一八	一〇、七〇〇	
	長春樓	太原市	民國二十一年	獨資	五、五〇〇	一三	一〇、〇〇〇	
	錦延齊	太原市	民國元年	獨資	五、五〇〇	一七	一二、五四〇	
	寶誠金店	太原市	民國十九年	獨資	五、五〇〇	二四	二一、六〇〇	
	德亨立	太原市	民國二十三年	獨資	四、五〇〇	一三	一二、八〇〇	
	恆利源	太原市	民國十三年	合資	七、〇〇〇	一八	一一、一〇〇	
	復順公	太原市	民國二十四年	合資	五、〇〇〇	一三	一〇、〇〇〇	
	富盛長	太原市	民國元年	獨資	二、二〇〇	八	三、六九〇	
	福泰誠	太原市	清光緒十五年	合資	四六〇	六	九〇〇	
	福太長	太原市	民國二十二年	合資	二〇〇	四	一七〇	
太谷	協同富	城內	清緒光十一年	合資	八七五	五	五四〇	兼營京貨雜貨
	寶泉玉	西街	清光緒三十年	合資	一、五〇〇	七	七九二	兼營京貨雜貨
	麗源昌	東街	民國四年	獨資	一、三〇〇	五	四五〇	兼營京貨雜貨

	萃恆豫	南街	民國十年	獨資	四、〇〇〇	六	一二六	兼營京貨雜貨
	瑞源湧	東嶽廟巷	民國十七年	獨資	三〇〇	五	三〇六	兼營京貨雜貨
祁縣	隆興永	西街煤市社	清光緒三十四年	合資	三、六〇〇	一四	一八、三八〇	
	裕和昌生記	西街	民國二十三年二月	合資	二、四六〇	一四	四、六〇〇	
交城	寶興長	北馬道	清光緒三十三年七月	合資	一、七〇〇	八	二、二九〇	
	德生厚	東關街	民國二十三年五月	合資	三、三〇〇	一一	三、五〇〇	
	廣義新	東關街	民國三年三月	合資	六〇〇	五	七七八	
文水	義長樓	城內南街	民國七年五月	獨資	二〇〇	三	六〇〇	
平遙	信昌永	第四街	民國五年二月	合資	二五〇	一〇	五四〇	
	義成合	第十三街	民國二十三年一月	獨資	一一〇	三	一八〇	
	慎泰誠	第二街	民國十三年一月	獨資	一二五	四	二一〇	
	劉廷盛	第九街	民國二十年一月	獨資	一五	二	三〇	
長治	天心樓	東街	民國二十四年一月	獨資	九〇	三	三九八	
	義成樓	東街	民國二十四年一月	獨資	一一〇	四	三六〇	
	德盛樓	東街	民國十一年一月	獨資	五〇	二	一九八	
	天成樓	東街	民國十三年三月	獨資	三〇〇	六	九〇〇	
	積發樓	東街	民國十六年五月	獨資	六〇	三	二一六	

	天興樓	南街	民國二十年三月	獨資	九〇	三	四五〇
	太心樓	西街	民國八年八月	獨資	七五	二	二五二
	晉華樓	南街	民國二十三年一月	獨資	八〇	二	三六〇
長子	義興恒	城內	民國七年九月	獨資	三六〇	五	六〇〇
	正昌	城內	民國三年三月	獨資	二五〇	三	四八〇
	根盛	城內	民國二十年七月	合資	一七五	三	四〇〇
	正昌永	城內	民國元年十月	獨資	二四〇	四	四四〇
	義元成	城內	民國二十一年一月	合資	一五五	四	三六〇
	義合	城內	民國九年六月	獨資	二一〇	五	四〇〇
	義盛	城合	民國五年四月	獨資	三五〇	七	六六〇
屯留	四義樓	城內西街	民國八年二月	獨資	一三〇	三	六〇〇
	復盛樓	城內東街	民國十四年三月	獨資	七〇	二	二四〇
襄垣	鼎成玉	北街	民國五年二月	獨資	三〇〇	四	一二〇
	德再興	南關	民國五年七月	合資	三八〇	六	一八〇
	德盛永	衙道街	民國二十三年一月	合資	一五〇	三	一三二
	德昌晉	南街	民國二十一年三月	合資	一七〇	三	七四
	復和錦	下良	民國十九年二月	獨資	二〇〇	二	九五

晉城	永順樓	城內南街	清光緒二十二年	獨資	二〇	五	一、六二〇
	協和樓	城內南街	民國元年	獨資	三〇	三	八九〇
	聚玉樓	城內南街	清光緒二十八年	獨資	一五	三	五七〇
	恆順樓	城內南街	民國二年	獨資	一五	三	五七〇
	復生樓	城內南街	民國十八年	獨資	一五	三	五七〇
	三義樓	城內南街	民國二十年	合資	一五	三	五七〇
	九花樓	城內南街	民國四年	獨資	一五	三	四二〇
	雲興樓	城內南街	民國二十四年一月	獨資	一〇	三	四二〇
	興泰樓	西門裏	民國十八年	獨資	一〇	三	三一〇
	天順樓	黃華街	清光緒二十九年	獨資	一〇	三	三一〇
	義泰樓	黃華街	民國五年	獨資	七二〇	三	二二五
	復盛樓	南寨	民國十八年	獨資	七〇	三	二〇七
	和盛樓	犂川	民國十二年	獨資	一三〇	二	二〇七
	玉盛樓	犂川	民國二十一年	獨資	一三〇	二	一六五
	吉星樓	李寨村	民國二十二年	獨資	一一〇	二	一六五
	天泰樓	李寨村	民國十一年	獨資	一四〇	二	一六五
	義聚樓	東溝	民國十四年	獨資	一五〇	二	一七三

	福興樓	東溝	民國二十一年	獨資	一六〇	二	一五〇	
	義興樓	周村	民國二十一年	獨資	一六〇	二	一五〇	
	德興樓	周村	民國十七年	獨資	一一〇	二	一三〇	
高平	金盛	南關	民國四年一月	獨資	二〇	二	一二〇	
	同盛	城內	民國十一年一月	獨資	二〇	三	二四〇	
	錦福	城內	民國二十年一月	獨資	一〇	二	二七〇	
	大昌永	城內	民國二十四年五月	獨資	一〇	一	九〇	
	積德	野川鎮	民國十九年六月	獨資	二〇	三	二八五	
	萬盛	陳堰集	民國二十二年一月	獨資	一五	二	一八〇	
陵川	錦華樓	城內	民國四年二月	獨資	六〇	三	一七八	
	武盛樓	城內	民國五年八月	獨資	四八	三	一九五	
	恆元樓	城內	民國十三年三月	獨資	四五	三	一三〇	
	武鳳樓	城內	民國十九年八月	獨資	三八	三	一三〇	
	協勝樓	東關	民國二十四年四月	獨資	二一	二	六五	
	福慶樓	東關	民國二十二年五月	合資	二〇	二	三九	
和順	義和成	城內中和街	民國二十三年	獨資	八〇	三	九〇〇	
	三晉昌	城內中和街	民國八年	合資	四〇〇	三	一、八〇〇	

	德順成	南關	民國二十四年	合資	四〇〇	五	一、八〇〇	
	同心茂	東關	民國十八年	合資	四〇〇	四	一、四四〇	
沁縣	春意享	城內	民國九年	獨資	二〇〇	三	五五〇	
	錦記銀爐	城內	民國二十年五月	獨資	三〇〇	三	八五〇	
	恆昇泰	城內	民國十五年十月	獨資	二〇〇	三	七五〇	
	萬亨昌	城內	民國二十一年三月	獨資	五〇〇	四	一、一〇〇	
武鄉	寶眞昌	湧泉鎮	民國十三年五月	合資	二五〇	四	二四〇	
	天泰生	洪水鎮	民國十八年一月	獨資	一五〇	三	一六〇	
	晉興永	蟠龍鎮	民國十八年一月	獨資	七〇	三	一七〇	
	雙盛永	段村鎮	民國元年五月	合資	一五〇	三	二〇〇	
	聚寶齋	段村鎮	民國十年九月	獨資	四〇	三	一〇四	
	晉豐豫	城關	民國元年二月	獨資	七〇	三	一四〇	
	豐蔚恆	城關	民國十二年十月	獨資	七〇	三	一二二	
昔陽	崇吉樓	南關	民國四年	獨資	四〇〇	五	二、四〇〇	
	結慶裕	城內大街	民國二十三年	獨資	一五〇	三	一、四〇〇	
	福盛恆	城內西街	民國十六年	獨資	二〇〇	四	二、〇〇〇	
	崇義亨	南關	民國十七年	獨資	二〇〇	三	一、六〇〇	

	謙信裕	南關	民國二十三年	合資	一八〇	二	一、二〇〇	
	義和愼	南關	民國二十一年	合資	一〇〇	二	一、二〇〇	
	謙元慶	東沿頭鎭	民國十年	合資	四〇〇	五	二、六〇〇	
永濟	新茂樓	東關	清光緒二十三年	獨資	五〇〇	三	一一、一八二	
	明盛樓	東關	清光緒三十年	合資	八〇〇	四	一三、六四四	
	德盛樓	東關	清宣統二年	合資	九〇〇	五	一二、七九四	
臨晉	源盛昌	城內東街	民國二十年一月	獨資	七〇	三	三四〇	
	自立陞	城內東街	民國二十年一月	獨資	一一五	三	二三〇	
	萬福樓	西街	民國十五年八月	獨資	二〇〇	五	五七〇	
	永盛樓	三區文家營	民國十二年一月	獨資	二八〇	四	七一四	
	德盛樓	七級鎭	民國十六年三月	獨資	二四〇	五	五四六	
榮河	天德樓	王顯鎭	民國十年	獨資	一〇〇	三	四二〇	
	恆足樓	大謝村	民國九年	獨資	一〇〇	三	二八〇	
萬泉	九如樓	城內	民國十年三月	獨資	一二〇	四	五四〇	
	義德樓	薛店村	民國十三年二月	獨資	八〇	三	三九六	
	德順樓	閻景村	民國七年八月	獨資	一三〇	五	七二六	
	泰順樓	大趙村	民國十九年七月	獨資	一六〇	四	五九四	

	永順樓	漢薛村	民國十六年四月	獨資	七〇	三	三三〇	
猗氏	鴻茂源	縣城西街	民國九年八月	獨資	九〇〇	五	二、三四〇	
	忠興樓	縣城西街	民國十年二月	獨資	一、六〇〇	六	三、六〇〇	
	元興樓	縣城弈家巷	民國七年八月	獨資	五〇〇	三	一、二六〇	
解縣	雙和銀樓	西街	民國二十一年三月	獨資	三〇〇	三	二〇〇	
	商升銀樓	西街	民國元年一月	獨資	四〇〇	三	二四〇	
	萬盛銀樓	西街	民國十九年二月	獨資	六〇〇	三	二六〇	
安邑（河東市）	艾興亨	運城東大街	民國二十二年	獨資	六、〇〇〇	一三	二、八六〇	
	六合公	運城東大街	民國二十二年	獨資	一、九〇〇	六	二、五二〇	
	榮盛樓	運城路家巷	民國六年	獨資	三六〇	二	三七八	
夏縣	瑞興隆	城外東城壕	民國十一年	獨資	三〇〇	四	五〇〇	
	天順樓	城外東城壕	民國十八年	獨資	二〇〇	四	五〇〇	
	明星樓	城外東城壕	民國二十三年	獨資	二〇〇	三	三七五	
	集泰樓	城外東城壕	民國二十一年	獨資	四〇〇	五	五〇〇	
	恆新樓	城外南關	民國八年	獨資	二〇〇	四	四五〇	
	忠信樓	曹張	民國十年	獨資	三〇〇	四	四七五	
	寶興源	尉郭鎮	民國元年	獨資	五〇	三	三七五	

	鴻心樓	城樓	民國九年	獨資	二〇	三	三七五	
平陸	全泰樓	芳津鎮	民國十五年四月	合資	一、〇〇〇	七	二、四〇〇	
	太華樓	下淍村	民國二十年一月	合資	一、一〇〇	五	一、八〇〇	
	元順樓	縣城東街	民國十八年九月	獨資	四〇〇	八	三、〇〇〇	
	文盛樓	縣城東街	民國十八年三月	獨資	七〇〇	五	四、四〇〇	
	中興樓	縣城北街	民國二十二年一月	合資	四〇〇	七	四、〇〇〇	
芮城	永陞樓	東街	清光緒二十一年一月	合資	三〇〇	二	四六〇	
	永順樓	中街	民國十八年二月	合資	一〇〇	一	二〇〇	
	文盛樓	中街	民國二十年一月	合資	五〇	一	一八〇	
新絳	通興永	南大街	民國二十年一月	獨資	四〇〇	八	一、六〇〇	
	永裕成	北大街	民國七年一月	獨資	三五〇	八	一、四〇〇	
	森興樓	北大街	民國十七年	獨資	一〇〇	四	一、〇〇〇	
	德興樓	北大街	民國二十三年一年	合資	三〇〇	七	一、四〇〇	
	聚昌樓	北大街	民國十三年一月	合資	一八〇	五	一、〇〇〇	
	永義誠	南大街	民國二十二年八月	獨資	一五〇	三	三〇〇	
	振華樓	南大街	民國十六年三月	獨資	八〇〇	七	二、〇〇〇	
	德華樓	南大街	民國二十一年	獨資	一〇〇	三	八〇〇	

	福泰興	南大街	民國六年	合資	六〇〇	四	一、六〇〇
聞喜	泉興湧	城內中街	民國十三年十月	獨資	三五〇	七	一、五〇〇
	敬興厚	城內中街	民國二十年八月	獨資	二三〇	五	一、二〇〇
	同興樓	城內西街	民國十五年三月	獨資	三三〇	五	一、五〇〇
	合盛永	城內西街	民國二十二年二月	獨資	三五〇	七	一、五〇〇
	慶餘公	城內中街	民國十三年十月	獨資	三五〇	七	一、五〇〇
	金興樓	橫水鎮	民國二十三年一月	獨資	二四〇	五	一、二〇〇
	恆泰樓	橫水鎮	民國十八年七月	獨資	二三〇	五	一、二〇〇
稷山	德星樓	城內	民國八年二月	獨資	二五〇	四	五〇〇
	元義樓	城內	民國六年三月	獨資	二五〇	四	四〇〇
	萬興樓	城內	民國十年九月	獨資	三一〇	三	四〇〇
	三星樓	城內	民國五年八月	獨資	一八〇	三	三〇〇
絳縣	義聚	東關	民國二十一年九月	合資	五〇〇	三	二〇二
	同泰	東關	民國十七年四月	獨資	三五〇	三	一六八
	和順	南樊鎮	民國十八年八月	獨資	三五〇	三	一一八
垣曲	正興樓	城內	民國元年二月	獨資	四〇	三	四〇〇
	清和樓	城內	民國五年三月	合資	七五	五	五〇

	萬順樓	南關	民國十三年三月	合資	五〇	三	四〇〇
	福興合	皋落鎮	民國十一年三月	合資	五〇	二	四〇〇
	義新樓	皋落鎮	民國十年三月	合資	四〇	二	三〇〇
	瑞興樓	同善鎮	民國十年二月	獨資	四〇	二	三〇〇
	和興樓	王芳鎮	民國七年二月	合資	五〇	三	四〇〇
大寧	永興樓	城內	宣統元年四月	合資	三〇〇	一一	三九六
忻縣	永興樓	牛氏巷	民國二十二年五月	獨資	四〇〇	七	四五〇
	德錦樓	牛氏巷	民國三年六月	合資	二〇〇	八	四〇〇

二　木器業

一　概說

晉省居民，素重儉樸，日用物品，向不講求，木製傢俱，尤爲粗陋，舉凡需用精美之木器，均購自省外，省內製造者極少。全省木器業，雖以陽曲爲發達之區，但各廠號多係兼營販賣木材及木器，並非純粹木器作坊。至其他各縣木器作坊，規模狹小，產量不多，且品類複雜，如方木、圓木、壽器、車輛等類，在他處有分業性質者，在本省多混合製作，大宗產品，以農家用具爲主，壽器及普通傢俱次之。

二　現狀

作坊分佈

木器作坊，各縣至少有幾家，惟其工作情形，常不穩定，且皆散處各地，一一調查，殊難得其具體眞像，據此次本部調查所得，規模較大之木器作坊，共爲二百零八家，其中以省會（陽曲）爲最集中，計爲三十家，其次新絳十七家，長治、潞城、神池各十家，再次萬泉、猗氏、安邑、稷山、五寨各九家，太谷、曲沃、絳縣各七家，襄垣六家，徐溝、永濟、解縣各五家，交城、臨晉、虞鄉、忻縣各四家，祁縣、榮河、芮城、大甯各三家，太原、清源、平遙、夏縣、平陸、聞喜、繁峙各二家，文水、河曲各一家。

資本

木器作場，資本均不雄厚，綜計二百零八家之資本額，共爲十萬零七千九百五十九元，就中以陽曲爲最多，佔三萬三千四百九十二元，其次稷山佔一萬四千二百元，清源佔一萬一千二百元，再次文水佔九千元，解縣佔六千四百元，猗氏佔四千三百元，絳縣四千零六十元，徐溝佔三千八百元，五寨佔二千二百元，新絳佔一千九百二十元，虞鄉佔一千八百九十元，太谷佔一千七百十元，祁縣佔一千五百元，襄垣一千三百五十元，繁峙佔一千二百元，萬泉佔一千零七十八元，長治佔一千零二十元，交城佔九百五十元，潞城佔九百十三元，曲沃佔八百五十五元，神池佔八百十元，太原佔七百五十元，永濟佔七百零五元，臨晉佔六百零八十元，榮河佔五百五十元，芮城佔五百元，安邑佔三百七十六元，夏縣佔三百元，大寧佔二百八十元，平遙、、平陸、河曲、各佔二百元，聞喜佔一百五十元，忻縣最少佔一百十五元。

再就木器作坊個別資本而言，不滿百元者五十四家，由百元起至二百元者六十六家，自二百零一元起至五百元者四十三家，在五百五十元以上及不足千元者二十二家，在一千二百元以上及不足二千元者十二家，自二千零一元起至三千元者三家，在三千二百元以上及不足四千元者四家，四千二百元以上及不足五千元者二家，八千元以上及不足萬元者二家。

職　工

木器業全體職工人數，總計爲一千四百二十五名，就中以陽曲爲最多，佔四百六十一人，稷山次之，佔一百三十名，再次新絳佔六十八名，猗氏佔五十八名，絳縣佔五十六名，祁縣佔四十四名，神池佔四十二名，長治佔四十名，安邑佔三十九名，文水佔三十五名，潞城佔三十二名，襄垣、徐溝各佔三十名，萬泉、太谷各佔二十九名，永濟佔二十八名，解縣、五寨、各佔二十七名，曲沃佔二十六名，平遙佔二十四名，夏縣佔二十三名，大寧佔十九名，清源佔十八名，臨晉佔十七名，虞鄉佔十六名，交城佔十五名，榮河，忻縣各佔十四名，平陸佔十三名，太原佔十名，繁峙佔九名，芮城聞喜，各佔八名，河曲佔三名。

職員工人，均係常年僱用，職員薪俸，每月由二元至六元不等，其中陽曲待遇優厚，普通均在五六元之譜，蓋以省會所在，生活程度較高之故，工人工資，有技師與工徒之別，技師或由外省聘來或係當地熟練工人，每月工資由三元起至六七元不等，學徒在學習期間，概不給工資，僅由東家津貼若干鞋襪費，爲數亦微，全年不過五六元之譜，職工膳宿，均由作坊供給。

原料

木器業所用之原料，均就本省所產之木材購用，種類繁多，就其主要者而言，有楊柳、槐樹、洋樹，榆樹、松樹、洋朽、椿樹、楸樹、柏樹等類，各種木材之價格，視質料之優劣而分高低，買賣單位，或以方寸計算，或以根條計算，各地習慣不同，原料需用量，因其單位不一，無從統計；木器產品，都會與農村，因供需之差異，各有偏重，如陽曲係省城所在，木器業以製造日用傢俱爲主，其次之爲壽器

產品

，製造農具者極少，內地各縣之木器業，以製造農具爲主體，其次之爲壽器，再次爲日用傢俱，各種木器，因單位不齊，年產量亦無從統計，茲就全年全業產值而言，總計爲四十四萬七千三百五十八元，其中以陽曲數字爲最大，計爲三十萬零三千元，佔產值總數百分之六七·七三，其次新絳佔一萬六千九百九十元。猗氏佔一萬二千六百十一元，稷山佔一萬二千六百元，清源佔一萬二千五百元，文水佔一萬一千五百元，祁縣佔九千六百元，萬泉佔七千七百八十六元，五寨佔六千三百七十八元，解縣佔六千零八十元，芮城佔五千五百七十元，絳縣佔四千三百十七元，虞鄉佔四千二百三十五元，長治四千一百零二元，曲沃佔三千六百二十元，永濟佔三千二百元，徐溝佔二千五百二十四元，夏縣佔二千一百，平陸佔一千九百八十二元，潞城一千七百五十九元，交城佔一千七百五十九元，神池佔一千六百八十七元，安邑佔一千六百八十元，大寧佔一千六百元，榮河佔一千四百零五元，太谷佔一千二百七十八元，臨晉佔

一千二百九十元，太原佔八百八十元，繁峙佔八百四十元，聞喜佔五百五十元，襄垣佔五百十四元，河曲佔五百元，平遙佔四百八十元，忻縣佔四百七十元。

山西木器不甚精緻，已於上述，故木器品僅能在省內銷售，絕少銷行省外，其交易手續亦簡便，一般情形，以定貨製貨爲主，如農具中之大車，小車，以及傢俱中之衣櫥，衣箱，衣櫃等，製成待售者極少，須有主顧預定，方始製造，如小件頭之木器，則以製就待售居多，倘有壽器一項，亦多製成待售，訂貨手續，須先付若干定洋，交貨時或全數付訖，或定期付清，無固定方式，視買賣者雙方之情感與信用如何以爲斷。

山西省木器業現況一覽表

縣別	廠坊名	地址	設立年月	組織	資本額(元)	職工數	年產值(元)	備註
陽曲	同益泰	帽兒巷	清道光十六年	獨資	三、二〇〇	七〇	二六、〇〇〇	
	億德新	南蕭墻	民國二十三年	仝上	一九〇	二六	一〇、〇〇〇	
	六合永	仝上	清宣統元年	仝上	一〇〇	二一	七、〇〇〇	
	毓豐森	仝上	民國十六年	仝上	一五〇	一七	五、〇〇〇	
	得盛成	三聖庵	民國五年	仝上	五〇	一五	四、〇〇〇	
	英森峻	南蕭墻	民國九年	仝上	九〇〇	三六	一二、〇〇〇	
	岐山森	天地壇	民國十八年	仝上	三〇〇	八	二、〇〇〇	

四積長	帽兒巷	清光緒二十一年	仝上	二〇〇	九	一、〇〇〇
德裕泰	天地壇	民國十八年	仝上	二〇〇	一〇	二、〇〇〇
鳳山森	大東門街	民國二十三年	仝上	一〇〇	五	一、五〇〇
福森木廠	縣前街	民國二十三年	仝上	三九五	五	一〇、〇〇〇
泰記木廠	縣前街	民國十六年	仝上	三九五	五	一三、〇〇〇
復慶和	督軍街	民國十七年	仝上	三、〇〇〇	一八	一七、〇〇〇
義森木廠	縣前街	民國十四年	合資	五〇〇	九	一五、〇〇〇
晉恒木廠	西羊市街	民國十六年	獨資	五〇〇	九	七、〇〇〇
義泰木廠	西羊市街	民國二十二年	合資	四〇〇	七	八、〇〇〇
同心長	西羊市街	民國十三年	仝上	四〇〇	七	一〇、〇〇〇
德合生	都市街	民國十七年	仝上	五〇〇	九	二〇、〇〇〇
乾聚恆	半坡西街	民國二十年	仝上	一、五〇〇	七	一二、〇〇〇
晉和木店	西羊市街	民國元年	仝上	一、四〇〇	二四	三〇、〇〇〇
阜豐板店	半坡東街	民國十五年四月	合資	四、二〇〇	一〇	一、二〇〇〇
久盛隆	仝上	清光緒三十四年五月	獨資	三、二〇〇	九	一〇、〇〇〇
慶聚復	仝上	民國二十年四月	合資	四、三〇〇	九	一五、〇〇〇
和記木廠	半坡西街	民國十五民正月	合資	五〇〇	九	二、四〇〇

	萬勝泰	西緝虎營	清光緒十八年	獨資	七五〇	八	一、六〇〇
	廣豐利	柳巷街	民國十三年二月	獨資	一、九八二	五〇	二五、〇〇〇
	大順木廠	樓兒底	民國十一年四月	合資	六一〇	二〇	八、〇〇〇
	復合板店	鼓樓街	民國十五年一月	獨資	三、二四〇	一三	一〇、〇〇〇
	亞惟一	中和市場	民國二十二年一月	獨資	一三〇	二	五〇〇
	廣裕公	寮院後街	民國十六年一月	獨資	二〇〇	一四	六、〇〇〇
太原	三義成	城內北街	民國十六年	獨資	四五〇	七	五八〇
	福泰成	城內西街	民國十九年	獨資	三〇〇	三	三〇〇
太谷	永盛恆	北街	民國三年一月	獨資	三〇〇	三	一九八
	大盛興	北街	民國十二年	獨資	一五〇	四	二一〇
	中心泰	北寺	民國二十三年	獨資	二三〇	四	一〇五
	德盛正	西關	民國二年	獨資	三五〇	四	四五〇
	泉森	西道街	民國十八年	獨資	三五〇	四	一五六
	春義榮	上觀巷	民國二十一年	獨資	八〇	五	七二
	三源森	武家巷	民國二十四年	獨資	二五〇	五	八七
祁縣	三義恆	南關	清光緒二十五年	合資	五〇〇	二二	三、二〇〇
	天盛元	北關	民國元年	獨資	四〇〇	一〇	三、〇〇〇

	天長德	北關	清光緒二十五年	獨資	六〇〇	一二	三、四〇〇
徐溝	慶盛長	南街	民國九年一月	獨資	一、八〇〇	八	九〇〇
	老誠公	北街	民國元年一月	獨資	一、四五〇	九	一、〇〇〇
	天和公	北街	民國十九年一月	獨資	二三〇	四	二八〇
	天和盛	北街	民國二十年一月	合資	二四〇	四	二〇〇
	萬和昌	北街	清光緒二十四年一月	獨資	八〇	五	一四四
清源	義盛永	北門內	民國三年三月	獨資	二、八〇〇	六	二、〇〇〇
	意生茂	察院街	民國二十年一月	合資	八、四〇〇	一二	一〇、五〇〇
交城	薛積科	東關街	民國二十四年四月	合資	二〇〇	四	三七六
	許繼光	下關街	民國二十三年九月	獨資	二〇〇	三	四三七
	張松年	下關街	民國二十一年五月	獨資	二五〇	四	四二七
	曹振謙	東關街	民國二十一年三月	獨資	三〇〇	四	四九〇
文水	和太原木廠	南關	清光緒二十年	合資	九、〇〇〇	三五	一一、五〇〇
平遙	日興隆	第七街	民國三年一月	獨資	一〇〇	一五	三〇〇
	三盛久	第七街	民國二十三年一月	合資	一〇〇	九	一八〇
長治	義盛魁	北街	民國二年三月	合資	二〇〇	七	六八〇
	德興恒	南街	民國十三年一月	合資	二〇〇	七	五〇〇

	同盛和	北街	民國二十四年一月	合資	一五〇	五	四五〇
	五盛木廠	西街	民國十六年一月	合資	二〇〇	五	九四〇
	枝盛木舖	西街	民國十八年三月	獨資	五〇	三	二五〇
	永盛木舖	北街	民國二十四年三月	獨資	三〇	三	二〇〇
	積盛木舖	北街	民國二十二年一月	合資	四〇	三	二六〇
	申自修	北董鎮	民國二十年八月	獨資	三〇	二	二二〇
	王自有	潞上村	民國十年二月	獨資	二〇	一	一一二
	林盛木舖	隆城鎮	民國十二年四月	獨資	一〇〇	四	四九〇
襄垣	源順永	北街	民國十年三月	獨資	二七〇	三	八三
	順興成	北街	國十五年三月	獨資	二〇〇	五	一〇五
	福聚公	南街	民國十八年五月	獨資	一八〇	三	七六
	有義公	西關	民國十九年八月	合資	一八〇	四	一一六
	相元久	東街	民國三年五月	合資	三二〇	一〇	五七
	聚天心	羊家角	民國十二年七月	獨資	二〇〇	五	七七
潞城	和順永	東關	民國十九年	獨資	七二	四	二二〇
	德和板店	城內正街	民國二十一年	獨資	八二	三	二一一
	洪盛板店	東關	清宣統二年	獨資	五一	二	二〇三

	聚福昌	東關	民國二十一年	獨資	五四	三	一七二	
	天順永	東關	民國十年	獨資	四〇三	五	三七七	
	天盛板店	東關	民國二十一年	獨資	三二	二	八六	
	忠義板店	東關	民國二十二年	獨資	五七	四	一〇一	
	木林森	東關	民國二十一年	獨資	七三	三	六六	
	聚和板店	城內正街	民國二十一年	獨資	五二	三	二四六	
	義盛板店	城內北街	民國十九年	獨資	三七	三	七七	
曲沃	德興茂	城內北街	民國二十一年二月	獨資	一二〇	四	五〇〇	
	心義盛	城內南街	民國二十一年	獨資	一八〇	五	六五〇	
	俊泰昌	城內南街	民國元年二月	獨資	二五〇	七	八三〇	
	興盛魁	城內南街	民國二十年三月	獨資	九五	四	四一〇	
	和順盛	大東關	民國二十二年一月	獨資	八〇	四	四四〇	
	新義成	東大關	民國十年二月	獨資	六〇	二	三〇〇	
	興盛泰	城內南街	民國十九年三月	獨資	七〇	三	三九〇	
永濟	同盛恆	甕城	民國十三年一月	獨資	一一〇	五	三〇〇	
	明盛祥	甕城	民國八年一月	獨資	一七〇	七	七五〇	
	寶和成	縣城東關	民國十一年一月	獨資	一〇二	五	六五〇	

	李晉起	縣城東關	民國十一年一月	獨資	一三九	五	七〇〇
	朱景華	縣城東關	民國十四年一月	獨資	一八五	六	八〇〇
臨晉	新盛合	東關	民國二十一年九月	獨資	一七〇	四	三四〇
	胡文學	胡家院	民國十七年二月	獨資	一三〇	四	二二〇
	薛積成	東城壕	民國二十二年五月	獨資	一四〇	四	二五〇
	侯張立	西街	民國二十一年五月	獨資	二四〇	五	四八〇
虞鄉	謝黑子	城內	民國十五年六月	獨資	三三〇	二	七八一
	尹　卿	城內	民國二年十一月	獨資	四一〇	三	九五六
	陳復興	城內	民國十七年十月	獨資	五五〇	五	一、一一五
	謝東昌	城內	清宣統三年二月	獨資	六〇〇	六	一、三八三
榮河	林生懋	城內	民國十五年	獨資	二〇〇	六	四六〇
	柴孟發	城內	民國二十一年	獨資	一五〇	四	五二五
	柴盛考	城內	民國十一年	獨資	二〇〇	四	四二〇
萬泉	元順昌	城內	民國二十年二月	獨資	四〇	一	一八〇
	翟鏡堂	城內	民國二十年二月	獨資	六〇	三	二二〇
	一心成	解店	民國十八年三月	獨資	一五〇	四	七二五
	天順正	賈村廟	民國十六年二月	獨資	二五〇	五	一、四〇〇

	鼎義豐	賈村廟	民國十二年二月	獨資	一六〇	四	二、四〇〇	
	聚德林	賈村廟	民國二十年七月	獨資	二〇〇	四	二、一〇〇	
	長發源	漢薛村	民國十六年二月	獨資	八〇	二	一八〇	
	泉盛和	三管店	民國十年八月	獨資	九〇	三	二七〇	
	長盛榮	東墕底	民國八年二月	獨資	四八	三	三一一	
猗氏	義盛源	城內東街	清光緒二十六年正月	獨資	六〇〇	八	二、二〇〇	
	天成元	城內東街	民國十七年二月	獨資	七〇〇	八	二、四〇〇	
	三盛長	城內東街	民國十六年一月	獨資	四〇〇	六	六一二	
	成興永	城內東街	民國二十二年一月	獨資	四〇〇	七	七二〇	
	興順長	城內東街	民國十八年一月	獨資	三〇〇	五	四六八	
	明發成	南王莊	民國十五年一月	獨資	六〇〇	五	一、四〇〇	
	天福成	嵋陽鎮	民國十六年二月	獨資	五〇〇	六	一、〇〇〇	
	兩益合	羅村	民國七年二月	獨資	二〇〇	五	七五〇	
	志成廠	景莊	民國三年一月	獨資	六〇〇	八	二、七五〇	
解縣	鴻盛德	下街	民國十九年九月	獨資	七〇〇	二	六〇〇	
	長德義	下街	清光緒三十年二月	獨資	一、三〇〇	四	一、一〇〇	
	義太永	下街	民國十七年三月	合資	九〇〇	五	八八〇	

	新興祥	果市	清光緒二十一年二月	獨資	一、九〇〇	七	一、六〇〇	
	新興合	果市	民國十三年二月	獨資	一、六〇〇	九	一、九〇〇	
安邑(河東市)	興盛昌	路家巷	民國十年	獨資	三〇	四	一五〇	
	一心合	東大街	民國二十三年	獨資	二〇	三	四五〇	
	萬順利	北大街	民國十二年	獨資	五〇	五	一九五	
	二合成	西大街	民國十六年	獨資	四〇	三	九〇	
	二盛合	西大街	民國十八年	合資	五〇	八	二四〇	
	同心合	東大街	民國二十四年	合資	二〇	六	一五〇	
	和記	路家巷	民國二十四年	合資	一五	二	四五	
	義和昌	北大街	民國二十一年	獨資	四五	五	三〇〇	
	福立成	南大街	民國二十二年	獨資	六	三	六〇	
夏縣	公盛茂	南街	民國二十四年一月	獨資	一〇〇	九	七〇〇	
	永順昌	東城壕	民國三年一月	獨資	二〇〇	一四	一、四〇〇	
平陸	豐盛木廠	縣城東關	民國十九年二月	獨資	一一〇	七	一、一〇〇	
	德興長	縣城東關	民國十六年三月	獨資	九〇	六	八八二	
芮城	華盛昌	北街	民國十六年五月	獨資	二〇〇	三	一、九二五	
	一元生	北街	民國一十四二一月	獨資	一〇〇	二	一、五〇〇	

	元盛昌	西街	民國二年二月	獨資	二〇〇	三	二、一四五	
新絳	復興公	南門外	清光緒三十四年	獨資	二〇〇	三	一、〇〇〇	
	林興合	城內	民國六年	獨資	一五〇	六	一、八〇〇	
	山興林	城內	民國十七年	獨資	一〇〇	三	四五〇	
	振興合	城內	民國十七年	獨資	一〇〇	三	六九〇	
	天興林	城內	民國二十年	獨資	八〇	三	六〇〇	
	同泰義	成內	民國二十年	獨資	一〇〇	五	一、四〇〇	
	福盛成	城內	民國二十三年	獨資	一〇〇	四	九〇〇	
	永盛成	城內	清光緒二十七年	獨資	八〇	三	七五〇	
	明興合	城內	民國二十一年	獨資	一一〇	四	七〇〇	
	同盛合	西關	民國二十一年	獨資	一〇〇	三	一、〇〇〇	
	全興合	城內	民國二十一年	獨資	一〇〇	四	一、六〇〇	
	順興合	城內	民國十八年	獨資	二〇〇	四	一、〇〇〇	
	同義誠	城內	民國三年	獨資	一〇〇	三	八〇〇	
	林盛合	城內	民國十八年	獨資	一〇〇	四	九〇〇	
	富盛合	號內	民國三年	獨資	一〇〇	四	一、四〇〇	
	邢盛和	城內	民國三年	獨資	一〇〇	三	一、四〇〇	

	寶興號	城內	民國十年	獨資	一〇〇	二	六〇〇	
聞喜	新興昌	山門道	民國七年七月	獨資	八五	四	三〇〇	
	興盛通	西關	民國二十年三月	合資	七〇	四	二五〇	
稷山	春盛德	城內	民國三十年四月	獨資	八〇〇	九	一、〇〇〇	
	天德合	城內	民國二年七月	獨資	六〇〇	八	六〇〇	
	源茂慶	城內	清光緒二十八年十月	合資	八〇〇	一一	一、〇〇〇	
	精益木廠	城內	民國十七年四月	合資	一、二五〇	一四	一、〇〇〇	
	德盛永	翟店鎮	民國二年五月	合資	一、六〇〇	一五	一、〇〇〇	
	三義全	翟店鎮	民國四年二月	合資	一、三〇〇	一五	一、〇〇〇	
	通順永	翟店鎮	民國六年一月	合資	一、三〇〇	一四	一、〇〇〇	
	大興成	翟店鎮	民國十年八月	合資	三、八〇〇	一六	二、〇〇〇	
	德昇謙	翟店鎮	民國六年十月	合資	二、七五〇	一一	四、〇〇〇	
絳縣	三盛木坊	城內	民國十三年三月	獨資	四五〇	七	六〇五	
	四合木坊	城內	民國八年九月	獨資	六〇〇	一一	七三八	
	五福木坊	南樊鎮	民國三年四月	獨資	五〇〇	一三	九一八	
	孫福盛木坊	城內	民國十八年五月	獨資	四五〇	六	五四一	
	侯師木坊	城內	民國二十年八月	獨資	六八〇	七	五二〇	

	趙師木坊	東關	民國十一年十月	獨資	六八〇	五	四二五
	任師木坊	東關	民國十四年四月	獨資	七〇〇	七	卌七〇
大寧	全林木舖	城內	民國十一年二月	獨資	一〇〇	六	五〇〇
	馮師木舖	城內	民國十二年二月	獨資	八〇	六	五〇〇
	全盛木舖	城內	民國九年一月	聯資	一〇〇	七	六〇〇
神池	裕森木舖	城內	民國二十年	獨資	七〇	三	一五〇
	孟蓮貴	城內	民國十三年	獨資	八〇	四	九八
	聶木舖	城內	民國十八年	獨資	七〇	三	五〇
	萬義茂	城內	民國十五年	獨資	七〇	三	四〇
	純義昌	城內	民國十九年	獨資	九五	四	一二〇
	益盛公	城內	民國十六年	獨資	九五	五	一三六
	自成公	城內	民國十九年	獨資	一〇〇	六	二五九
	義和茂	義井鎮	民國二十二年	獨資	八〇	五	二八〇
	王三相	義井鎮	民國二十二年	獨資	七〇	四	二六八
	德聚生	義井鎮	民國十七年	獨資	八〇	五	二八六
五寨	魏希元	東關	民國元年五月	獨資	三六〇	四	七九〇
	姚三	東關	民國二年八月	獨資	二七二	二	六七〇

	虎旺子	東關	民國二年九月	獨資	二九〇	四	七九〇	
	趙杜	東關	民國二年九月	獨資	二〇五	二	七〇八	
	趙二銀柱	城內東街	民國元年三月	獨資	一五二	三	六三〇	
	趙二	城內西街	民國五年一月	獨資	一七三	三	六三〇	
	張根柱	城內東街	民國八年十月	獨資	二二一	三	八八五	
	王二拴	城內廟門口	民國十二年九月	獨資	二二七	二	五〇〇	
	鄭雙亥	東關	民國十八年九月	獨資	三〇〇	四	七七五	
忻縣	源順長	東關	民國七年一月	獨資	五〇	三	一五〇	
	白計林	東街	民國二十四年五月	獨資	二〇	四	一三〇	
	白銀鎖	東街	民國二十四年三月	獨資	一五	二	一〇〇	
	復聚長	東街	民國二十三年三月	合資	三〇	五	九〇	
繁峙	廣勝車鋪	鋪西	民國元年一月	合資	六〇〇	五	四五五	
	興盛車鋪	西關	民國二年十月	合資	六〇〇	四	三〇五	
河曲	王木匠鋪	東門街	民國二年三月	獨資	二〇〇	三	五〇〇	

三 靴鞋業

一　概說

在山西，靴鞋有由同一作場製造者，亦有分離製造者。前者如太原市，新絳、晉城、寧武等地，係靴鞋合併製造，後者如太谷、大同、安邑、垣曲、解縣、夏縣、永濟、昔陽、和順、崞縣、忻縣、繁峙、文水、徐溝、汾陽、祁縣、太原、平遙，交城等縣所產僅屬鞋類。

靴鞋一項，各縣均有製造，惟爲數有多寡而已。大概交通方便之區，工商業較爲繁複，居民集中，靴鞋銷路自廣，反之，內地各縣，地處偏僻，所需靴鞋，大多由家庭製造，因之獨立製造靴鞋作場也甚少。

山西省靴鞋製造業，據此次調查，其中較爲重要者計有一百三十六家，規模均甚狹小。

二　現狀

一百三十六家之靴鞋業，其資本總額爲八萬九千七百六十五元，職工總數一〇〇千零八十七名，年產三十七萬另一百四十六雙，値價三十七萬二千六百八十八元。各製鞋作場之採合資方式組織者計有四十二家，占總家數百分之三十有奇，其他九十四家(不足百分之七十)，均爲獨資組織。各縣靴鞋業之家數，資本、職工、產量以及產値的分配情形，有如次表：

縣(市)別	家數	資本(元)	職工數	產量(雙)	產值(元)
太谷	一二	一七、四四五	一三五	四三、六〇〇	三九、一〇〇
新絳	六	一、四七〇	三八	二〇、二〇〇	一五、八〇〇
太原市	二〇	三三、〇〇〇	二七二	五七、六六〇	九四、四〇〇
大同	三八	九、一三〇	一五〇	七〇、〇〇〇	七三、七二〇
安邑	三	一、三八〇	二四	四、二〇〇	二、七九一
晉城	九	二、二〇〇	四四	二、〇二二	二、八〇五
垣曲	一	一二〇	三	四九〇	五五〇
解縣	一	一〇〇	七	四二〇	二五二
夏縣	一	二〇〇	七	二、〇〇〇	一、〇〇〇
永濟	二	二四〇	九	二、六〇〇	二、〇八〇
昔陽	二	九〇	六	二、二五〇	一、三五〇
和順	一	四〇〇	四	一、八〇〇	一、〇八〇
寧武	二	六〇〇	一一	一、六〇〇	一、四四〇
崞縣	三	五六〇	一四	三、一二〇	二、四九六
忻縣	三	八〇〇	二八	六、三〇〇	三、七八〇
繁峙	五	一、六五〇	二二	三、八八四	一、七二五

文　水	一	八〇〇	一三	四、〇四〇	三、三〇二
徐　溝	二	六二〇	一七	四、〇〇〇	二、四〇〇
汾　陽	八	七、六一〇	一一九	一六、一〇〇	二八、〇〇〇
祁　縣	四	四、三〇〇	四一	一九、二〇〇	一七、二八〇
太　原	二	八〇〇	二五	六、三九〇	二、七九五
平　遙	七	四、五〇〇	七七	九四、九〇〇	七一、一七五
交　城	三	一、七五〇	二一	三、三七〇	三、三六七
共　計	一三六	九八、七六五	一、〇八七	三七〇、一四六	三七二、六八八

各地製鞋業資本額以太原市爲最多，計爲三萬三千元，其次爲太谷之一萬七千四百四十五元，大同之九千一百三十元，汾陽之七千六百十元，平遙之四千五百元，祁縣之四千三百元，晉城之二千二百元，交城之一千七百五十元，繁峙之一千六百五十元，新絳之一千四百七十元，安邑之一千三百八十元，其他各縣靴鞋業全業資本，均在千元以下。復就各鞋作場而論，最高資本額不過二萬元，（流動資本與固定資本各半），最低額僅爲十元。平均每家資本爲六百六十元。

職工總數一千另八十七名，以太原市之二百七十二名爲最多，此外各縣自三名起（垣曲）至一百五十名止（大同）。靴鞋製造者，均屬小手藝工人，每月工資，雖各地略有上落，但平均總在三元五角左右。

靴鞋名稱，因地而殊，舉其習聞者，有夾鞋、棉鞋、皮鞋，夾鞋復分緞鞋、布鞋，棉鞋又分呢鞋、絨鞋，皮鞋又分軍用與普通兩種，此就普通靴鞋之分類而言。至於山西各縣靴鞋名稱，至爲紊複，如晉城鞋業，將其出品分爲四種，即五眼、圓口、偏三口、三民等是也。垣曲則有方圓口、偏三口、順三口、中山式等名稱，昔陽和順有皂布鞋之名稱。山西全年各種靴鞋類出產，據此次調查所得爲三十七萬另一百四十六雙，其以平遙之九萬四千九百雙爲最高產量，次爲大同之七萬雙，太原市之五萬七千六百六十雙，太谷之四萬三千六百雙，新絳之二萬另二百雙，祁縣之一萬九千二百雙，汾陽之一萬六千一百雙，除此而外，其他各縣產量，均不滿一萬雙。

靴鞋種類不一，因此價格大有高低，皮鞋價格最高，內地產量甚少，鞋莊大多係向外埠購入。呢鞋緞鞋價格不相上下，每雙殆爲一元五角，布鞋分普通布鞋與帆布鞋兩種，普通布鞋每雙五角，帆布鞋每雙八角，此爲大同之鞋價，各地價格大致與此相似。

交易以門市居多，盡用現款，鞋作除認繳營納稅外，尙無別種捐稅担負。

山西省鞋業現況一覽表

縣別	廠坊名	地址	設立年月	組織	資本額(元)	職工數	年產額 產量(雙)	年產額 產值(元)	備註
太谷	雙興永	大東街	民國八年	合資	二、〇〇〇	九	五、一〇〇	四、〇〇〇	

人力恆	北寺街	民國二十三年	合資	一、五〇〇	一三	五、〇〇〇	三、〇〇〇
乾勝齋	大南街	民國十一年	合資	二、一〇〇	一七	六、二〇〇	六、四〇〇
三順齋	南街	宣統二年	合資	二、五〇〇	一三	四、五〇〇	五、〇〇〇
義明齋	仝上	民國十一年	合資	四、二〇〇	二五	七、四〇〇	七、〇〇〇
廣勝源	仝上	民國十九年	合資	一、六〇〇	九	四、二〇〇	三、〇〇〇
晉祥德成記	仝上	民國二十三年	合資	七〇〇	七	二、〇〇〇	二、八〇〇
鴻安祥	仝上	民國十四年	合資	一、三五〇	九	二、〇〇〇	三、〇〇〇
得春祥	仝上	民國二十四年	合資	二〇〇	六	一、〇〇〇	九〇〇
萬升恆	小南街	民國二十三年	合資	一、二〇〇	一五	五、〇〇〇	三、〇〇〇
雙盛德	東街	民國二十年	合資	四〇	八	七〇〇	四〇〇
世記	仝上	民國二十一年	獨資	五五	四	五〇〇	六〇〇
新絳 義盛永	城內	民國十七年	獨資	二〇〇	七	三、四〇〇	二、七〇〇
燮昌元	仝上	民國元年	合資	二〇〇	六	三、四〇〇	二、七〇〇
連盛和	仝上	清宣統元年	獨資	二〇〇	六	三、四〇〇	二、七〇〇
蔚盛長	仝上	民國八年	獨資	四〇〇	八	三、四〇〇	二、七〇〇
永盛齋	仝上	清宣統元年	獨資	二七〇	六	三、四〇〇	二、七〇〇
天合誠	仝上	民國九年	獨資	二〇〇	五	三、二〇〇	二、三〇〇

太原	三順永	樓兒底街	清光緒二十八年	獨資	二、五〇〇	七	一•二〇〇	七〇〇	
	福生利	柳巷街	民國六年	獨資	二〇〇	一五	二、八六〇	三、二〇〇	
	履華新	柳巷街	民國十六年	獨資	六〇〇	一五	二、六〇〇	二、〇〇〇	
	享陞久	靴巷	前清	獨資	一、〇〇〇	一五	三、六〇〇	二、五〇〇	
	興泰隆	剪子巷	民國二十一年	獨資	三〇〇	八	一、〇〇〇	一、〇〇〇	
	陸泰成	帽兒巷	前清	獨資	一、〇〇〇	七	一、五〇〇	二、〇〇〇	
	聚源齋	帽兒巷	前清	獨資	二、二〇〇	一二	三、〇〇〇	五、〇〇〇	
	美麗新	橋頭街	民國十六年	合資	五〇〇				
	美華新	柳巷	民國十七年	合資	五〇〇	五〇	八、〇〇〇	一〇、〇〇〇	
	東華馨	橋頭街	民國二十一年	合資					美麗新代銷處
	廣豐厚	靴巷	清光緒二十年	獨資	五〇〇	一五	四、〇〇〇	七、〇〇〇	
	雅固新	橋頭街鐘樓街	民國二十一年	獨資	二〇〇	一五	三、〇〇〇	六、〇〇〇	
	晉源興	樓兒底街	民國五年	獨資	二〇、〇〇〇	二八	一七、五〇〇	三五、〇〇〇	
	永茂興	帽兒巷	民國二十三年	獨資	四〇〇	一〇	一、二〇〇	二、〇〇〇	
	晉源齋	帽兒巷	清光緒三十四年	獨資	二〇〇	九	一、〇〇〇	二、〇〇〇	
	集升齋	橋頭街	民國八年	獨資	一、五〇〇	三七	四、〇〇〇	一〇、〇〇〇	
	胡華馨	橋頭街	民國八年	獨資					

	中記鞋莊	柳巷街	民國二十三年	獨資	一〇〇	六	一,二〇〇	二,〇〇〇	
	步雲齋	橋頭街	民國元年	獨資	一,〇〇〇	一八	一,〇〇〇	二,〇〇〇	
	義興隆	姑姑菴	民國二十三年	獨資	三〇〇	五	一,〇〇〇	二,〇〇〇	
大同	恒豐昌	北街	民國二十年	合資	四,〇〇〇				
	美華號	仝	民國八年	合資	二,〇〇〇				
	豐盛隆	北街	民國二十年	合資	二,〇〇〇				
	陳英	仝	民國二十四年	合資	三〇				
	貞得順	仝	民國二十四年	獨資	四〇				
	德華公	仝	民國十三年	獨資	三〇				
	三和源	仝	民國二十三年	獨資	五〇				
	李江明	仝	民國二十三年	獨資	三〇				
	王立新	仝	民國二十四年	合資	二〇				
	帥鳳藻	西街	民國元年	獨資	三〇				
	郭藹	仝	民國三年	獨資	四〇				
	張義	仝	民國二年	獨資	三〇				
	楊中山	仝	民國二十四年	獨資	三〇				
	楊貴花	仝	民國二十三年	獨資	二〇				

陳富	仝	民國二十四年	獨資	二〇
馬文龍	仝	民國二十年	獨資	二〇
雷春宣	西街	民國二十三年	獨資	二〇
楊進財	仝	民國二十年	獨資	三〇
隆澮祥	仝	民國二十三年	獨資	三〇
李酉山	仝	民國十六年	獨資	五〇
瑞祥祥	仝	民國二十四年	獨資	二〇
谷成思	北街	民國二十四年	獨資	一〇
楊恒	北街	民國二十四年	獨資	一〇
張寶德	西街	民國二十四年	獨資	一〇
王培仁	北街	民國二十四年	獨資	一〇
秦六毛	仝	民國二十四年	獨資	二〇
古項鍋	仝	民國二十三年	獨資	三〇
段有德	仝	民國二十四年	獨資	三〇
丁吉	仝	民國二十四年	獨資	三〇
鄧元	西街	民國二十四年	獨資	三〇
李才	仝	民國二十四年	獨資	三〇

	文盛齋	仝	民國二十二年	獨資	一〇〇				
	雲翔號	鼓樓底	民國二十三年	獨資	一〇〇				
	同興號	東街	民國二十年	獨資	五〇				
	福厚源	仝	民國二十四年	獨資	二〇				
	永興源	西街	民國十二年	獨資	五〇				
	慶記昌德源	東街	民國二十三年	獨資	四〇				
	德盛祥	西街	民國二十四年	獨資	二〇				
					合計 九、一三〇	一五〇	合計 七〇、〇〇〇	合計 七三、七二〇	
安邑	元泰隆	河東市西大街	民國十三年五月	合資	三八〇	八	一、二〇〇	八四〇	
	敬盛福	河東市北大街	民國十三年五月	獨資	六〇〇	九	一、九〇〇	一、二三六	
	同泰合	仝	民國十一年	合資	四〇〇	七	一、一〇〇	七一五	
晉城	天順玉	小十字	民國三四年	獨資	四〇〇	八	三四〇	四七四	
	義興永	南大街	民國十四年	獨資	三八〇	六	二六五	三六六	
	茂盛裕	仝	民國十四年	獨資	八〇	六	二六五	三六六	
	義盛德	仝	民國十七年	獨資	二三〇	五	二一四	二九七	
	同心德	仝	民國十三年	獨資	二三〇	五	二一四	二九七	
	榮盛魁	仝	民國十年	獨資	二三〇	五	二一四	二九七	

	裕興德	西大街	民國十七年	獨資	二三〇	三	一七〇	二三六	
	茂盛全	南大街	民國二十三年	獨資	二一〇	三	一七〇	二三六	
	三順德	仝	民國二十三年	獨資	二一〇	三	一七〇	二三六	
垣曲	美延齋	南關	民國二十五年二月	獨資	一二〇	三	四九〇	五五〇	
解縣	順天成	西大街	民國十年十月	獨資	一〇〇	七	四二〇	二五二	
夏縣	三盛合	城內	清光緒二十五年	合資	二〇〇	七	二、〇〇〇	一、〇〇〇	
永濟	集升祥鞋舖	城東關街	民國十七年四月	獨資	一一〇	四	一、一〇〇	八八〇	
	義善齋鞋舖	仝	民國十八年六月	獨資	一三〇	五	一、五〇〇	一、二〇〇	
昔陽	自立鞋莊	南關	民國二十年	獨資	五〇	四	一、五〇〇	九〇〇	
	義勝鞋店	城內	民國二十一年	獨資	四〇	二	七五〇	四五〇	
和順	魁盛李	東關街	民國十六年	合資	四〇〇	四	一八、〇〇〇	一、〇八〇	
寧武	復源久	南街	民國十八年	獨資	三〇〇	五	七〇〇	六三〇	
	永和茂	南街	民國二十年	合資	三〇〇	六	九〇〇	八一〇	
崞縣	和記	南關	民國二十三年二月	獨資	一五〇	四	九〇〇	七二〇	
	德茂齋	仝	民國二十四年二月	獨資	一八〇	四	一、〇〇〇	八〇〇	
	義源成	仝	民國二十三年三月	獨資	二三〇	六	一、二二〇	九七六	
忻縣	大德興鞋店	大東街	民國九年二月	獨資	四五〇	一二	二、五〇〇	一、五〇〇	

	興記鞋莊	十字街	民國二十四年	合資	五〇	六	八〇〇	四八〇
	積聚成鞋莊	西街	民國十年六月	獨資	三〇〇	一〇	三、〇〇〇	一、八〇〇
繁峙	長盛齋	城內	民國二年一月	獨資	三〇〇	四	八一九	三六三
	福興恆	仝	前清	獨資	四〇〇	六	九四二	四一二
	玉順齋	砂河	民國元年二月	獨資	三〇〇	三	五五〇	二五五
	天順齋	大營	民國十年四月	獨資	四五〇	七	一二、三八	五二六
	德順成	仝	民國三年一月	獨資	二〇〇	二	三三五	一六九
文水	聚順和	北街	民國二十一年四月	獨資	八〇〇	一三	四、〇四〇	三、三〇二
徐溝	永盛玉	城內	清光緒二十一年正月	獨資	三〇〇	八	二、〇〇〇	一、二〇〇
	興盛齋	仝	民國二十四年一月	獨資	三二〇	九	二、〇〇〇	一、二〇〇
汾陽	華利茂	衙門前	民國二十三年	合資	一、一〇〇	一五	六〇〇	三、〇〇〇
	集雲齋	帽市街	民國二十三年	獨資	二、六〇〇	一九	一、〇〇〇	四、〇〇〇
	集雲和	仝	民國十年	合資	八〇〇	一七	三、〇〇〇	五、〇〇〇
	復興隆	仝	民國二十三年	合資	二五〇	一〇	一、〇〇〇	二、〇〇〇
	興盛長	東門街	民國二十一年	獨資	一、〇〇〇	一九	四、〇〇〇	五、〇〇〇
	人和齋	帽市街	清同治六年	合資	九〇〇	二〇	四、〇〇〇	五、〇〇〇
	德勝齋	帽市街	民國五年	合資	四六〇	一二	一、五〇〇	二、〇〇〇

	同義齋	鼓樓東街	民國二十三年	合資	五〇〇	七	一、〇〇〇	二、〇〇〇	
祁縣	義源齋	西街	民國十四年	合資	一、〇〇〇	一二	七、〇〇〇	六、三〇〇	
	義恆昌	仝	清宣統三年	合資	一、五〇〇	一一	六、五〇〇	五、八五〇	
	美華新	仝	民國十八年	合資	五〇〇	九	二、五〇〇	二、二五〇	
	陞記鞋店	仝	民國二十一年	合資	一、三〇〇	九	三、二〇〇	二、八八〇	
太原	永盛茂	南街	清光緒二十八年	獨資	四〇〇	一三	三、七五〇	一、六一三	
	福和成	北街	清宣統二年	獨資	四〇〇	一二	二、六四〇	一、一八二	
平遙	五福齋	南大街	民國十八年二月	獨資	五五〇	一二	一三、〇〇〇	九、七五〇	
	晉昇德	仝	民國二年三月	獨資	四〇〇	一〇	一二、〇〇〇	九、〇〇〇	
	永慶亨	仝	民國十三年一月	獨資	一、二〇〇	一八	二四、〇〇〇	一八、〇〇〇	
	晉源泳	城隍廟街	民國二十四年一月	合資	七〇〇	一六	二一、〇〇〇	一五、七五〇	
	三雲勝	衙門街	民國十六年一月	合資	五〇〇	八	一〇、五〇〇	七、八七五	
	新昇昌	西大街	民國十七年一月	獨資	七〇〇	八	九、〇〇〇	六、七五〇	
	榮源常	仝	民國二十一年二月	合資	四五〇	五	五、四〇〇	四、〇五〇	
交城	洪勝齋	東關街	民國元年六月	合資	五五〇	六	一、〇四〇	一、一二四	
	慶元恆	仝	民國二十四年三月	合資	五〇〇	七	一、〇九〇	一、〇六九	
	義勝齋	仝	清光緒二十九年正月	獨資	七〇〇	八	一、二四〇	一、一七四	

四 製帽

一 概說

山西製帽業出品，大體可分為便帽、毡帽、禮帽、草帽等數種，便帽又包含緞帽、帽梭等，其集中產地在太谷、解縣、交城、。帽在平順、清源，禮帽在晉城各作坊與便帽兼製，草帽產於潞城、平順、陽城、臨汾、吉縣、致晉、新絳、河津等縣，而以潞城較為集中。

二 現狀

各種帽類出產，可區別為兩部分：一為作坊出品，一為家康手工製造。山西製帽業之開設作坊製造者，計有太谷、清源、交城、平順、晉城、解縣、新絳、廣靈、潞城等九縣，其他陽城、臨汾、吉縣、寧武、河津等五縣製帽業，概屬家庭手工業，玆就各縣產量與產值列表於次：

縣別	作坊出品		家庭手工業出品	
	產量（頂）	產值（元）	產量（頂）	產值（元）
太谷	五九、一〇〇	四、七二八		

清源	五〇、〇〇〇	一〇、〇〇〇		
交城	六四、〇〇〇	五、九三五		
平順	九、三〇〇	二、三二五		
晉城	五、二〇〇	二、〇四〇		
陽城			一八、四八〇	一、四七八
臨汾			三九、一八〇	二、七四三
吉縣			一二、〇〇〇	三、〇〇〇
解縣	七九、五〇〇	四、七七〇		
新絳	八〇、〇〇〇	一二、〇〇〇	五八、八三二	二九、二六六
廣靈	一五、〇〇〇	三、〇〇〇		
潞城	七二、九〇〇	二九、一六〇		
寧武			一、〇〇〇	三〇〇
河津			九、〇〇〇	三、六〇〇
總計	四三五、〇〇〇	七三、九五八	一三八、四九二	四〇、三八七

作坊出品，以新絳之八萬頃爲最高產量，其次爲解縣之七萬九千五百頃，潞城之七萬二千九百頃，交城之六萬四千頃，太谷之五萬九千一百頃，淸源之五萬頃、廣靈之一萬五千頃，平順之九千三百頃

城之五千二百頂。家庭手工業出品，亦以新絳產量爲最高，計爲五萬八千八百三十二頂，次爲臨汾之三萬九千一百八十頂，陽城之一萬八千四百八十頂，吉縣之一萬二千頂，河津之九千頂，寧武之一千頂。

就產帽數量而言，作坊產量較家庭手工業產量多三倍以上，但在產值方面，作坊產值較多於家庭手工業產值不到一倍。

山西省製帽業現況一覽表

縣別	廠坊名	地址	設立年月	組織	資本額（元）	職工數	出品種類	年產額	
								產量（頂）	產值（元）
太谷	協懋久	大南街	清光緒二十三年一月	合資	一、三〇〇	一〇	便帽	三六、〇〇〇	二、八八〇
	德陞魁	東寺院	民國二十四年二月	合資	六〇〇	六	便帽	一〇、一〇〇	八〇八
	日陞長	大東街	民國二十三年十月	獨資	八五〇	五	便帽	一三、〇〇〇	一、〇四〇
淸源	同心恆	寮院街	民國二年	合資	四、四〇〇	四二	毡帽	三〇、〇〇〇	六、〇〇〇
	中興和	南營留村	民國二十一年	獨資	三、〇〇〇	三〇	毡帽	二〇、〇〇〇	四、〇〇〇
交城	義心成	沙河街	民國二年二月	合資	一、五〇〇	一一	棱帽緞帽	三二、五〇〇	一、七六三
	心發泳	下關街	民國七年八月	合資	六〇〇	一二	毡帽	九、〇〇〇	一、二六〇
	隆記	沙河街	民國二十三年三月	合資	三〇〇	七	棱帽緞帽	七、五〇〇	六三七

	玉盛陞	沙河街	民國二十三年二月	獨資	八〇〇	七	棱緞帽	一五、〇〇〇	一、二七五
平順	增盛元	本城	民國十年	獨資	一二〇	七	毡帽	二、〇〇〇	五〇〇
	意太昇	仝	民國十八年	獨資	一三〇	八	毡帽	二、五〇〇	六二五
	意聚昇	南關	民國十五年	獨資	九〇	六	毡帽	一、八〇〇	四五〇
	意和茂	仝	民國二十年	合資	一七〇	一〇	毡帽	三、〇〇〇	七五〇
晉城	大德通	南大街	民國二十一年二月	合資	二五〇	五	禮帽便帽	二、〇〇〇	八〇〇
	萬順魁	仝	民國二十二年三月	合資	一〇八	四	禮帽便帽	一、四〇〇	五四〇
	仁記	黃華廂	民國二十二年三月	合資	一五〇	四	禮帽便帽	一、八〇〇	七〇〇
解縣	乾義和	西丈街	民國二十年八月	獨資	二〇〇	四	便帽	二〇、〇〇〇	一、二〇〇
	協泰永	仝	民國二十一年一月	獨資	二〇	九	便帽	二、一〇〇	一二六
	順元和	仝	民國十九年八月	獨資	一〇〇	六	便帽	一〇、〇〇〇	六〇〇
	義興成	仝	民國十九年九月	獨資	三〇	六	便帽	一七、〇〇〇	一、〇二〇
	昌發帽莊	西大街	民國二十三年八月	獨資	八〇	四	便帽	二〇、〇〇〇	一、二〇〇
	三合成	仝	民國二十三年一月	獨資	一〇〇	三	便帽	四〇〇	二四
	義順元	仝	民國二十三年八月	獨資	一〇〇	五	便帽	一〇、〇〇〇	六〇〇
新絳	永盛玉	中城巷	民國元年一月	獨資	三〇〇	一二	便帽	二三、〇〇〇	三、三〇〇
	復盛郁	孫家巷	民國三年二月	獨資	一三八	一二	便帽	二一、〇〇〇	三、一五〇

	三興和	孫家巷	民國元年六月	合資	一五〇	一二	便帽	二五、〇〇〇	三、七五〇
	自立學	南大街	民國八年六月	獨資	一〇〇	一一	便帽	一二、〇〇〇	一、八〇〇
廣靈	三義德	西關	民國二十年	合資	五〇〇	二三	毡帽	一〇、〇〇〇	二、〇〇〇
	裕厚德	仝	清宣統元年	合資	三〇〇	一一	毡帽	五、〇〇〇	一、〇〇〇
潞城	恒昶隆	東關	民國十年二月	獨資	五〇〇	七	草帽	一、〇〇〇	四〇〇
	泰順祥	仝	民國八年六月	獨資	三〇〇	五	草帽	一、〇〇〇	四〇〇
	泰順恒	仝	民國八年四月	獨資	三〇〇	五	草帽	九〇〇	三六〇
	雙和恒	仝	民國八年三月	獨資	二五〇	五	草帽	二五、〇〇〇	一〇、〇〇〇
	天興成	仝	民國四年五月	獨資	二〇〇	三	草帽	三、〇〇〇	一、二〇〇
	通順恒	仝	民國四年九月	獨資	二〇〇	三	草帽	六、〇〇〇	二、四〇〇
	公義盛	仝	民國五年二月	獨資	一五〇	三	草帽	九、〇〇〇	三、六〇〇
	德和祥	仝	民國四年三月	獨資	一〇〇	三	草帽	一二、〇〇〇	四、八〇〇
	天順公	靳村	民國六年二月	獨資	二〇〇	三	草帽	一〇、〇〇〇	四、〇〇〇
	文通祥	仝	民國六年四月	獨資	二〇〇	三	草帽	五、〇〇〇	二、〇〇〇

據上表，各製帽作資本均甚微薄，最高額亦不過四千四百元，甚至於有少至二十元者。各作坊總資本額爲一萬八千九百八十六元，職工總數三百三十名。

製帽可分爲數種：製造便帽，先由工匠將緞料或布料裁剪帽表，縫成帽形，上盔頭，加裏子，再送女工做帽邊。製造毡帽，先將羊毛檢清，用弓彈成毛絨，放於竹簾上用足捲成毡片，然後用手洗搓，再置帽盔上使成帽形，即用剃毛刀剃去浮毛，晒乾後，煮以色水染色即成。至於梭緞帽即屬於便帽之一種其製法與便帽同。製造草帽，係將麥桿切齊，去其外皮，泡於水中，使桿性發柔，然後製成草帽緶，再將帽緶圍繞成圈，用製帽機器製造，製成後，再縫以裏子，外加絲帶即成。

帽類價格，各地略有高低，茲列表如次：

縣別	帽名	每項價格(單位元)
太谷	便帽	○•○八
清源	毡帽	○•二○
交城	梭帽	○•○八
	緞帽	○•○九
	毡帽	○•一四
平順	毡帽	○•二五
晉城	禮帽	○•五○
	便帽	○•三○
解縣	便帽	○•○六
新絳	緞帽	○•一五
廣靈	毡帽	○•二○
寧武	毡帽	○•三○
潞城	草帽	○•四○
陽城	草帽	○•○八
臨汾	草帽	○•○七
吉縣	草帽	○•二五
河津	草帽	

山西所產便帽緞帽，質料均屬次等，故價格甚低，每頂最高不過三角，甚有低至八分者，內地工料之低賤，於此可見；毡帽原文，純爲當地取給，其價格之低，尤屬意中之事，草帽分粗細兩種，潞城所產之細草毛，每頂至多售四角，其他吉縣臨汾陽城所產，價格遠較潞城爲低。

各種帽類，除清源交城之毡帽銷於東三省，平順之毡帽銷於河南安陽縣之水冶鎮，晉城之毡帽銷於河南潞安，新絳之便帽銷於陝甘，潞城之草帽銷於河南而外，其他各縣出品，多屬當地銷售。買賣均用現款交易，帽業除担負營業稅而外，並須認定當地各種攤款。

五　製針業

一　概說

山西晉城縣五龍河西村之大德製針公司，創設於民國九年，當時經理爲劉知章，迨至民國十五年間因營業不振，由副經理祁繼任接辦，但營業未見起色，嗣又建築房屋七間，烟筒一個，並添置磨尖機壓型機各一架，規模略具。

該廠廠基面積，占地十八舊畝，房屋六十幢，資本四萬，內分固定資本三萬二千元、流動資本八千元，採股份有限公司組織，職員七名，月薪總數三百元，工人四十名（內有男工三十名，女工十名）每月給付工資二百五十元，工資計算，按鎊給値，工人均係就地招僱，由廠方予以技術上之訓練。

二 現狀

大德製針公司內部設備，有如次表：

機械名稱	數量	出品廠家	値價(元)
切條機	一	嵩安鐵工廠	一、〇〇〇
磨尖機	三	仝上	三、〇〇〇
壓型機	六	仝上	六、〇〇〇
穿孔機	七	仝上	七、〇〇〇
磨管機	八	仝上	一、〇〇〇
研磨	三	仝上	二、〇〇〇

此外，尚有鍋爐一座値價三千元，蒸汽引擎一部，馬力十二匹。

製針所用原料爲鉄條，向天津及上海購買，每年需用量約在二萬斤左右，値價四千元。製針程序，分切條、桿條、生尖、光尖，磨腰、壓型、穿孔、穿針、磨管、燒蘸、研磨、磨光、挑針、修尖、比針、磨二細、磨二光、磨明光、磨細光等手續，針之爲物雖微，而其製造步驟則甚繁複。

該廠全年開工時間，殆爲十個月。近年產量，則見減少；蓋自民國二十一年起，產品滯銷，存針一千萬枚，翌年復剩餘五百萬枚，故民國二十三年份，全年生產量減低至二千五百萬枚，而同年銷數則達三千萬枚，不足之五百萬枚，係將前兩年剩餘產品售出。茲就近五年來該廠生產銷售之增減情形列表於次：

年份	出品數量（枚）	銷售數量（枚）
十九年	四五、〇〇〇、〇〇〇	四〇、〇〇〇、〇〇〇
二十年	四〇、〇〇〇、〇〇〇	四〇、〇〇〇、〇〇〇
二十一年	四〇、〇〇〇、〇〇〇	三〇、〇〇〇、〇〇〇
二十二年	三〇、〇〇〇、〇〇〇	二五、〇〇〇、〇〇〇
二十三年	二五、〇〇〇、〇〇〇	三〇、〇〇〇、〇〇〇

該廠出品商標爲飛羊牌，每年平均產量爲三千萬枚，依照最近價格，每萬枚至少可售五元，故生產總值在一萬五千元以上，銷於山西全境，以春秋兩季銷路爲最暢。

交易手續，按照該廠與批發商慣例，先由廠方交貨，然後由商人分期付款。產品裝箱，每箱可容二十萬枚，運銷於公路通車地方，則用汽車，不然則用騾駝，所需運費，由廠方支付。

六　製蓆業

一　概說

山西各地蘆葦出產甚多，故對於以蘆葦爲原料之製蓆業，分佈亦甚普遍。織蓆原爲農家副業之一種故最初係於農事空閒時行之；嗣以集中生產及增加產量起見，漸漸脫離副業色彩，而趨向於專業。

山西製蓆業有坊號可稽而成爲專業者，計有太谷、祁縣、徐溝、晉城、芮城、鐮邱等六縣，製蓆業尚未脫離農家副業之形態者，計有長治、陽城、昔陽、臨汾、汾城、翼城、新絳、聞喜、絳縣、霍縣、靈石、應縣、寧武、代縣、崞縣、等十五縣。

二 現狀

茲先就太谷等十四縣製蓆業現況，列表於次：

山西省製蓆業現況一覽表

縣別	廠坊名	地址	設立年月	組織	資本額（元）	職工數	年產量	
							產量（領）	產值（元）
太谷	四順亨	南街	民國二十一年	合資	二、〇〇〇	一三	一〇、〇〇〇	二、五〇〇
	太和源	南街	民國二十四年	獨資	一四〇	五	二、〇〇〇	六〇〇
	天德成	南街	民國二十三年	合資	二〇	一	六〇〇	一二〇
	源聚成	南街	民國二十三年	合資	三〇	四	一、〇〇〇	二五〇
	三盛聚	東街	民國二十三年	合資	三〇	二	七〇〇	一四〇
	崔牛清	西街	民國二十四年	合資	一〇	二	三〇〇	六〇
	德和隆	西關	民國二十年	合資	二〇〇	四	三〇〇	六〇
祁縣	恆益盛	北街	民國十九年	獨資	一〇〇	三	一八〇	八一

	蔚華榮	南街	民國二十四年三月	合資	三〇	三	二〇〇	九〇
徐溝	德興裕	糧市街	民國二十四年一月	合資	二〇〇	四	一、〇〇〇	四〇〇
晉城	永太成	謝匠村	清道光末年	獨資	三二	三	一、〇六〇	二二五
	自興源	河東村	清道光末年	獨資	四二	三	九四〇	二〇〇
	自興昌	天戶村	清咸豐初年	獨資	三二	三	一、〇一五	二一五
	茂盛永	下麓村	清同治末年	獨資	二二	三	八九〇	一八九
	仁義成	後河村	清光緒四年	獨資	二二	二	七六〇	一六〇
	振興餘	前村	清光緒十六年	獨資	二二	二	六六〇	一三八
芮城	義福堂	陽院村	民國十九年九月	獨資	一五〇	二	一、三〇〇	二六〇
	兩益堂	鄭村溝	民國二十年三月	獨資	一〇〇	二	一、二〇〇	二四〇
	積盛和	三十里步	民國二十年一月	獨資	二〇〇	二	一、〇〇〇	二〇〇
	寶盈堂	義和村	民國二十一年三月	獨資	一二〇	三	二、一六〇	四三二
靈邱	三義長	本城東關	民國十四年	獨資	五〇	三	三〇〇	二四〇
	德盛和	本城西關	民國十八年	獨資	三〇	二	二〇〇	一六〇
	義合永	本城西關	民國二十年	獨資	二〇	二	二〇〇	一六〇
	劉老拔	本城魁見	民國二十一年	獨資	三〇	三	三〇〇	二四〇
	張文正	東河南鎮	民國二十三年二月	獨資	三〇	一	一〇〇	八〇

共計				三、六六二	七七	二八、三六五	七、四四〇

上列十四家製蓆業資本計為三千六百六十二元，職工七十七名，年產二萬八千三百六十五領，值洋七千四百四十元。

太谷、祁縣、徐溝、晉城四縣製蓆業所用原料，係以捆計(每捆一百九十根)，全年蘆葦用量約為六千三百十五捆，每捆統扯以百斤計算，共為六十三萬一千五百斤，再加以芮城製蓆業全年原料用量一萬一千三百二十斤，靈邱一萬六千五百斤，共計為六十五萬九千三百二十斤。

此外，山西各縣製蓆之為農家副業，而無專設舖子，以營製造者有長治等十五縣，茲列表如下：

縣別	集中之產地	工人估計	每年產量（領）
長治	第一區漢上村	三〇	五、四〇〇
陽城	第五區宜固村	二、二〇〇	四、四〇〇
昔陽	思樂村洪水村	三八〇	六、六〇〇
臨汾	縣城內	七三	一五〇、〇〇〇
汾城	東彭村萬東毛村	七〇	三、〇〇〇
翼城	賀水東鄭西張等村	四〇〇	五、〇〇〇
新絳	丁村辛堡武平等村	四六五	一二六、〇〇〇
聞喜	第二區三下呂柳泉村	三三〇	一二、〇〇〇
絳縣	蓋家溝及峪南吳必等村	八五	一、五二〇
霍縣	下樂平賈村大張	二七	二、〇〇〇
靈石	南關鎮莊立東西許村	七五	七、〇〇〇
應縣	東南鄉	三、〇〇〇	四五、〇〇〇
甯武	第二區化北屯郵	六	五〇〇
代縣	賈村	七	五五〇
崞縣	第三區東西南霍村榮華大莫等村	二、〇〇〇	六、二〇〇
共計		九、一四八	三七五、一七〇

山西全年蓆產不論其爲專業或農家副業，合計爲四十萬另三千五百三十五領，職工總數九千二百二十五名。

蓆之製造，頗爲簡單，所需用具有二，一爲劈刀，一爲剪刀，前者用以劈葦，後者用以剪邊。其製造方法，先將葦皮剝落，用劈刀把葦稈劈爲四片，噴水少許，然後編織，成蓆後，用剪刀在其邊緣剪齊。

製蓆業開工日數，全年約爲二百六十天，以十月至翌年二月工作較忙，三月至九月較爲淸閒，農忙時則停止工作。依通常工作效率而言，每人每日可編織蘆蓆兩領，蓆之大小不同，如晉城有四六、七五、三五各種蓆之分別。

蓆之市價近年趨跌，大概每領跌落五分左右。目前市價四六蓆每領二角二分，七五蓆每領三角五分，三五蓆每領一角五分。

蘆蓆交易方法分爲兩種：一爲現款現貨，一爲定貨交貨。前者如長治、晉城、陽城、昔陽、臨汾、汾城、翼城、芮城、聞喜、絳縣、霍縣、應縣、寧武、代縣均爲現款交易，後者如新絳，靈石兩縣，則先定貨約期交貨，定貨時先付貨之一部分，取貨時再將全部貨價交淸；惟靈石亦有現貨買賣者。

蓆之銷路，有隨地出售者，亦有運銷外埠者，如晉城、陽城、臨汾、翼城、聞喜、絳縣、靈石、靈邱、寧武、代縣所產蓆子　盡銷於本地；至有外銷各縣，有如次表：

出產地	銷售地
昔陽	平定
芮城	河南省及本省之解縣虞鄉
新絳	稷山曲沃
絳縣	曲沃
應縣	左雲右玉大同
崞縣	綏遠包頭大同口

銷售方法，大多均由製造者担市，趕集兜售，亦有居間商從中搜買，則如崞縣各山貨舖自產戶搜買而後運銷外埠者。

七 度量衡器製造業

一 沿革

山西省近代度量衡器製造業，發軔於北政府時代農商部度量衡製造所，在該省傳習大批製造工人，故現在內地各縣製造度量衡器者，大半均曾受傳習所之訓練，當時各地度器漫無標準，殊不統一，商人奉令改用新制，故營度量衡製造業者，一時頗形發達，迄乎輓近，該省舊有製度雖未盡除，而新制推行尚稱努力，營斯業者，須受當地政府之檢定，故較其他各業爲嚴格。

二　現狀

全省度量器衡製造，據此次調查所得，計有三十家，分配於清源、平遙、晉城、洪洞、汾城、臨晉、虞縣、榮河、猗氏、解縣、芮城、新絳、聞喜等十三縣，其中以晉城、新絳、平遙較爲發達，其他各縣各有一二家不等。

營度量衡器製造者，規模均極微小，全係獨資組織，各家資本額最高者，亦不過一百五十元，據調查所得之三十家製造者，其總資本額僅爲一千八百二十八元，平均每家尙不足六十一元。

職員與工人，無嚴格分別，有職員兼製造者，亦有工人兼理事務者，但每家職工混合數亦僅二三人，至多亦不過四人。

度量衡器之製造，有一家出品包含數種者，有專制一種或二種者，如清源縣之度量衡修製所，係包含有稱、尺斗三種之製造，平遙之閻春馨等三家，均爲專門製造稱及其附件，臨晉縣之楊增星則其出品有兩種，一爲稱，一爲尺。

三　生產

原料

製造衡器所用原料，普通習見者以杏木，梨木，柳木，蘇木等爲較多。平遙一般製稱所用之楡木、杏木、六道木等材料，均係當地所產；他如花梨木、檀木、烏木等因其產地均在南方，故多向天津方面購用。平均每斤大洋二角，晉城方面所用柳、杏、榆各木料，其產地在陽城縣，每料粗者二角，細者一角二分，猗氏縣製稱所用梨木、杏木均為當地出產，芮城縣本有楊柳等木材出產，故採購方面，非常便利，是項木材，每丈約售六元，梨木價較商，每丈約售十二元。除木材以外，尚有其他零星用料，如銅絲、銅盤、鐵絲、鐵箍等則均係就地採購。茲就山西各縣用於度量衡製造上之大宗原料，估計如下表：

原料／縣別	木材類用量		金屬類用量		其他用量	
清源	杏木、六道木、梨木、蘇木、柳木	二三〇件				
平遙	雜木	二、五〇〇斤	銅、鐵、	三、〇〇〇斤		
晉城	白木、杏木、榆木、楸木	九、〇〇〇根 一五〇方丈	銅船、銅刀組 銅絲	一、八〇〇件 一五斤	柳條盤	九〇〇件
			鐵箍	三、七六〇道		
洪洞	雜木		二、七〇〇件	銅絲 稱錘	三五〇斤 二、〇〇〇個	
汾城	雜木					
臨晉	梨木等	三〇〇件				
虞鄉	梨木		銅絲、鐵鉤、錘		蔴繩	
榮河	梨木、杏木、楊木、楸木	四〇〇斤 二方丈				

猗氏	雜木	一〇〇方尺	銅絲、鐵錘	一一斤、三五〇個		
解縣	梨木	八五五根	鐵錘	八五五個	蔴繩	六斤
芮城	杏木、梨木	一二丈	銅絲、鐵錘	六斤、一〇〇個		
新絳	山木、梨木	一、五〇〇根	鐵絲	二五兩		

上表各種原料，以其單位名稱不一，即以同屬一類原料，又以各地習俗異殊，而名稱不能統一，茲爲存其原有眞象起見，亦不強爲折合。

製造手續

各地製作度量衡用具方法，大致相同，是項工業，屬於小規模作場工業之一種，勞働技術限於一般熟練工人。普通製造度器，先將木板鋸碎，成厚七八分寬約寸許之木條，然後用鉋鉋光，將銅絲依標準尺距離，分寸釘星即成。製造量器，先將楸木鋸爲簿板，依斗升斛大小劈成短塊，用三道鐵箍箍緊，同時留一塊板片半截於外，用火烘乾鉋淨即成。至於製造衡器，先將木杆鏇淨，上粗下細，將銅絲依分寸度之，釘以星，再將銅絲或柳條箥籮穿繩，繫於杆之上端，並以螺絲紐釘爲號，穿入稱杆一端，加以鐵錘爲鉈即成。

生產季節

山西內地之製造度量衡器具，係全年開工，惟冬季工作較忙，春夏季則較爲淸閒。

產量及產值

後附一覽表中所列產量，係就各家所產之度器、量器、衡器三種合併之，於此復就各家產品加以區別：淸源縣度量衡製造所，出品有盤稱、鉤稱、刀稱、直尺、方斗等項，而表中所列，僅爲稱類，他如斗尺從缺，稱類大小不一，價格懸殊，每件平均約爲二角，年產量一百八十五件，年產值則當爲三十七元。

平遙閻春馨等三家之出品。純粹屬於稱類，每杆平均價格爲九角，年產量四百四十件，年產值三百九十六元。

晉城出品，較他縣爲複雜，屬於衡器一方面，計有三斤及五斤盤稱各爲七百杆，十斤鈎稱七百杆，二十斤鈎稱六百杆，五十斤稱一百七十，杆一百斤刀稱七十，杆一百五十斤刀稱六十杆，單直尺九百杆、斗八百二十隻，升八百個，稱、尺、斗、升台計共爲五千五白二十件，總值一千二百四十六元。

洪洞年產度器一千七百桿，量器八百隻，衡器二千杆，共爲四千五百件，度器每杆價格平均爲五分，量器六角，衡器五角，年產值：度器約八十五元，量器約四百八十元，衡器約一千元，總值爲一千五百六十五元。

汾城稱工廠出品包含有稱、戥，尺三種，全年共出八百件（其中稱合計約爲五百件），每件平均價格爲三角，年產值二百四十元。

臨晉之楊增星出品只限於稱、尺二種，稱產二百五十件，尺三百七十件，前者每杆平均價格爲七角，後者爲一角六分，年產值爲七百六十八元。

虞鄉之李林河出品爲稱、尺兩種，陳繼魁所出則只有斗一種，稱七十桿，每桿平均價格爲八角，尺五十二支，每支平均價格爲三角，斗九十六隻，每隻平均價格爲八角，兩家年產量共計爲二百十八件，總値約爲一百四十九元。

榮河之李堂，年產稱二百杆，斗二十隻，尺五十支，平均價格爲五角，四角，二角，年產値爲一百十八元。

猗氏之自立合及韓金樑二家出品，只爲稱一種，年產三百五十件，每件最高價爲一元五角，最低價爲二角，年產値約爲二百二十五元。

解縣之集成合及月盛成出品亦限於稱類，有鈎稱盤稱之分，年產八百五十五件。產値爲三百七十五元。

芮城之懷盛德及德盛永，年產稱一百二十桿，戥子五十桿，尺八十支。斗一百隻，升一百五十隻，共爲五百件。稱每桿平均價格爲一元，戥子五角，尺每支二角斗，每隻一元五角，升每隻三角，共計爲五百件，總値爲三百五十六元。

新絳縣王德興等五家，全年計產稱約爲五百十件，總値爲四百十元。

聞喜之崔春旺，年產稱一千四百件，每件平均價格以三角計，年產値爲四百二十元。

綜合以上十三縣三十家度量衡製造業以觀，全年產品共計爲一萬六千一百六十八件，總値爲六千三百零五元；其中屬於衡器方面包含（大小盤鈎稱及戥子等）計爲九千九百三十件，度器方面爲三千四百五十二件，量器方面計爲二千七八百十六件。

四 銷路

各縣所出度量衡各器，大概以隨地銷售居多，現款交易。當民國八年初次改用度量衡器時，一般製造者，往往以求過於供，莫不利市三倍；如今新制各器逐漸推行，採用者自較往昔爲少，營斯業者稍感不振，近年價格亦漸低落。

稅捐

至於捐稅擔負，除按章繳納營業稅及地方攤款而外，凡大稱百斤以上，例須納稅一角五分，二百斤以上納一角，小稱一斤以上納四分，十斤以上以五分，二十斤以上納六分，戥稱每支納稅二角，由縣收納解省。此爲平遙一地之情形，他縣殆相若。

山西省度量衡器製造業現況一覽表

縣別	坊廠名	地址	設立年月	組織	資本額(元)	職工數	年產額	
							產量(件)	產值(元)
清源	清源縣度量衡修製所	城南二街	民國八年	獨資	三〇	一	一八五	三七
平遙	闞春馨	南一街	民國八年	獨資	七〇	三	一七〇	一五三
	裴日中	南巷	民國九年	獨資	四五	二	一四〇	一二六

	趙愛喜	南大街	民國十六年	獨資	五〇	一	一三〇	一一七
晉城	王鴻元	南關	民國九年	獨資	五五	三	一、三〇〇	三〇八
	陳金堂	南街	民國九年	獨資	五五	三	一、三〇〇	三二三
	鄭德印	南門裏	民國九年	獨資	五五	三	一、三〇〇	三二三
	同興斗店	小東關	民國九年	獨資	三四	三	五〇〇	九〇
	同興長	小東關	民國九年	獨資	二四	三	三〇〇	五四
	同興西	南大街	民國九年	獨資	三四	三	六〇〇	一〇八
	復興斗店	南大街	民國九年	獨資	二九	三	二二〇	四〇
洪洞	王文秀	城內	民國十五年三月	獨資	一五〇	四	二、九〇二	九六〇
	檀德生	城內	民國二十四年四月	獨資	一〇〇	三	一、六〇〇	六〇五
汾城	稱工廠	城內	民國十四年	獨資	五〇	二	八〇〇	二四〇
臨晉	楊增星	城內東街	民國五年七月	獨資	一〇〇	二	六二〇	七六八
虞縣	李林河	城內民	民國八年	獨資	一五〇	一	一二二	七二
	陳繼魁	城內	民國二年	獨資	六〇	二	九六	七七
榮河	李堂	城內	民國十二年三月	獨資	五〇	一	二七〇	一一八
猗氏	自立合	城內西街	民國十七年二月	獨資	二〇〇	二	一八〇	一二〇
	韓金樑	城內西街	民國二十年二月	獨資	一〇〇	二	一七〇	一〇五

解縣	集成合	城內西街	民國十九年九月	獨資	六〇	二	五〇〇	二〇〇
	月盛成	城內西街	民國二十三年十月	獨資	一二〇	二	三五五	一七五
芮城	懷盛德	城內東街	民國十八年二月	獨資	五〇		一二五	一六一
	德盛永	縣城南關	民國十三年七月	獨資	五〇	一	二、五〇〇	一九五
新絳	王德興	城內大街	民國十三年	獨資	一〇	一	一〇〇	八〇
	王福祥	城內大街	民國十八年	獨資	一五	二	一一〇	九〇
	王留漢	城內大街	民國八年	獨資	一〇	一	一〇〇	八〇
	張源爾	城內大街	民國十年	獨資	一二	一	一〇〇	八〇
	盧致元	城內大街	民國十五年	獨資	一〇	一	一〇〇	八〇
聞喜	崔春旺	城內中街	民國十三年三月	獨資	五〇		一、四〇〇	四二〇

八　毛筆業

一　概說

山西雖非產筆之地，第以毛筆為日常用品所需，故該省內地幾縣，亦間有營毛筆之製造。據此次調查山西汾城縣有恆義存筆莊一家，安邑縣河東市之路家巷有積成莊一家，忻縣之東街有同文齋、郝常瑞公義堂三家。

二 現狀

茲就上述三縣之毛筆製造業現況列表如次，

縣別	作坊名稱	設立年月	組織	資本（元）	職工數	產量（枝）	產值（元）
汾城	恒義存	民國十年	獨資	三〇	二	三、〇〇〇	二五〇
安邑	積成莊	民國二十三年	獨資	九五	五	二五、〇〇〇	二、五〇〇
忻縣	同文齋	民國十五年五月	獨資	七〇〇	八	六、〇〇〇	三六〇
	郝常瑞	民國二十四年二月	獨資	五〇	四	二〇、〇〇〇	六〇〇
	公義堂	民國十七年一月	獨資	二〇〇	八	七〇、〇〇〇	二、一〇〇
共計				一、〇七五	二七	一二四、〇〇〇	五、八一〇

上表所列，五家毛筆莊資本總額為一千零七十五元，職工總數二十七名，總產額十二萬四千枝，總產值五千八百十元。作坊工業規模之隘小，於此可見。

毛筆種類，約分為羊毫，狼毫，條筆等數種，其原料，則有羊毛，黃狼毛，以及筆桿等物，是項原料，大多購自漢口，係用郵寄。

筆之製造手續，尙稱簡單，首將毛類刷理清楚，然後與竹桿湊合，用松香粘塞，桿上刻就字號即成。製造季節，以正月爲淡月，五六月爲忙月，各縣筆銷，大概係在當地或鄰縣。售出時用包紮成，每包筆枝數，普通殆爲十枝。

（附）製墨業

安邑縣河東市東大街之五福堂，創設於民國二十年，係獨資組織，資本二百元（固定資本與流動資本各爲一百元）職員一名。工人二名，前者月薪三元，後者每名二元，是項工人，均由河南濟源招來。製墨所用原料爲煙與膠，每年需用量煙一百五十斤，膠一百八十斤，向上海採購。該五福堂年產香墨五百二十八斤，每斤八角，值洋四百二十二元四角，銷路只限於當地。

九　梳篦業

一　概說

梳篦爲日常用品之一，早年我國各地均有專製之作坊。鼎革以還，始有男子剪辮，繼有婦女剪髮，因而對於我國舊式梳篦之需要，日見減少。山西內地，風氣較爲閉塞，但梳篦業亦不如往日之盛。襄陵總製造木梳一業，前有十餘家之多，近以銷路不暢，營業衰落，目前僅存五家，此外新絳縣亦有一家。

二 現狀

山西省襄陵縣楊自溫等五家，係專製木梳，而新絳縣之德興則製篦杼，茲就其現況列表如次：

縣別	坊名	地址	設立年月	組織	職工數	年產額 產量（隻）	年產額 產值（元）
襄陵	楊自溫	南辛店	光緒二十三年一月	獨資	一	三〇〇	一二〇
	蘇文選	南辛店	光緒二年五月	獨資	一	三〇〇	一二〇
	李金保	南辛店	民國五年一月	獨資	一	二〇〇	八〇
	孫明元	南辛店	民國五年一月	獨資	一	二五〇	一〇〇
	賈順興	南辛店	民國八年九月	獨資	一	三〇〇	一二〇
新絳	德興	南關	民國九年	獨資	三	一、〇〇〇	五〇〇
共計					八	一、三五〇	一、〇四〇

上表所列六家梳篦業，資本多甚微小，店員自任製造工作，共計八名，年產量一千三百五十隻，年產值一千零四十元。是項小規模作坊，出資者即製造者，製造者即營業者。

製造木梳原料，大牟均採用棗木杏木居多，製造篦杼則用竹桿。襄陵縣楊自溫等五家，專係製製造梳，年用棗木與杏木約一百三十餘枝，每枝價洋在二元左右，係就地採購。製造木梳，先以人力將木鋸成板片，用火蒸乾，再以挫刀，斫成細齒，復以砂皮打光。大概中等棗樹每枝可出木梳十隻。製造篦杍之原料爲竹，新絳縣德興篦店年用竹二千餘斤，向芮城購買。梳篦製造，以一月，二月，十月，十一月十二月爲忙月，舍此而外，則較爲淸閒，每年生產日數統扯殆有一百五十天。

交易多用現款，木梳每隻四角，篦杍大者每隻九角，小者祗爲二角五分。

十　皮膠業

一　概說

皮膠爲用於工業上之配合原料，需用甚廣。山西產膠縣分，其最著者，首推大同及新絳兩縣。大同熬膠業始於前淸道光年間，最先設立者爲廣德舔熬膠號，至光緒年間有天慶和熬膠號相繼開設，迄今已增至七家之多。各熬膠號自創設以來，營業尙佳，尤以民國十七年至二十年之間，最爲興盛，其時供不應求，價格飛漲，每擔價格竟有騰至五六十元者，至於新絳膠業，起源甚早。民國十三四年，該業營業尙稱順利，至民國十八十九年間，該地因水災旱災，相繼而至，農民生活，日形窘困，影響於膠業者不淺，該縣在前同業有七八家之多，現則減少，僅存四家，足見其衰落之程度。

二　現狀

茲就新絳及大同兩地之製膠店現況，列表於次：

縣別	名稱	地點	設立年月	組織	資本（元）	職工數	產量（斤）	產值（元）
新絳	義盛膠店	西門內	民國十八年	獨資	四、一六〇	七	一五、〇〇〇	四、五〇〇
	合盛膠店	西關	光緒二十九年	合資	三、八八八	七	一七、〇〇〇	五、一〇〇
	復盛膠店	西關	光緒二十四年	合資	二、八〇〇	一〇	一八、〇〇〇	五、四〇〇
	協盛膠店	火神廟邊	民國二十一年	合資	五、七九〇	七	一六、〇〇〇	四、八〇〇
大同	天慶和	城內	清光緒年間	獨資	三、〇〇〇	七	二五、〇〇〇	五、五〇〇
	廣德盛	城內	清道光年間	合資	三、五〇〇	九	二五、〇〇〇	五、五〇〇
	崇德明	城內	清末	合資	三、〇〇〇	七	二五、〇〇〇	五、五〇〇
	義和興	城內	民國十年	獨資	三、〇〇〇	七	二五、〇〇〇	五、五〇〇
	崇瑞祥	城內	清末	合資	二、五〇〇	七	二五、〇〇〇	五、五〇〇
	茂盛源	城內	民國四年	獨資	一、五〇〇	五	一二、〇〇〇	二、六四〇
	福源榮	城內	民國十二年	獨資	一、五〇〇	四	一二、〇〇〇	二、六四〇
共計					二四、六三八	七七	二一五、〇〇〇	五二、五八〇

依上表十一家製膠店，其組織採合資方式者六家，採獨資組織者五家，資本總額二萬四千六百三十八元，職工總數七十七名，總產額二十一萬五千斤，總產值五萬二千五百八十元。

皮膠一名水膠，以其爲液體結晶故名。製造皮膠所用原料，通常均用零碎皮屑及腐爛皮屑，是項皮屑，卽爲製皮毛貨與製革業所裁剩餘之碎皮，來自張北宣化府綏遠包頭一帶，大同本地自亦能供給一部分原料。原料採購，尙屬便利，或託商代買，或自行赴產地搜集，以斤爲買賣之單位，目前市價，每百斤約售七元之譜。大同製膠業全年需用碎皮原料約爲五千担左右。新絳全業原料需用量約爲二千六百四十担。

由原料製成產品，大概爲三與一之比，卽三斤碎皮可製成膠汁一斤。其製造手續如次：

1. 將碎皮上之毛刮去，
2. 置缸內加水洗滌，
3. 用開水泡，經二十四小時，
4. 上鍋熬煎，經四十八小時，
5. 成液體後，以之傾入另一缸中，使其熱度盡減，結晶成膠。

生產，每以春秋兩季爲最多，蓋膠之製造，宜於普通溫度，過熱與過冷，均非所宜。

皮膠價格，以民國十七年至二十年之四年間爲最高，每担竟有漲至五六十元者；近來則較爲低落，普通價格約在二十元左右。交易以現貨買賣爲原則，無專門販膠之商人，平常均由他業商人兼營之，但有時製造者自行將產品運往外埠脫售。近以德國產品輸入甚夥，故市場競爭，較前趨烈。其運輸方法，先將皮膠用蘆蓆打包，每包百斤，然後裝用汽車或大車運往各地。

稅捐方面，皮膠產品，無一定稅率，沿照過去習慣，向用包認辦法，其數額係由產商與稅收當局估定之，一經確定之後，營業稅得以免繳，此爲大同皮膠納稅之情形，至於新絳則情形略有不同，每年認擔營稅及所得稅約爲一百九十元之譜。

十一　籐竹器業

一　概說

籐竹器屬家常用器，山西之有籐竹器具之製造者，以陽曲、解縣、平陸、芮城、新絳等五縣爲較著。陽曲縣太原市鼓樓街之同記籐器店，原係同記皮局附營，該局創辦於民國六年，創辦人爲劉風桐，當時以洗皮襖爲業，嗣以一至冬季，卽無生計可尋，於是說法向天津籐貨業接洽，代銷籐器，近由北平僱來工人一名，自編籐器，行銷於太原市內。

解縣與陝豫接近，百貨往來，以該縣爲必經之地，商務因此發達。平陸、芮城及河南之永寧縣均有竹產，自產地運至解縣，運費無幾，故該縣竹器製造，原料需取甚易。民國初年至民國十一二年間，竹器營業漸見發達，近以隴海通車，解縣在商務已失去其重要性，竹器業亦隨之而衰落。

平陸竹器製造，發達甚早，惟向者均墨守舊法，不知改良。該縣近以推進十年建設計，劃遵照縣案規定，積極組織縣製造廠聘請專門技師，改進竹器製造。

芮城竹器業，始於清末，至民國十八年冬，該地氣候嚴冷，竹子盡遭凍死，製造者對於原料取給，甚感困難。故相率停業，現存者僅四家耳。

二 現狀

山西籐器出品較竹器爲少，而竹器製造，得分爲二部，即作坊製造與農家副業，玆分別列表於次。

甲 籐器

作坊名稱	地點	組織	資本（元）	工人	產值（元）
同記	太原市鼓樓街	獨資	二〇	一	三〇〇

乙 竹器

縣別	作坊名稱	地點	組織	資本（元）	工人	產值（元）
解縣	福盛永	城內東街	獨資	二五〇	三	九〇〇

	義順祥	城內東街	獨資	一三〇	三	四八〇
	義盛合	城內西街	獨資	二六〇	四	一、〇〇〇
芮城	崇德隆	陌南鎮	獨資	二〇〇	二	四四〇
	二合號	朝家村	獨資	五〇	一	二四〇
	東郭記	郭家灣	獨資	七〇	一	三一〇
	積餘堂	朱呂溝	獨資	一〇〇	二	四八〇
新絳	正盛豐	南月城	獨資	八〇〇	三	三〇〇
	永豫泰	南月城	獨資	八〇〇	三	三六〇
并計				二、六六〇	二一	四、五一〇

竹器出品，有竹簾、竹筌、竹篩、竹籠、竹籃、竹筐、笊籬等名稱，件數大小不一，故產量方面難以確定統一單位，就產值而言，竹器業全年生產總值爲四千五百一十元。各作坊組織均爲獨資，資本總額二千六百六十元，從事編製之工人二十一名。

平陸縣所出竹器，純係農家副業，年產竹篩三千一百件，竹籃四千九百二十件，竹筐六千件，產值無從估計。

製造竹器所用原料，大致可分毛竹、板竹、花竹、三種，其在解縣者係向平陸、芮城及河南之永寧等縣採購，每担約售六七元不等。產地竹戶將竹子自行砍伐，用騾馱運至市集過稱付款。產品出售，均係現款交易，由製造者担赴集市會場銷售。

當民國十八年以前，竹器價格較目前爲高，現值每件五角之竹器，當時可值六角。籐器銷場，以太原市爲限。解縣所出之竹器，一部分銷於城鄉一帶，一部分則運往猗氏臨晉，安邑等處銷售，至於平陸竹器行銷於晉南各縣及河南陝縣靈寶等處，芮城竹器銷於解縣運城等處，新絳竹器銷路較狹，限於縣境以內。

十二 柳條編製業

一 概說

山西省柳條器編製出品，種類繁多，均屬於家庭手工業，而無獨立舖坊可以調查者。該省柳條器製造，集中於長治、陽城、浮山、翼城、新絳、河津、聞喜、霍縣、應縣、寧武等數縣

二 現狀

茲就山西省長治等十縣所產柳條器之大概情形，列表於後：

縣別	出品名稱	每年產量（件）	集中產地	工人估計	銷路
長治	雪羅、羅筐	一、〇〇〇	第二區桃園村	一八	本縣
陽城	荊筐	一八、五〇〇	第三四兩區	七、六二五	本縣
浮山	籃箕	九五三	縣城內	四	本縣
翼城	筐、簍	七、六〇〇	莊裏村、染壁村吳村、南常村	一、五〇〇	本縣
新絳	柳罐、柳籃、簸箕	四、七五七	劉家莊、劉建莊	二三〇	本縣
河津	槎籠	三、〇〇〇	第三區郭莊村、上寨村	一、八五〇	本縣
聞喜	柳籃	一、五〇〇	第二區東灌底、西灌底	一三〇	本縣
霍縣	柳筐	一、五〇〇	北關鎮、朱楊莊、東灣村	二四	本縣
應縣	哱囉、簸箕、柳筐	四、六〇〇	南豐町、席家堡、魏莊	一、〇〇〇	歸德、綏遠臨縣、忻縣代縣
寧武	蒸籠	六〇〇	縣城內		本縣
共計		四四、〇〇〇		一二、三八一	

山西各地柳條編製品名稱頗多，筐類有羅筐，荊筐，柳筐等名稱，箕籃箕，簸箕之區別，籠類有槎籠與蒸籠兩種；此外尙有雪羅，簍、柳罐、柳籃、哱囉等名稱。

各種柳條器編製品，據上表所列，全年可產四萬四千件，其中以陽城一縣產量爲最高，年在一萬八千件以上，其他各縣均不滿萬件者。從事柳條器編製工人，大多均爲農民兼營，除寧武一縣缺數字而外其他長治等九縣工人估計爲一萬二千三百八十一名。其製造季節，每在農閒時開始。

柳條編製品銷路均屬狹小，除應縣所產之哱囉、簸箕、柳筐，其銷路較遠，能及於歸德、綏遠、以及山西本省之臨縣，忻縣而外，其他各縣產品，均係隨地銷售，不出於本縣境內。

十三　皮箱業

一　概說

山西皮箱製造業，以大同爲最著。該業始於光緒二十年初，當時有積成厚皮箱店設立，不數年有義和厚義和長等相繼開設。製造初期，貨品粗劣，嗣經加以改良，現在出品，較前進步不鮮。民國十五年以前，大同皮箱業頗現繁盛氣象，自此以後，該地屢遭軍事影響，損失甚大。當全盛時期，全業營業額達二萬元之譜，而製造家數僅四五家，現在情形則相反，家數增至六家，而營業額不及以前之半數，其衰落程度，從此可知。

二　現狀

皮箱爲日常家用品，大同皮箱製造業，係小規模之作坊手工業，是項作坊除製造皮箱而外，尙兼製皮包。皮箱計分三種：

a特號〢〥　b大號〢〨　c二號〡〣

皮包分大皮包及小皮包兩種，大皮包又分爲一二三四五等五號，小皮包亦分爲一二三四五等五號，

茲就大同皮箱業現況，列表於次：

坊名	地址	設立年月	組織	資本額（元）	職工數	原料名稱	原料用量	產量（只）皮箱	產量（只）皮包	產值（元）皮箱	產值（元）皮包
積成厚	城內	光緒二十年	獨資	二〇〇	五	牛羊馬驢皮	一、六五〇	三〇〇	三〇〇	九〇〇	六〇〇
義和厚	城內	民國九年	獨資	二〇〇	七	仝上	三、四〇〇	三〇〇	三〇〇	九〇〇	六〇〇
福源長	城內	民國十年	獨資	一〇〇	二	仝上	一、二〇〇	一〇〇	一五〇	三〇〇	三〇〇
積源魁	城內	民國十九年	獨資	八〇	二	仝上	二、二〇〇	二〇〇	二〇〇	六〇〇	四〇〇
萬賜福	城內	民國二十三年	獨資	二四〇	一	仝上	一、一〇〇	五〇	一〇〇	一五〇	二〇〇
義和長	城內	民國十年	獨資	四〇〇	九	仝上	四、五〇〇	四五〇	五〇〇	一、三五〇	一、〇〇〇
								一、四〇〇	一、五五〇	四、二〇〇	三、一〇〇
共計				一、二二〇	二六		一四、〇五〇	二、九五〇		七、三〇〇	

據上表，大同皮箱業計有六家，全業資本總額爲一千二百二十元，職員係作坊主自己兼任，工人二十六名。該地製造皮箱及皮包所用原料，係採用各種畜家皮類，如牛皮、羊皮、馬皮、驢皮等，每年需用一萬四千零五十張，作坊可就地採購。總產量爲二千九百五十只，其中皮箱計一千四百只，皮包一千

五百五十只，總值七千三百元，其中皮箱產值為四千二百元，皮包產值為三千一百元。

製造皮箱皮包，通年開工，遇有銷路暢旺，隨時得增加工作，皮件工人大部均自渾源縣招僱，至於大同本地則屬少數。

過去大同皮箱尙有少數運銷太原，近以該地出品未能與他處競爭，故外銷幾告絕跡，目前僅能於門市零售。

十四　製傘業

一　概說

山西氣候乾燥，雨量稀少，因此油布傘用途不大。油布傘出品，以太原市、晉城、新絳三地較著。本原市油布傘製造業與皮貨業或其他店號合營，每年開設日期，殆在夏季三個月中，秋季停業改營皮貨，牌號每年變更，無固定名稱可稽，現在太原製傘作較為固定者，僅廣順和一家；其他由銅器店兼售雨傘者，在晉府店街約有五家，自製自售，規模極小。近年來以湖南紙傘入境，油布傘銷路更形清淡。晉城固定油布傘店亦僅有一家，該地製傘業瓶始於民國十六年，當時有湖南人開設蠟舖，附帶製傘，營業始終未見發達。新絳之自立工廠，創設於民國十四年，為該縣唯一之製傘作，工人僅一名，待有工廠之名而已。

二 現狀

太原市之廣順和，晉城縣之松盛宜，新絳縣之自立工廠，三家之最近生產情形列表於次：

縣別	坊名	設立年月	組織	資本(元)	職工數	產量(把)	產品總值(元)
太原市	廣順和	民國二十四年	獨資	一〇〇	三	二〇〇	一五〇
晉城	松盛宜	民國十六年三月	獨資	三〇	一	五〇	五八
新絳	自立工廠	民國十四年	獨資	五〇	二	三〇〇	三五〇
共計				一八〇	六	五五〇	五五八

上表製傘業資本總額一百八十元，職工數六名，油布傘總產量五百五十把，總產值五百五十八元。平均每把價格約一元有奇。太原之廣順和除製造油布傘而外，同時復有油布及雨衣之出售，年產油布七十條，雨衣二十件，前者每條兩角，後者每件一元八角，該地製傘所用之原料，布疋係自陝西購買，桐油則向天津購買。晉市油布傘出品分頭號、二號、三號，頭號傘每把售價一元四角，二號傘每把售價一元二角，三號傘每把售價一元。該地製傘所用原料，市布產於天津，每尺四分桐油產湖南，每斤四分五厘，竹籤產於河南，每斤五分，洋鐵絲係日本貨，每斤一角六分，木棍產於本地，每根五分。據晉城業

城製造者計算，每製頭號傘一把，需用原料爲：市布八尺半，桐油一斤四兩，竹籤一斤半，洋鐵絲五兩，及木棍一根。新絳製傘原料，爲布疋與籐子，與太原晉城之用竹籤者不同。

製傘季節，以三月至七月爲忙月，八月至翌年二月爲淡月，平均一年開工一百五十天，大概每工人一名，每日可製傘一柄。

傘價年來無甚上落。門市交易，盡用現款。傘業担負捐稅，除營業所得，印花各稅而外，並認担各該縣之攤款。

十五 製香業

一 概說

山西各地所製之香，大體可分爲三種，一曰火香，二曰檀香、三曰柴香，以其製造時所用原料不同，故名稱亦異，但其供迷信者焚燒則一也。

二 現狀

近來內地風氣漸開，香之消耗隨之減低，故各地製香業未能如往昔之盛。

陽曲縣所產之火香，介休縣之檀香，定襄縣之柴香，在山西香業中均各有其特色；惟都屬家庭手工業，無大規模之作坊開設。茲就三縣之產品，所用原料，每年產量列表如後：

縣別	產品名稱	原料配合	每年產量（把）	集中產地
陽曲	火香	木材	四〇〇、〇〇〇	城內大南門街
介休	檀香	紅木、檀木	二〇、〇〇〇	洪山村
	香	柏木、樺末	一〇〇、〇〇〇	洪山村
定襄	柴香	木末、榆皮	一三〇、〇〇〇	第一區智村
共計			六五〇、〇〇〇	

火香係用普通木材之木屑搗碎後和以水分經漏斗漏出之，俟其乾燥，然後用刀分段卽成，是項原料每百斤約值洋三角，就地可以採購；介休所產之檀香，係就紅木或檀木製成，其製造方法，先將木質磨成粉末，和以水並摻以香料，用板壓之，卽成香柱，該縣除檀香而外，尙有普通香柱一種，製造原料採用柏樹或樺樹榆皮等，研磨成末，不加香料。定襄所產之柴香，亦用木末及榆皮製造，其方法相同，不過各地沿用之名稱略有區別耳。

依上表所列，陽曲等三縣全年產香六十五萬把，按照普通重量，每把爲一百枝，重約八兩。

陽曲縣之火香，除銷於當地以外，附近各縣，亦有銷路，其銷售方法，香戶將產品担至市上，售與各舖戶，亦有零售與鄉民者。介休所出之香柱及檀香，由產地洪山村運至縣城售與舖戶，各地商人至介休縣城購買，其銷路可及於東三省一帶。定襄縣之柴香，其銷路較小，限於鄰近各縣。

香之買賣，均用現款交易，雖有定貨，先頭交付定洋，所差貨款，務於交貨時算清。

香之價格，年來趨跌，五年前每把值一角者，至三年前跌落三分，僅值七分，目前則更落至五分，此則由於用途減少使然也。

十六　煤膏業

一　概說

山西煤膏業，以太原市爲最爲達，蓋省會所在之地，人口稠密，燃料需用自廣，太原煤膏業，起源於民國二年，自民國十四年至二十年爲最盛時期，其時同業達二十餘家之多，二十一年以還，漸見衰落，減少至十一家。

二　現狀

太原市煤膏廠，現在尙有十一家，玆就其各家情形，列表於后：

廠名	地址	成立年月	組織	資本額（元）	職工數	產量（塊）	產值（塊）
瑞興煤廠	西羊市	民國十一年	合資	四五〇	八	二五〇、〇〇〇	一、三七五
鈺和煤廠	南海街	民國二十二年三月	獨資	五〇〇	五	一五〇、〇〇〇	八五〇
德和煤廠	舊城街	民國九年	合資	五〇〇	八	二三〇、〇〇〇	一、一五〇
大恆德煤廠	大關東街	民國二十年三月	獨資	三〇〇	四	一五〇、〇〇〇	七五〇
義和興煤廠	大東關街	民國二十一年二月	獨資	三〇〇	五	二〇〇、〇〇〇	一、〇〇〇
萬順昌煤廠	南園子	民國二十二年五月	獨資	五〇〇	六	二〇〇、〇〇〇	一、三〇〇
德裕煤廠	天地壇	民國十六年二月	獨資	二〇〇	二	六〇、〇〇〇	四二〇
益民煤廠	廟前街	民國二十一年一月	獨資	一、五〇〇	九	一二〇、〇〇〇	六〇〇
西萬同亨	西夾道	民國六年	合資	二、〇〇〇	七	二〇〇、〇〇〇	一、四〇〇
東萬同亨	精營中街	民國六年	合資	二、〇〇〇	七	二二〇、〇〇〇	一、五四〇
萬勝煤廠	三聖庵	民國十三年	獨資	一、三〇〇	六	二〇〇、〇〇〇	一、〇〇〇
共計				九、五五〇	六七	一、九八〇、〇〇〇	一一、三八五

據上表，太源煤膏廠組織，以獨資爲居多，次爲合資，全業資本總額九千五百五十元，職工總數六十七名，每年總產量一百九十八萬塊，總值一萬一千一百三百八十五元。

製造煤屑所用原料有二，一曰煤屑，一曰泥土。太原市煤膏製造業所用煤屑，係產於當地東西山，貨質優良者，每斤價洋一厘八毫，次者一厘一毫，每年需用量約爲五百三十五萬斤，泥土自西門外購進，每斤洋四毫，每年需用量四百三十五萬斤，是項原料，有在產地訂購後僱車拉運者，亦有包車包運者（連煤價運費在內，運到後付款。）

煤膏製造，係將煤土和水拌勻，然後用鐵鍬壓打成泥，再以之裝入鐵模，抹成煤膏。凡出膏一塊，所需原料，煤二斤十二兩，土二斤四兩。夏末秋初，因雨水過多，冬季及春初，又以天冷，故多停工。

煤膏市價，時有上落，民國元年至十四年，每百塊約售八角左右，民國十四年至二十年約爲一元上下，迄於最近，跌至六角，甚至有低至五角者，最高亦不過七角而已。

煤膏交易，有顧主先交貨款者，訂購後，視顧主需要，陸續出貨，亦有現款現買者，成交後，由廠方派人立送。其運輸，恆以人力車爲主。

太原煤業全年負担稅捐總額，計共納營業稅六十九元四角八分。

十七　油漆業

一　概說

晉省油漆，分佈於晉城、襄陵、安邑（河東市）平陸、新絳、聞喜、絳縣等數縣，晉城油漆業起源於明代，發達於光緒十一二年間，蓋當時值大祲之後，土木大興，油漆一業隨之發達；近則都市衰落，農村崩潰，油漆之用途減少。惟新絳及絳縣之油漆業較其他各縣略勝一籌，而尤以絳縣爲最。

二 現狀

山西內地油漆業，似未能單獨成立一業，蓋油漆作僅代木器店或住戶油漆木器及嫁俱，成爲工業之附屬業。

油漆作因代人油漆器具，只有營業額而無生產量，與一般手工業生產不能相提並論；茲就晉城等七縣油漆作舖，列表於次：

山西省油漆業現況一覽表

縣別	坊名	地址	設立年月	組織	資本額（元）	職工數	營業額（元）
晉城	復茂齋	南大街	民國十五年	獨資	二一	五	五六
	順興齋	南大街	宣統二年	獨資	三一	六	九三
	復順成	東門街	民國十年	獨資	一七	四	二七
	天順齋	東門街	民國八年	獨資	二一	四	二七
	全順齋	東門街	民國三年	獨資	一五	四	二七

	義順興	東門街	民國十五年	獨資	一六	三	五五
	裕祺齋	七府閣底	民國二十年	獨資	一七	三	五五
	明德齋	黃華廂	民國二十二年一月	獨資	一七	四	五五
襄陵	光裕厚	城內	民國十一年六月	獨資	八〇	三	五七六
	集餘生	城內	民國十四年二月	獨資	七〇	三	四五五
	三合盛	城內	民國二十三年三月	合資	五〇	三	三九四
安邑	信義長	河東市路家巷	民國十五年四月	獨資	一〇	二	一五〇
	恆泰興	河東市路家巷	民國三年三月	聯資	二〇	三	一六〇
平陸	冀駿家	東關	民國二十三年八月	獨資	四〇	四	
新絳	致中和	葫蘆廟	民國二十三年	獨資	二三〇	一〇	二、〇〇〇
	茂盛和		民國十一年	獨資	三〇〇	一六	三、〇〇〇
	永盛長	劉家灣	民國十四年	獨資	五〇	六	六〇〇
	廣盛合			獨資	三八〇	一六	五、〇〇〇
	傑盛和	東君巷	民國二十一年	獨資	五〇	四	六〇〇
聞喜	雙和誠	城內山門道	民國二十二年二月	合資	四〇〇	六	四九〇
	隆興泰	城內山門道	民國十一年	獨資	二五〇	四	四九〇
	順興海	城內城隍廟街	民國三年二月	獨資	一八〇	四	四七二

	德順成	城內山門道	民國二十三年三月	獨資	二五〇	四	四七二
	祥盛昊	城內南街	民國二十年八月	獨資	二五〇	四	三五二
	元順盛	城內中街	民國二十三年二月	獨資	二五〇	四	三五二
	永發林	城內山門道	民國二十三年二月	獨資	二一〇	四	三五二
	王油漆舖	城內中街	民國二十三年一月	獨資	二二〇	四	三五二
絳縣	福生長	城內	民國二十三年五月	獨資	一四〇	五	一四四
	仁義信	城內	民國二十年八月	合資	一二〇	四	一二八
					三、七〇五	一四六	一六、九三四

上表所列二十九家油漆作舖，除平陸之黨駿家營業額未詳而外，其他二十八家全年營業收入總額爲一萬六千九百三十四元，全業職工數共計一百四十六名，資本總額三千七百零伍元。

油漆物件，通常以棹椅橱櫃箱椅櫈等件，用以髹刷器具之原料，爲漆、桐油、水錫、銀箔、眞金、銀紙、皮膠、煙煤、紅土、雜麵、猪血、各色顏料、白土等，是項原料，晉城、新絳兩縣均可就地採購，襄陵須向洪洞或臨汾購買，絳縣則向新絳轉購，平陸採購原料，由各漆商自行向各產地購買。至於漆料產地，漆係產於四川，桐油產于湖南，水錫銀箔產于福建，眞金產于晉城，皮膠產于新絳，各色顏料爲德國輸入品，此外煙煤、紅土、雜麵、猪血、白土，均係晉城以及有油漆作各縣當地所產。茲就各項原料價格列表於次：

原料名稱	買賣單位	最近價格
漆	每斤	一元六角
桐油	每斤	四角
水錫	每斤	一角五分
銀箔	每百塊	一元
眞金	每百張	九分
皮膠	每斤	三角
煙煤	每斤	二分
紅土	每斤	二分
雜麵	每斤	五分
猪血	每斤	三分
各色顏料	每錢	一分五厘
白土	每斤	三厘

油漆手續，先將木器用硃紅過底，然後用樹皮醮雜麵塗抹一遍，再將皮膠與珠紅配合，於木器全部刷勻，然後上漆，彩畫，貼金銀，並以白土皮膠和以綠色刷裏，再用猪血和雜麵刷背面，兩側以及頂上，復用紅土皮膠滿刷一遍，上油卽成。單是油漆而不描金貼花，則其手續更簡單。

油漆工作，以秋冬兩季爲較忙，春夏兩季較爲空閒。

山西各縣油漆木器所取費用，因地而殊，茲就晉城襄陵平陸三縣，價格列表如下，藉資比較：

縣別	桌	椅	櫃	箱	凳	几	杌
晉城	一元	五角	四元	八角	二角		二角
襄陵	三元	一元四角	八元	八角			
平陸	二元五角	一元五角			一元	一元	

油漆器具，以嫁粧爲多，居民將物件送交漆作，俟漆成後，即付款取件，由物主自行運輸。

各漆作除担負營業稅外，同時對於地方攤款，亦按營業狀況及資力厚薄而酌予繳納。

第七章　建築工業

一　洋灰業

一　概說

西北洋灰廠成立之緣起

洋灰爲一切建築之基礎，與鋼鐵有同樣之重要。晉省自實行十年建設計劃後，對於築路及一切建築上，在在需用洋灰，有增無已，而華北製造洋灰之廠，僅啓新一家，出品運來山西省境，價格奇昂，至不經濟，於是於民國二十二年六月，晉省派員赴日本及國內各大洋灰廠中參觀，籌設西北洋灰廠，至民國二十三年六月成立，資本五十萬元，勘定陽曲縣西銘村爲廠址，訂購建築材料，招包承築，八月初旬，開始興工，同時訂購機器，及民國二十四年二月，廠房興築完竣，機器亦先後到廠，裝置就緒，越二月正式開工，其所產洋灰，屢經省內外化學專家試驗，皆謂品質甚佳。

二　現況

西北洋灰廠之建築物

西北洋灰廠備資本五十萬元。於民國二十三年六月開設於陽曲縣西銘村後，現有廠基一百五十三畝，建成廠房二百九十七幢，內分原料粗碎室，粘土乾燥室、粉碎原料室、粉末原料貯藏槽室、燒窰添入室、迴轉前部冷却室、石炭乾燥室、石炭粉碎室、洋灰粉碎室、洋灰貯藏槽室、洋灰包裝室、燒塊貯藏室、配電室、機械室、鐵木工室、大庫房、炭棚、化驗室、物理試驗室、蒸溜水及煤氣室、事務部辦公室、工務部辦公室、會議室、成品標本陳列室、消費合作社、大飯廳、浴室、職員宿室、工人宿室、傳達室、接待室等、又建大烟筒、水塔、大蓄水池各一座、估值十六萬二千三百元。廠內機器，可分主要機器、附屬機器、修理機器、及原動力機械等四大類，茲將各類機器名稱座數臚列於左：

機器

主要機器		附屬機器		修理機件機器		原動力機械	
名稱	座數	名稱	座數或件數	名稱	座數	名稱	座數
洋灰燒成迴轉窰	一	昇降式運搬機	五	車床	三	十五匹馬力柴油引擎	一
二支輪型二室迴轉磨	三	迴轉窰送風機	一	刨床	一	二匹馬力至三〇〇匹馬力誘導馬達	二六
迴轉粘土乾燥機	一	複式絞輪石炭添送機	一	洗床	二	變壓器	二
外火式迴轉石炭乾燥機	一	混合式絞輪原料添送機	一	插床	一	配電盤	二套
燒塊迴轉冷却器	一	洋灰原料投入管	一	鑽床	二		
投入口石炭迴轉粗碎機	一	石炭送風管及風嘴	一	砂輪機	一		
搏子錘擊二次粗碎機	一	洋灰選別用迴轉篩	一				
搏子雙滾粘土粗碎機	一	迴轉式洋灰裝袋機	六				

空氣選粉機	二	紋輪	二四組
自動添送機	四	迴轉數調整機	二
昇降運搬機	一四		
支轉動滾子帶運搬機	一		
齒輪減速機	三		

職工

以上各種機器，皆係日本辛島組鐵工所出品，值二十一萬八千四百三十二元，其原動力乃用西北電氣廠之電力。廠中職員，現有三十三人，其中正副廠長各一名，主任二名，股長、技士、工務員、事務員、辦事員共二十九名，薪水以月計，月需薪金一千三百餘元。工人分工長、正工、副工、工徒小工等五種，現有工長八名，正工十五名，副工二十二名，工徒五十三名，小工一百零五名，共一百八十一名。工資以日計，每人月得六元至六十元不等，全廠工薪按月一千八百餘元。於燒窯期間，並無星期例假，每日工作以八小時爲準，分晝夜班更迭接替。

三　原料

原料種類及用量

西北洋灰廠所需原料，爲青石、坩子、砂石、鐵鑛苗、石膏、石炭等六種，均產於陽曲縣西銘村附近之西山，由包商承攬採運送廠。據該廠報告，每日出灰五百桶，每桶之需要原料則青石二百十公斤，砂子四十二公斤，坩子二十九公斤，鐵鑛三公斤，石膏六公斤。自民國二十四年四月開工迄今，約八個月，計二百餘日，需用靑石約一萬六千八百噸，每噸價一元，值一萬六千八百元，砂石約三千三百六十噸，每噸價一元一角，值三千六百九十六元；坩子約二千三百二十噸，每噸價一元二角，值二千七百八十四元，鐵鑛苗約二百四十噸，每噸價五元四角，值一千二百九十六元；石膏約四百八十噸，每噸價六元三角，值三千零二十四元，石炭約四千一百八十噸，每噸價四元五角，值一萬八千八百十元。據如上述，則該廠八個月中所用原料總值爲四萬六千四百十元。

四　生產

洋灰之製造，有乾法濕法之分。西北洋灰廠以原料性質之關係，用乾製法。其製造程序，可分準備工程，配料工程，煉灰工程，磨粉工程，裝粉工程等五種。

一、準備工程　製造洋灰，原料必須預先準備，始可入機配合，以供煉灰。

靑石等石類：由礦場運來時，大小不一，第一步運到原料粗碎間之粗碎機旁，經揀石床上徐徐落入粗碎機內，該機得動力之轉動，鼓動石鎚，靑石等受石鎚之擂擊，變爲碎石、大小約一二寸，再由鍊斗升降機運入石倉內儲存，以備迴轉磨之用。

粘土：由山中運到廠中，經粘土粗碎機及粘土乾燥機，成爲絕細之粉末，貯入粘土倉儲存，以備迴轉磨之應用。

石膏：先用鎚擊碎，然後入齒形軋碎機壓碎，再行運至熟土磨之鍊斗機，而入石倉膏以備用。

煤粉：燒窰用煤之準備適宜與否，對於窰廠工作火窰內部及熟土之品質，具有莫大之關係，先將大塊煤經過石炭迴轉粗碎機而入煤倉，再用機推進外火式迴轉石炭乾燥機，以成乾燥之煤粉，貯於煤粉倉備用。

配料工程

二、配料工程　原料準備工程既畢，即行配料工作，將幾種原料按某種之比例，入二支輪型二室迴轉磨中以配合，當迴轉磨用動力轉動時，所有石倉中之碎石，徐徐落於該磨碎石供給檯上，粘土粉由粘土倉中經自動添送機送入磨口，二者同時入磨中徐徐混合，並受磨內鋼彈撞擊，研細而成極細之原料粉，繼經空氣選粉機得純潔之原料粉，再經化驗室取該粉化驗合格後，始準備入窰燒灰。

煉灰工程

三、煉灰工程　原料粉既經化驗合格後，即由原料添送機等，源源輸入洋灰燒成廻轉窰進行燒煉，同時窰下之送風機用送風管及風嘴，將煤粉吹進窰內，着火燃燒，蒸發原料中之水份，以化其品質。原料粉受窰旋轉作用，徐徐集於窰內火位，遇高溫度，經最後之燒煉，而成熟土。燒窰匠在燒火檯上以藍色玻璃鏡視察窰內火色以節制煤粉之多寡或加減窰內之氣壓溫度速度等，以適應煉造熟土工程之完善。熟土煉成後，由窰部轉入迴轉冷却器中冷却，再入震送機，鍊斗升降機，經自動記錄磅，而入燒塊貯藏室。

磨粉工程

四、磨粉工程：　熟土貯藏相當時期，用鐵車運入鍊斗升降機而達熟土供給櫳，將熟土源源輸送磨中，同時將石膏倉中之石膏，輸入磨中，與熟土相混合，受鋼彈之撞擊，遂成粉末，再經洋灰選別迴轉篩，卽成洋灰。

裝粉工程

五、裝粉工程：洋灰告成後，便經迴轉式洋灰裝袋機裝桶，每桶一百七十公斤。

產量及產值

西北洋灰廠所出之洋灰，商標爲獅頭牌，每日可出五百桶，民國二十四年開工二百餘日，計產八萬桶，每桶市價六元，總值三十二萬元。

五　銷路與交易

西北洋灰廠出品，現主銷山西綏遠陝西河南四省，專供建築鐵路之用，一年以來，銷於西安鄭州洛陽等處，爲數極多，銷售方法，有直接辦理者。亦有委託代銷處經售者，至於洋灰稅捐，現時爲統稅一項，每桶收納一元二角。

二　磚瓦業

一　概說

磚瓦爲建築上之必需品，在晉省中製造，於秦漢以前，已稱繁盛，惟晉民守舊，世世相傳，迄今仍沿用土窰，利用新式輪窰及機器以製磚者，僅太原市西北窰廠一家而已，現查晉省土窰之分佈，隨地域之不同，各有盛衰，晉南河東道屬，原爲晉省富庶區域，居民房屋，大部瓦頂磚壁，晉北大同附近，久爲晉邊通商要地，晉中太原一帶，乃係省會人聚之處，簷牙櫛毗，皆爲瓦房磚樓，故土窰事業，於此爲盛，晉西及晉東南沿黃河各縣，居室住屋，雖半數用瓦用磚，但連年受天災影響，斷垣頹壁，無資修建，土窰營業，殊覺蕭條不振，至若晉東，山多地少，除城市中建屋用磚外，普通平民，多數掘穴相處，土窰之製磚製瓦，用數較少，近二十年來，正太鐵路沿線諸地，瓦房稍見增加，磚窰座數，漸有見增之動態，現晉省一百零五縣中，有土窰之縣凡八十九，土窰共三百六十一家。

二 現狀

西北窰廠，於民國二十二年九月由西北實業公司設立，廠址在太原市北城門外，廠基面積一百六十畝，上建窰房十一幢，至民國二十三年十月落成，同時添備混練機三架，價值一萬五千元，由大連購來，鋼碾機三架，其一乃太原西北鑄造廠出品，價二千一百元，其二係唐山啓新機器廠出品，價七千元，碎石機一架，係栗本鐵工廠出品，價三千元，，旋轉洗床一架，育才煉鋼機器廠出品，價一千七百五十元，此外車床二架，小鑽床一架，牛頭刨床一架，則爲太原壬申製造廠出品，價共一千八百四十五元，全廠動力，採用馬達三架，馬力計一百三十一匹，亦先後裝置完竣，至民國二十四年，開始製造砂磚坩磚，自製造以來，出品倘佳，得受社會歡迎，最近西北實業公司指定該廠資本十三萬元，其中固定資金八萬元，流動資金五萬元，廠內僱用職員三十二名，月薪約需七百二十元，男工四百五十名，藝徒一百名，除藝徒由鄉間招攷錄用外，其若男工，皆羅致本省各工廠較有技術經驗者，故工薪較厚，按成品之數量以計算。

晉省土窰共三百六十一家，分佈於八十九縣中，以每縣所有之窰數論，則潞城獨多，計有十五家，大同次之，計有十三家，猗氏更次之，計有十一家，若陽曲、晉城、長子、屯留、壺關、洪洞、臨晉、安邑、垣曲、隰縣、渾源、朔縣、忻縣、崞縣等十四縣，各有七家，祁縣、陽城、武鄉、盂縣、浮山、應縣等六縣，各有六家，交城、汾陽、襄垣、萬泉、芮城、左雲、代縣等七縣，各有五家，新絳、清源、孝義、臨縣、沁源、臨汾、襄陵、曲沃、翼城、解縣、平陸、汾西、蒲縣等十三縣，各有四家，嵐縣、離石、長治、和順、吉縣、永濟、夏縣、聞喜、河津、稷山、天鎮、寧武、五寨、河曲等十四縣，各有三家，其如楡次、興縣、介休、黎城、平順、陵川、遼縣、楡社、昔陽、汾城、安澤、鄉寧、虞鄉、榮河、絳縣、靈邱、平魯、神池、保德等縣各二家，文水、岢嵐、石樓、方山、中陽、沁水、沁縣、霍縣、趙城、大甯、永和、靜樂、等各一家，以每縣土窰資本論，現時每家窰戶之資本，楡次縣之二家獨厚，各備一千五百元至二千元，大同縣土窰次之，多者千餘元，少者三四百元，若新絳、清源、交城、汾陽、屯留、襄垣、沁源、盂縣、臨汾、襄陵、洪洞、浮山、曲沃、翼城、吉縣、臨晉、榮河、萬泉、猗氏、解縣、平陸、芮城、河津、稷山、絳縣、趙城、左雲、神池、忻縣、代縣、崞縣等地，其普通資本各二三百元之譜，至於晉城、鄉縣、興縣、臨縣、離石、方山、潞城、壺關、陽城、和順、武鄉、安澤、蒲縣、渾源、保德、河曲諸縣，因製磚原料，隨地採鑿，不需資購買；故土窰所備資本，多者五六十元，少者僅數元而已。

晉省土窰設備，殊屬簡單，普通備燒窰一座或二座，窰場一方，窰房二三間，利用泥草築成，附近掘水井一口，此外更置推土車、籠子、鍬钁、耙、桶、瓦模、磚模、及牲口等，需資不巨，故土窰大都獨資開設，工人分常工與臨時工兩種，常工由窰主常年僱用，膳宿窰主供給，任拼窰看火等工作，月薪六元至八元，臨時工由窰主在開窰製磚時臨時僱用，膳宿或由窰主供給，或由工人自備，隨地隨窰而異，其工作為製磚製瓦煉泥運磚等，工資或以時期計，或以出品數量計，在工作期內，約月得工資五元至七元。窰場一切事務，皆由窰主自行經理，開燒時期之長短，視磚瓦去路而定，若陽曲、榆次、新絳等縣土窰，每年開燒八個月，潞城、壺關、和順等縣，每年開燒三個月，出貨推春秋兩季中為旺。

晉省土窰之集中地點，在城區附近占多數，在繁盛村鎮者次之，茲將晉省磚瓦窰業分佈情形，列表於后：

晉省磚瓦窰業分佈表

縣名	家數	資本	工人	年用原料成本	年產額 磚（百個）	年產額 瓦（百個）	年產額 產值	磚瓦窰集中地點
太原市	一	一三〇、〇〇〇	五五〇	二一〇、〇〇〇			五七八、四〇〇	省城北門外
陽曲	七	三五〇	一四三	未詳	二四、〇〇〇	八、〇〇〇	一二、五八〇	享堂村
晉城	七	七一	二九		八、一〇二	一、四五九	一、九〇六	後乾塔村、道頭村
新絳	四	五七〇	三四	三二〇	七、四〇〇	六、三〇〇	六、〇七七	三林鎮、侯莊、段家莊、寨裏村
榆次	二	三、五〇〇	一八	五〇〇	一一、〇〇〇	九、〇〇〇	七、三〇〇	北門外
祁縣	六	三六五	二五	三二	五、〇〇〇	一五六	二、六三六	西關、常家堡、祁城縣、古縣村、谷戀村
清源	四	七〇〇	一〇	三二九	二、六〇〇	八〇〇	一、二〇〇	西范莊、城南三、西谷村、南社村
交城	五	一、一五〇	三九	一、一八〇	六、五七〇	一、八四〇	四、〇一〇	育村、安定村坡底村、王村、段村
文水	一	六〇〇	六	二八三	六、二五〇	三、三二〇	一、七四〇	縣城東北
岢嵐	一	五〇	四	三六〇	一、〇〇〇	五〇〇	五〇〇	北堡外
嵐縣	三	三七〇	一四	一一五	二、〇〇〇	六、五〇〇	三、一五〇	崖坪、小岔溝、玉皇廟坪
興縣	二	七〇	一〇	七三〇	四、五〇〇	四、五〇〇	三、一五〇	福盛溝、楊玉春溝
汾陽	五	一、一〇〇	二三	四、六二四	一七、〇八〇	一〇、五五〇	八、四八九	城區附近
介休	二	六〇〇	一二	九〇〇	一五、〇〇〇		五、〇〇〇	縣城附近
孝義	四	四五〇	一七	七〇六	九、二〇〇	七、二〇〇	四、二〇〇	西莊、趙家莊、梁家莊

臨縣	四	九五	九		八八〇	四三〇	七〇四	北門外
石樓	一	一〇〇	五	一五〇	二、〇〇〇	三、〇〇〇	三、五〇〇	北門外
離石	三	七〇	九	八九	三三〇	一二五	一三五	東城外、南關楊家溝
方山	一	四〇	六		一、〇〇〇	一、〇〇〇	六〇〇	東門外
中陽	一	二〇〇	五		一、〇〇〇	一、一〇〇	九四〇	南門外
長治	三	一八〇	三三	三九六	四、六二〇	一、九八〇	一、三三三	城西南
長子	七	一、二二〇	三六	四六五	八、〇九〇	八、三四〇	二、七六八	城北關廂、西旺村、酒村、高家窪村、陶唐村前小郭村、谷村
屯留	七	一、四〇〇	四七	三八二	一〇、四二〇	一〇、四二〇	五、一二〇	東關、西關、高店、東河北村、平望村、宋渡村、東李高村
襄垣	五	九〇〇	三五		四、九〇〇	四、五〇〇	二、三二八	東關、南返頭村、常隆村虎亭鎮、下良鎮
潞城	一五	二一五	四三	一四四	五、〇二五	四、六九一	三、三二〇	南關、禿城微子鎮、神頭村、漫流嶺合室鎮、黃碾鎮中村等
黎城	二	一三〇	一二	五七四	三、四〇〇	一、八〇〇	一、三八〇	五洋溝、東水草河
壺關	七	四三	二五		四、七八〇	二四一	七三九	北關、南河、元則村、四家池、馬駒村、集店村、山后村
平順	二	一二〇	九	一一〇	七〇〇	七〇〇	六一五	南坡、井挖羅臚
陽城	六	三一	一五		八、〇七九	六、六一六	一一、九八七	東關城後、水村、坪頭村、上淇汭村、邏義村、西城村

陵川	二	一、〇一〇	一〇	二八五	二、六二〇	一、六二〇	一、三八〇	佳祥村、平城鎮
沁水	一	五〇	三	一〇	一、〇〇〇	一、八〇〇	九四〇	東關
遼縣	二	一一〇	一二	八一三	二、二〇〇	一、四〇〇	一、一六〇	西關、谷駝溝
和順	三	二三	七	七七	一九五	九二	九六	東城壕、漢橋溝
榆社	二	二七〇	七		一、三九一	六三一	六六三	東門外、城西北河村
沁縣	一	六〇	三		四〇〇	九一三	三四〇	縣城東
沁源	四	八五〇	二九		四、九五〇	一、〇九〇	二、三一八	縣城附近
武鄉	六	二六〇	一六	六〇七	七〇一	一、九〇二	八九〇	西寨底、東村、郜渠村、洪水鎮、韓壁村、西堡村
昔陽	二	七〇	九	四五	四、一〇〇	一、八〇〇	一、二一〇	西河灘、紅渠溝
盂縣	六	九〇〇	二三	八一〇	二、三九二	一、八二五	一、一一二	香河村、宋村、蕢池鎮、西小坪、西烟鎮、芝角村
臨汾	四	八一〇	二六	四一〇	九、二〇〇		二、八三二	北門外
襄陵	四	六八〇	三三	二、〇二一	一四、三一〇	七、一〇〇	六、一九五	齊村、黃崖村、南辛店、上蘄村
洪洞	七	一、九一〇	七二		二一、六八〇	一〇、四九〇	一三、三八八	城東村、前坡底村、楊曲鎮、萬安鎮、曲亭鎮、蘇堡鎮、辛北村
浮山	六	六九〇	四九	一七〇	一、〇五〇	一、〇五〇	一、〇五〇	北王村、北李村、響水鎮、前交里村、中角河村、縣城南門外
汾城	二	八〇	一一		一、〇五〇	四二〇	六八〇	五里墩、北膏腴

安澤	二	五〇	六	一二〇	四〇〇	四〇〇	二〇〇	南市溝
曲沃	四	二、〇〇〇	一九	一、二一二	一、四五〇	四、一〇〇	二、三五〇	北關、吉許村、鳳城村
翼城	四	八一〇	四二	三、三六二	一九、五〇〇	一二、二〇〇	一〇、四八五	西關、陵下陵物橋板村
吉縣	三	八四〇	二六	二二〇	四、〇〇〇	四、二〇〇	三、一八四	錦屏山、結子溝
鄉寧	二	三〇〇	八	八	三、五〇〇	七、〇〇〇	一、七五〇	西坡上、城背后
永濟	三	一五〇	一七	一、五三八	一、七〇〇	三、〇〇〇	二、五六〇	孟明橋村、後坡底村、趙柏村
臨晉	七	九一〇	三〇	一、八八〇	三六、九八七	三九、〇三〇	三三、九〇一	考早村、坑西村、韓家卓、霍村、柳村、過卓村、馬村
虞鄉	二	一一〇	一一	一、四三二	二、九〇〇	三、五〇〇	二、七九〇	侯孟村、北梯村
榮河	二	四〇〇	一二	六二〇	三、〇〇〇	二、四〇〇	三、三六〇	周王村、南樊村
萬泉	五	一、二五〇	一七		一、五九〇	六七〇	一、二二二	西門外、高村、烏停村、西解村、東堝底
猗氏	一一	二、四八〇	四七	四、四三一	一四、九五〇	五、五〇〇	一二、〇二九	東關、西關、小楊村、朱家莊、陳莊、大關村、南佃村、南景村、楊妃村、太范村
解縣	四	七九〇	一一		八、八〇〇	六、七二〇	七、九一二	東關外、王南村、西張耿村、赤社村
安邑	七	九〇〇	三六		七、七〇〇	三、九〇〇	四、九二〇	柏園村、蘆村、盧子溝、大市北村、塞裏駄寺村、董家營村、
夏縣	三	二三〇	一五	一、二九〇	二、五〇〇	二、一〇〇	一、七七五	太平街、西門外、社西村

平陸	四	二、一五〇	一六	五三五	一、四五〇	一、五八〇	二、〇五五	西村後澗、蘇城北門外
芮城	五	一、五六〇	三二		二、〇九〇	一、四七〇	二、一八六	龔家天村、龔原村、澗西村、西陌村、東張村
河津	三	一、〇五〇	一六	八〇	八、〇〇〇		三、二〇〇	東辛封、里望鎮、東莊
聞喜	三	二八〇	九	九九〇	三、二〇〇	一、二〇〇	二、二〇〇	西關、東關、王順坡村
稷山	三	一、一〇〇	二六	二、二一〇	二二、〇〇〇	一〇、〇〇〇	一三、〇〇〇	西關、東關、塢關村
絳縣	二	六四〇	一七	一、六二〇	三、三〇〇	二、六〇〇	二、四三〇	東關
垣曲	七	六六五	五八	五八二	八、七二一	九、五〇〇	八、七五〇	莘莊村、北門外、磨頭村、同善鎮、泉落鎮、劉張村、王茅村
霍縣	一	一二〇	五	一二〇	四、一〇〇	七、〇〇〇	二、二八〇	西門外
趙城	一	五〇〇	八三	一、二八〇	一四、〇五〇	八、五五〇	九、七四〇	城北
汾西	四	五二〇	一五	九一	一、三四〇	七一〇	九六〇	馬溝河、南溝河、村南頭、東扆裏
隰縣	七	三四〇	五一		二、六九〇	一、二三九	一、七七〇	瓦窰村、黃土村、午城村、大麥郊、源家村
大寧	一		九	一七〇	一、〇〇〇	三、〇〇〇	二、〇〇〇	西關
永和	一	二〇〇	六	二六三	二三一	三四二	六八九	北關
蒲縣	四	一三〇	一三		二、六五八	一、九七二	一、〇九四	東關、西關
大同	一三	八、四〇〇	一三三		九、五〇〇	一三、四〇〇	九、七二〇	北門外、瓦窰村

渾源	七	三一五	四六	一一二	一一、八〇〇	一〇、一〇〇	七、七五〇	東門外、水磨疃村、澗、韓村、沙坨村、大溝
靈邱	二	九〇	七		一七〇	三八〇	一九九	魁見街、西廟渠村
天鎮	三	一五〇	一五	三三一	八八〇	五〇〇	九六一	南門外、東門外
朔縣	七	四二〇	二二		二、〇四九	一、四九〇	一、四一六	南關廂、西關廂
左雲	五	一、一四〇	二一	二一四	二、六一九	八六	一、五二三	南關、河灣
平魯	二	一四〇	七	九九	四四〇	八一五	五一一	西門外、井坪鎮
寧武	三	三〇〇	二九	五〇五	八、〇〇〇	二、二〇〇	三、七八〇	辛家溝、陶家溝、范家溝
神池	二	六一〇	一〇	六二	九二〇	一、六四〇	一、七八六	外沙窊、外羊鼻梁
五寨	三	七二五	一五	二二〇	一、四八〇	二、〇三一	一、二五九	南關
忻縣	七	一、五〇〇	四二	七、二七四	九、八五〇	七、八〇〇	一一、八一〇	南門外紅壇溝，永興莊、匡村、東樓村、東馮城村、
靜樂	一	二〇	五	三	三二〇	六〇〇	六二〇	西崖底村
代縣	五	九〇〇	二七	三、三五〇	一一、〇〇〇	三八〇	六、七三五	北關、長河上、聶營鎮、漕家窰
繁峙	九		三五	九九〇	二、七〇〇	一、四七〇	六、二五一	南關村、東留屬村、高陵村、高家村、下茹越村、砂河鎮、大營鎮
崞縣	七	一、三三〇	三六	一〇八	五、三二〇	八、〇四二	五、八一二	西門外、平原鎮、文殊莊、上院、西南賈、溫王東社、軒崗鎮

保德	二	七〇	七	一九八	一七、八五〇	五、一〇〇	一四、四五〇	前灣子、陳家塔
河曲	三	一四〇	一九	五五三	四、六五〇	一、五七六	二、一〇二	坪泉村
應縣	六				一八、〇〇〇	八、〇〇〇	一一、〇〇〇	西北鄉
總計	三六二	一八九、一八八	三、六六二	二六五、七一〇	五三三、二五〇	三四六、六九四	九三八、四三七	

據諸上表，晉省新式窰廠一家，土窰三百六十家，資本方面，除大寧繁峙應縣土窰未詳外，計共十八萬九千一百八十八元，工人共二千六百六十二名。

三　原料

西北窰廠產品，以矽磚坩磚爲主，矽磚原料，完全使用五台產之紅火石及忻縣之石英，是種原料，都由當地居民開掘送至廠內售賣，每噸價格約十五元至十六元，坩磚原料，則用坩土，太原市附近，隨地皆產，亦由當地居民開掘運廠出售，每噸價約三元至五元，此外更採用肥炭，產於太原附近，現畢該廠每年原料需用量，紅火石約五千噸，值七萬五千元，石英三千噸，值二萬五千元，坩土一萬五千噸，值六萬元，肥炭一萬二千噸，值五萬元，總計原料爲三萬五千噸，共值二十一萬元。

土窰使用之原料，潞城用白土，黑白土，沙白土，安澤縣用白土，襄陵、解縣，壺關、盂縣等縣，用紅粘土，而盂縣因細紅粘土產量較少，故時時參雜砂土與粘土，昔陽平魯兩縣採用紅膠土，臨汾採用紅黃土，沁水採用圩土、粘土、砂三種，陽曲、祁縣、中陽、靈邱、襄垣等縣，普通用黃土及砂，晉城、新絳、榆次、清源、交城、文水、黎城、岢嵐、興縣、汾陽、介休、孝義、石樓、離石、方山等縣，通用黏土，長子、屯留、永和、代縣、乃用陶土，以上各種泥土，皆產於土窰附近，採取極便，故售價低廉，此外爲燒料，則各縣以採購便利，或用煤，或用柴，或用麥桿草類，總計全省土窰所用原料，成本爲五萬五千七百十元，連同西北窰廠之原料成本，共爲二十六萬五千七百十元。

四　生產

西北窰廠製造砂磚坩磚手續，先將原料經過揀選後，繼卽分別煆燒，用鋼碾機粉碎爲粉末狀之細麵，按適當成分配合原料，入配料混和機混和均勻，卽可製造磚坯，繼將磚坯經過乾燥室乾燥，乾燥後用女工整理坯沿，然後裝窰，裝窰之法，均側置層疊如蜂窩式，德式輪窰，中爲烟囱，繞烟囱爲窰屋，數爲二十四，裝窰時以三室或四室爲一次，每燒一室，須滿置磚坯，一爲已燒之磚，一爲未燒之磚坯，蓋利用其散熱，完成已燒之磚及開始烘燒未燒之坯，而省燃料，及至後面一室開窰，則前裝一室磚坯，如此輪燒全窰一週，爲時二百五十三小時，可得磚十餘萬塊，現時所產砂磚坩磚中，砂磚分頭等二等三等三種，坩磚分一等二等三等普通四種，頭等砂磚，品質最佳，年出一千八百噸，每噸價七十元，二等砂磚次之，年出一千二百噸，每噸價五十元，三等砂甓與一等坩磚品質相似，產量每年各二千四百噸，每噸價約四十元，二等坩磚及三等，普通等坩磚，每年各二千四百噸，惟每噸售價，二等坩磚三十五元，三等坩磚二十五元，普通坩磚八元五角，總計全廠值爲五十七萬八千四百元。

土窰製造磚瓦，手續較簡，先將土曬乾粉碎，用水和成稠泥，製磚者將該泥入磚模內製成磚胎，曬乾入窰，製弧瓦者，則上瓦模製成瓦胎，置空場陰乾後裝窰，用火燒烘，熟後將窰上覆土，同時注入水分，使磚瓦變成靑色，越三四日乃開窰取甓，土窰所出之磚，以形式分，計有方磚，条磚雙磚等，以大小分有八二磚，八四磚，八六磚，八八磚等，所出之瓦，則有筒瓦，板瓦，滴水瓦等，此外更有獸頭、厦脊、貓頭之出產，普通之磚裝窰，製造條磚筒瓦板瓦滴水瓦爲主，方磚獸頭厦脊貓頭之製造，以銷路不多，有此出品者，爲數極少，據晉省各縣報告，現時製造貓頭者，計武鄉、趙城、左雲、崞縣等四縣製造獸頭者，計壺關、垣曲，神池、繁峙等四縣，製造厦脊者，計沁縣、沁源、垣曲、神池、繁峙等五縣，製造方磚者，計汾陽、沁源、洪洞、汾西、隰縣、永和、保德、河曲等八縣，磚瓦之價格，因品質及大小厚薄之關係，價格相差甚遠，以每個而論，方磚五厘至三分，條磚一厘至一分，雙磚三厘至一分五厘、獸頭一角五分至一元，貓頭六厘至一分八厘，厦脊一角至三角，筒瓦二厘至三厘，板瓦一厘五毫至二厘五毫，滴水三厘至四厘，現據各縣土窰報，晉省產磚年約五千三百十二萬四千七百六十塊，連同獸頭一萬三千四百二十塊，貓頭十五萬六千零四十塊，厦脊三萬零七百八十塊併入磚額，計共五千三百三十二萬五千塊，瓦之產量，年約三千四百六十六萬九千四百片、總計土窰磚瓦價值年爲三十六萬零三十七元。

據如上述，晉省新舊式磚瓦之總產值爲九十三萬八千四百三十七元。

五　銷路與交易

西北窰廠砂磚坩之銷路，多銷於省內之各工廠，至河南之北部及綏遠之南部，亦間有運銷，交易方式以定貨居多，定貨時由顧客與廠方，訂立合同或定單，簽字後由顧客付欵半數，交貨定有期限，屆交貨完結時、顧客再行淸算賬目，對於運輸手續，顧客可請廠方代辦，但運費由顧客負担、在同蒲鐵路沿線之銷地，皆利用火車，每輛容量，可裝坩磚一千五百噸。

土窰磚瓦，多銷縣境內之各村，其交易分有定貨與現貨兩種，定貨交易，例由顧客向窰戶議明定貨數量，定貨價値及定資後，由窰主開出定貨發單，卽算成交，屆期窰主依照發單發貨，淸算價格，現貨交易，通行現貨現款買賣，或行對月標期收款，交貨時之轉運事務，皆由窰戶代理，運費由顧客自負之。

附山西省磚瓦業現況一覽表

縣別	廠坊名	地址	設立年月	資本額（元）	工人數	原料成本（元）	年產額 產量（百個） 磚	瓦	產值（元）	備註
太原市	西北窰廠	省城北門外	民國二十二年	一三〇、〇〇〇	五五〇	二一〇、〇〇〇	—	—	五七八、四〇〇	年出磚一四〇、四〇〇噸
陽曲	華盛	亨堂村	清光緒二十九年	五〇	三〇	—	五、〇〇〇	三、〇〇〇	二、九〇〇	粘土由窰主自行挖取、無給
	慶德	亨堂村	民國二十年	三〇	一六	—	四、〇〇〇	一、〇〇〇	一、九〇〇	
	源成	亨堂村	清光緒二十七年	一〇〇	三〇	—	四、〇〇〇	二、〇〇〇	二、六〇〇	
	慶隆	亨堂村	民國十二年	五〇	九	—	二、〇〇〇	—	一、〇〇〇	
	恆盛	亨堂村	民國十六年	五〇	三〇	—	四、〇〇〇	一、〇〇〇	一、九〇〇	
	崇和	亨堂村	民國二十四年	二〇	八	—	一、〇〇〇	—	三八〇	
	德慶	亨堂村	民國二十一年	五〇	二〇	—	四、〇〇〇	一、〇〇〇	一、九〇〇	
晉城	王全泰	後圪塔村	民國十一年	二〇	六	—	一、七〇〇	四〇〇	四二五	
	天順山	後圪塔村	民國七年	一〇	四	—	一、二八〇	三一〇	三一三	
	三喜	後圪塔村	民國九年	一〇	四	—	一、一四〇	二四〇	二七一	
	來玉	後圪塔村	民國十年	八	四	—	一、一〇二	—	二二六	
	寅卯	道頭村	民國十一年	八	四	—	九六〇	二〇四	二三一	
	全窰	道頭村	民國十年	七	三	—	八四〇	一〇五	一八九	

	五屋	道頭村	民國十一年	八	四	—	一、〇八〇	二〇〇	二五一
新絳	陳繼業	三林鎮	民國十九年	一〇〇	六	八〇	一、五〇〇	一、五〇〇	一、三〇〇
	興盛永	候莊	民國十七年	二〇〇	一一	一二〇	二、三〇〇	一、九〇〇	一、八八一
	同順和	段家莊	民國八年	一五〇	八	四五	一、六〇〇	一、一〇〇	一、二四二
	同心合	寨裏村	民國十五年	一二〇	九	七五	二、〇〇〇	一、八〇〇	一、六五四
榆次	四盛	北門外	民國二十年	一、五〇〇	八	二〇〇	五、〇〇〇	四、〇〇〇	三、三〇〇
	大盛永	北門外	民國十八年	二、〇〇〇	一〇	三〇〇	六、〇〇〇	五、〇〇〇	四、〇〇〇
祁縣	三盛長	西關	清光緒年間	一五〇	五	四	一、〇〇〇	三三	七〇六
	鄭四雲	西關	民國二十三年	一四〇	三	五	一、〇〇〇	二二	六四〇
	田青銀	常家堡	民國二十四年	五〇	三	五	一、二〇〇	一〇一	五二〇
	三順	堡城縣	民國二十四年	二五	六	三	五〇〇	—	二〇〇
	段酉兒	古縣村	民國十五年	—	一	八	五〇〇	—	二五〇
	德盛	谷戀村	民國二十二年	—	七	七	八〇〇	—	三二〇
清源	聚盛永	西范社	民國十五年	二〇〇	三	八〇	七〇〇	一〇〇	三〇〇
	吉貞	城南三	清光緒二十八年	三〇〇	三	一四〇	一、〇〇〇	四〇〇	四八〇
	公立久	西谷村	民國十三年	一〇〇	二	四八	四〇〇	一〇〇	一八〇
	萬盛永	南社村	民國十五年	一〇〇	二	六一	五〇〇	二〇〇	二四〇

交城	萬隆	青村	清光緒二十四年	三〇〇	八	三〇〇	一、三五〇	四〇〇	七七〇	
	福村	安定村	民國十五年	二〇〇	七	二二〇	一、一二〇	一八〇	五九七	
	福成	坡底村	民國十五年	一五〇	七	一六〇	八五〇	一九〇	五一五	
	永勝	王村	民國十五年	二〇〇	七	一八〇	七五〇	二〇〇	四七八	
	和盛	叚村	民國三年	三〇〇	一〇	三二〇	二、五〇〇	八七〇	一、六五〇	
文水	西盛廠	縣城東北	民國二年	六〇〇	六	二八三	六、二五〇	三、三二〇	一、七四〇	
苛嵐	三保	北堡外	民國八年	五〇	四	三六〇	一、〇〇〇	五〇〇	五〇〇	
嵐縣	崖坪	崖坪	清光緒二十四年	一〇〇	四	三〇	二、〇〇〇	—	一、二〇〇	
	小岔溝窰	小岔溝	清光緒十七年	一二〇	五	四〇	—	三、〇〇〇	九〇〇	
	玉皇廟坪窰	玉皇廟坪	清光緒九年	一五〇	五	四五	—	三、五〇〇	一、〇五〇	
興縣	德盛	西關福盛溝	清光緒二十年	三〇	四	三一〇	二、一〇〇	二、一〇〇	一、四七〇	
	楊姓窰	楊玉春溝	民國二十年	四〇	六	四二〇	二、四〇〇	二、四〇〇	一、六八〇	
汾陽	郝晉榮	北關澗河	清光緒三年	一五〇	四	七五〇	三、〇六〇	二、二五〇	一、四八七	
	協和	東關東門外	清宣統二年	二〇〇	五	八六一	三、四〇〇	二、一〇〇	一、九〇〇	
	永盛	東關東門外	清宣統元年	三〇〇	六	一、四〇〇	四、二二〇	三、五〇〇	二、二九二	
	張吉堂	盧家莊	清光緒三十年	二五〇	四	八五七	三、四五〇	九〇〇	一、三三五	
	曹根深	大南關南門外	清宣統二年	二〇〇	四	七五六	二、九五〇	一、八〇〇	一、四七五	

介休	天順	西門外	清光緒二十六年	三〇〇	六	五〇〇	一〇、〇〇〇	—	三、〇〇〇	
	萬成	外城關	清宣統元年	三〇〇	六	四〇〇	五、〇〇〇	—	二、〇〇〇	
孝義	德興	西關	清光緒二十年	二〇〇	五	一八〇	二、四〇〇	二、〇〇〇	一、一二〇	
	永義	西關	清光緒二十年	一〇〇	三	一五六	二、〇〇〇	一、五〇〇	九〇〇	
	自立	趙家莊	民國五年	七〇	四	一七〇	二、二〇〇	一、六〇〇	九八〇	
	五福	梁家莊	民國七年	八〇	五	二〇〇	二、六〇〇	二、一〇〇	一、二〇〇	
臨縣	高茂元	北門外		二〇	二	—	二〇〇	一〇〇	一六〇	粘土不出錢購買
	任樹德	北門外		三〇	三	—	二五〇	一三〇	二〇〇	
	任啓富	北門外		二五	二	—	二三〇	一〇〇	一八四	
	高煥金	北門外		二〇	二	—	二〇〇	一〇〇	一六〇	
石樓	王學明	北門外	民國八年	一〇〇	五	一五〇	二、〇〇〇	三、〇〇〇	三、五〇〇	
離石	韓福柱	東城外	民國五年	二〇	三	一八	七〇	二〇	二八	
	楊恪	南關楊家溝	民國十一年	三〇	三	五三	二〇〇	七〇	八一	
	張德元	東城外	民國二十三年	二〇	三	一八	六〇	三五	二六	
方山	東門窰	東門外	民國七年	四〇	六	—	一、〇〇〇	一、〇〇〇	六〇〇	
中陽	高心平	南門外龍天廟	民國二十二年	二〇〇	五	—	一、〇〇〇	一、一〇〇	九四〇	
長治	秦二招	城西南	民國十九年	五〇	一〇	一二〇	一、四〇〇	六、〇〇〇	四〇四	

	魏敦只	城西南	民國二十二年	九〇	一五	一八〇	二、一〇〇	九〇〇	六〇六	
	吳二狗	城西南	民國二十四年	四〇	八	九六	一、一二〇	四八〇	三二三	
長子	李滿和	城北關廂	清光緒十七年	三〇〇	六	一〇〇	一、二〇〇	一、二〇〇	四〇八	
	原三相	西旺村	民國十五年	一二〇	四	六〇	八〇〇	八〇〇	二七二	
	崔金柱	酒村	民國十六年	一四〇	四	六五	一、一五〇	九八〇	三七四	
	張富東	高家窪村	民國十三年	一八〇	六	六〇	一、三五〇	一、一八〇	四四二	
	趙德元	陶唐村	民國十六年	一五〇	五	五〇	一、二三〇	一、四五〇	四三三	
	韓文清	前小郭村	民國二十一年	二〇〇	七	七〇	一、五六〇	一、七八〇	五五二	
	張玉喜	谷村	民國二十三年	一三〇	四	六〇	八〇〇	九五〇	二八七	
屯留	田家窰	東關	清宣統元年	二〇〇	七	六〇	一、六〇〇	一、六〇〇	八〇〇	
	關鎖柱	西關	清宣統二年	二〇〇	八	六〇	一、七〇〇	一、七〇〇	八五〇	
	王家窰	高店	民國十一年	三五〇	一一	七〇	二、〇〇〇	二、〇〇〇	一、〇〇〇	
	宋天喜	東河北村	民國十六年	一五〇	五	五〇	一、二〇〇	一、二〇〇	六〇〇	
	關家窰	平望村	清光緒二十年	二〇〇	六	五二	一、五二〇	一、五二〇	六七〇	
	老李窰	宋渡村	民國十五年	一〇〇	五	五〇	一、二〇〇	一、二〇〇	六〇〇	
	趙興窰	東李高村	民國二十二年	二〇〇	五	四〇	一、二〇〇	一、二〇〇	六〇〇	
襄垣	福祥	東關	民國五年	一〇〇	四	——	五〇〇	五〇〇	二五〇	

義勝	南返頭村	民國六年	一五〇	六	｜	八〇〇	七〇〇	三八〇	
三合	常隆村	民國十二年	二〇〇	八	｜	一、一〇〇	一、〇〇〇	四八八	
德行	虒亭鎮	民國三年	二五〇	一〇	｜	一、五〇〇	一、四〇〇	七三〇	
天太	下良鎮	民國十年	二〇〇	七	｜	一、〇〇〇	九〇〇	四八〇	
潞城商關窰	縣城南關	民國二十年	二〇	三	一〇	五〇〇	五〇〇	一五〇	
雙盛窰	尧城	民國十八年	一〇	二	六	三〇〇	三〇〇	九〇	
鄭才則	微子鎮	民國二十四年	二〇	二	一八	二三〇	二二〇	一三六	
劉萬珍	微子鎮	民國二十四年	二五	三	一五	三四〇	二〇〇	一七六	
王懷珍	微子鎮	民國二十四年	二二	二	一七	二四〇	三〇〇	一五六	
王和成	微子鎮	民國二十四年	二四	三	一九	三四〇	三〇〇	一九六	
長盛	神頭村	民國十三年	一〇	二	八	一三七	九〇	四〇	
三合	漫流嶺	民國七年	一〇	二	一〇	一五〇	一〇〇	四四	
陳家窰	合室鎮	民國十三年	一五	二	一五	二〇〇	三〇〇	九二	
韓保庫	黄碾鎮	民國二十四年	五	二	三	四二〇	三二〇	三三二	
李雙喜	中鎮	民國二十四年	七	四	六	五〇〇	三八〇	四〇二	
苗胖漢	宋鎮	民國二十四年	一〇	四	三	四九〇	三一二	三六九	
苗聚才	河洱	民國二十四年	一一	三	四	二二八	五八九	三五〇	

	原長根	石窰	民國二十四年	八	五	五	六〇〇	五〇〇	五〇〇	
	孫起勝	古驛	民國二十四年	一八	四	五	三五〇	二八〇	二八七	
黎城	五洋溝窰	五洋溝	清宣統三年	一〇〇	八	五三九	一、八〇〇	一、〇〇〇	七四〇	
	草河窰	東水草河	民國二十四年	三〇	四	三五	一、六〇〇	八〇〇	六四〇	
壺關	毓盛	北關	民國十八年	五	三	—	五三〇	二〇	八一	
	天保	南河	民國二十年	六	四	—	六四〇	三五	九九	
	元則	元則村	民國二十三年	八	五	—	七四〇	、三七	一一五	
	二則	四家池	民國十年	八	四	—	七四〇	四〇	一一五	
	發則	馬駒村	民國二十三年	六	三	—	六四〇	三五	九九	
	集店窰	集店村	清光緒年間	五	三	—	七四〇	三七	一一五	
	山后窰	山后村	民國十八年	五	三	—	七五〇	三七	一一五	
平順	南坡窰	南坡	民國二十二年	七〇	四	五〇	三〇〇	三〇〇	二五五	
	李莊窰	井挖羅腦	民國十五年	五〇	五	六〇	四〇〇	四〇〇	三六〇	
陽城	劉金銷	東關城後	民國八年	五	二	—	一、五三六	一、〇四五	二、一六一	
	趙小水	水村	清康熙年間	五	三	—	一、六四八	一、四八二	二、五三七	
	李思田	坪頭村	民國元年	六	三	—	一、五八六	一、三四八	二、三三五	
	成長命	上淇汭村	清光緒五年	五	二	—	八九六	七五三	一、三四八	

	郭來水	通義村	清同治六年	五	二	—	九二四	七二三	一、三五八	
	張小仁	西城街	清道光七年	五	三	—	一、四八九	一、二六五	二、二四八	
陵川	聚元	佳祥村	民國二十三年	一〇	二	五	一二〇	一二〇	四八〇	
	福順興	平城鎮	清光緒二十一年	一、〇〇〇	八	二八〇	二、五〇〇	一、五〇〇	八〇〇	
沁水	東瓦窰	東關	民國二十四年	五〇	三	一〇	一、〇〇〇	一、八〇〇	九四〇	
遼縣	申天和	谷駝港	民國十五年	五〇	五	三八三	一、〇〇〇	八〇〇	五六〇	
	趙小和	西關	民國二十一年	六〇	七	四三〇	一、二〇〇	六〇〇	六〇〇	
和順	王雙和	東城壕	民國二十一年	一〇	三	三三	八〇	四〇	四〇	
	畢德海	漢橋溝	民國二十三年	五	二	一九	五〇	二〇	二四	
	王根鎖	東城壕	民國二十二年	八	二	二五	六五	三二	三二	
榆社	東昇	東門外	民國十六年	一五〇	四	—	七五二	三八六	三八一	
	三合	城西北河村西界	民國十九年	一二〇	三	—	六三九	二四五	二八二	
沁縣	城東窰	縣城東	民國二年	六〇	三	—	四〇〇	九一三	三四〇	
沁源	興盛	城關南街現話莊	民國二十年	一五〇	五	—	八〇〇	二〇〇	三七九	
	自立	城關南街圪腦坡	民國二十二年	二〇〇	七	—	一、二九〇	四〇〇	六〇八	
	二盛	城關北街狗尿池	民國十七年	二〇〇	八	—	一、〇六〇	三〇〇	四九八	
	三合	王莊村西溝口	民國二十一年	三〇〇	九	—	一、八〇〇	一九〇	八三三	

武鄉	魏臭孩	西寨底	民國二十年	五〇	三	一二二	二五〇	四〇〇	一八〇	
	段貴生	東村	民國十八年	六五	四	一五二	二〇〇	三九〇	二〇一	
	王二小	邵渠村	民國二十二年	四三	二	一九四	三	三六〇	二八三	
	張朴旦	洪水鎮	民國十九年	四〇	三	七二	九〇	三一〇	八九	
	韓家窰	韓壁村	民國十五年	三二	二	三九	七八	二四二	七三	
	李福則	西堡村	民國二十一年	三〇	二	二八	八〇	二〇〇	六四	
昔陽	德昌窰	西河灘	民國元年	四〇	五	二六	二、三六〇	一、〇〇〇	六九〇	
	郭家窰	紅渠溝	民國十九年	三〇	四	一九	一、七四〇	八〇〇	五二〇	
盂縣	兩合	香河村	民國二十一年	一二〇	三	九九	二五四	二四五	一三七	
	永順	宋村	民國二十二年	一五〇	四	七三六	三五六	三六五	一九八	
	義盛	長池鎮	民國二十年	二〇〇	五	一八一	五八七	四七九	二九六	
	得勝	西小坪	民國二十年	一〇〇	三	八六	二八六	二四八	八六	
	萬義	西煙鎮	民國十九年	二五〇	六	二四三	六五五	三五三	二八五	
	同心	芝角村	民國二十一年	八〇	二	六五	二五四	一三五	一一〇	
臨汾	賈福貴	小北門外	民國二十二年	一〇〇	五	九〇	二、〇〇〇	—	六〇〇	
	賈盛才	小北門外	民國二十四年	三〇〇	九	一三〇	二、九〇〇	—	八九九	
	李金齡	北門外	民國二十一年	二五〇	六	八〇	一、九〇〇	—	五八九	

	老鮑	北門外	民國十二年	一六〇	六	一一〇	二、四〇〇	———	七四四	
襄陵	自立	齊村	民國二十二年	二〇〇	八	五五〇	四、一〇〇	二、〇〇〇	一、七七〇	
	同盛	黃崖村	民國二十三年	一八〇	八	五〇八	三、五八〇	一、八〇〇	一、五六〇	
	三盛	南辛店	民國二十一年	二〇〇	一〇	五〇八	三、五八〇	一、八〇〇	一、五六〇	
	一心	上靳村	民國二十年	一〇〇	七	四五五	三、〇五〇	一、五〇〇	一、三〇五	
洪洞	自立成	城東村	民國三年	三〇〇	一〇	———	三、五〇〇	一、七二〇	二、一八二	
	三合公	前底村	民國七年	二五〇	八	———	三、九〇〇	一、七二〇	二、一八二	
	三義永	楊曲鎮	民國十年	三五〇	一二	———	三、七〇〇	一、五二〇	二、二三二	
	興隆公	萬安鎮	民國十七年	二〇〇	九	———	二、八〇〇	一、四〇〇	一、四二〇	
	聚興永	曲亭鎮	民國二十年	三〇〇	一三	———	二、四三〇	一、三五〇	一、九九四	
	二合盛	蘇堡鎮	民國五年	二五〇	九	———	二、九〇〇	一、六〇〇	一、六九〇	
	合盛慶	辛北村	民國二十二年	二六〇	一一	———	二、四五〇	一、二〇〇	一、六二〇	
浮山	北王村窰	北王村北坡頂	清光緒二十年	一〇〇	九	三〇	一五〇	二五〇	一五〇	
	北李村窰	北李村北溝下	民國九年	八〇	七	二〇	一九〇	一九〇	一九〇	
	南門外窰	縣城南門外坡頂	民國元年	一三〇	一〇	二〇	二〇〇	二〇〇	二〇〇	
	響水鎮窰	響水鎮東河岸	清光緒三十年	一九〇	一〇	三〇	二二〇	二二〇	二二〇	
	前交里窰	前交里村東河岸	清宣統二年	一二〇	八	三〇	一九〇	一九〇	一九〇	

	中角河窰	中角河村西河岸	民國三年	七〇	五	三〇	一〇〇	一〇〇	一〇〇	
汾城	田文進	五里墩	民國二年	五〇	五	—	五〇〇	二〇〇	三三〇	
	王得利	北膏腴	民國元年	三〇	六	—	五五〇	二二〇	三五〇	
安澤	陳氏窰	南市溝	民國二十一年	二〇	三	六〇	二〇〇	二〇〇	一〇〇	
	閻氏窰	南市溝	民國二十三年	三〇	三	六〇	二〇〇	二〇〇	一〇〇	
曲沃	林興窰	北關	民國二十三年	五〇〇	五	二二二	三〇〇	八〇〇	三九〇	
	長盛北	北關	民國二十二年	四〇〇	四	一八〇	二五〇	九〇〇	五一〇	
	二合窰	吉許村	民國十九年	六〇〇	七	四四〇	五〇〇	一、四〇〇	八一〇	
	發盛窰	鳳城村	民國二十二年	五〇〇	三	三七〇	四〇〇	一、〇〇〇	六四〇	
翼城	李興業	西關	民國三年	一五〇	八	六〇八	三、二〇〇	二、二〇〇	一、七八〇	
	五福昌	陵下陵	民國十二年	二〇〇	一二	九〇二	五、三〇〇	三、二〇〇	二、七一五	
	三合公	橋板村	民國八年	三〇〇	一二	九六六	五、六〇〇	三、八〇〇	三、二〇〇	
	六合成	橋板村	民國二十二年	一六〇	一〇	八八六	五、四〇〇	三、〇〇〇	二、七九〇	
吉縣	萬盛	錦屏山左山麓	民國二年	二二〇	七	六〇	一、〇〇〇	一、二〇〇	八四四	
	振興	錦屏山左山麓	民國六年	三二〇	七	六〇	一、〇〇〇	一、〇〇〇	七八〇	
	同興	結子溝口	民國二十一年	三〇〇	一二	一〇〇	二、〇〇〇	二、〇〇〇	一、五六〇	
鄉寧	西坡上磚窰	西坡上	有清年間	二〇〇	六	五	二、〇〇〇	四、〇〇〇	一、〇〇〇	

	城背后瓦窰	城背后	民國八年	一〇〇	二	三	一、五〇〇	三、〇〇〇	七五〇	
永濟	孟盟橋窰	孟盟橋村	清光緒三十二年	三〇	六	五五二	六二〇	一、〇〇〇	八九六	
	牙溝磚瓦窰	後坡底村	民國十六年	七〇	七	六〇九	六八〇	一、二〇〇	一、〇二四	
	趙柏村磚瓦窰	趙柏村	民國二十年	五〇	四	三七七	四〇〇	八〇〇	六四〇	
臨晉	考早窰	考早村	清光緒卅四年	一八〇	六	三〇〇	一〇、〇〇〇	一三、〇〇〇	九、六〇〇	
	坑西窰	坑西村	清光緒卅四年	一〇〇	四	二三〇	一、〇〇〇	二、〇〇〇	一、二〇〇	
	韓家窰	韓家卓	民國元年	一〇〇	四	二六〇	五、八六七	六、〇四〇	五、三三二	
	霍村窰	霍村	民國三年	一五〇	五	三〇〇	六、三二〇	五、七八〇	五、五二六	
	柳村窰	柳村	民國三年	一〇〇	三	二三〇	五、八七〇	四、六九〇	四、九二九	
	過卓窰	過窰村	民國五年	一六〇	四	三〇〇	四、九三〇	四、五二〇	四、三一四	
	馬村窰	馬村	民國五年	一二〇	四	二六〇	三、〇〇〇	四、〇〇〇	三、〇〇〇	
虞鄉	候孟村窰	候孟村	未詳	五〇	五	六三〇	一、四〇〇	一、七〇〇	一、三五〇	
	北梯村窰	盟梯村	未詳	六〇	六	八〇二	一、五〇〇	一、八〇〇	一、四四〇	
榮河	周王窰	周王村	民國八年	二〇〇	六	三一〇	一、五〇〇	一、二〇〇	一、六八〇	
	南樊窰	南樊村	民國十年	二〇〇	六	三一〇	一、五〇〇	一、二〇〇	一、六八〇	
萬泉	高福雲窰	西門外	民國二十一年	二一〇	三	—	三〇〇	五〇	二〇〇	
	劉峯窰	高村	民國十九年	二五〇	三	—	四〇〇	一八〇	三二一	

	閻家窰	烏傳村	民國十年	二三〇	三	—	三五〇	一二〇	二五八	
	張徐盛窰	西解村	民國八年	二六〇	四	—	三〇〇	一七〇	二四八	
	薛浮山密	東鳩底	民國五年	三〇〇	四	—	二四〇	一五〇	二〇四	
猗氏	正豐東	東關	民國十八年	三〇〇	五	五八七	一、七五〇	七〇〇	一、五〇五	
	展雲懷	西關	民國三年	三〇〇	四	五〇一	一、五〇〇	五〇〇	一、二五〇	
	陳恆盛	小楊村	民國二年	二〇〇	四	四八〇	一、五五〇	四〇〇	一、二四五	
	朱隨心	朱家莊	清光緒三十年	二三〇	五	五一七	一、六〇〇	五〇〇	一、三二〇	
	裴志盛	陳莊	民國五年	二〇〇	四	四六〇	一、五〇〇	五〇〇	一、一八〇	
	楊興盛	上閣村	民國三年	五〇〇	七	六〇〇	二、〇〇〇	九〇〇	一、六六二	
	閻鳴玉	南佃村	民國八年	二〇〇	三	四〇八	一、二〇〇	四〇〇	一、〇〇〇	
	羅五勝	南景村	民國十年	一〇〇	三	三九八	一、二五〇	三〇〇	九九五	
	劉晉勝	城東關	民國二十三年	一〇〇	三	一三〇	七〇〇	三〇〇	四八八	
	李銀有	楊妃村	民國七年	一五〇	四	一五〇	八五〇	五〇〇	六三六	
	何鎮東	太范村	民國十二年	二〇〇	五	二〇〇	一、〇五〇	五〇〇	七四八	
解縣	社東窰	東關外	民國二十三年	一六〇	三	—	一、二〇〇	七九〇	九六〇	
	韓家窰	王南村南	民國元年	二五〇	三	—	二、五〇〇	一、六〇〇	一、九九〇	
	張耿窰西	西張耿村	民國六年	一八〇	二	—	二、四〇〇	一、九八〇	二、一六二	

	赤社窰	赤社村西	民國九年	二〇〇	三	—	二、七〇〇	二、三五〇	二、八〇〇
安邑	德興成	縣東柏園村	民國十八年	一〇〇	三	—	六〇〇	三〇〇	三七五
	慶泰生	縣北蘆村	清宣統元年	一二〇	四	—	九〇〇	五〇〇	五七〇
	治姓窰	縣南蘆子溝	民國二十四年	八〇	三	—	六〇〇	三〇〇	三七五
	劉三窰	縣北大市北村	民國二十四年	一三〇	五	—	一、四〇〇	七〇〇	八七五
	喬姓窰	縣北秦裏村	清光緒二十年	二〇〇	八	—	一、六〇〇	八〇〇	一、一〇〇
	高姓窰	縣西羊馱寺村	清光緒二十年	一五〇	七	—	一、四〇〇	七〇〇	八七五
	王姓窰	縣西董家營村	清宣統元年	一二〇	六	—	一、二〇〇	六〇〇	七五〇
夏縣	同心和	大平街	民國二十三年	一〇〇	三	三〇八	七〇〇	七〇〇	五二五
	同心公	西門外	民國二十四年	五〇	五	三三〇	八〇〇	七〇〇	五七五
	同心明	社西村	民國十五年	八〇	七	六五二	一、〇〇〇	七〇〇	六七五
平陸	敬業	西村後澗	民國九年	七〇〇	三	一〇〇	二〇〇	四〇〇	三六〇
	晉平	西村後澗	民國九年	四〇〇	四	一三五	三〇〇	四七〇	五八〇
	樹滋	縣城北門外	民國十二年	六〇〇	五	一六〇	五〇〇	三二〇	五六〇
	義順通	西村後澗	民國六年	四五〇	四	一四〇	四五〇	三九〇	五五五
芮城	黨家窰	黨家天村	民國二十四年	二五〇	七	—	五一〇	二二〇	四七四
	闞家窰	闞原村	民國五年	二六〇	六	—	四五〇	二三〇	三八四

	澗西窰	澗西村	民國七年	四〇〇	八	—	三三〇	三五〇	五〇五
	西陌窰	西陌村	民國三年	三〇〇	六	—	四一〇	四二〇	四五七
	東張窰	東張村	民國元年	三五〇	五	—	三九〇	二五〇	三六六
河津	張文玉	東辛村	民國二年	五〇〇	七	三五	三、五〇〇	—	一、四〇〇
	高鳳閣	里望村	民國八年	三〇〇	五	二五	二、五〇〇	—	一、〇〇〇
	費龍仙	東莊	民國二十年	二五〇	四	二〇	二、〇〇〇	—	八〇〇
聞喜	至盛德	王順坡村	民國十二年	一〇〇	四	五一三	一、三〇〇	五〇〇	九三〇
	四盛合	西關	民國十四年	一〇〇	三	四四〇	一、一〇〇	四〇〇	七八〇
	彥青合	東關	民國十六年	八〇	二	三七	八〇〇	三〇〇	四九〇
稷山	復興窰	西關	民國十五年	二〇〇	八	三六〇	五、〇〇〇	二、〇〇〇	二、九〇〇
	天生號	東關	民國十七年	五〇〇	一〇	一、〇〇〇	一〇、〇〇〇	五、〇〇〇	六、〇〇〇
	振興合	塢堆村	民國十四年	四〇〇	八	八五〇	七、〇〇〇	三、〇〇〇	四、一〇〇
絳縣	老記窰	東關	民國三年	三〇〇	八	七八〇	一、五〇〇	一、一〇〇	一、〇八〇
	德盛關	東關	民國六年	三四〇	九	八四〇	一、八〇〇	一、五〇〇	一、三五〇
垣曲	王興國	華莊村	清宣統元年	一〇〇	一〇	一一〇	二、六二一	六、八〇〇	四、二八〇
	席天發	北門外	民國六年	一五〇	一二	一二六	一、二〇〇	一、五〇〇	一、一七〇
	張小德	磨頭村	民國十四年	八〇	六	五八	一、〇〇〇	—	六〇〇

	陳家窰	同善鎭	民國二年	九〇	八	六五	一、一〇〇	—	六六〇	
	張應麟	臬落村	清光緒三十四年	一〇〇	九	七〇	九〇〇	—	五四〇	
	張延祚	劉張村	民國十二年	七〇	六	五四	九〇〇	—	五四〇	
	張輿仁	王茅鎭	民國十年	七五	七	九九	一、〇〇〇	一、二〇〇	九六〇	
霍縣	老曹窰	西門外	民國十八年	一二〇	五	一二〇	四、一〇〇	七、〇〇〇	二、二八〇	
趙城	萬順窰	城北燒瓦窰上	民國三年	五〇〇	八三	一、二八〇	一四、〇五〇	八、五五〇	九、七四〇	
汾西	馬溝窰	馬溝河	民國八年	一二〇	四	一八	五四〇	一三〇	二八六	
	南溝磚窰	南溝河	民國十二年	一〇〇	三	一八	五〇	四〇〇	二〇〇	
	干河磚窰	村南頭	民國十二年	二〇〇	五	三〇	五五〇	一三〇	二九九	
	窰舖磚窰	東裏	民國二十二年	一〇〇	三	二五	二〇〇	五〇	一七五	
隰縣	王氏窰	瓦窰村	民國二十三年	五〇	七	—	四五〇	三六〇	三五三	
	馬氏窰	瓦窰村	民國二十年	二〇	三	—	二三〇	五五〇	一一八	
	劉家窰	黃土村	民國二十年	三〇	四	—	二一〇	二九	一四八	
	公興窰	康城村	民國十九年	一〇〇	一六	—	一、二〇〇	八〇	七五三	
	同心窰	午城村	民國十七年	五〇	八	—	二六〇	六〇	一四九	
	馬字窰	大麥郊	民國十二年	五〇	七	—	一六〇	六〇	一一二	
	自興窰	野家坡	民國二十四年	四〇	六	—	一八〇	一〇〇	一三七	

大甯	西關磚瓦窰	西關	民國二十四年	—	九	一七〇	一、〇〇〇	三、〇〇〇	二、〇〇〇	
永和	德勝窰	北關	民國二十三年	二〇〇	六	二六三	二三一	三四二	六八九	
蒲縣	王加貴	西關	民國十八年	五〇	四	—	八二三	五三四	三二七	
	老劉窰	西關	民國二十年	四〇	三	—	四一九	三八七	一八四	
	高三姓	東關	民國十七年	二〇	三	—	六七八	三九七	二六三	
	王來生	東關	民國十五年	二〇	三	—	七三八	六五四	三二〇	
太同	聚義	門北外	民國十二年	一、〇〇〇	一五	—	一、〇〇〇	一、五〇〇	一、〇五〇	
	晉北	北外門	民國十八年	一、〇〇〇	一五	—	一、〇〇〇	一、五〇〇	一、〇五〇	
	劉燦	北門外	民國七年	八〇〇	一二	—	九〇〇	一、二〇〇	九〇〇	
	張建成	北門外	民國七年	五〇〇	八	—	六〇〇	八〇〇	六〇〇	
	趙生財	北門外	民國七年	六〇〇	一〇	—	八〇〇	一、〇〇〇	七八〇	
	小汝英	北門外	民國十二	四〇〇	七	—	五〇〇	七〇〇	五一〇	
	楊娃子	北門外	民國十二年	三〇〇	五	—	四〇〇	五〇〇	三九〇	
	御河窰	瓦窰村	民國五年	一、五〇〇	二五	—	一、五〇〇	二、四〇〇	一、六二〇	
	國增	瓦窰村	民國十八年	五〇〇	八	—	六〇〇	八〇〇	六〇〇	
	國柱	瓦窰村	民國二十年	五〇〇	八	—	六〇〇	八〇〇	六〇〇	
	村恩	瓦窰村	民國十八年	五〇〇	八	—	六〇〇	八〇〇	六〇〇	

	劉文福瓦窰	瓦窰村	民國十八年	四〇〇	六	—	五〇〇	七〇〇	五一〇	
	劉順窰	瓦窰村	民國二十三年	四〇〇	六	—	五〇〇	七〇〇	五一〇	
渾源	王氏窰	東門外	民國十四年	五〇	六	二〇	一、八〇〇	一、九〇〇	一、二九〇	
	田瓦窰	東門外	民國四年	四〇	四	一五	一、五〇〇	一、二〇〇	九六〇	
	李瓦窰	水磨村	民國十年	三〇	三	一〇	九〇〇	六〇〇	五四〇	
	賈瓦窰	澗村	民國十二年	七〇	一二	二五	三、二〇〇	四、五〇〇	二、六三〇	
	尚瓦窰	韓村	民國二十年	四五	六	二〇	一、〇〇〇	六〇〇	五八〇	
	王瓦窰	沙圪村	民國二十一年	六〇	九	一二	一、八〇〇	九〇〇	九九〇	
	賈瓦窰	大溝	民國十五年	二〇	六	一〇	一、六〇〇	四〇〇	七六〇	
靈邱	魁見窰	魁見街	清宣統元年	五〇	四	—	一二〇	一八〇	一一四	
	廟西窰	西廟渠村	民國二年	四〇	三	—	五〇	二〇〇	八五	
天鎮	南瓦窰	南門外	民國十四年	五〇	五	一一八	三八〇	一二〇	三五七	
	北瓦窰	北門外	民國二十三年	五〇	五	九五	二五〇	一五〇	二七八	
	曹瓦窰	東門外	清光緒二年	五〇	五	一一八	二五〇	二三〇	三二六	
朔縣	李厚窰	南關廂	民國十四年	六〇	三	—	二〇〇	二〇〇	一六〇	
	唐支窰	南關廂	清宣統年間	六〇	四	—	四二〇	三〇〇	二八八	
	劉德窰	南關廂	民國二十四年	六〇	三	—	二五〇	一八〇	一七二	

	杜四窰	南關廂	民國二十四年	六〇	三	—	二四二	一八〇	一六九	
	邢二窰	西關廂	民國十二年	六〇	三	—	三一〇	二〇〇	二〇四	
	王善成	西關廂	民國十八年	六〇	三	—	三〇七	二一〇	二〇七	
	張三窰	西關廂	清宣統年間	六〇	三	—	三二〇	二二〇	二一六	
左雲	劉海窰	南門外南關	清光緒二十年	二五〇	五	五〇	六一〇	二〇	三四七	
	閻二仔窰	南門外河灘	民國二十四年	二一〇	四	四一	五〇五	一八	三一三	
	劉九旦窰	南門外南關	民國二十三年	二〇〇	三	三二	四〇二	一五	二二九	
	王隨喜窰	南門外南關	清光緒二十二年	二二〇	四	四一	五〇二	一六	二九四	
	綿毛仔窰	南門外南關	民國四年	二六〇	五	五〇	六〇〇	一七	三三九	
平魯	西門磚瓦窰	西門外	民國十四年	八〇	四	七二	二三〇	四一〇	二八四	
	井坪窰	井坪鎮	民國十二年	六〇	三	二七	二一〇	四〇五	二二七	
寧武	五台瓦窰	辛家溝	民國二十年	三〇〇	一五	五六〇	四、〇〇〇	一、一〇〇	一、八二〇	
	常面小	陶家溝	民國元年	—	一〇	三八〇	二、五〇〇	七〇〇	一、二八〇	
	常福仁	范家溝	民國十年	—	四	一二五	一、五〇〇	四〇〇	六八〇	
神池	南瓦窰	南關外沙灘	清光緒三十一年	三六〇	六	三六	五五〇	九八二	一、〇一八	
	東瓦窰	東門外羊鼻深	民國四年	二五〇	四	二六	三七〇	六五八	七六八	
五寨	鄭治邦	南關	明萬曆元年	二二五	五	六六	五二〇	六九八	三七九	

	楊維藩	南關	民國二十四年	二八三	六	九一	六七〇	七五二	五六一	
	侯拴	南關	清宣統元年	二一七	四	六三	二九〇	五八一	三一九	
忻縣	崇盛窰	匡村深口溝	清光緒二十年	二五〇	六	一、二一〇	一、三〇〇	一、三〇〇	一、五二〇	
	元和窰	南門外紅壇溝	民國十四年	二〇〇	六	一、二一三	一、六〇〇	六〇〇	一、六六〇	
	富成窰	南門外紅壇溝	清同治十年	二〇〇	五	九四五	一、三〇〇	一、三〇〇	一、七一〇	
	永興窰	永興莊	清光緒三十年	一五〇	四	七二二	一、〇〇〇	一、一〇〇	一、三六〇	
	鄭二窰	匡村	清光緒二十七年	一〇〇	五	九四五	一、三〇〇	一、三〇〇	一、七一〇	
	樓村窰	東樓村	民國十年	三〇〇	八	一、四六四	一、六〇〇	一、二〇〇	一、八八〇	
	雙厚窰	東馮城村	清光緒五年	三〇〇	八	七七五	一、七五〇	一、〇〇〇	一、九二〇	
靜樂	盧師瓦窰	西崖底村	民國二年	二〇	五	三	三二〇	六〇〇	六二〇	
代縣	富貴窰	北關	清光緒二年	三〇〇	八	一、〇〇〇	四、五〇〇	—	二、二五〇	
	集成窰	長河村	民國八年	二〇〇	五	七〇〇	三、〇〇〇	—	一、五〇〇	
	三盛窰	聶營鎮	民國二年	二〇〇	八	七〇〇	三、五〇〇	—	一、七五〇	
	三合窰	聶營鎮	民國二年	一〇〇	三	四〇〇	—	一六〇	五二〇	
	三和窰	漕家窰	民國二年	一〇〇	三	五五〇	—	二二〇	七一五	
繁峙	長盛窰	南關村	民國十年	—	五	一四五	四〇〇	二二三	一、三五〇	
	王胡計窰	東留鷗村	前清年間	—	三	一〇五	二六〇	一五二	八二〇	

	趙玩皮窯	高陵村	民國二十三年	—	三	一〇五	二六〇	一五二	八二〇
	張三明窯	高陵村	民國二十四年	—	四	一一七	三三〇	一七八	六九五
	復盛窯	高家村	民國二十年	—	四	九三	二六〇	一四二	八一七
	王先義窯	下茹越村	民國元年	—	三	八〇	二〇〇	一〇二	二七八
	石林窯	砂河鎮	前清年間	—	五	一三〇	四〇〇	二〇八	七六〇
	高桐窯	大營鎮	民國十二年	—	四	一〇五	二六〇	一四一	三〇八
	安接續窯	西砂河村	民國二十二年	—	四	一一〇	三三〇	一七二	四〇三
崞縣	西門窯	西門外	清宣統二年	二〇〇	五	二〇	五四〇	一、七〇〇	八六四
	原平窯	原平鎮	清光緒二十二年	三〇〇	六	二二	七八〇	一、五六〇	九六八
	文殊莊窯	文殊莊	民國十八年	一八〇	五	一五	八二〇	一、一一〇	八四五
	上院窯	上院	民國二十年	一五〇	六	一二	五四〇	七三〇	六〇三
	西南賈窯	西南賈	清光緒二十年	一〇〇	四	一〇	五六〇	九一二	八二三
	溫王東社窯	溫土東社	民國七年	二〇〇	五	一四	八四〇	九九〇	八二五
	軒崗鎮窯	軒崗鎮	民國五年	二〇〇	五	一五	一、二四〇	一、〇四〇	一、〇八四
保德	張狗子	前溝子	民國八年	三〇	三	七三	五、七七〇	三、一〇〇	四、九四〇
	陳自福	陳家塔	民國九年	四〇	四	一二五	一一、八一〇	二、〇〇〇	九、五一〇
河曲	二里半窯	坪泉村	清道光二年	五〇	一二	二五五	二、四〇〇	一、二二五	一、二五〇

	崔家窰	坪泉村	淸宣統四年	六〇	四	一七〇	一、二〇〇	一	四五二	
	侯家窰	坪泉村	淸宣統三年	三〇	三	一二八	一、〇五〇	三五〇	四〇〇	
應縣	磚瓦窰六家	西北鄉					一八、〇〇〇	八、〇〇〇	一一、〇〇〇	

三 石灰業

一 沿革

石灰製造，首重原料，原料採取便利之區，卽爲石灰窰集中之地，晉省地勢，東南北三面多山，且富產靑石方解石石灰石等，故石灰產區極廣，祇晉西沿黃河各縣，及地勢平坦之區乃少設立，現查晉南之河東道中，出產石灰縣份，計靈石、汾西、蒲縣、鄉寧、河津、稷山、汾城、襄陵、洪洞、安澤、浮山、翼城、垣曲、絳縣、聞喜、夏縣、安邑、芮城、虞鄉、等十九縣，晉北之雁門道中，計河曲、保德、興縣、嵐縣、靜樂、寧武、神池、忻縣、崞縣、代縣、繁峙、靈邱、大同、平魯等十四縣，晉東南部之冀寧道中，計武鄉、襄垣、潞城、長治、沁水、陽城、晉城、壺關、平順、黎城、遼縣、和順、昔陽盂縣、等十四縣，及晉中之平遙、汾陽二縣、共計四十九縣、占全省一百零五縣中百分四十六强。

晉省製造石灰、大半爲農家副業、農隙燒製、農忙停工、其燒製時、集家人或鄰居若干名、任採石燒製工作，同時抽集少數資本購辦燃料，及至石灰售出後，乃分本分利，至若設窰專製石灰而常年開燒者，每縣僅有數家，統計四十九縣，有窰戶一百五十家。

二　現狀

現時每縣出產，以常年開燒者而論，則晉北之忻縣最多，崞縣、代縣、繁峙、及晉南之洪洞，垣曲、晉城、翼城、蒲縣等次之，其餘更次，茲分述如左。

忻縣之製造石灰，始於有清光緒年間，至民國十八年，斯業極盛，常年開燒之家，多至十餘戶，今因農村經濟困難，民間不事建築，石灰銷路滯遲，停燒者相繼，現祇有四家，均集中於韓岩村，所用原料，均採自村南沙溝中，是種原料，年需九十七萬二千担，均由附近居民轉運而來，每運石百担，約出運費二角至三角，燒石灰之燃料，通用煤與木柴兩種，煤炭年用十九萬四千四百担，多購自陽曲，木柴年用八百十担，乃就地收買，現四家備有窰九座，年出石灰五十八萬三千二百担，向外銷售二十八萬四千担，每担價一角五分，值四萬二千六百元。

崞縣位居忻縣之北，石窰家戶計有六家，散處於文殊莊、上吉村，軒崗鎭、黃樂堡、長工溝、中山村、因資本微小，六家常年工人，不過二十名，其採用原料，皆在附近石灘上揀取，俗名河冲石，其實亦青石之一種，此種青石，每年約需一萬担，祇出運費，無需價購，所產石灰，在昔行銷縣境內外，近受農村破產關係，出產日漸減少，現時六家，年出三千三百七十担，儘銷本村附近。

代縣在崞縣東北境，兩縣邑境毗連，現有石灰窰戶四家，乃集中於下沙河村，上沙河村及丈子村一帶，資本共八百五十元，工人五十名，其採用原料年約一萬五千六百担，皆由灰窰附近之下沙河，小溝河，上沙河，志溝河等河漕中採取，是種原料，俗名蕎麪石，其實係石灰石之一種，石灰窰每開窰燒製時，則僱附近居民識此石者，撿取運送到窰，或肩挑或車拉，每担需資一角左右，視路之遠近而定，燃料都用煤炭，所出石灰，年約九十一萬五千斤，在民國十七年價格高貴時期，各石灰窰皆有利可贏，及至現時，銷路既少，價格又跌，每年四家所得產值，共計一千六百三十元，各家均告虧本。

繁峙縣位居代縣之東，常年開燒之石灰窰計有三家，散處於大砂村、杏園村、福連坊村等處，各備燒灰窰一座，僱常工十三名，其採用原料，亦以蕎麪石爲大宗，共八千担，燒灰燃料，主用柴炭，年共五百二十担，乃就近採購，所產石灰四千担，每担售價五角，總值二千元，均銷本縣。

大同爲晉北之繁盛市場，建築用之石灰量，較他縣爲多，明清兩朝，該縣之清磁窰及王家園等處，所有石灰窰出品，半銷城區，半銷鄉村，沿及現時，窰戶計有七家。集中於清磁窰者五家，集於王家園者二家，資本共一千六百五十元，僱工人二十六名，採石灰石爲原料，皆在灰窰附近山中挖取，年約一萬四千一百担，所出石灰約一萬二千六百九十担，計值二千五百三十八元。

洪洞地在晉南，扼汾河之中段，石灰製造，素稱豐富，窰頭河及左家溝一帶，爲洪洞窰戶集中之區，現時常年燒灰之家，計有六家，資本雖小，但營業極佳，各窰戶共僱工人七十五名，就地採鑿石灰石以燒石灰。每年產量，約一百零五萬斤，以售價較昂，總值可得五千二百五十元云。

洪洞境西之蒲縣，亦富產石灰，惟多農隙開燒，出產殊難估計，其常年製造者，僅東河灘三家，就地採取青石，用煤炭燒製，年出石灰五十一萬零十斤，行銷縣內，計值一千零二十元。

垣曲縣位居晉省南境，爲山區之縣份，縣城西三十里之交斜村，青石煤炭，隨在可得，故石灰窰之集中地，首推交斜村及莘莊村一帶，查其常年開燒者，計有六家，資本每家數十元，工人十餘名，皆自行合夥工作，不取工資，青石用量，全業計十五萬零五百担，由窰旁河灘內拾取，煤炭年用二十四萬五千斤，自交斜村、東坡村購來，年約二百四十五元，石灰出產五百零二萬一千六百六十斤。完全銷售本縣，計値一萬五千零六十四元。

垣曲縣北之翼城縣，境內多山。澮河沿岸，復產青石，每當夏季山洪暴發之後，河底青石塊恆厚積數尺，故澮河沿岸之南廟村、澮史村、楊家莊、北關鎮一帶，農民以燒石灰爲副業者頗多，及民國八九年後，縣民對於居室及各種建築，改進與興辦者相繼，於是石灰需要逐增，專事燒灰爲業者遂起，現有六家，全業資本六百十六元，工人四十八名，年需青石五萬四千三百担，煤四千四百四十担，出貨四千六百餘元，所出石灰一萬八千零九十九担，以銷本縣爲大宗。

晉城縣石灰窰，於民國十七年以前，家數最多，現該縣因穀賤傷農，農民不事建築，故石灰製造業大見衰敗，查常年燒灰之窰，現存五家，地址散處於夏匠村、道頭村、西關廟、崗頭村、韋匠村等處，每窰戶無固定資本。所用工人，皆分紅利，概不給工資，於附近山中，採取青石約五百萬斤，以燒石灰每年行銷縣內者，計四百萬斤，得值四千元云。

此外窰戶，則平遙縣普洞村有二家，汾陽縣之倚文村、盧家莊、城北澗河等處有四家，汾西縣之澆水崖，團柏河、陳村河等處有五家，鄉寧縣之城根底有一家，河津縣之伊村有二家，稷山縣城東十里有一家，汾城縣之北膏腴、紹平莊有二家，襄陵縣之浪泉村、井頭村有三家，安澤縣南門外有二家，浮山縣之諸葛村、澗頭村、馬台村、北西河村等處有四家，沁水縣之可陶村、嘉峯村有二家，陽城縣之東關、水村、西城街、同義村、坪頭等處有六家，絳縣之中牛村、續魯村有二家，聞喜縣北嶺村有一家，夏縣之滻底村有二家，安邑縣之柏王山有五家，芮城縣之地阜泉村、胡胡溝、柴村等處有三家，虞鄉之南梯村、石佛寺有二家，武鄉縣之上北漳、下北漳有三家，襄垣縣之石灰窰村、東周村有四家，潞城之漫流河、黃漳、安居等處有六家，長治縣柏后道，村升東北，村西北等處有三家，壺關縣之杜家河、董家坡，固村、樹掌村等處有五家，黎城縣之趙店鎮有三家，遼縣之魚躍口，東關有二家，和順縣之海子裏，大石渠有二家，昔陽縣之狠窰溝有一家，盂縣之東西宋村、香河村有二家，河曲縣之侯家口有三家，保德縣之東關有一家，興縣之南關河灘有三家，嵐縣之襯會有一家，靜樂縣之東門外，婁煩鎮、杜家鎮等處有三家，神池縣之沙崴，羊鼻梁有二家，寧武縣之莊子村，東關黃皮街有三家，靈邱縣之福田村有二家，平魯縣之東門外，廠黃頭村有二家，凡此窰戶，普通有窰一座，資本最多不過五百元，少者僅五六元者，大概每窰一座，備資本四五十元為大宗，灰窰所用原料，均係就近採取，無困難情事，出產石灰，主銷本縣境中，至於工人，薪水或以月計，或以期計，或不給工資，僅分紅利，大概各縣之中，芮城工資最貴，工人自供繕宿，月給工資約十二元，若汾陽、河津、汾城、洪洞、翼城、武鄉等縣，每月工資每人六元，大同、平魯、崞縣、昔陽、鄉寧、平遙等縣，每人月約五元，聞喜，遼縣、河曲、神武、忻縣、繁峙、靈邱等縣，月約四元至四元五角，襄陵、陽城、絳縣、潞城，長治、盂縣、保德、興縣、寧武等縣。月約三元，蒲縣、安邑、虞鄉、襄垣，嵐縣、等縣，月約二元至二元五角，至若汾西、壺關、和順等縣，工薪最低，月約一元至一元五角，以上各縣，窰主均供給膳宿，此外如稷山、安澤、浮山、沁水、晉城，垣曲、黎城、靜樂等之窰戶，對於工人，均實行分紅制，現時統計晉省四十九縣一百五十家窰戶之資本，計共一萬一千六百九十四元，窰內所僱常工共七百十六名，每月所需工資，計二千七百零三元二角，茲將每窰現況，列一覽表於后：

縣名	窰名	地點	設立年月	資本	工人	每月工資總數	原料		每年石灰出產		銷售情形		
							名稱	用量總值（元）	產量（元）	總值（元）	銷售元（量）	銷售總值（元）	行銷地點
平遙	李家窰	普洞村	光緒初年	八〇	四	二〇	青石	四〇	一五八、〇〇〇	二六二	一五〇、〇〇〇	二七〇	本縣
	長發窰	普洞村	民國四年	一〇〇	五	三三	青石	四〇	一六〇、〇〇〇	二八八	一五〇、〇〇〇	二七〇	本縣

汾陽	張鑑古窯	尙文村	光緒三十四年	一〇〇	二	三	青石	五〇	一五〇,〇〇〇	三〇〇	一三〇,〇〇〇	二六〇	本縣城鎭各村
	盧王秀窯	盧家莊	民國九年	二〇〇	三	一八	青石	八〇	二五〇,〇〇〇	五〇〇	二三〇,〇〇〇	四四〇	仝上
	高興仁窯	盧家莊	民國九年	一五〇	三	一八	青石	六五	二〇〇,〇〇〇	四〇〇	一八〇,〇〇〇	三六〇	仝上
	董全保窯	城北澗河	民國二十年	一〇〇	二	三	青石	三五	一六〇,〇〇〇	三一〇	一五〇,〇〇〇	三〇〇	仝上
汾西	仁莊馬窯	澆水壆	未詳	七〇	五	六	青石	四二	四〇〇,〇〇〇	二〇〇	四〇〇,〇〇〇	二〇〇	本縣城及霍縣赴城
	上團柏窯	團柏河	未詳	六〇	四	六	青石	三五	三三,〇〇〇	一六五	三三,〇〇〇	一六五	仝上
	下柏團窯	團柏河	未詳	八〇	六	六	青石	四二	四〇〇,〇〇〇	二〇〇	四〇〇,〇〇〇	二〇〇	仝上
	伏珠窯	陳村河	未詳	八六	〇	五	青石	四二	四〇〇,〇〇〇	二〇〇	四〇〇,〇〇〇	二〇〇	仝上
	陳村窯	陳村河	未詳	六〇	四	六	青石	三一・五	三〇〇,〇〇〇	一五〇	三〇〇,〇〇〇	一五〇	仝上
蒲縣	薛狗窯	陳河灘	未詳	五〇	三	六	青石	不需價購	一八八,四七〇	三七七	一八八,〇〇〇	三七六	本縣
	張文孝窯	東河灘	未詳	三〇	三	六	青石	仝上	一七四,六四〇	三四九	一七四,〇〇〇	三四八	仝上
	劉田子窯	東河灘	未詳	二〇	三	六	青石	仝上	一四六,九〇〇	二九四	一四六,五〇〇	二九三	仝上
鄉寧	城根底窯	城根底	清代	一〇	一	五	青石	不需價購	一,〇〇〇,〇〇〇	一,〇〇〇	一,〇〇〇,〇〇〇	一,〇〇〇	本縣
河津	李景白	尹村	民國二年	三〇〇	一〇	六〇	青石	四〇〇	六〇〇,〇〇〇	一,二〇〇	五〇〇,〇〇〇	一,〇〇〇	本縣
	史金有	尹村	民國八年	二五〇	八	五〇	青石	三〇〇	四五〇,〇〇〇	九〇〇	四〇〇,〇〇〇	八〇〇	本縣
稷山	城東窯	縣城東里	民國十二年	三〇	一	無	青石	不需價購	三〇〇,〇〇〇	一,二〇〇	三〇〇,〇〇〇	一,二〇〇	本縣
汾城	同興窯	北亭腴	民國四年	一〇〇	六	三	青石	仝上	一八〇,〇〇〇	五四〇	一七〇,〇〇〇	五一〇	本縣各村

	永興窰	紹平莊	民國九年	七〇	五	三〇	青石	仝上	一三〇、〇〇〇	三九〇	一三〇、〇〇〇	三六〇	本縣各村
襄陵	張天申窰	淚泉村	民國十九年	一〇〇	五	一〇	青石	二〇	一三〇、〇〇〇	二四〇	一三〇、〇〇〇	二四〇	本縣
	一心窰	淚泉村	民國二十年	八〇	六	二〇	青石	二〇	一〇〇、〇〇〇	二〇〇	一〇〇、〇〇〇	二〇〇	本縣
	楊茂林窰	井頭村	民國二十二年	八〇	六	二〇	青石	一五	一〇〇、〇〇〇	一八〇	一〇〇、〇〇〇	一八〇	本縣
洪洞	三興永窰	窰頭河	民國十五年	五〇	一五	八五	石灰	未詳	一五二、〇〇〇	七六〇	一五二、〇〇〇	七六〇	本縣
	義成合	窰頭河	民國二十年	三〇	三	七〇	石灰	未詳	一二三、〇〇〇	六一五	一二三、〇〇〇	六一五	本縣
	隆興窰	窰頭河	民國二十年	五〇	九	六〇	石灰石	未詳	一九五、〇〇〇	九七五	一九五、〇〇〇	九七五	本縣
	萬興窰	窰頭河	民國十年	三五	三	七三	石灰石	未詳	二〇〇、〇〇〇	一、〇〇〇	二〇〇、〇〇〇	一、〇〇〇	本縣
	聚興公	窰頭村	民國二十四年	四〇	一五	八五	石灰石	未詳	二三〇、〇〇〇	一、一五〇	二三〇、〇〇〇	一、一五〇	本縣
	吉興窰	左家溝	民國九年	五〇	三	七〇	石灰石	未詳	一五〇、〇〇〇	七五〇	一五〇、〇〇〇	七五〇	本縣
安澤	二合窰	縣城南門外	民國十七年	五〇	二	無	青石	不需價購	四五、〇〇〇	一三五	四四、〇〇〇	二〇〇	本縣
	田在義	縣城南門外	民國元年	五〇	二	無	青石	不需價購	五〇、〇〇〇	一五〇	四五、〇〇〇	一三	本縣
浮山	諸葛窰	諸葛村河北岸	民國五年	五〇	三	分紅無工資	青石	二〇	三〇、〇〇〇	六〇	二五、〇〇〇	五〇	本縣
	澗頭窰	澗頭村河南岸	光緒二十年	七〇	五	仝上	青石	四〇	四八、〇〇〇	九六	三九、〇〇〇	七八	本縣
	馬台窰	馬台村河南岸	光緒三十年	六〇	五	仝上	青石	三五	四五、〇〇〇	九〇	三七、〇〇〇	七四	本縣
	北西河窰	北西河村河北岸	民國元年	五〇	四	仝上	青石	三〇	四二、〇〇〇	八四	三四、〇〇〇	六八	本縣
翼城	李天成窰	南廟村	未詳	八〇	五	三〇	石灰石	二七〇	一八〇、〇〇〇	三六〇	一八〇、〇〇〇	三六〇	本縣

	王百順窰	南廟村	未詳	八〇	六	三六	石灰石	三九〇	二六〇、〇〇〇	五二〇	二五〇、〇〇〇	五〇〇	本縣
	三合成窰	南廟村	未詳	九〇	七	四二	石灰石	四〇五	二七〇、〇〇〇	五四〇	二五〇、〇〇〇	五〇〇	本縣
	李狗兒窰	北關鎮	民國二十二年	一五〇	一〇	六〇	石灰石	六〇〇	四〇〇、〇〇〇	八〇〇	三七二、〇〇〇	七四四	本縣
	楊天保窰	楊家莊	民國十八年	一二〇	一三	七三	石灰石	六二五	四一六、六〇〇	八三三	三八五、〇〇〇	七七〇	本縣
	同順昌窰	澮史村	民國九年	九六	八	四八	石灰石	四二五	二八三、三〇〇	五六七	二五〇、〇〇〇	五〇〇	本縣
沁水	可陶村窰	可陶村	未詳	一〇〇	二	無	石灰石	不需價購	一〇〇、〇〇〇	二〇〇	一〇〇、〇〇〇	二〇〇	本縣
	嘉峯村窰	嘉峯村	未詳	一〇〇	二	無	石灰石	仝上	一三三、三〇〇	二六七	一三三、三〇〇	二六七	本縣
晉城	夏匠窰	夏匠村	光緒五年	六	五	分紅無工資	青石	仝上	八〇〇、〇〇〇	八〇〇	八〇〇、〇〇〇	八〇〇	本縣
	道頭窰	道頭村	光緒六年	六	五	仝上	青石	仝上	八〇〇、〇〇〇	八〇〇	八〇〇、〇〇〇	八〇〇	本縣
	西關窰	西關外	光緒六年	六	五	仝上	青石	仝上	八〇〇、〇〇〇	八〇〇	八〇〇、〇〇〇	八〇〇	本縣
	崗頭窰	崗頭村	光緒八年	六	五	分紅無工資	青石	不需價購	八〇〇、〇〇〇	八〇〇	八〇〇、〇〇〇	八〇〇	本縣
	韋匠窰	韋匠村	光緒九年	六	五	仝上	青石	仝上	八〇〇、〇〇〇	八〇〇	八〇〇、〇〇〇	八〇〇	本縣
陽城	王小直窰	東關	民國元年	五	二	六	青石	仝上	九六、〇〇〇	九六	九六、〇〇〇	九六	本地
	王小緒窰	東關	乾隆五年	八	三	九	青石	仝上	八四、〇〇〇	八四	八四、〇〇〇	八四	本地
	郭三娃窰	水村	康熙七年	五	二	六	青石	仝上	九二、〇〇〇	九二	九二、〇〇〇	九二	本地
	李五元窰	西城街	同治七年	五	二	六	青石	仝上	一二八、〇〇〇	一二八	一二八、〇〇〇	一二八	本地
	張百忍窰	同義村	咸豐八年	八	三	九	青石	仝上	一二〇、〇〇〇	一二〇	一二〇、〇〇〇	一二〇	本地

	宋永元窰	坪頭	民國元年	八	三	九	青石	仝上	九八、四〇〇	九八・四	九八、四〇〇	九八・四	本地
垣曲	呂連科	交斜村	未詳	七〇	三	無	青石	仝上	一四〇、〇〇〇	四二〇	一四〇、〇〇〇	四二〇	本縣
	王臨時	交斜村	未詳	六〇	一〇	無	青石	仝上	一一六、六六〇	三四九	一一六、六六〇	三四九	本縣
	韓有富	交斜村	未詳	五〇	一〇	無	青石	仝上	一、二六六、〇〇〇	三、七九八	一、二六六、〇〇〇	三、七九八	本縣
	劉安仁	交斜村	未詳	三五	八	無	青石	仝上	一、一三三、〇〇〇	三、三九九	一、一三三、〇〇〇	三、三九九	本縣
	王興國	交斜村	未詳	三五	八	無	青石	仝上	一、一三三、〇〇〇	三、三九九	一、一三三、〇〇〇	三、三九九	本縣
	王羅車	交斜村	未詳	四〇	九	無	青石	仝上	一、二三三、〇〇〇	三、六九九	一、二三三、〇〇〇	三、六九九	本縣
絳縣	青海石灰坊	中村	光緒五年	三五〇	四	三	青石	未詳	三〇〇、〇〇〇	九〇〇	三〇〇、〇〇〇	九〇〇	本縣各村
	四合石灰坊	續晉村	民國三年	四六〇	六	一八	青石	未詳	四〇〇、〇〇〇	一、二〇〇	四〇〇、〇〇〇	一、二〇〇	本縣各村
聞喜	王興隆	縣北嶺東村	民國二十三年	四〇〇	二	八	青石	三〇	一三〇、〇〇〇	五四六	一三〇、〇〇〇	五四六	本縣
夏縣	運心合	湁底村	民國十三年	五〇	一四	未詳	紅線石	不需價購	三〇、〇〇〇	一五〇	三〇、〇〇〇	一五〇	本縣
	順興永	湁底村	民國十五年	四〇	七	未詳	紅線石	仝上	二五、〇〇〇	一二五	二五、〇〇〇	一二五	本縣
安邑	王姓窰	柏王山	宣統三年	三〇	三	六	青石	三七	一一〇、〇〇〇	三六〇	一一〇、〇〇〇	三三〇	臨晉萬泉猗氏安邑
	廣盛德	柏王山	民國元年	三〇	三	六	青石	三三	一五〇、〇〇〇	四五〇	一三〇、〇〇〇	三九〇	仝上
	呂克恭窰	柏王山	宣統二年	三〇	四	八	青石	三〇	一五、〇〇〇	四五〇	一三〇、〇〇〇	三九〇	仝上
	九成店	柏王山	民國二十年	四〇	五	一〇	青石	三〇	一三〇、〇〇〇	三六〇	一一〇、〇〇〇	三三〇	仝上
	呂戌亥	柏王山	光緒二十八年	六〇	七	一四	青石	四〇	一八〇、〇〇〇	五四〇	一四〇、〇〇〇	四二〇	仝上

芮城	地皇窰	地皇泉村	宣統二年	一五〇	五	六〇	青石	不需價購	一五、〇〇〇	一五〇	一五、〇〇〇	一五〇	縣內各村
	胡振東	胡胡溝	民國二十年	八〇	四	五五	青石	仝上	一二、五〇〇	一二五	一二、五〇〇	一二五	仝上
	王建元	柴村	民國二十一年	一〇〇	四	五五	青石	仝上	一二、五〇〇	一二五	一二、五〇〇	一二五	仝上
虞鄉	南梯村窰	南梯村	民國二十一年	一三〇	四	八	青石	仝上	九〇、〇〇〇	六三〇	九〇、〇〇〇	六三〇	本縣
	石佛寺窰	石佛寺	民國十九年	一二五	三	六	青石	仝上	八〇、〇〇〇	五六〇	八〇、〇〇〇	五六〇	本縣
武鄉	竇巨生	上北漳	民國二十二年	六	一	六	青石	仝上	五、〇〇〇	二〇	五、〇〇〇	二〇	本縣各村
	竇三孩	上北漳	民國二十年	四	一	三	青石	仝上	三、五〇〇	一四	三、五〇〇	一四	本縣各村
	綦存福	下北漳	民國二十三年	四	一	三	青石	仝上	五、〇〇〇	二〇	五、〇〇〇	二〇	本縣各村
襄垣	三義永窰	石灰窰村	民國二年	二五〇	三	七•五	青石	不需價購	五〇、〇〇〇	一〇〇	五〇、〇〇〇	一〇〇	縣屬各村
	德成窰	石灰窰村	民國八年	三〇	二	五	青石	仝上	三〇、〇〇〇	六〇	三〇、〇〇〇	六〇	仝上
	義興窰	東周村	民國元年	四〇	二	七•五	青石	仝上	四〇、〇〇〇	八〇	四〇、〇〇〇	八〇	仝上
	永興窰	東周村	民國四年	五〇	二	七•五	青石	仝上	五〇、〇〇〇	一〇〇	五〇、〇〇〇	一〇〇	仝上
潞城	魁興窰	漫流河	民國十六年	三	二	四	青石	仝上	三五、〇〇〇	三五	二八、〇〇〇	二八	本縣各村
	王起付窰	黃漳	民國十年	一〇	二	六	青石	仝上	三五、〇〇〇	一七五	三〇、〇〇〇	一五〇	本縣
	綦仁發	黃漳	民國六年	三	二	六	青石	仝上	三四、八〇〇	一七四	二八、〇〇〇	一四〇	本縣
	趙殿孩	黃漳	民國十二年	八	二	六	青石	仝上	三〇、〇〇〇	一五〇	二七、〇〇〇	一三五	本縣
	常寨堂	黃漳	民國十二年	六	二	六	青石	仝上	二八、〇〇〇	一四〇	二〇•〇〇〇	一〇〇	本縣

	史毛孩	安居	民國十三年	五	二	六	青石	仝上	三0,000	一五0	二七,000	一三五	本縣
長治	王盛窰	柏后道	民國七年	一00	六	一八	青石	五七·六	三二0,000	三八四	三00,000	三六0	本城內及縣內各村
	許彝孩	村升東北	光緒三十二年	六0	五	係家人自任	青石	四0·八	一九0,000	三三八	一八五,000	三三三	仝上
	田全貴	村西北	民國七年	五0	三	九	青石	一九·六	一九0,000	三三八	一八五,000	三三三	仝上
壺關	富月窰	杜家河	光緒年間	五	一	二	青石	不需價購	三0,000	六0	五0,000	六0	本縣
	高發窰	杜家河	民國五年	六	二	三	青石	仝上	六0,000	七二	六0,000	七二	本縣
	鎖則窰	黃家坡	民國元年	六	三	三	青石	仝上	六0,000	七二	六0,000	七二	本縣
	泉則窰	周村	民國三年	七	三	三	青石	不需價購	五0,000	六0	五0,000	六0	本縣
	六則窰	樹常村	民國五年	五	二	二	青石	仝上	五0,000	六0	五0,000	六0	本縣
黎城	石灰窰	趙店鎮	光緒二十一年	五0	二	無	青石	仝上	二二,000	三二四	二二,000	三二四	本縣各村
	石灰窰	捎店鎮	光緒三十年	四0	三	無	青石	仝上	四八,000	九六	四八,000	九六	本縣各村
	石店窰	趙店鎮	光緒二十一年	六0	二	無	青石	仝上	五七,六00	一一五·二	五七,六00	一一五·二	本縣各村
遼縣	宋馬馬	魚躍口	民國十五年	一0	三	三	青石	三六	八0,000	一二0	八0,000	一二0	本縣
	李雙喜	東關	民國十七年	二0	四	一八	青石	五四	二二0,000	一八0	二二0,000	一八0	本縣
和順	王鏰羅窰	海子裏	民國二十一年	三0	一	三	青石	三	一四,八00	二九·六	一三,000	二六	本縣
	李樹源窰	大石渠	民國二十一年	一0	一	一·二	青石	六	八,五00	一七	七,二00	一四·四	本縣
昔陽	李家窰	猴窰溝	民國元年	六0	四	一0	青石	六0	六00,000	六00	六00,000	六00	本縣

孟縣	如意窯	東西宋村	民國二十一年	五〇	二	六	青石	一、六二二・五	三、一四五、〇〇〇	六、二九〇	二、八六五、〇〇〇	七、一六二・五	本縣
	香河村窯	香河村	民國二十二年	四〇	二	六	青石	一、八四五・六	四、八二三、〇〇〇	九、六四六	三、九八六、〇〇〇	九、九六五	本縣
河曲	馮三窯	候家口	光緒四年	一二〇	三	一三・五	青石	九〇	三二〇、〇〇〇	四四〇	二〇〇、〇〇〇	四〇〇	本縣
	尹喜銀窯	候家口	光緒六年	六〇	二	九	青石	六〇	一五〇、〇〇〇	三〇〇	一三〇、〇〇〇	二六〇	本縣
	候家窯	候家口	光緒三十二年	八〇	三	九	青石	六〇	一四〇、〇〇〇	二八〇	一二〇、〇〇〇	二四〇	本縣
保德	陳家女子	東關	民國三年	五五	二	六	青石	三八七・七五	三三五、一七六	四八七・八	三三三、一〇〇	四八三・一五	本縣城關及四灘等處
興縣	劉二子	南關河灘	民國二十年	一〇	三	九	青石	二八	一四、〇〇〇	一四〇	一四、〇〇〇	一四〇	本縣
	孟萬	南關河灘	民國二十年	一〇	三	九	青石	二八	一四、〇〇〇	一四〇	一四、〇〇〇	一四〇	本縣
	曹德明	南關河灘	民國二十年	一〇	三	九	青石	二八	一四、〇〇〇	一四〇	一四、〇〇〇	一四〇	本縣
嵐縣	覩會窯	覩會	民國三年	二〇	二	五	青石	不需價購	八〇、〇〇〇	二四〇	七〇、〇〇〇	二一〇	本縣各村
靜樂	王林元窯	縣城東門外	民國二年	三〇	二	無	青石	一二〇	一二〇、〇〇〇	三六〇	一二〇、〇〇〇	三六〇	本縣
	張來拴窯	婁煩鎮東	光緒二十八年	五〇	二	無	青石	一八〇	一八〇、〇〇〇	五四〇	一六〇、〇〇〇	四八〇	本縣各村
	杜根唐窯	杜家村南村	民國四年	二二	二	無	青石	一〇〇	一〇〇、〇〇〇	三〇〇	九〇、〇〇〇	二七〇	本縣各村
神池	南石灰窯	南門外沙竈	光緒三十一年	一〇〇	四	一六	青石	未詳	一五〇、〇〇〇	三七五	一〇〇、〇〇〇	二五〇	本縣
	東石火窯	東門外羊鼻梁	民國四年	八〇	三	二	青石	未詳	一二七、五〇〇	三一八・七五	八〇、〇〇〇	二〇〇	本縣
寧武	祁三窯	莊子上村	民國十三年	三〇	二	六	青石	仝上	四〇〇、〇〇〇	四〇〇	四〇〇、〇〇〇	四〇〇	城內
	郭金娃	莊子上村	民國十七年	五〇	一	三	青石	仝上	四〇〇、〇〇〇	四〇〇	四〇〇、〇〇〇	四〇〇	城內

	辛七十八	東關黃皮街	民國二十年	七〇	二	六	青石	仝上	三五〇,〇〇〇	三五〇	三五〇,〇〇〇	三五〇	城內
崞縣	張四娃窯	文殊莊	光緒八年	三五	三	一五	石河沖	不需價購	六〇,〇〇〇	一二〇	六〇,〇〇〇	一二〇	本縣境內
	王五五窯	上吉村	民國元年	四五	二	一〇	石河沖	仝上	五〇,〇〇〇	一〇〇	五〇,〇〇〇	一〇〇	本縣境內
	田金柱鎮	軒岡鎮	民國四年	六〇	五	二五	石河沖	仝上	七〇,〇〇〇	一四〇	七〇,〇〇〇	一四〇	本縣境內
	程力子窯	黃家堡	民國十二年	三〇	三	二	石河沖	仝上	五〇,〇〇〇	一〇〇	五〇,〇〇〇	一〇〇	本縣境內
	劉貴貴窯	長樂溝	民國九年	三〇	三	三	石河沖	不需價購	四七,〇〇〇	九四	四七,〇〇〇	九四	本縣
	樊相珠窯	中山村	民國七年	四〇	四	一六	石河沖	仝上	六〇,〇〇〇	一二〇	六〇,〇〇〇	一二〇	本縣
忻縣	三盛店	韓岩村	光緒二十九年	四〇〇	一〇	四五	石石灰	五四〇	二,九六〇,〇〇〇	一九,四四〇	九,〇〇〇,〇〇〇	一三,五〇〇	本縣
	復合店	韓岩村	光緒三十年	七〇〇	三	五八·五	石石灰	八一〇	一九,四四〇,〇〇〇	二九,一六〇	一,四〇〇,〇〇〇	二,一〇〇	本縣
	萬順店	韓岩村	民國十九年	二四〇	二	五四	石石灰	五四〇	二,九六〇,〇〇〇	一九,四四〇	八,五〇〇,〇〇〇	一二,七五〇	本縣
	玉興店	韓岩村	民國十八年	三〇〇	二	四九·五	石石灰	五四〇	二,九六〇,〇〇〇	一九,四四〇	九,五〇〇,〇〇〇	一四,二五〇	本縣
代縣	石富窯	下沙河村	民國六年	二〇〇	一〇	九〇	蕎麵石	二六〇	二〇〇,〇〇〇	四〇〇	一七〇,〇〇〇	三四〇	本地
	寶元窯	下沙河村	民國九年	一五〇	一〇	九〇	蕎麵石	三三〇	一七〇,〇〇〇	三四〇	一五〇,〇〇〇	三〇〇	本地
	裕豐窯	上沙阿村	民國十二年	二五〇	二〇	一八〇	蕎麵石	四五〇	二七五,〇〇〇	五五〇	二二〇,〇〇〇	四四〇	本地
	積厚窯	丈子村	民國四年	一五〇	一〇	九〇	蕎麵石	三〇〇	一七〇,〇〇〇	三四〇	一〇五,〇〇〇	二一〇	本地
繁峙	曹文斌窯	大砂村	民國二年	未詳	二	一二	蕎麵石	二三六	一〇〇,〇〇〇	五〇〇	一〇〇,〇〇〇	五〇〇	本縣
	高二虎窯	杏園村	民國十年	未詳	七	一八	蕎麵石	四七三	二〇〇,〇〇〇	一,〇〇〇	二〇〇,〇〇〇	一,〇〇〇	本縣

	郭勝得窰	福連坊村	民國四年	未詳	三	二	蕎麵石	二三六	一〇〇、〇〇〇	五〇〇	一〇〇、〇〇〇	五〇〇	本縣
靈邱	福田窰	西福田村	光緒年間	三〇	四	一六	白石子	不需價購	三八、八〇〇	一一六	三八、八〇〇	一一六	本縣
	福田東，窰	東福田村	同治年間	二〇	五	二〇	白石子	仝上	五四、〇〇〇	一六二	五四、〇〇〇	一六二	本縣
大同	曹連窰	清磁窰	光緒三十年	二五〇	四	二〇	青石	仝上	一八九、〇〇〇	三七六	一八八、〇〇〇	三七六	本縣
	曹唐窰	清磁窰	光緒三十年	二五〇	四	二〇	青石	不需價購	一八九、〇〇〇	三七八	一八九、〇〇〇	三七八	本縣
	曹銀生窰	清磁窰	光緒三十年	三〇〇	三	一五	青石	仝上	一六二、〇〇〇	三二四	一六二、〇〇〇	三二四	本縣
	邱德永窰	清磁窰	民國十五年	二〇〇	三	一五	青石	仝上	一六二、〇〇〇	三二四	一六二、〇〇〇	三二四	本縣
	李恆窰	清磁窰	民國十五年	二〇〇	三	一五	青石	仝上	一六二、〇〇〇	三二四	一六二、〇〇〇	三二四	本縣
	馮五老窰	清磁窰	民國十五年	二五〇	四	二〇	青石	仝上	一八九、〇〇〇	三七八	一八九、〇〇〇	三七八	本縣
	馮科窰	清磁窰	民國十五年	三〇〇	五	二五	青石	仝上	二一六、〇〇〇	四三二	二一六、〇〇〇	四三二	本縣
平魯	東門石灰窰	東門外	民國二十一年	二〇	二	一五	青石	仝上	四一、二〇〇	一三〇	四一、二〇〇	一三〇	本縣
	蘇黃頭村窰	蘇黃頭村	民國十年	二〇	三	三	青石	仝上	三〇、六〇〇	七六·五	三〇、六〇〇	七六·五	本縣

三　原料

晉省製石灰原料，以青石，石灰石爲主，均就地採取，汾陽、鄉甯、稷山、汾城、襄陵、安澤、浮山、翼城、沁水、陽城、垣曲、武鄉、潞城、長治、壺關、黎城、遼縣、河曲、興縣、靜樂、崞縣、忻縣、代縣等，乃取自河溝中，汾西、河津、洪洞，晉城、絳縣、聞喜、夏縣、安邑、芮城、虞鄉、襄鄉、襄垣、昔陽、保德、嵐縣、神池、寧武、大同、平魯等縣，則挖鑿於山中，大都不需價購，儘出採鑿運輸工資，每年用量，各窰無精確統計，據業中人報告，除蒲縣、稷山、汾城、洪洞等縣窰戶十二家未得估計數量外，其餘縣份，約如下表。

縣名	窰數	原料用量（百斤）
平遙	二	六、三六〇
汾陽	四	一五、三〇〇
汾西	五	五、五〇〇
鄉甯	一	一五、〇〇〇
河津	二	三五、〇〇〇
襄陵	三	五、五〇〇
安澤	二	一、一〇〇
浮山	四	五、五〇〇
翼城	六	五四、三〇〇
沁水	二	七、〇〇〇
晉城	五	五〇、〇〇〇
陽城	六	七、七三〇
垣曲	六	一五〇、五〇〇
絳縣	二	一五、五〇〇
聞喜	一	二、〇〇〇
夏縣	二	八二〇
安邑	五	七、二〇〇
芮城	三	八〇〇
虞鄉	二	三、〇〇四
武鄉	三	二〇〇
襄垣	四	六、〇〇〇
潞城	六	一、六三八
長治	三	三二、八八〇

壺關	五	八一〇
黎城	三	四、四五二
遼縣	二	五〇、〇〇〇
和順	二	九五〇
昔陽	一	三〇、〇〇〇
盂縣	二	一一五、二七〇
河曲	三	七、〇〇〇
保德	一	二、〇五八
興縣	三	八四〇
嵐縣	一	五、〇〇〇
靜樂	三	四、〇〇〇
神池	二	一八、五〇〇
甯武	三	四、八三六
崞縣	六	一〇、〇〇〇
忻縣	四	九七二、〇〇〇
代縣	四	一五、六〇〇
繁峙	三	八、〇〇〇
靈邱	二	一一、〇〇〇
大同	七	一四、一〇〇
平魯	二	一、七九八
總計	一三八	一、七〇五、四四二

據上表所述，晉省製石灰所用石類，除蒲縣、稷山、汾城、洪洞四縣外，年需一百七十萬五千四百四十二担。

四　生產

晉省石灰窰之建築，形式與山東省相似，惟窰內構造與工程，則分有精粗兩種，建築精者，其窰內部，全以磚砌成，其粗簡者，僅依山掘一大窖，當裝窰時，先將原料，僱工鑿粹，然後裝入窰內，由窰工逐層擺勻，與煤炭麥稭間層擺列，裝至頂口時，則用小石塊封口，然後於最下層引柴或煤炭燃燒，至頂口之小石塊上呈白色時，即以泥壅護，隨白色而漸壅漸上，至泥厚二三寸時乃止。當下層柴及煤燃燒之初，原料中間層之煤炭逐層着火，至五日夜，則全窰原料，都成赤色，透出之煙，由黑而變白，則火候已到，乃行停火，從此以後，再越五日夜，俟窰透冷，便開窰挖出石灰，運往各處發售。

現時晉省石灰出產，計共九千四百萬四千七百四十斤，總値十六萬六千零九十八元，其中出於晉北者，幾占十分之七，產於晉南者，占十分之二，晉省東南部出產較少，占十分之一。

五　銷路與交易

晉省石灰銷路，皆在省內，各縣出產，主銷本縣，惟汾西石灰行銷於霍縣趙城，安邑之石灰行銷於萬泉猗氏，但爲數無多，石灰之交易，分定貨與現貨兩種，定貨交易，先由買主與窰戶接洽談定所需石灰數量，交貨日期及價格後，乃由買主先付全貨價三分之一爲定資，自後按期取貨，按期付價，至貨繳清時，乃結清賬目，現貨交易，大半係零星賣買，隨時議價，貨與貨款兩兌，間有行欠賬者，則通行三節結賬。

四　製石業

一　概說

晉省製石工業，雖創始甚古，惟數千年來，陳法默守，迄今仍以粗製品爲大宗，除五台石硯石板兩種一部份運銷外省外，其餘衹在就地行銷，因此銷數有限，該項工業，終難發展，年計全省出品，僅値三萬一千八百八十七元，該業工人，推稷山、崞縣、五台、定襄等縣人爲多，每當農隙，提帶工具行裝直往各縣，代富戶製造石器，隨時移動，無固定工場，現查一百零五縣中，設有固定之製石廠者，乃晉南之夏縣、安邑、芮城、聞喜、及晉中之太原市，晉北之五台等六縣，以每縣產値論，則推五台爲最多，以每縣工人多寡論，則推太原市爲多。

二　現況

太原市製石廠，計有晉和、晉義、復和、同和、永和等五家，散佈於該市之下三橋街，城隍廟街，坊三府街，海子邊街，永和石廠成立於光緒二十二年，其餘四家則在民國六年後開辦，每家資本多者二百二十元，少者十餘元，職工六名至二十二名不等，皆來自崞縣、五台、定襄、薪水以月計，職員月薪九元至十八元，工人月薪四元五角至十元，乃其隨技能高下而定。

夏縣製石廠，計有寶生、建德、吳名爾、邵太平等四家，邵太平廠址在夏縣西城壕，寶生、建德、吳名爾三家集中於東城壕，皆係獨資開設，每家七十元至九十元不等，廠主自任職員事務，所僱工人二名至四名，乃由稷山縣來，膳宿廠給，工資月約二元，總計四家資本共三百十元，職員四名，工人十二名，薪金月需二十四元。

安邑縣城北五十四里之柏王山，富產石料，其相距五里之李村，即爲安邑縣製石工業集中地，工人技能，分粗細兩種，該村粗工計有三十六人，每在農隙，在山鑿取石坯，細工計有十七人，則取石坯砌磔細彫以成各種出品，惟該村製石，多係家庭副業，無石廠開設，惟運城市有永興石廠一家，廠址在西大街，係民國二十二年合資成立，徒因資本太小，店主及工人共三名以製造石碑，每年出貨不多，營業甚形冷淡。

芮城製石工業，乃在縣城東關，現有永生、寗來二家，寗來石廠，於遜清光緒二十年開設，獨資三百元，店主一名，工人四名，皆係稷山縣籍，永生石廠，於民國十年獨資開辦，資本五百元，店主一人，工人六名，皆河南省洛陽縣籍，兩廠營業尚旺，工人工作忙碌，故工資較他縣爲高，每工月薪十元。

聞喜石廠現有三盛、福盛、李月德三家，皆集於縣城內中街北街一帶，獨資開設，資本共二百八十元，三盛石廠占百元，福盛、李月德兩廠各占九十元，廠內所僱工人，共計九名，全爲稷山縣人，工資以月計，廠供膳宿外，每人月給四元。

絳縣製造石器，每年總值在七千三百元以上，惟是種出品，完全由稷山河津石匠，於農隙到縣製造，製造地址，隨時變更，但在西鄉步康村及磨裏谷兩處，因出產原料地點，故居留時間較久。

五台製石工業，可分製硯與石板業兩種，該縣硯石，盛產於河邊村，故該村久爲製硯戶之集中區，現有十二家，工人三十五名，其中常年製造專務製硯爲生活者，計有二家，其餘十家，每於農暇製造，視爲家庭副業，石板原料，出產於建安村中，該村現有製造石板戶六家，工人二十二名，因年來銷路欠旺，價格大跌，工人無利可圖，生計頗形恐慌，至於工人工資，普通以月計，分技工與粗工兩種，技工之製硯者，月薪四元五角；製石板者四元，粗工之採硯石者月薪二元，採石板原料者一元五角。茲列晉省製石廠現況表於後。

晉省製石廠現況表

縣名	廠名	地點	設立年月	組織	資本	職工數	原料	出品情形	
								品名	總值
太原市	晉和	下三橋街	民國十四年	獨資	一九〇	一三	砂石青石	柱底、條石	一、一五〇・〇〇
	晉義	城隍廟街	民國二十年	合資	四〇	一〇	砂石青石	柱底、門墩、石條	七九八・四五
	復和	坊三府街	民國六年	合資	九〇	二〇	砂石青石	柱底、石條、平盤花鼓子、大獅門墩	一、一三六・一五

	同和	城隍廟街	民國十八年	合資	二二〇	二二	砂石青石	柱底、石條、花鼓子大獅門墩平盤、	二、一六二・八〇
	永和	海子邊街	光緒二十二年	合資	一二	六	砂石青石	柱底石 石條	六七〇・〇〇
夏縣	寶生	東城壕	民國二十二年	獨資	七〇	三	青石	石磨、石碑、石鼓	三〇〇・〇〇
	建德	東城壕	光緒二十年	獨資	八〇	五	青石	石磨、石碑、石鼓	四〇〇・〇〇
	邵太平	西城壕	民國二十四年	獨資	七〇	三	青石	石磨、石碑、石鼓	三〇〇・〇〇
	吳各爾	東城壕	民國二十四年	獨資	九〇	五	青石	石磨、石碑、石鼓	四〇〇・〇〇
安邑	永興	運城西大街	民國二十二年	合資	一五	三	青石	石碑	二四〇・〇〇
芮城	永生	城東關	民國十年	獨資	五〇〇	六	青石	石碑、石條、門堆柱底石	九四〇・〇〇
	寗來	城東關	光緒二十年	獨資	三〇〇	四	青石	石碑、石條、門堆柱底石	六六〇・〇〇
聞喜	三盛	城內北街	民國十二年	獨資	一〇〇	三	青石	石碑	五〇〇・〇〇
	福盛	城內中街	民國二十年	獨資	九〇	三	青石	石碑	五〇〇・〇〇
	李月德	城內北街	民國十四年	獨資	九〇	三	青石	石碑	五〇〇・〇〇

註：五台縣製硯戶十二家，製石板戶六家，及絳縣製石之家，因廠名未詳，故未列入。

三 原料

晉省製造石器之原料，厥爲青石、砂石、硯石石板石四種，硯石色彩，分有紅綠黑三色，石板石色，呈黑色，石質較細潤，產於五台縣之河邊村及建安村山中，該村居民每於農暇，即擇其石質之佳者採鑿製硯及石板，均不需備價購買，青石色呈灰黑，石質細硬，石工以此製石碑，石柱，平盤及細貨之原料，陽曲縣之府西山，安邑縣北五十四里之柏王山及李村一帶，芮城縣北之中條山，聞喜縣北之北山，絳縣城西二十里之步康村等，皆有出產，各縣石廠就近採用，太原市年需一千六百方丈，夏縣需六十方丈，安邑縣需百方丈，芮城縣三十五方丈，聞喜縣需三百方丈，絳縣需一百十五方丈，總計六縣使用青石，年約二千二百十方丈，砂石色呈淡黃，石質粗硬，普通用製石條、石柱、門墩、石磨、石臼、石碾、石鼓等，陽曲縣之府西山，絳縣西鄉距城四十餘里之磨裏峪，爲其富產地，陽曲、絳縣所用者，以此爲來源，夏縣、安邑兩縣石廠向柏王山採鑿青石，每工人納教育捐九角，便可全年任意採取，別無其他費項芮城石廠往中條山採鑿青石，先由石匠親自到山查看石質，然後向地主議價，地每方丈約出資五分至八分，從此在範圍內任意採鑿，絳縣之步康村裏磨所產之青石，都由就地居民採下，出售於石匠及用戶，每青石一方，高六七尺，寬二尺，厚一尺，價約一元左右。

四　生產

石工之用具，爲鐵刀、鐵鋸、鐵錘鋼鏨、規尺、墨斗等，凡製造石器或碑碣，先將原料運至石廠，然後由石匠用規尺墨斗，依照製品之大小方圓，施以繩墨，繼將鋼鏨與鐵錘，錘鑿以成粗胚，粗胚告成，始行琢磨工作，彫花刻紋，普通最後行使之。五台石硯石板之製造，從山中採得原料後，先施繩墨，繼依照繩墨用鉄鋸鋸成方形或圓形，再用鉄刀使之光滑，鑿硯池及彫刻花紋，亦最後行使者。

五台硯之形狀，有方圓兩種，硯身厚薄大小，殊無定規，惟目下製造者，長闊凡四寸，六寸，八寸，厚凡一寸，二寸，三寸者爲多，年出三萬一千八百盒，在五年前之售價，凡長闊六寸，厚二寸之硯，平均每盒一元，自民國二十年後，因農村經濟恐慌關係，銷路縮小，價格日跌，在今三年前減售六角，去今兩年，皆售四角，長闊四寸，八寸，厚爲一寸，三寸之硯，售價較該種石硯或大或小，然歷年市價跌落狀況，完全相若，總計每年產值，現爲一萬二千七百二十元云。

五台縣所出石板，係學童入學用品之一，年出二萬塊，普通貨長約八寸，寬約六寸，厚約三分，其製造程序，與石硯相若，惟另行加以木框，每塊售價，前五年一角，近年因去路不旺，每塊儘售四分，故總計每年產值，不過一千元之譜。

石廠出品，普通分粗細貨兩種，若石碑，石獅門墩，青石平盤，青石花鼓子等，屬細貨類，石條，石杜底，石磨，石臼，石碾等，屬粗貨類，石碑之計價以錠計，因碑身大小之不同，價格殊無一定；凡碑身高五尺，寬二尺四寸，厚五寸者，每錠價六元，高三尺者，價約一元，石獅門墩以對計，價格以花樣精粗及獅身大小而異，每對五元至六十餘元不等，青石平盤及青石花鼓子，亦以對計，六元至二十元不等，是項細貨，太原市、夏縣、芮城、聞喜、絳縣、皆有製造，惟太原市出品最多，石條計價以丈，所謂一丈者，卽石長一丈，寬一尺，厚三寸之石條，出品以砂石製成者，售價七角至一元，以靑石製成者，售價三元至四元，石柱底以對計，定價視柱底大小及式樣精粗而不同，普通一元至三元，至於石磨石臼石碾，皆砂石爲原料，以每座計價，石磨最大者十五元，石臼最大者五元，石碾最大者十元，現據各縣報告，則每縣每年產值如下表：

縣名	每年產品總值(元)	備註
太原市	五、九一七·四〇	太原市石廠五家之出品
夏縣	一、四〇〇·〇〇	夏縣城內石廠四家之出品
安邑	四〇〇·〇〇	運城市石廠一家及李村石工五十三名之出品
芮城	一、六〇〇·〇〇	芮城縣城內石廠二家之出品
聞喜	一、五〇〇·〇〇	聞喜縣城內石廠三家之出品
絳縣	七、三五〇·〇〇	絳縣西鄉步康村磨裏峪一帶出品
五台	一三、七二〇·〇〇	河邊村建安村兩處製石戶十八家之出品
總計	三一、八八七·四〇	

據上表所述，晉省製石工業之出品，總值三萬一千八百八十七元四角。

五　銷路與交易

晉省五台產之石硯石板，其行銷區域，以晉北爲主，綏遠、察哈爾、河北省之南部，每年運售數額，約值四千餘元，五台石硯與石板在本縣銷售者，皆由製造戶售於本縣之瑞華書局，義興書局，廣智書局等三家，再售於各村學校及商號，至於行銷綏遠、察哈爾、河北省者，係由買客自來五台，向製造戶採購，轉運他去，安邑產之石條石碑，銷就地者十之六，銷猗氏，臨晉兩縣者約十之四，芮城所產石碑，銷本縣者約十之二，銷河南省之閿鄉，靈寶兩縣者約十之八，絳縣產之石磨，則銷安邑夏縣，其他各縣出品，完全在縣內銷售。

五台石硯石板之買賣，通行現款現貨交易，但製造戶對於瑞華、義興、廣智等書局，則有行先貨後款者，太原市、夏縣、安邑、芮城、聞喜等之買賣，則分定貨與現貨兩種，定貨交易，由顧主親自到廠，言定製品尺寸形狀數量品質及價格後，乃付定資三分之一，屆取貨時付清全價，現貨交易，則通行看貨議價，交款起貨，至於轉運費用，無論定貨與現貨，皆顧客自理。

第八章　其他工業

一　軋花業

一　沿革

晉省工業，發達較遲，舊時棉戶軋花，均用木質土機，民國八九年間，各地漸有軋花廠之設，始採用新式軋花車，十五六年間，家數選增，至十八年前後，因受天災影響，營業大爲不振，近年地方政府提倡種棉，銷路日廣，棉出面積，年有增加，後因紗廠事業發達，花衣之需要量增加，軋花業隨之興盛。現時永濟、虞鄉、榮河、平陸、聞喜等縣，共有軋花廠二十八家，此外萬泉、猗氏、夏縣、皆有軋花業，但均係零散工人，一二人或數人合購一機，於棉花上場時，沿村攬做，尙無設廠營業者。

二　現狀

二十八家軋花廠中，獨資者佔二十三家，合資者僅五家，合計資本數一萬四千七百七十七元，職工三百十一人，全年工值二萬四千七百三十七元，玆將各家概况列表於後。

山西省軋花營現況一覽表

縣別	廠坊名	地址	設立年月	組織	資本額(元)	職工數	原料用量(斤)	產量(斤)	工值(元)
永濟	信義生軋花廠	東關	民國二十年七月	獨資	一、〇〇〇	一一	三六〇、〇〇〇	一二〇、〇〇〇	二、四〇〇
	德廣永軋花廠	東張鎮	民國二十年九月	獨資	八〇〇	九	二八〇、〇〇〇	一〇〇、〇〇〇	二、〇〇〇
	德盛永軋花廠	三張村	民國十七年七月	獨資	八〇〇	九	二八〇、〇〇〇	一〇〇、〇〇〇	二、〇〇〇
	永成合軋花廠	趙伊鎮	民國二十二年七月	合資	一、〇〇〇	一二	三六〇、〇〇〇	一二〇、〇〇〇	二、四〇〇
	萬盛公軋花廠	栲栳鎮	民國二十三年七月	合資	一、五〇〇	一四	四〇〇、〇〇〇	一七〇、〇〇〇	三、四〇〇
	泰成合軋花廠	小里鎮	民國二十年八月	獨資	八〇〇	九	二八〇、〇〇〇	一〇〇、〇〇〇	二、〇〇〇
	公濟成軋花廠	永樂鎮	民國二十年七月	合資	一、〇〇〇	一二	三六〇、〇〇〇	一二〇、〇〇〇	二、四〇〇
	三興合軋花廠	合河鎮	民國十九年七月	合資	一、〇〇〇	一二	三六〇、〇〇〇	一二〇、〇〇〇	二、四〇〇
	益晉軋花廠	韓陽鎮	民國二十三年七月	合資	一、二〇〇	一二	三八〇、〇〇〇	一四〇、〇〇〇	二、八〇〇
虞鄉	田全泰	城內	民國二十年九月	獨資	四五〇	三〇	六、六六六	二、〇〇〇	二四
	李林富	卿頭鎮	民國十六年十一月	獨資	六〇〇	四〇	六、六六六	二、〇〇〇	二四
	王長茂	孫吉鎮	民國十九年十二月	獨資	五四〇	三六	六、六六六	二、〇〇〇	二四
	張如玉	古市鎮	民國二十一年十月	獨資	四八〇	三二	六、六六六	二、〇〇〇	二四
	趙天福	董村鎮	民國十八年八月	獨資	四五〇	三〇	六、六六六	二、〇〇〇	二四

榮河	李玉祥	城內	民國二十四年八月	獨資	六〇	三	三七、八七八	一二、五〇〇	一五〇
	周喜	城內	民國二十三年	獨資	六〇	二	三七、八七八	一二、五〇〇	一五〇
	潘慶子	王顯鎮	民國二十二年	獨資	六〇	二	三七、八七八	一二、五〇〇	一五〇
	王吉	孫吉鎮	民國二十年	獨資	五〇	三	三七、八七八	一二、五〇〇	一五〇
平陸	福元長	縣城	民國八年五月	獨資	二五〇	三	二一、二一二	七、〇〇〇	一四〇
	德盛源	縣盛	民國十二年五月	獨資	三一〇	四	一八、一八二	六、〇〇〇	一二〇
	福盛亨	茅津鎮	民國十三年八月	獨資	一五〇	三	二二、七二七	七、五〇〇	一五〇
	豐茂昌	葛趙鎮	民國十六年九月	獨資	一七〇	三	一五、一五二	五、〇〇〇	一〇〇
	興泰昌	縣縣	民國二十年三月	獨資	一九〇	四	二二、七二七	七、五〇〇	一五〇
聞喜	榮生長	西關	民國二十三年八月	獨資	五〇	二	四五、〇〇〇	一五、〇〇〇	一五〇
	永順通	城內中街	仝右	獨資	五〇	二	四五、〇〇〇	一五、〇〇〇	一五〇
	榮雙吉	城內北街	民國二十二年七月	獨資	五〇	二	四五、〇〇〇	一五、〇〇〇	一五〇
永和	萬億永	北關	民國十二年三月	獨資	九七一	五	七一、〇九〇	三〇、七〇〇	六七一
	永興合	北關	民國十六年四月	獨資	七三六	五	五七、〇五〇	二一、九二〇	四三六

除上表所到各廠外，萬泉縣現有軋花車四十二架，工人八十餘名，全年工值約六千元，猗氏縣現有軋花車四十餘架，工人一百餘名，全年工值約二萬三千餘元，夏縣現有軋花車百餘架，工人四五百名，

全年工值約二萬元。

三　原料與出品

軋花之原料爲籽棉，其種類有美國脫里司棉，德國絲籽棉，及本地硬棉之分，現時洋種棉亦多係各縣自植，無須向外採購，每百斤價格，約須十元。軋花車每具價格，自二十餘元至一百元左右，多數爲本省機器廠出品，二十八家軋花廠，現有車數，共一百七十九架，迷萬泉、猗氏、夏縣、三處合計，約四百餘架。軋花之手續，甚爲簡單，祇須用脚將軋花車之鉄輪踏動，絡續放入棉花，卽可藉棍軸之旋轉而軋成花衣，車之兩旁，各置一筐，使花衣與棉子分墜兩筐內，不改混雜，軋出之棉子，當可作榨油原料，每車每日可出花衣七十斤至一百斤，每籽棉百斤，約可軋成淨花三十斤。軋花季節，以每年八月至來年三月爲旺月，四月至七月爲淡月，蓋秋後新花登場，故營業較盛也。軋花廠家，多數以承攬軋花爲業務，亦有收買原料，軋成花衣出售者，軋花工值，每百斤自六角至二元，花衣價格，每百斤約值三十元。

四　銷路及交易

花衣之主要用途，爲紡紗織布，山西各縣出品，除一小部份用作衣絮外，多數售與本省榆次新絳兩地之紡織工廠，及運銷鄭州上海等處。交易手續，凡棉戶將籽棉送至軋花廠代軋，交貨起貨，均須當面過秤，工值按斤計算，客商定貨，須付淸現款，始能起運，概無賒欠之例。包裝用白布裹成長圓形，外加麻袋，每包重一百四十斤，交通不便之處，用大車或馱騾載運，每百斤每十里運費，約須一角左右。

二　打包業

一　沿革

晉省之有打包業，僅十餘年之久，民國十五年後，棉產發達，打包廠家數，漸見增加。最近省政府明令取締棉花攙水攙雜，禁止自由販賣，凡開設軋花廠或打包廠者，均須呈請建設廳備案，故新增家數不多。現平遙、離石、臨晉、虞鄉、解縣、絳縣等處，共有打包廠十八家，，規模甚小，均係半手工業，尙無裝置動力設備者，

二　現狀

上述十八包打家廠中，計平遙六家，離石、絳縣各二家，均係合資開設。臨晉三家，虞鄉四家，解縣一家，均係獨資開設。合資資本額，除錢莊兼營者外，最高額三千五百元，最低額一百四十四元，獨

資資本額，最高者一千零四十元，最低者一百零四元，全業總資本額僅一萬九千九百九十八元，職工總數一百六十三人，全年工值合計一萬二千六百四十八元。茲將各家現況，列表於後。

山西省打實業現況一覽表

縣名	廠坊名	地址	設立年月	組織	資本額（元）	職工數	工值（元）	備註
平遙	同心義	西大街	民國二十四年三月	合資	五〇〇	一五	二〇〇	
	恒升慶	郭家巷	民國二十六年二月	合資	六、〇〇〇	三〇	二五〇	錢莊兼營
	大德生	梁家堡	民國二十四年八月	合資	五〇〇	七	一五〇	
	公義成裕記	甯固阜	民國二十四年八月	合資	五〇〇	一〇	二〇〇	
	公義成興記	辛村	民國二十四年八月	合資	五〇〇	一〇	二〇〇	
	晉生茂	香樂村	民國二十四年八月	合貨	五〇〇	八	二〇〇	
離石	祥記公司	城內	民國二十三年十一月	合資		五	六五	煤油經理業兼營
	新義公	東關	民國二十三年十一月	合資	一四四	四	八七	
臨晉	復興東	東關	民國二十三年七月	獨資	七〇〇	五	四八〇	
	中興晉	七級鎮	民國二十三年八月	獨資	七〇〇	六	四六〇	
	積盛合	吳王村	民國二十二年九月	獨資	八〇〇	四	三四八	
虞鄉	恒義協	城內	民國二十三年九月	獨資	一〇四	二	四八八	

	義豐合	鄉頭鎮	民國二十年七月	獨資	一、〇四〇	一〇	二、四四〇
	中和玉	古市鎮	民國二十二年八月	獨資	七〇〇	六	一、四六四
	同興成	董村鎮	民國十五年八月	獨資	五一〇	四	九七六
解縣	林盛祥	東街	民國七年八月	獨資	八〇〇	七	一四〇
絳縣	萬裕	南樊鎮	民國十八年五月	合資	三、五〇〇	一八	二、四〇〇
	晉裕永	東關	民國二十三年八月	合資	二、五〇〇	一二	二、一〇〇

三　工作及營業

工作情形

打包廠之機器設備，分鉄機木機兩種，復有手搬機，脚踏機之別。工作程序，甚爲簡單，先將白色粗布縫製包處，用水洒濕，放機箱內，裝入散花，榨壓成色，然後起出縫口，再用蔴繩捆紮，卽告竣事。包裝容量，自一百五十斤至二三百斤，每包工值約四五角上下。

散花分粗絨細絨兩種，打包廠收買此種棉花，加以包裝，售與各地紗廠，或代客打包，收取工值。

營業狀況

平遙之花包，運銷天津、濟南，及本省榆次縣等處。臨晉之花包，運銷潼關，陝州兩處，虞鄉之花色，運銷靈保，陝州兩處，解縣之花包，運銷河南陝縣，絳縣之花色，運銷上海、天津，及本省榆次，新絳兩地，離石之花包，則僅銷隣近縣份。

全年工作日數、各縣情形不同，自六十天至二百二十天不等、營業以八月至十二月爲旺月，餘時均平淡，交易習慣，有現貨期款者，亦有期貨現款者。

三 爆竹業

一 沿革

作坊

家庭工業

晉省之爆竹業，向不發達。光緒以後，商務繁盛，營業漸旺，家數遞增，近十年來，地方凋弊，百業不振，該業尤見蕭條。據此次調查，平遙、晉城、汾城、曲沃、解縣、夏縣、芮城、新絳、廣靈等處，共有作坊二十九家。曲沃縣在光緒年間，有作坊二十餘家，現僅存四家。平遙縣在光緒時有作坊十餘家，現存六家。晉城縣現有作坊七家，亦較往年減少。解縣現有作坊三家、汾城、夏縣、芮城、新絳各一家，衰落情形，於此可見，此外襄陵，渾源兩縣，亦有出品，其中渾源爲山西爆竹業重要產地，但均係家庭副業，未能逐家調查。

二 現狀

全業二十九家作坊中，多數有獨資開設，規模極小。資本額最高七百元，最低三十元，總額僅四千九百十五元職工總數百四十二人，全年總產值一萬二千三百零五元。襄陵縣產量極微，其集中產地爲京安鎮，從事此種副業者僅十餘家。渾源縣之集中產地，爲城關及西坊，城澗村等處，尤以城澗村產量最多。該縣全年總產值，計五萬三千八百元。茲將二十九家作坊，列表於後。

山西省爆竹業現況一覽表

縣別	廠坊名	地址	設立年月	組織	資本額(元)	職工數	年產值(元)	備註
平遙	天元永	第四街	民國元年	獨資	三〇	六	四〇五	
	兩合公	仝右	民國八年	合資	二〇〇	五	四〇五	
	天義成	第十街	民國元年	合資	一〇〇	四	二一六	
	春裕誠	第十七街	民國元年	獨資	六〇	四	八一〇	
	乾和永	仝右	民國元年	獨資	五〇	三	二一六	
	春裕恆	第十九街	民國十二年	獨資	三〇	五	二四三	
晉城	文興成	黃華廂	民國八年	獨資	一〇〇	七	二五七	
	長盛遠	仝右	民國十六年	獨資	一〇〇	七	二二四	
	天源林	城內司家巷	民國十年	獨資	二〇〇	一〇	二四八	
	天聚興	城內觀巷	民國十一年	獨資	一五〇	七	一九七	
	福泰成	城內西大街	民國九年	獨資	一五〇	七	一八二	

	玉生泰	西關	民國六年	獨資	二〇〇	一〇	二三三
	高立成	趙家峪村	民國二十三年十月	獨資	一〇〇	七	二〇二
汾城	王聚興	趙康鎮	民國十五年	獨資	三〇	二	四〇〇
曲沃	天成玉	上西關	清光緒八年三月	獨資	七〇	五	七九八
	泰盛永	大市樓	民國元年二月	獨資	一〇〇	三	三三〇
	復生昌	上西關	清光緒三十二年正月	合資	一二五	三	三三二
	廣生德	大東關	清光緒十年二月	獨資	一〇〇	三	二九六
解縣	天中興	西關	清光緒七年正月	獨資	三〇〇	四	九〇〇
	義盛長	西關	宣統二年二月	獨資	三〇〇	六	八五〇
	林盛永	西關	清光緒十六年九月	獨資	七〇〇	八	一、三三〇
夏縣	天盛魁	城外火神廟	民國十七年二月	獨資	三〇〇	五	三〇〇
芮城	吉盛魁	西關	民國二十一年七月	獨資	一〇〇	二	二九〇
新絳	梁永發	和家園	民國四年	獨資	一五〇	二	一、二〇〇
廣靈	自明誠	西關	清宣統元年	獨資	二五〇	四	三六〇
	自成永	西關	民國十八年	獨資	二八〇	三	三〇〇
	永和昌	城內	民國十九年	獨資	一〇〇	三	一二〇
	同興	西關	民國二十一年	獨資	二四〇	四	三六〇

明德永	東關	民國二十二年	獨資	三〇〇	三	三〇〇

三 生產

原料

製爆竹之原料，首爲硝，磺，藥檢，其次爲草紙，紅紙，蔴捍灰，柳灰木等類。硝磺之屬，多購自本省硝磺局，亦有從河南購入者。硝磺每百斤價格，自十五元至十七元，藥檢每千約一角五分。草紙、紅紙、多向就地雜貨舖購辦，蔴桿柳木灰，則係鄉人肩挑入城，隨時收買。草紙每百斤價格，約須三元蔴桿柳木灰，每百斤價格自一元至四五元。

生產

出品單位，因大小名目不同，或以個計，或以掛計，或以捆計，不能一律。大約每硝十斤，磁磺二斤，蔴桿灰一斤十二兩，草紙二十五斤，藥檢三千根，可製炮四千二百響，製造程序，略分化硝，攙灰，碾三遍，捲筒，裝藥，安檢，編裝等七個步驟，先將硝磺碾碎，攙入蔴桿灰或柳木灰，配成火藥，再將草紙切成長方塊，捲筒晒乾，外面糊以紅紙，裝入火藥，兩端用灰土堵實，更於炮身鑿眼，插入藥檢，然後分別編串裝包，卽告完成。製造工具，甚爲簡陋，計有切刀、裁刀、剪刀、刨刀、錐子、斧頭、鐵軸、推板、木槌、木滾、石磨等類，並有用牲口轉磨者。全年工作日數，各縣情形不同，有九十天者，有一百五十天者，有二百天者。生產季節，以一月份最旺，餘時均平淡，蓋出品多用於婚喪事及年節敬神，故新年營業尤佳。

四　貿易

售價　爆竹種類，有一響炮，雙響炮，五斤炮，八斤炮，一四炮，一八炮，高升炮，雷炮，花炮，子母鞭，小鞭，起火等名目，一响炮每捆售價四角，雙响炮每捆三角，五斤炮每百個售價四角，八斤炮每百個五角。一四炮每千售價九角，一八炮每千一元。高升炮每個售價一角五分，雷炮每百個售價六角，花炮每把售價五分，子母鞭每萬售價二元四角，小鞭每掛售價三分，起火每千根售價一元五角。

銷路　渾源之爆竹，銷路最遠，經大同轉運口外，銷豐鎮、綏遠、包頭一帶。平遙之爆竹，銷本縣及離石柳林鎮。晉城之爆竹銷行本縣及長治。解縣之爆竹，銷本縣及平陸、芮城，廣靈之爆竹，銷本縣及天鎮，高陽等處。其餘各縣所產，均僅銷本地。

交易　交易手續。除渾源有定貨辦法外，其他各縣習慣，概係貨款現交。銷本地之貨，隨時批與雜貨舖家，其銷往外縣者，則由客販攜款到產地收買。定貨手續，亦殊簡單，祇須先付貨價之半，取貨時再行照價付清。

四　印刷業

一 沿革

山西之印刷事業，因社會文化進步，已日漸普遍，但尙未至發達時期。木版印刷，自昔有之，鉛石印之倡行，則爲時未遠，動力設備，尤屬罕見，現時太原市及楡次、太谷、祁縣、文水、汾陽、離石，長治、長子、屯留、陽城、沁水、沁縣、臨汾、曲沃、翼城、吉縣、永濟、臨晉、榮河、萬泉、解縣、安邑、夏縣、平陸、新絳、河津、聞喜、垣曲、大同、崞縣等處，共有印刷所一百十八家，在前淸光緒初年，始有數家開設，民國以後，營業漸廣，近年家數益見增加。

二 現狀

前述一百十八家印刷業中，計太原市三十七家，大同縣十一家，臨汾縣八家，新絳縣七家，楡次、汾陽各五家，太谷、祁縣、離石、臨晉、安邑各三家，長治、長子、陽城、沁水、沁縣、曲沃、永濟、榮河、夏縣、崞縣各二家，文水、屯留、翼城、吉縣、萬泉、解縣、平陸、河津、聞喜、垣曲各一家，合計資本數四十五萬七千九百二十元，職工一千四百五十八人，全年產値三十六萬二千七百十七元。茲將各家情形，列表於後。

山西省印刷業現況一覽表

縣別	廠坊名	地址	設立年月	組織	資本額（元）	職工數	全年產值（元）	備註
太原市	西北印刷廠	太原市大北門外	民國二十三年	官辦	三〇〇、〇〇〇	一五〇	一二〇、〇〇〇	該廠有動力設備並兼製油墨
	榮義齋	樓兒底	民國二十三年七月	合資	八〇	八	五〇〇	
	恆利印刷局	達公巷	民國二十四年	獨資	一〇〇	一二	一、〇〇〇	
	錦言齋	樓兒底	民國十五年九月	獨資	三〇	一六	一、五〇〇	
	善德公	鼓樓街	民國十一年	獨資	五〇	一一	二、〇〇〇	
	天一祥	南肖墻	民國二十四年	獨資	四〇〇	一八	二、〇〇〇	
	崇實印刷所	西肖墻	民國九年	合資	三、〇〇〇	二八	四、〇〇〇	
	駿興印刷廠	上肖墻	民國二十一年	獨資	一〇、〇〇〇	五九	一五、〇〇〇	有動力設備
	金聲永	西肖墻	民國四年	獨資	二、八〇〇	二二	二、〇〇〇	
	德和信	西肖墻	民國十三年	獨資	三〇〇	三八	三、〇〇〇	
	同文紙莊	仝右	民國二十三年	合資	一、〇〇〇	一六	八〇〇	
	擷華石印館	柳巷街	宣統二年八月	合資	一、〇〇〇	二五	五、〇〇〇	
	同仁書店	仝右	民國二十二年八月	合資	五、〇〇〇	五二	三、〇〇〇	
	榮寶齋晉記	橋頭街	民國二十四年	獨資	一、〇〇〇	一五	二、〇〇〇	
	範華印刷廠	鐘樓街	民國十年	合資	二五、〇〇〇	八六	二八、〇〇〇	仝右
	義和永	三聖菴	民國十七年	獨資	六〇	八	八〇〇	

德昇書局	橋頭街	民國五年八月	合資	一、五〇〇	一〇	二、〇〇〇	
晉新書社	仝右	光緒三十二年	合資	三〇、〇〇〇	一〇〇	四〇、〇〇〇	有動力設備
晉興齋	仝右	民國七年	合資	二、七〇〇	一五	四、〇〇〇	
四寶齋	仝右	民國十一年	合資	二、〇〇〇	一六	三、〇〇〇	
晉義齋	紅市街	民國十九年	合資	五〇〇	四	一、〇〇〇	
寶華齋	橋頭街	民國二十一年	合資	一、〇〇〇	一五	二、〇〇〇	
益世石印館	首義街	民國二十二年	合資	三〇〇	一〇	一、五〇〇	
聚成南紙局	南肖牆	民國十七年二月	合資	五、〇〇〇	一八	一、〇〇〇	
光華書社	西肖牆	民國二十二年	合資	三〇〇	一一	一、二〇〇	
晉用館	上肖牆	民國十八年	獨資	一、四〇〇	一二	七〇〇	
美園林	唱經樓	民國二十二年	獨資	一、〇〇〇	三五	一、八〇〇	
義記印刷廠	五拐巷	民國十六年	合資	一、五〇〇	一七	一、五〇〇	
崇文齋	察院後	民國二十三年	獨資	五〇	一	九〇〇	
古歡閣	北嶽廟巷	民國二十四年一月	合資	三〇〇	七	八〇〇	
文寶齋	帽兒巷	民國七年	獨資	二、〇〇〇	五	一、五〇〇	
文華閣	大剪子巷	民國二十年	獨資	二、〇〇〇	一一	三、〇〇〇	
德昇全	開化市	民國十九年	獨資	五〇〇	六	五〇〇	

	成文齋	大剪子巷	民國十年	合資	五、〇〇〇	四六	四、〇〇〇	
	晉豐印刷廠	仝右	民國十七年	獨資	三〇	一	五〇〇	
	敦化印刷社	龍王廟街	民國十六年	合資	一、〇〇〇	二三	二、五〇〇	
	蔚華印刷廠	府西街	民國二十三年	合資	六、〇〇〇	四一	三、五〇〇	
榆次	得恆	北街	民國二十三年四月	合資	五〇〇	一一	二、〇〇〇	
	文茂齋	北街	民國二十四年二月	合資	五〇	五	三〇〇	
	先記石印局	北關	民國十九年五月	獨資	三〇	三	二〇〇	
	通臣石印局	北關	民國二十四年九月	獨資	二〇	三	一五〇	
	三星石印局	北街	民國二十一年一月	大資	三〇	三	二〇〇	
太谷	三合書社	南街	民國二十年一月	獨資	三五〇	七	六〇〇	書坊兼營
	三合堂	東街	民國元年一月	獨資	三九〇	七	五七〇	仝右
	文林軒成記	西斜街	民國十八年十月	獨資	一八〇	四	四八〇	兼營刻字
祁縣	文新書局	西街	民國二十二年七月	合資	一、四〇〇	九	二八〇	
	明報社	小東街	民國十五年二月	獨資	五〇〇	七	一、一二〇	
	文和齋	西街	光緒八年	獨資	一〇〇	五	二〇〇	
文水	文興書局	城內南街	民國十六年	合資	三〇〇	九	四四四	兼營做筆及油墨
汾陽	翰祥齋	城內	民國二十二年	合資	三〇〇	七	一、一九二	

	翰墨齋	城內	光緒十八年	合資	七〇〇	一〇	八二一	
	積祥齋	城內	宣統元年	合資	二五〇	六	一、一六八	
	玉雲齋	城內	民國七年	合資	三五〇	六	一、一五〇	
	翰文齋	城內	民國十九年	合資	二五〇	五	八六七	
離石	復興書店	城內	民國二十三年三月	合資	二〇〇	八	一、二〇〇	
	振東書局	城內	仝右	合資	二〇〇	四	六〇〇	
	傳書堂	城內	民國二十二年二月	獨資	一〇〇	三	九〇〇	
長治	翰墨林	城內西街	民國九年六月	合資	四〇〇	一一	一、三〇〇	
	成文書社	城內南街	民國二十四年	合資	二〇〇	八	七〇〇	
長子	翰墨齋	城內	民國二十三年二月	合資	三二〇	四	二五九	
	豫文齋	城內	民國二十年五月	獨資	三七〇	六	四三五	
屯留	滙文齋	城內	民國二十三年二月	獨資	三〇〇	四	二一二	
陽城	日新書社	化源街	民國十八年	獨資	三〇〇	五	二〇〇	
	增盛永	懷古街	民國二十年	獨資	二〇〇	三	一〇〇	
沁水	育文齋	城內	民國二十二年一月	獨資	三〇〇	三	六〇〇	
	大有益	城內	民國八年一月	合資	一、〇〇〇	三	一、〇〇〇	
沁縣	文華齋	城內	民國二十年九月	獨資	六〇〇	一	一〇〇	

	廣濟生	城內	民國八年五月	獨資	一、〇〇〇	二	一〇〇	
臨汾	慶雲石印館	城內東街	民國二十四年四月	合資	一、〇〇〇	八	一、二〇〇	
	晉星書社	仝右	民國二十三年一月	合資	一、三〇〇	一二	一、〇〇〇	
	集中石印館	鼓樓東	民國十九年	合資	一、二〇〇	七	六〇〇	
	協成玉	中街	民國十六年	合資	一、〇〇〇	六	六〇〇	
	晉祥齋	中街	民國二十三年	合資	一、五〇〇	五	五〇〇	
	珍記石印館	東街	民國二十四年	合資	一、五〇〇	五	五〇〇	
	晉文齋	東街	民國十三年	合資	一、三〇〇	九	一、〇〇〇	
	新華印刷廠	東街	民國二十四年	合資	八〇〇	四	四〇〇	
曲沃	恆泰豐	縣城	民國十九年三月	獨資	三三〇	四	三五〇	
	積慶永	縣城	民國二十年四月	合資	五〇〇	五	四六〇	
翼城	聚美齋	北關	民國九年	獨資	六〇	三	二二〇	
吉縣	元吉堂	東關	民國二十三年	合資	二〇〇	一	二〇〇	
永濟	中華石印館	東關街	民國十二年十月	獨資	七〇〇	五	七〇〇	
	實業石印局	仝右	民國二十年一月	獨資	六〇〇	七	一、四九〇	
臨晉	信義公	東街	民國二十二年一月	獨資	三〇〇	四	八六一	
	同德合	東街	民國二十四年二月	獨資	二二〇	四	五八五	

	德生福	東街	民國十二年一月	獨資	三〇〇	四	六八一	
榮河	振榮書社	城內	民國八年二月	合資	三〇〇	三	二八〇	
	春德合	城內	民國二十三年四月	合資	三〇〇	三	二八〇	
萬泉	恆心堂	城內北街	民國二十一年八月	獨資	四〇〇	二	四六五	
解縣	華記石印局	下街	民國二十二年一月	獨資	五〇	一	六〇	
安邑	新民書局	東大街	仝右	獨資	五〇〇	八	九〇〇	
	條山石印局	仝右	民國二十一年一月	合資	五〇〇	〇	九〇〇	
	益羣石印局	路家巷	民國二十二年四月	合資	五〇〇	一一	一、〇五〇	
夏縣	公信義	城內	民國二年二月	獨資	一三五	五	三九〇	
	祥益魁	城內	民國二十四年四月	獨資	八五	二	一五〇	
平陸	慶餘商店	東關	國十七年二月	合資	四〇〇	六	一、三六〇	
新絳	晉祥齋	中城巷	民國十四年	合資	一、五〇〇	五	九、〇〇〇	
	同益書局	木匠巷	民國二十二年	獨資	二、〇〇〇	一一	五、〇〇〇	
	積金齋	中城巷	民國二十三年	合資	六〇〇	六	三、七二〇	兼營製墨
	全記翰興齋	仝右	民國二十四年	獨資	二、〇〇〇	一五	四、九〇〇	仝右
	通義書社	中城巷	民國二十四年	合資	一、五〇〇	八	二、〇〇〇	
	克明齋	南大街	民國三年	合資	一〇〇	八	六〇〇	

	同裕成	北街	民國十四年	獨資	三〇〇	三	一八〇	
河津	樹德印刷廠	北街	民國十八年	合資	一、三〇〇	五	三、二〇〇	
聞喜	義順和	城內西街	民國二十二年一月	合資	二五〇	五	五〇〇	
垣曲	益智書社	城內東街	民國十七年三月	合資	三〇〇	二	一六二	
大同	光裕印刷局	牌樓西街	民國十七年十月	獨資	一、五〇〇	二一	六、〇〇〇	
	天堂永	仝右	民國十七年八月	獨資	一、〇〇〇	一一	四、五〇〇	
	同和書局	仝右	民國二十四年五月	獨資	二〇〇	五	一、六〇〇	
	宏裕永	大南街	民國二十二年三月	獨資	二〇〇	一〇	二、八〇〇	
	晉華印刷局	大東街	民國十二年十月	獨資	一〇〇	八	二、八〇〇	
	晉堂石印局	大北街	民國二十二年二月	獨資	一〇〇	七	一、七〇〇	
	興榮久	仝右	民國二十四年八月	獨資	一〇〇	五	一、五〇〇	
	同泰豐	仝右	民國十六年二月	獨資	一〇〇	六	一、六〇〇	
	鑫馨齋	仝右	民國二十四年二月	獨資	二〇〇	四	一、五〇〇	
	昌明印刷局	仝右	民國二十三年四月	合資	二〇〇	七	一、五〇〇	
	大同南紙局	牌樓西街	民國三年五月	合資	一、〇〇〇	一一	二、〇〇〇	
崞縣	泰來堂	南關	民國十二年二月	獨資	一、三〇〇	七	五一〇	
	蘭興書局	南關	光緒三十三年二月	獨資	一、〇〇〇	五	三一五	

太原之西北印刷廠，資本額計三十萬元，置有膠版機及凸版機台四部，凹版機十二部，油墨機三部，共值十萬零五千元，馬達三部，馬力共四十四，全省印刷業中，以此爲規模最大。其次太原之駿興印刷廠，範華印刷廠，及晉新書社，亦均有動力設備。餘外規模均小，資本額無逾萬元者。

三　材料及出品

主要印刷材料，爲油墨及紙張，紙張之種類甚多，用途較廣者，爲瓦泥斯紙，道林紙，木造紙，粉連紙，報紙等類，除速粉紙，報紙，係國產外，其餘多屬外貨，油墨每磅價格，約須一元數角，瓦泥斯紙及道林紙，每令約二十餘元，木造紙每令十餘元，粉連紙，報紙，每令約六七元，均購自北平、天津、上海等處，內地所用材料，則多向太原採辦。

西北印刷廠之主要出品，爲膠廠印件，共次爲凸凹版印件及油墨，膠版印件，全年產值約九萬元，凸凹版印件及油墨，全年產值約三萬元，其餘印刷廠家，均祇備普通鉛石印機。茲將各地出品種類及產值之統計，附列於後。

山西印刷業各地出品種類及產值統計表

縣別	出品種類	全年產值(元)
太原市	膠版印件、凹凸版印件、鉛石印、油墨	二六七、五〇〇
榆次縣	鉛印	二、八五〇
太谷縣	仝右	一、六五〇

祁縣	仝右		一、六〇〇	永濟縣	鉛石印		二、一九〇
文水縣	鉛印、油墨		四四四	臨晉縣	石印		二、一二七
汾陽縣	鉛石印		五、一九八	榮河縣	石印		五六〇
離石縣	石印		二、七〇〇	萬泉縣	石印		四六五
長治縣	石印		二、〇〇〇	解縣	石印		六〇
長子縣	鉛石印		六九四	安邑縣	石印		二、八五〇
屯留縣	仝右		二一二	夏縣	石印		五四〇
陽城縣	仝右		三〇〇	平陸縣	石印		一、三六〇
沁水縣	石印		一、六〇〇	新絳縣	鉛石印、油墨		二五、四〇〇
沁縣	石印		二〇〇	河津縣	石印		三、二〇〇
臨汾縣	石印		五、八〇〇	聞喜縣	石印		五〇〇
曲沃縣	石印		八〇〇	垣曲縣	石印		一六二
翼城縣	石印		二二〇	大同縣	鉛石印		二八、五〇〇
吉縣	石印		二〇〇	崞縣	石印		八二五

交易手續，凡顧客定貨，須先付定款，由印刷所開給憑單，約期貨款兩清，大宗印件，則有時採用投標方法。在民國十四五年以前，印刷工費、較為低廉，十六年後，日漸高漲，十九二十年間為尤甚，

近年以來。復稍見跌落。

五　電氣業

一　沿革

山西之電氣事業，尚未至發達時期，全省一百零五縣中，僅陽曲、(太原市)榆次、太谷、祁縣、平安、新絳、大同、五台等處設有電廠，總數不過十家。

太原電燈新記股份有限公司，創辦於遜清光緒三十四年，爲各廠中開設最早者；其後因虧累不堪，於民國十二年八月，由新記接辦，添招新股，改訂章程，營業復振，近年受市面不景氣影響；一切措施，均感窒礙，不似往時順利。

西北電氣廠設於民國十年，爲晉省公營事業，資本額達二百萬元，各廠規模，無出其右，初附於軍人工藝實習廠內，有一百五十四馬力發電機二部，每日發電供給實習廠動力，嗣後逐年擴充，於二十三年九月改組，隸於西北實業公司，每日發電一千五百馬力，除供給該公司各部動力外，並供民間燃燈之用。

上述兩廠，均在陽曲縣，其餘平定之保晉鐵廠附設電燈處，設於民國八年，太谷同記電燈股份有限公司及大同麵粉公司電燈廠，設於民國十二年，大同義記電燈股份有限公司，設於民國十三年，榆次之魏榆電氣廠股份有限公司，設於民國十四年，晉華公司祁縣織染廠兼營電氣部份，設於民國十九年，五台之西滙電廠，設於民國二十一年，新絳之誠明電燈股份有限公司，設於民國二十二年，規模均小，資本額最巨者不過十餘萬元，少者僅二三萬元

二　現狀

全省十家電廠，合計資本數三百餘萬元，職工四百四十六人，每月薪工總數八千五百七十九元，每年所用原料，約值十四萬元左右，二十三年份營業收入，共五十四萬三千六百三十一元，茲將各廠情形，列表於後。

山西省電氣業現況一覽表

縣別	廠名	地址	設立年月	組織	資本額（元）	工數	生產單位	原料總值（元）	年產額		備註
									發電度數	營業收入（元）	
陽曲	西北實業公司西北電氣廠	北門外	民國十年	官辦	二、〇〇〇、〇〇〇	一三四	度	五二、〇〇〇	四、〇三七、〇〇〇	九六、五三八	
太原	電燈新記股份有限公司		光緒三十四年三月	公司	六五五、八〇〇	一〇七	度	四七、六八〇	四、二八四、八〇〇	三二九、六一八	
榆次	魏榆電氣廠股份有限公司	北關	民國十四年六月	公司	一〇〇、〇〇〇	三五	度	三、三六〇	三八四、六三五	四〇、五〇三	
太谷	太谷同記電燈股份有限公司	城內北街	民國十二年	公司	一〇七、八一〇	二四	度	四、五七三	一〇五、九三二	一九、六五九	

祁縣	晉華公司祁縣織染廠兼營電氣部份	北關	民國十九年	公司	—	四二度	一二、一九二	六六四、七〇〇	九、二二一	織染廠兼營電廠
平定	保晉鐵廠附設電燈處	陽泉車站	民國八年	公司	三五、〇〇〇	二三度	二、七九五	二三五、一〇五	七、六四八	
新絳	誠明電燈股份有限公司	城內馮家巷	民國二十二年一月	公司	二六、〇〇〇	一五度	—	五三、五七〇	一三、三九二	租用大益成紡織公司之餘電銷售於用戶
大同	大同義記電燈股份有限公司	城內大有倉街	民國十三年一月	公司	四三、〇〇〇	一二度	三、八五〇	四六、二四〇	六、八六〇	
	大同麵粉公司電燈廠	北門外	民國十二年	公司	五四、〇〇〇	三〇度	八、〇〇〇	二一〇、一二四	一九、六九二	
五台	西匯電廠	西匯村	民國二十一年十一月	獨資	—	二四度	四、二〇〇	—	五〇〇	

各廠營業範圍，有供輸動力及燈光者，有祇供燈光者，前一種計有西北、新記、魏榆、晉華等四家、其餘均祇供燈光，不輸動力。

機器設備，除誠明電燈公司係租用大益成紡織公司餘電，僅置有變壓器兩座，以資轉送外，西北電氣廠計有五百七十二匹馬力汽輪二部，一千五百六十四馬力及三千二百五十四馬力汽輪各一部，三相交流發電機四部，發電容量共四千五百八十基羅瓦特；邦浦十一架，鍋爐七座，線路總長三十四公里。太原新記公司計有汽輪四部，馬力共六千三百六十五匹；交流發電機四部，發電容量共四千七百五十基羅瓦特，邦浦一架，鍋爐四座，線路總長八十五公里。魏榆電氣廠計有一百匹馬力及二百三十五匹馬力蒸汽引擎各一部，三相交流發電機二部，發電容量，一爲一百四十八基羅瓦特，一爲四十八基羅瓦特，共一百九十六基羅瓦特；邦浦三架，鍋爐兩座，二百開維愛昇壓器一具，線路總長十二公里。太谷同記公司計有四十匹馬力及八十匹馬力蒸汽引擎各一部，三相六十週波交流發電機二部，發電容量，一為五十基羅瓦特，一為二十五基羅瓦特，共七十五基羅特瓦；邦浦三架，鍋爐二座，變壓器六具，共六十開維愛，線路總長十四公里。晉華公司祁縣織染廠兼營電氣部份，計有三百匹馬力煤汽引擎一部，交流發電機一部，發電容量為二百零八基羅特瓦；邦浦四架，線路總長約五公里。保晉鉄廠附設電燈處，計有蒸汽引擎二部，馬力共二百二十匹；交流發電機二部，發電容量共一百三十五基羅瓦特，邦浦一架，鍋爐二座，線路總長七、五公里。大同義記公司計有八十匹馬力蒸汽引擎一部，直流發電機一部，發電容量為六十五基羅瓦特；邦浦二架，鍋爐一座，線路總長六公里。大同麵粉公司電燈廠，計有蒸汽引擎二部，馬力共二百匹，直流發電機二部，發電容量共一百二十基羅瓦特；邦浦五架，鍋爐三座，線路總長十一公里。西滙電廠計有一百二十匹馬力蒸汽引擎一部，交流發電機一部，發電容量為九十六基羅瓦特；邦浦二架，鍋爐一座，線路總長四公里。

三　燃料

電廠之主要燃料為煤，全業每年消費量，約三萬餘噸，每噸價格，自二三元至十一二元不等，總值計十三萬餘元。茲將最近逐家統計，列表於後。

山西電氣業各廠燃煤統計表

廠名	全年消費量(噸)	每單位價格(元)	總值(元)	採購地點
西北實業公司西北電氣廠	一二、〇〇〇	四・〇〇	四八、〇〇〇	本地
太原電燈新記股份有限公司	一一、九二〇	四・〇〇	四七、六八〇	本地西鄉一帶
魏榆電氣廠股份有限公司	一、一二〇	四・〇〇	四、四八〇	陽泉煤礦
太谷同記電燈股份有限公司	五二七	八・〇〇	四、五七三	本地
晉華公司祁縣織染廠兼營電氣部份	一、〇三六	一二・〇〇	一二、一九二	陽泉煤礦
保晉鐵廠附設電燈處	一、三〇〇	二・一五	二、七九五	保晉礦務總公司
大同義記電燈股份有限公司	一、一〇〇	三・五〇	三、八五〇	晉北礦務局
大同麵粉公司電燈廠	二、〇〇〇	四・〇〇	八、〇〇〇	縣城西南口泉鎮保晉礦廠
西滙電廠	八四〇	五・〇〇	四、二〇〇	本地

四　發電

發電種類，除大同縣兩廠係直流電外，其餘均係交流電。發電動力設備，多數用蒸汽引擎，計有魏榆電氣廠，太谷同記公司，保晉鉄廠電燈處，大同義記公司，大同麵粉公司電燈廠，西滙電廠等六家，引擎數共十部，馬力一千零七十五匹，發電六百八十七基羅瓦特，線路總長五十四公里半。用汽輪發電者，計有西北及太原新記兩家，汽輪數共八部，馬力一萬二千三百十九匹，發電九千三百三十基羅瓦特，線路總長一百十九公里。用煤汽引擎者，僅晉華一家，計有三百匹馬力引擎一部，發電二百零八基羅瓦特，線路總長約五公里。

五　電之消費

電之消費，有用於燃燈者，有用於動力者，用於燃燈者，復有按盞計值及按度數計值之分，用於動力者，則概以度數計算。據二十三年份電廠營業統計，西北電氣廠計包燈三千盞，用電二十一萬六千度；表燈用電，共十九萬零八百度；供動力者二百八十一萬零二百度；除自用外，實售三百二十一萬七千度；營業收入，計九萬六千五百三十八元；用戶共六百四十三戶，其中計工廠二十一戶，住家六百二十二戶。太原新記公司計包燈一萬一千四百九十四盞，用電八十八萬六千九百三十五度；表燈用電，共九十一萬一千三百二十五度；供動力者一百四十二萬九千五百八十度；除自用外，實售三百二十二萬七千八百四十度；營業收入，計三十二萬九千六百十八元；用戶共五千六百八十一戶，其中計工廠三戶，商店五百五十三戶，住家五千一百二十五戶。魏榆電氣廠計包燈一千四百五十九盞，用電九萬一千五百九十六度；表燈用電，共十一萬二千六百零六度；供動力者十四萬七千五百四十六度；除自用及公用外，實售三十五萬一千七百四十八度；營業收入，計四萬零五百零三元。用戶共六百九十三戶，其中計工廠三戶，商店四百六十七戶，住家一百七十四戶，機關四十九戶。太谷同記公司計包燈一千二百五十八盞，用電六萬八千八百二十四度；表燈用電，共二萬九千四百三十六度；除自用及公用外，實售九萬八千二百六十度；營業收入，計一萬九千六百五十九元；用戶共四百九十五戶，其中計工廠五戶，商店四百零七戶，住家五十三戶，機關三十戶。晉華公司祁縣織染廠兼營電氣部份，計包燈二百四十三盞，用電一萬零九百三十五度；表燈用電，共一萬九千九百六十度；供動力者七千一百七十一度；除自用外，實售三萬八千零六十六度；營業收入，計九千二百二十一元；用戶共三百五十三戶，其中計商店一百九十九戶，住家三十四戶；機關一百二十戶。保晉鉄廠電燈處，計包燈七百十八盞，用電五萬八千七百九十四度；表燈用電，共三千四百九十二度；除自用外，實售六萬二千二百八十六度；營業收入，計七千六百四十八元；用戶共一百七十八戶，其中計工廠五戶，商店一百五十二戶，住家十戶，機關十一戶。誠明公司計包燈六百八十五盞，用電二萬九千六百五十一度；表燈用電，共一萬五千七百五十九度；除自用及公用外，實售四萬五千四百一十度；營業收入，計一萬三千三百九十二元；用戶共五百七十二戶，其中計工廠十一戶，商店五百三十六戶，住家五戶，機關二十戶。大同義記公司計包燈一千二百三十一盞，用電四萬三千七百九十度；表燈用電，僅一百三十度；除自用外，實售四萬三千九百二十度；營業收入，計六千八百六十元；用戶共二百六十七戶，其中計商店二百十六戶，住家五十一戶。大同麵粉公司電燈廠，計包燈一千六百盞，用電三萬零三百四十二度，表燈用電，共十六萬七千度，除自用及公用外，實售十九萬七千三百四十二度；營業收入，計一萬九千六百九十二元；用戶共六百零五戶，其中計商店三百二十五戶，住家二百三十戶，機關五十戶。西滙電廠計電燈三千盞，自用及公用者佔一千九百三十盞，實售數一千〇七十盞，營業收入，僅五百元；用戶共七十戶，其中計工廠一戶，商店五十戶，住家十九戶。茲將各廠最近三年發電及售電統計，附列於後。

六　製繩業

一　概說

製繩爲我國舊有小手工業之一種，全國遍地皆是，蓋繩爲日用品必需之物。在昔製繩純爲農家副業，自後工商業日漸發達，繩之用途愈廣，製繩遂成爲專業。山西製繩業，係指專業者而言，如農家自用製繩，非商品性質者，不在此例。全省製繩業，以晉城爲最發達，其次有汾陽、太谷、陽曲、新絳、安邑、解縣、猗氏、臨晉、永濟、長治、吉縣、翼縣、曲沃、昔陽、河津、靈邱、汾城、徐溝、祁縣、平遙、離石、交城等縣。該省製繩原料，僅有蔴之一種，故又名蔴繩業。

二　現狀

作坊

全省製繩作坊，據此次調查，具有專業性質者，總計一百三十家，以晉城爲最多，計二十七家，佔家數總數百分之二三・八八，其次汾陽十家，再次吉縣七家，陽曲、曲沃各六家，臨晉、解縣、長治等縣各五家，猗氏、靈邱、汾城、平遙等縣各四家，新絳、安邑、永濟、昔陽、河津、祁縣等各三家，太谷、離石、交城等各二家、翼城、徐溝兩縣最少，僅各一家。

資本

製繩業資本均不大，全業資本總額計七萬零五元，其中以汾陽製繩業資本最雄厚，共計一萬八千四百九十元，平遙次之，計爲一萬七千九百元。再次晉城五千六百七十元，曲沃四千八百九十元，陽曲四千七百五十元，太谷三千九百元，猗氏二千二百五十元，安邑二千一百元，解縣一千八百七十元，汾城一千二百四十元，交城一千一百五十元，祁縣一千一百元，徐溝一千元，吉縣九百八十五元，永濟七百一十元，長治六百六十元，臨晉四百四十五元，離石三百二十元，新絳二百元，昔陽河津各一百二十元，最少者有翼城之七十元以及靈邱之六十五元。

再就各作坊資本而言，不滿百元者十六家，由百元起至五百元者共六十八家，由五百三十元起至一千元者十一家，由一千一百元起至二千元者十家，在二千零六元以上不足三千元者二家，在三千二百元以上不足四千元者共四家，其在五千零三十元及六千零二十元者各一家。

職工

全業職工總數，共計七百人，以晉城人數爲最多，共計一百七十六名，蓋晉城爲製繩發達之區，其次汾陽、陽曲各七十八名，平遙、曲沃各五十名，再次猗氏永濟各二十五名，安邑二十三名，太谷、汾城各二十二名，長治二十一名，解縣二十名，祁縣十六名，臨晉、河津、交城各十五名，新絳十一名，徐溝十名，靈邱八名，離石七名，昔陽六名，吉縣四名翼城三名。職員與工徒均係常年僱用，職員每月薪金由五元起至六元不等，工人工資，視技術如何而定，如係老師傅，每月工資四元多至五元，普通工人由三元至四元，學徒無工資，每屆年終主東賞給若干鞋襪之資，其數有三五元不等，職員與工徒之膳宿，均由東家供給。

產品

繩索之種類，原有麻繩、草繩、棕繩、紗繩多種，山西省以麻皮為原料，產品獨有麻繩一種，又因用途不同，而分窰繩、井繩、細繩、套繩、三股繩、豆繩等諸名目，全年總產量，共計為七十九萬六千零九十三斤，總值十五萬三千二百十元。各縣產量比較，以晉城為特多，計產十七萬九千零六十斤，其次陽曲產十五萬三千斤，再次平遙產九萬八千五百斤，解縣產四萬四千斤，曲沃產四萬零三百斤，永濟產二萬八千六百斤，長治產二萬八千五百九十五斤，交城產二萬三千九百斤，安邑產二萬三千六百斤，汾城二萬一千七百斤，汾陽產二萬零四百九十斤，猗氏產一萬九千斤，新絳產一萬八千三百六十斤，昔陽離石各產一萬八千斤，太谷產一萬七千五百斤，靈邱產一萬三千五百六十斤，祁縣產一萬零八百斤，河津產七千四百三十八斤，吉縣四千四百斤，臨晉產三千零九十斤，徐溝產三千斤，翼城最少產一千二百斤。

銷路

晉省本非產麻之區，各縣製麻原料，倘有一部份仰給外省供應，故麻繩並無大宗產量，僅能供省內需用而已，除晉城之麻繩有少數銷行河南省外，其餘各縣均在縣內銷售，或銷鄰近各縣，並不向省外銷行。

價格

麻繩之價格，隨麻皮價格漲落為轉移，通常一般價格，每斤以一角五分至二角為普遍，高至二角五分者不多，惟河津一縣，麻繩價格特別昂貴，每斤價格，竟高至三角五分，為全省中最高之價格，想係原料昂貴之故。

山西省製繩業現況一覽表

縣別	廠坊名	地址	設立年月	組織	資本額(元)	職工數	年產額		備註
							年產(斤)	產值(元)	
太谷	泰來成	南關	民國二年五月	獨資	三〇〇	七	二、五〇〇	五〇〇	
	泳泰慶	東街	民國八年	獨資	三、六〇〇	一五	一五、〇〇〇	三、〇〇〇	
晉城	永盛裕	黃華廟		獨資	二八〇	一二	九、〇〇〇	一、五三〇	
	中和餘	黃華廟	光緒元年	獨資	二八〇	一〇	七、二〇〇	一、二二四	
	大德元	黃華廟	光緒十三年	獨資	二八〇	一二	一〇、〇〇〇	一、三九五	
	全興公	小東關	民國二年	獨資	三〇〇	一四	八、六〇〇	一、八四〇	
	協義恆	南門外	民國三年	獨資	四〇〇	一四	九、八〇〇	一、八三〇	
	中義東	黃華街	民國二十二年	獨資	二八〇	一二	九、〇〇〇	一、四五〇	

三興餘	黃華廟	民國二十年	合資	二四〇	九	七、二〇〇	一、二二四
福和德	黃華街	民國二十三年	獨資	一七〇	五	五、四〇〇	九一八
恆盛號	黃華街	民國二十四年	獨資	一三〇	五	五、四〇〇	九一八
玉興餘	南門裏	民國十年	獨資	二二〇	七	七、二〇〇	一、二三二
長盛號	東溝	民國九年	合資	一四〇	三	八、四〇〇	八七五
義興成	東溝	民國十四年	合資	一九〇	三	五、四〇〇	九〇一
天德成	周村	民國八年	合資	一四〇	四	三、六〇〇	五八五
泰和堂	仝上	民國九年	獨資	一六〇	五	五、四〇〇	九〇七
鈺盛義	高都鎮	民國十二年	合資	二三〇	七	七、二〇〇	一、三一四
泰興義	高都鎮	民國五年	合資	一二〇	五	五、四〇〇	九〇三
雙盛和	晉村	民國二十年	合資	一三〇	五	五、四〇〇	九一七
鎰盛永	三家店	民國十五年	合資	一〇〇	三	五、三八〇	八八一
源盛興	三家店	民國十八年	獨資	一〇〇	三	五、三八〇	八八一
友協西	東大陽	民國二十年	合資	一五〇	三	五、四〇〇	九一二
義興成	南村	民國二十年	獨資	一五〇	四	三、六〇〇	五九七
義和成	仝上	民國十九年	獨資	二五〇	五	七、〇二〇	一、一〇〇
通和義	仝上	民國十九年	合資	二五〇	五	七、二〇〇	一、二三〇

	興盛公	巴公	民國二十二年	合資	二三〇	五	七、二〇〇	一、二〇五	
	隆興和	大陽	民國十七年	合資	三五〇	八	九、一〇〇	一、五五〇	
	奎興永	東溝	民國二十年	合資	二七〇	四	五、四〇〇	九九二	
	隆興公	東太陽	民國十二年	合資	一三〇	四	三、六〇〇	六〇〇	
陽曲	義興復	南市街	民國十四年一月	合資	一、〇〇〇	一六	二五、〇〇〇	四、四〇〇	
	泰來恒	南市街	民國七年十月	合資	八〇〇	一二	三四、〇〇〇	五、九二〇	
	湧泉興	南市街	民國十一年十一月	合資	一、五〇〇	一二	二八、〇〇〇	五、〇〇〇	
	德和昌	活牛市街	民國七年二月	合資	三〇〇	一一	一八、〇〇〇	三、一二〇	
	合義成	活牛市街	民國元年一月	合資	一五〇	一三	一八、〇〇〇	三、〇八〇	
	同心昌	活牛市街	民國二年二月	合資	一、〇〇〇	一二	三〇、〇〇〇	五、二八〇	
新絳	永盛泉	南門內	民國十一年	獨資	一〇〇	三	六、〇〇〇	九〇〇	
	永興泰	南門內	民國十六年	獨資	五〇	五	六、三六〇	九五四	
	茂盛合	南門內	民國十七年	獨資	五〇	三	六、〇〇〇	九〇〇	
安邑	同興永	河東市東大街	民國二十二年一月	合資	九〇〇	八	八、〇〇〇	一、六〇〇	
	集義成	河東市西大街	民國十五年一月	合資	九〇〇	九	八、六〇〇	一、七二〇	
	協興成	河東市西大街	民國二十二年七月	合常	三〇〇	六	七、〇〇〇	一、四〇〇	
解縣	誠興永	城內下街	民國一十三年二月	獨資	五〇〇	五	一〇、〇〇〇	三、〇〇〇	

	明興昌	城內下街	民國十七年二月	獨資	一六〇	三	六、〇〇〇	一、八〇〇
	金世奎	城內西街	民國二十年二月	獨資	四〇〇	四	九、〇〇〇	二、七〇〇
	恆順興	城內西街	民國二十二年三月	獨資	五三〇	五	一二、〇〇〇	三、六〇〇
	延長久	城內西街	民國十五年六月	獨資	二八〇	三	七、〇〇〇	二、一〇〇
猗氏	天盛成	縣城北街	光緒十二年十一月	獨資	八〇〇	八	七、〇〇〇	一、七五〇
	臨盛福	東街	民國十二年一月	合資	六〇〇	七	六、〇〇〇	一、五〇〇
	德茂成	東街	民國二十四年一月	獨資	五〇〇	六	四、〇〇〇	一、〇〇〇
	三盛合	嵋陽鎮	民國二十三年一月	合資	三五〇	四	二、〇〇〇	五〇〇
臨晉	劉一心		民國二十年三月	獨資	八〇	三	六八〇	一七〇
	劉祥娃		民國十九年一月	獨資	一一〇	三	七五〇	一八八
	劉經庭		民國二十年七月	獨資	八五	三	五四〇	一三五
	樊有銀		民國二十二年五月	獨資	九〇	三	四五〇	一一三
	自立成		民國八年九月	獨資	七〇	三	六七〇	一六八
永濟	恆心協	縣城東關	民國十二年二月	合資	三〇〇	一二	九、六〇〇	一、九二〇
	同心成	趙伊鎮	民國十五年九月	獨資	二〇〇	六	九、〇〇〇	一、八〇〇
	永生吉	三張村	民國二十年一月	合資	二一〇	七	一〇、〇〇〇	二、〇〇〇
長治	義順永	城內南街	民國二十二年九月	獨資	一〇〇	六	四、三七〇	八七四

	萬順永	北街	民國元年四月	獨資	二〇〇	五	九、九七五	一、九九五	
	義茂元	燕城鎮	民國十五年二月	獨資	一〇〇	四	四、九四〇	九八八	
	四合公	北星鎮	民國十年十月	獨資	一六〇	四	五、七〇〇	一、一四〇	
	天成源	蕭店鎮	民國二十年八月	獨資	一〇〇	二	三、六一〇	七二二	
吉縣	德盛新	東關	民國十九年八月	合資	一三〇		六五〇	一六三	
	三心合	東關	民國二十年十月	合資	六〇		二〇〇	五〇	
	晉元亨	東關	民國十七年三月	合資	一五〇	一	七〇〇	一七五	
	自立恆	東關	民國二十二年九月	合資	一〇五		四〇〇	一〇〇	
	同心德	西關	民國十九年三月	合資	二二〇	一	九〇〇	二二五	
	維新德	西關	民國十三年九月	合資	一八〇	一	八〇〇	二〇〇	
	天順正	西關	民國二十年三月	合資	一四〇	一	七五〇	一八八	
翼城	義和公司	城內	民國十五年	獨資	七〇·〇〇	三	一二〇〇	二四〇	
曲沃	長盛川	曲沃	民國十二年七月	獨資	一九〇	八	八、〇〇〇	一、六〇〇	
	天泰成	曲沃	民國十八年五月	合資	二〇〇	八	六、〇〇〇	一、二〇〇	
	三興德	曲沃	民國統二年四月	合資	一、一五〇	八	六、八〇〇	一、三六〇	
	同聚興	曲沃	民國元年二月	獨資	一、四〇〇	一二	九、〇〇〇	一、八〇〇	
	同義合	曲沃	民國三年一月	合資	八〇〇	七	四、〇〇〇	八〇〇	

	永興公	侯馬	民國元年六月	獨資	一、一五〇	七	六、五〇〇	一、三〇〇	
昔陽	吉慶長	縣城北關	民國十九年	獨資	四〇	二	六、〇〇〇	九〇〇	
	泰和昌	縣城北關	民國二十年	獨資	四〇	二	六、〇〇〇	九〇〇	
	慶和昌	縣城北關	民國二十年	獨資	四〇	二	六、〇〇〇	九〇〇	
河津	晉合成麻坊	西街	民國元年	合資	四〇〇	五	二、四五〇	八五八	
	三義成	東街	民國十二年	獨資	三三〇	五	二、二七五	七九六	
	福興和	東街	民國十八年	獨資	四七〇	五	二、七一三	九五〇	
靈邱	張立	本城魁見	民國十四年	獨資	二〇	二	三、三九〇	五〇九	
	張廷頁	本城魁見	民國十六年	獨資	一〇	二	三、三九〇	五〇九	
	張吉	本城魁見	民國十九年	獨資	一五·〇〇	二	三、三九〇	五〇九	
	戴向明	本城西關	民國十九年	獨資	二〇·〇〇	二	三、三九〇	五〇九	
汾城	東澤久	古城鎮		合資	六六〇	七	八、五〇〇	一、七〇〇	
	四盛合	古城鎮		獨資	八〇	四	三、二〇〇	六四〇	
	湧聚源	古城鎮		合資	一二〇	五	五、〇〇〇	一、〇〇〇	
	裕德恆	縣城		合資	四〇〇	六	五、〇〇〇	一、〇〇〇	
徐溝	乾亨蔚	城內北街	清宣統三二年一月	獨資	一、〇〇〇·〇〇	一〇	三、〇〇〇	六〇〇	兼營鐵器買賣
汾左	長盛發	東關街	民國八年	獨資	一、八九〇	七	一、一二〇	二〇二	

	萬元店	東關街	光緒二年	合資	二、〇六〇	八	八六〇	一五五	
	祥瑞永	東關	民國二十四年	獨資	一、七五〇	七	一、一三〇	二〇三	
	華星聚	東關街	民國二十二年	合資	一、四〇〇	六	一、〇三〇	一八五	
	武貴成	城東街	民國二十四年	獨資	一三〇	五	二八〇	五〇	
	昌合隆	城內	民國十三年	合資	三、七五〇	一〇	三、二〇〇	五七六	
	晉興元	城內	民國二十四年	合資	一、一五〇	九	五八〇	一〇四	
	德興裕	城內	民國十年	獨資	二、〇〇〇	九	一、二二〇	二二〇	
	通昇裕	城內	民國二十三年	合資	二、九〇〇	八	九、八六〇	一、七七五	
	復興永	城內	民國十一年	獨資	一、四五〇	九	一、二一〇	二一八	
祁縣	復泰新	城內黃街	民國十年	獨資	二〇〇	六	三、四〇〇	六八〇	
	晉泉和	城內黃街	民國十年	合資	五〇〇	六	四、六〇〇	九二〇	
	榮貞發	城內東街	籌備中	合資	四、四〇〇	四	二、八〇〇	五六〇	
平遙	義盛蔴廠	城隍廟街	民國九年二月	合資	六、二〇〇	一六	二八、〇〇〇	六、一六〇	
	玉盛蔴廠	西大街	民國六年二月	合資	三、二〇〇	一一	二三、〇〇〇	五、〇六〇	
	協盛蔴廠	西大街	民國二十二年	合資	五、三〇〇	一五	二六、五〇〇	五、八三〇	
	新盛蔴廠	上東門街	民國十二年三月	獨資	三、二〇〇	八	二一、〇〇〇	四、六二〇	
離石	光裕承	城內	民國二十三年二月	獨資	二〇〇	四	一一、二五〇	一、八〇〇	

	呂復元	城內	民國二十三年二月	獨資	一二〇	三	六、七五〇	一、〇八〇
交城	和義成	東關沙河街	民國六年二月	合資	五五〇	九	一一、五〇〇	二、〇七〇
	義盛德	東關南木街	民國二十三年八月	合資	六〇〇	六	一二、四〇〇	二、二三二

七　毛口袋業

一　概說

毛口袋為北方各省特有之工業產品，用以儲裝雜糧。山西各縣毛口袋業以晉北較為發達，該地接近塞北，運輸較繁，用為製袋原料之羊毛，取給亦較容易，故口袋業較南部各縣為盛。但大半均係家庭手工業。山西製造毛口袋較著縣分有十，其中具有獨立之作坊名稱者僅有吉縣、大寧、河曲三縣，他若浮山、大同、渾源、陽高、天鎮、朔縣、五寨七縣，則為家庭手工業，而無作坊名稱可稽攷。

二　現狀

吉縣、大寧、河曲三縣，合計有毛口袋製作坊十一家，除大寧之德義成毛織店為合資組織而外，其他均為獨資組織，資本總額為一千三百三十五元，職工總數六十二名。製造毛口袋每年需用羊毛總量二十三萬六千二百六十斤，年產毛口袋三萬六千五百十八條，總值二萬九千六百三十元。茲列表如次：

山西省毛口袋業現況一覽表

縣別	坊名	地址	設立年月	組織	資本額(元)	職工數	原料名稱	原料用量(元)	年產額 產量(條)	年產額 產值(元)
吉縣	根子號	縣城內	民國十八年九月	獨資	五〇	一	羊毛	二、五〇〇	五〇〇	五〇〇
	惠子毡坊	縣城內	民國十五年十月	獨資	九〇	一	羊毛	三、二〇〇	六四〇	六四〇
大甯	德義成毛織店	縣城內	道光二十五年正月	合資	二〇〇	四	羊毛	一、〇三〇	二〇〇	三八〇
河曲	康繼萬	泉子溝	光緒十二年	獨資	一三〇	七	羊毛	二七、二〇〇	四、一〇〇	三、二八〇
	劉存義	泉子溝	民國三年	獨資	九〇	四	羊毛	一七、一二〇	二、五七〇	二、〇五六
	武二蘭招	泉子溝	光緒二十一年	獨資	一五〇	九	羊毛	三五、七〇〇	五、三二一	四、二五七
	李善慶	泉子溝	民國二年	獨資	一三〇	八	羊毛	三〇、七二〇	四、七三〇	三、七八四
	廣二	泉子溝	民國二年	獨資	一七〇	一〇	羊毛	四二、三七〇	六、七五二	五、四〇二
	楊二	泉子溝	光緒七年	獨資	一五〇	九	羊毛	三七、一〇〇	五、七三〇	四、五八四
	賀來保	馬營圍	光緒十一年	獨資	八五	四	羊毛	一六、九五〇	二、五五五	二、〇四四
	侯七	馬營圍	光緒九年	獨資	九〇	五	羊毛	二二、三七〇	三、四二〇	二、七三六
共計					一、三三五	六二		二三六、二六〇	三六、五一八	二九、六六三

復就浮山等七縣，所產毛口袋，因無作坊名稱可稽，僅以每縣產量之估計，列表如後：

縣別	年產量（條）	集中產地
浮山	八六〇	縣城及各大鎮村
大同	二五、〇〇〇	縣城
渾源	二、〇〇〇	城關及四鄉
陽高	三、五〇〇	城內
天鎮	三、〇〇〇	城內北街
朔縣	二、二〇〇	
五寨	一、五〇〇	縣南關及舊寨村
共計	三八、〇六〇	

上兩表產量合計為七萬四千五百七十八條，此為山西全省毛口袋之總產量。

製造毛口袋所用原料為羊毛，羊毛普通可分為兩種，一為綿羊毛，一為山羊毛，口袋業採用羊毛，二者均用，綿羊毛每斤二角五分，山羊毛售價較低，每斤二角。

毛口袋製造程序，大致可分為四步：（一）先將羊毛揀選，上彈弓彈製；（二）拉成毛線，（三）上車織製，（四）加工縫就成袋。

毛口袋價格，歷年無甚變動，各地價格平均每條約在一元左右。茲列表如次：

縣別	單位價格（元）
浮山	二・〇〇
吉縣	一・〇〇
大寧	一・九〇
大同	〇・六五

渾源	一•〇〇	五寨	一•五〇
陽高	二•〇〇	五台	一•〇〇
天鎭	一•一〇	河曲	〇•八〇
縣朔	〇•九〇	河津	

產品銷售方法，有由織戶自運出賣，或由顧客訂購並無專收商舖，以現款交易居多。

八 游民習藝工廠

一 沿革

山西各縣游民習藝廠之設，自民國十年以後，漸次普及，其後受軍事影響，多有因經費支絀，或予改組，或行停辦者，近年時局安定，地方事業，漸復常態，復有若干處習藝廠相繼設立，其辦理較善者，計有陽曲、太谷、祁縣、嵐縣、長治、襄垣、潞城、黎城、壺關、高平、陽城、陵川、沁水、遼縣、河順、武鄉、壽陽、臨汾、襄陵、浮山、汾城、曲沃、翼城、吉縣、鄉寧、夏縣、平陸、芮城、新絳、和津、聞喜、稷山、絳縣、靈石、蒲縣、寧武、神池、偏關、五寨、五台、崞縣、河曲等縣。陽曲縣之山西平民工廠，設於民國二年，原係省辦，嗣於民國二十三年份改組，始歸商營，仍受建設廳監督，為各縣習藝廠中資力最厚者，其餘悉係縣辦，規模均小。習藝廠之工人，多屬輕微罪犯及無業游民，由縣政府或公安局送廠作工，授以生產技能，以資感化。山西平民工廠自改組後，已自行招工，但仍兼收游民罪犯，一律給予工資，或按件計，或以時間計，視所作而異，太谷之新民工廠，則係按月給資，此外均僅管口糧，不給工資。各縣之習藝廠，或稱平民工廠，或稱新民工廠，或稱民生工廠，或稱游民工廠，其以收容游民感化罪犯爲辦廠之原則，則均屬相同。

二　現狀

上述各縣中，鄉寧縣計有習藝廠兩所，其餘每縣一所，合計四十三所，總資本數八萬八千七百九十六元，職工凡一千六百四十二人，全年出品總值十八萬一千零五十元，茲列現況一覽表於後。

山西省游民習藝工廠現況一覽表

縣別	廠坊名	地址	設立年月	組織	資本額（元）	職工數	年產額 出品種類	年產額 產值（元）	備註
陽曲	山西平民工廠	成力街七號	民國二十三年七月	官督商營	四〇、〇〇〇	三四五	布疋、提花毯毛衣	八二、六九〇	
太谷	新民工廠	城內	民國十七年	官辦	四、〇〇〇	四七	布疋	四、一八〇	
祁縣	新民工廠	縣政府內	民國十九年	官辦	一、六〇〇	五六	布疋、鞋、毛巾、粉條	二、八一三	
嵐縣	新民工廠	縣城	民國二十二年三月	官辦	七〇〇	四五	土布、洋布	五、〇三三	

長治	新民工廠	城內北街	民國九年二月	官辦	八六〇	二二	毛線、線帶、白麵、土坯	九六一	
襄垣	新民工廠	西關街	民國十二年四月	官辦	七〇〇	五二	白麵、毛線	三、二五五	
潞城	新民工廠	文廟尊經閣院	民國十九年	官辦	一、五二九	一〇六	布疋、腿帶、草帽帶、線毯、麵粉	七、〇五〇	
黎城	新民工廠	城內	民國十九年六月	官辦	一五〇	一五	麵粉	四〇〇	
壺關	民生工廠	縣政府內	民國二十二年一月	官辦	三〇〇	四二	白麵、麥麩	一、〇五〇	
高平	新民工廠	曹參廟內	民國十九年五月	官辦	三三〇	二二	白粉	一、二〇〇	
陽城	新民工廠	東城濠百子廟	民國十九年九月	官辦	一五六	一八	白麵	七五〇	
陵川	新民工廠	縣政府內	民國二十一年七月	官辦	二〇〇	二九	品麵	一、九八〇	
沁水	新民工廠	東關	民國十八年三月	官辦	四〇〇	六	毛巾、洋布	五七五	
遼縣	新民工廠	東關	民國二十一年九月	官辦	五〇〇	五一	布疋、襪、紙張、白麵、筱麵	六、九四七	
和順	新民工廠	城外任家窰村	民國十五年三月	官辦	二、七二〇	一四	粗布、毛巾、栽絨毯、栽絨墊	七六四	
武鄉	新民工廠	城隍廟	民國二十四年五月	官辦	七〇〇	五二	白麵粉	一、一〇八	
壽陽	新民工廠	縣政府內	民國十九年十二月	官辦	一、二〇〇	二九	鐵機布	二、五二〇	
臨汾	新民工廠	縣政府內	民國十六年六月	官辦	三六五	一六	白麵	一、〇〇〇	
襄陵	新民工廠	縣政府前	民國十三年七月	官辦	四六三	二五	布疋、毛巾、白麵、黑麵、麥麩	五、二二三	
浮山	新民工廠	西街羅漢寺	民國二十二年	官辦	二、〇九一	二七	布疋、線毯、毯、裹布、印刷品、麵粉、毛口袋	二、一二二	
汾城	新民工廠	城隍廟街路北	民國十二年	官辦	三、八〇〇	三一	布疋、白麵、印刷品	六、二〇〇	

曲沃	新民工廠	上西門內	民國十八年七月	官辦	四、一〇〇	五二	麵粉、蔴繩、印刷品	一二、八一〇	
翼城	新民工廠	舊典史署	民國二十一年七月	官辦	一、〇〇〇	三四	麵	二、〇〇〇	
吉縣	新民工廠	縣政府西	民國十八年八月	官辦	七〇	七	白麵	二〇〇	
鄉甯	民生工廠	明倫堂	民國二十四年一月	官辦	二、〇〇〇	一九	布疋	三、一四二	
	新民工廠	舊捕廳衙門	民國二十二年七月	官辦	二五六	一六	白麵、印刷品	三六六	
夏縣	新民工廠	城隍廟	民國十二年	官辦	二、八〇〇	三三	棉布、棉毯、毛巾	八九二	
平陸	新民工廠	縣政府內	民國十九年六月	官辦	四〇〇	二五	麵粉、小米、粉筆	六五〇	
芮城	新民工廠	東街文廟後巷	民國十九年七月	官辦	三八〇	二〇	麥麵	七〇四	
新絳	新民工廠	縣政府內	民國十九年五月	官辦	七三二	四九	麵粉、印刷品	二、六〇〇	
河津	新民工廠	城內後街	民國九年七月	官辦		三二			該廠附設於模範織布工廠
聞喜	新民工廠	舊衙署西	民國十五年九月	官辦	一、七〇〇	三五	粗布	二、六〇〇	
稷山	新民工廠	城內	民國八年二月	官辦	二、五〇〇	三四	磨麵、彈花	四五〇	
絳縣	游民工廠	城內東門前	民國二十三年三月	官辦	一、五〇〇	三一	白麵、印刷品	一、九三七	
靈石	民生工廠	北街惠濟寺	民國二十二年六月	官辦	一、九二四	三三	布疋、麵粉、粉條	四、六九〇	
蒲縣	新民工廠	城內	民國十九年六月	官辦	一〇〇	一二			該廠並無出品
甯武	新民工廠	城內	民國二十四年六月	官辦	二〇〇	三三	白麵	一、六二〇	
神池	新民工廠	西街財神廟	民國二十二年三月	官辦	五〇〇	一六	莜麵	三、二六〇	

偏關	新民工廠	文廟節義祠	民國十九年	官辦	三、七〇〇	三六	毛毯、洋襪、洋帶、腿帶、白麵	一、一三二
五寨	新民工廠	大南街舊火神廟	民國二一年十一月	官辦	五〇〇	三四	毛毯、木器、白麵	一、四一〇
五台	新民工廠	城內	民國十二年二月	官辦	一、五〇〇	六	布疋、毛巾	八七八
寧縣	新民工廠	城內倉街	民國十九年九月	官辦	七〇	一八	麵粉	二八八
河曲	新民工廠	附設看守所內	民國二十一年九月	官辦	一〇〇	一七	白麵、毛手套	一、五〇〇

三　原料

各縣習藝廠之出品，多數爲紡織品及麵粉，大宗原料爲棉紗、羊毛、麥子、及其他雜糧，每年需用量合計，棉紗一項，約值四萬餘元，羊毛一項，約值一萬餘元，麥子一項，約值四萬元，其他雜糧，約值二千餘元。陽曲、太谷、祁縣、嵐縣、潞城、遼縣、和順、壽陽、靈石、五台等處習藝廠所用棉紗，均向榆次晉華紗廠購辦，沁水、襄陵、浮山，汾城、鄉寧、夏縣、聞喜等處習藝廠所用棉紗，均向新絳之雍裕，大益成兩廠購辦。陽曲縣山西平民工廠所用羊毛，悉購自榆次，襄垣縣新民工廠所用羊毛，悉購自黎城，河曲縣新民工廠時用羊毛，悉購自綏遠、長治、和順、偏關、五寨等處習藝廠所用羊毛，則概係就地收買。麥子及雜糧，除陵川縣新民工廠所用，係從壺關購入，遼縣新民工廠所用，係從武鄉購入，曲沃縣新民工廠所用，一部份購自翼城外，其餘各廠，均係就地收買。

四　出品及交易

陽曲縣之山西平民工廠，置有鐵輪機三十七部，價值二百九十六元，提花機二十三部，價值三百四十五元，勝家公司縫紉機十四部，價值五百元、禮和洋行紡毛機一部，價值一萬元，平織機八部，價值六百四十元，又馬達三部，馬力共二十四，習藝廠之有動力設備者，全省僅此一家。此外太谷縣新民工廠，置有織布機八部，價值三百六十八元，祁縣新民工廠，置有布機二部，價值四十元，毛巾機一部，價值二十元，嵐縣新民工廠，置有鐵機一部，木機十部，約值六七十元。潞城縣新民工廠，置有木機十一部，價值二百餘元，沁水縣新民工廠，置有布機及毛巾機各一部，約值四五十元。遼縣新民工廠，置有布機三部，價值八十四元，襪機二部，價值四十六元，石印機一部，價值一百六十一元。和順縣新民工廠，置有鐵機四部，價值二百七十二元，木機一部，價值八元。壽陽縣新民工廠，置有鐵機五部，價值一百二十元。襄陵縣新民工廠，置有鐵輪機八部，價值四百元，毛巾機一部，價值十元。浮山縣新民工廠，置有布機二部，價值六十元，縫紉機一部，價值九十五元，石印機一部，價值六十元。汾城縣新民工廠，置有布機七部，價值一百四十元，石印機一部，價值一百八十元。曲沃縣新民工廠，置有石印機二部，價值二百元。鄉寧縣民生工廠，置有大號鐵機二部，價值九十二元，小號鐵機一部，價值三十四元。夏縣新民工廠，置有大號布機四部，價值二百元，小號布機一部，價值三十元，大號織毯機一部，價值二十五元，小號織毯機一部，價值二十元，毛巾機一部，價值十五元，彈花機二部，價值一百四十元，軋花機一部，價值三十元。新絳縣新民工廠，置有石印機一部，價值三百餘元。聞喜縣新民工廠，置有布機七部，價值三百四十二元，鉛印機一部，價值三百二十元，石印機一部，價值一百二十元。稷山縣新民工廠，置有彈花機一部，約值六七十元。絳縣游民工廠，置有石印機一部，價值百餘元。靈石縣民生工廠，置有織布鐵機六部，價值二百元。偏關縣新民工廠，置有織襪鐵機三部，價值九十四元。五台縣新民工廠置有鐵機及木機各二部，約值百元左右。其餘各廠，均無機械設備。各縣習藝廠出品，以布疋，麵粉為大宗，其次為印刷品，又其次為毯子，襪子，毛巾等類。布每疋價格，自一二元至七八元，麵粉每百斤價格，自二三元至十元，印刷品凡招紙表式等類，每百張工值，自六七角至二元左右，毯子之面積大小不等，或以方尺計，或以件計，每單位價格，自數角至三四元，線襪每打價格約一二元，毛襪每打約值六七元，毛巾每打價格，自六角至七角數分，除陽曲縣山西平民工廠出品，略有銷往他省外，其餘各廠，出品不多，均僅銷本地。定貨手續，須先付半價，餘數俟交貨時算清，如係素有往來之家，亦可按月結算，至於零星交易，則概須現款，無賒欠之例。

第七編 特種商業

第一章 經紀業

一 種類

山西經紀業，種類頗多，有經營植物及其產品者，例如糧食行棉花行藥材行木料行烟行茶葉行等。有經營動物及其產品者，如皮毛行毛貨行牲畜行蛋行等。有經營礦物及其產品者，例如煤炭行，鐵器行鹽行等。有經營工藝產品者，例如土布行油行酒行紙張行等。此外尚有經營雜貨行者甚多。

晉省全省商行，據本部此次調查所得，共為四、七一九家。其中除雜貨行不計以外，以土布行莊，藥材行及糧食行為最多，各有五百家以上。其次棉花行不下二百四十餘家，此外酒行油行煤行鐵器行皮毛行等則均在五十家至一百家之間。茲將晉省主要商行家數列下：

行別	家數
土布行	五六三
糧食行	五一七
藥材行	五一四
棉花行	二四三
酒行	九七

油行	九五
煤行	七八
鐵貨行	七五
皮毛行	五二
鹽行	三九
烟行	二六

二　分佈

山西全省商行分佈，據本部調查，共計四、七一九家，資本額五三、二四一、六〇四元，營業總額一一三、〇一七、三〇〇元。其各縣分佈情形約如下表：

縣別	家數	資本總額	營業總額
陽曲	二一九	四八五、一七五	二、七五三、七六〇
榆次	六六	九二六、九三七	二、八六二、〇六二
太谷	四八	二九四、六八三	一、八六二、六七一
祁縣	一一	五四、五四〇	一四八、一五〇
徐溝	二四	八四、九五〇	一九三、一〇〇
清源	二八	一〇九、三二〇	四七八、一六一
交城	二八	二五、〇四八	一八五、四八四
文水	一七	五五、〇〇五	二〇三、一〇〇
岢嵐	七	一一、九〇〇	四九、〇〇〇
嵐縣	五	五、九〇〇	七、九〇〇
興縣	一五	六二、四〇〇	六七、五〇〇
汾陽	一〇八	三〇二、八九四	一、〇六四、九三九
平遙	一七四	一五一、四九一	二、〇八五、三四〇
介休	七三	六二、九四〇	五一七、一〇〇
臨縣	一六	九、八二五	六四、〇二〇
石樓	三	一八、一〇〇	八五、〇八〇
離石	二九	七二、九六〇	三八五、六五二

昔陽	二	二、二〇〇	八三、〇〇〇
臨汾	九	一四五、〇七五	二八六、五七七
襄陵	三一	五三、八六三	四三〇、二一一
洪洞	一二七	一九八、六二八	一、五一二、一七四
浮山	五	八、〇〇〇	一九九、五〇〇
汾城	二六	三三、二〇〇	五三五、五九一
安澤	一三	三七、六七〇	五四、一〇三
曲沃	三七	三二九、九〇〇	一、八三七、〇〇〇
翼城	三七	四、〇三八、一六八	三六、六四二、〇五〇
吉縣	一	二、三〇〇	一二、〇〇〇
鄉寧	三八	四六、九〇六	七六、一七七
永濟	六七	七一、六〇〇	一、三〇〇、〇五七
臨晉	三〇	二六、〇七〇	二〇二、七一六
虞鄉	一九	一二、一一〇	六二、三五〇
榮河	七三	四七、六四〇	七二六、一四八
萬泉	四九	二一、五一〇	二四五、五〇九
猗氏	六〇	五一、〇二五	七五二、八〇〇
解縣	四六	七八、八七一	二、六九六、八九八
安邑	六九	九二、六七〇	四六七、八一二
夏縣	五二	五〇、八八八	四八八、六一六
中陽	一三	五、一二〇	一八、五三四
長治	一〇二	一〇九、三五〇	七三二、二〇八
長子	八七	九〇、七〇五	五九〇、九二一
屯留	四一	四九、七五〇	五六〇、七〇〇
襄垣	五〇	六二、六七八	二一五、九四三
潞城	三三	七五、七三〇	一〇七、一六〇
黎城	五〇	五八、〇〇〇	一八八、四〇二
壺關	五二	六三、一五〇	一二九、五〇〇
平順	五二	一一、四七〇	四四、一〇〇
晉城	五四五	四九〇、一三〇	一、八六七、九〇二
高平	一四二	九六、三八〇	六五二、九二〇
陵川	一〇五	一二八、四三五	三五二、七七九
汾水	一	二〇〇	三、〇〇〇
沁縣	五二	五五、四八五	七二、六〇〇

沁源	七八	八〇、七九一	一三一、四一〇
武鄉	四六	三四、六九六	八、九三五、〇三五
平定	一二二	四、四七七、一六〇	二五、四九五、九一〇
平陸	四四	三九、二八〇	五三八、五九二
芮城	二六	二二、七〇〇	二八二、五七九
新絳	一九二	二二七、五三四	
河津	五五	三四、八三八	一、二九七、〇〇〇
聞喜	四九	三一、四八三	四五五、七七四
稷山	三四	八八、〇五八	二九六、二〇五
絳縣	一〇	二七、〇〇〇	一一一、七二二
垣曲	八七	五八、三四三	一三三、一五〇
靈石	四四	三五、五三〇	四二九、九五〇
趙城	六	一、四五〇	一五三、七〇〇
沁西	七	八、五〇〇	三八、九二〇
隰縣	一五九	一〇六、六八八	四七五、〇八八
大寧	九	三八、九〇〇	三八、〇四〇
永和	一四	九、五〇〇	三七、八〇〇
蒲縣	二	一、五〇〇	六〇、〇〇〇
大同	五五	七五五、〇〇〇	七、六八四、二〇〇
渾縣	七	—	四五七、八七五
應縣	二	—	一五〇、五〇〇
懷仁	四	二、三一〇	一四三、〇〇〇
廣靈	三	—	二六〇、五〇〇
陽高	二	—	四九〇、〇〇〇
天鎮	二	—	一二七、四七〇
右玉	四	—	二一、五〇〇
朔縣	二	—	二五二、五〇〇
左雲	三三	四一、三八〇	七二一、九四〇
平魯	四	—	一三二、九五〇
寧武	三二	—	二八一、二六〇
神池	一〇二	四九、四六五	五五九、五二五
偏關	五二	一二五、二〇八	八七、三五〇
五寨	六二	三九、四七八	三一九、四五〇
忻縣	一一	一九、〇〇〇	四九九、〇〇〇

定襄	二八	四四、八七〇	二三七、六八六
靜樂	一六	二二、九五〇	一二〇、〇〇〇
繁峙	一九二	二〇七、六二一	二二八、三七八
崞縣	一〇七	一七六、一四四	八七二、六〇〇
保德	一六	三五、九八〇	二二八、三三〇
河曲	四〇	六九、五六八	三八五、九二五
總計	四、七一九	五三、二四一、六〇四	一一三、〇一七、三〇〇

三　交易手續

晉省商行營業，以自行買賣者為較多，但亦有代客買賣者。自行買賣行家收集貨物之方法，或派員至產地收買，或由產家持貨至行投售。大抵規模較大之行家，多兼採二種辦法。規模較小者，則只收受自運投售之貨，交易手續有期貨及現貨二種，交貨付款方法，概由本行與對方直接談判。有貨銀兩交者，有分四節結賬者，亦有經人介紹先行交付一部份貨款者。此外尚有使用匯票或期票者。至于實行代客買賣，其手續先由貨主委託行家代為兜銷，或由買主委託行家代為收集。原主將貨物運到以後，即可將該貨存棧，由商行先行墊款與賣方，將來商貨脫售時，再由行家在貨款內扣出墊款，利息及佣金，餘額歸還賣主。至于晉省行家佣金，多為值百抽二(即百分之二)，但亦有從量每單位抽錢若干者。

山西各縣牙行莊號一覽表

縣名	經營貨品種類	家數	資本總額(元)	營業總額(元)
陽曲	藥材	三〇	八二、六〇〇	二四三、八〇〇
	米粟	二三	七〇、一〇〇	一五七、二〇〇
	小糶米粟	一二	一一、三五〇	四〇、七〇〇
	旱菸	五	三、四〇〇	四七、六〇〇
	布	二七	五三、二七五	五七七、五〇〇
	茶葉	一〇	一一、〇〇〇	一五四、八〇〇
	油	一六	三五、九〇〇	二八三、九一〇
	書紙文具	二九	四四、一九〇	二二〇、六〇〇
	書紙	三〇	一一七、八六〇	四九二、八〇〇
	水菓	九	三、二五〇	七、〇〇〇
	眼鏡鐘錶	三	一三、〇〇〇	三二、〇〇〇
	金珠	七	一九、五〇〇	二八二、〇〇〇
	估衣	一二	六、九五〇	四九、一八〇
	糧食	六	一二、八〇〇	一六四、六七〇
	共計	二一九	四八五、一七五	二、七五三、七六〇
榆次	彩帛	九	七〇、〇〇〇	四七七、七七五

	乾菜紙張	四	一九五、〇〇〇	八五三、四七五
	酒麪	六	一六、四三七	四六、二二四
	煤油	四	二〇、〇〇〇	七九、八〇二
	旱菸	三	六四、六〇〇	四二、四八三
	糕點醬園	一三	四九、九五〇	一四九、八〇七
	堿	二	一四、五〇〇	三二、〇一二
	葫油	二	七、〇〇〇	二一、一五〇
	茶	一	二〇〇	七、〇〇〇
	鐵	五	一〇、五〇〇	五三、〇七八
	捲煙	二	五、〇〇〇	一五七、三八〇
	糧食	八	五五、七五〇	五五、六五〇
	花布	六	三四八、〇〇〇	四九六、二二六
	機器製麥粉	一	七〇、〇〇〇	三九〇、〇〇〇
	總計	六六	九二六、九三七	二、八六二、〇六二
太谷	藥材	一二	一六六、八〇八・四八	一四八、三二五
	糧食	一八	四八、一一七・五〇	一、五九六、六〇〇
	木行	一	三、四八〇	一四、一四六

	茶	一	三〇、〇〇〇	
	棉花	四	一四、一六六・七〇	二三、四〇〇
	水果	五	一、三〇〇	六、四〇〇
	鐵	三	二九、二一〇	六五、一〇〇
	錫	四	一、六〇〇	八、七〇〇
	總計	四八	二九四、六八二・六七	一、八六二、六七一
祁縣	糧	八	一一、三四〇	一一三、〇五〇
	布	二	七、二〇〇	五、一〇〇
	茶	一	三六、〇〇〇	三〇、〇〇〇
	總計	一一	五四、五四〇	一四八、一五〇
徐溝	藥材	六	二一、〇九〇	二〇、三〇〇
	糧食	五	二六、八〇〇	九二、〇〇〇
	木	二	八、五〇〇	一二、五〇〇
	布	五	一四、〇〇〇	三五、一〇〇
	顏料	六	一四、五六〇	三三、二〇〇
	總計	二四	八四、九五〇	一九三、一〇〇
清源	藥材	六	一五、五二〇	一六、九七一

	糧	七	三〇、〇〇〇	一二〇、〇〇〇
	花布	六	二六、〇〇〇	二一〇、〇〇〇
	雜貨	九	三七、八〇〇	一三一、一九〇
	總計	二八	一〇九、三二〇	四七八、一六一
交城	藥材	六	五、九六七	一八、九〇〇
	糧行	八	三、九〇〇	五八、一〇〇
	土布	七	九、五〇〇	七八、三五〇
	雜貨	七	五、六八〇	三〇、一三四
	總計	二八	二五、〇四七	一八五、四八四
文水	藥材	五	一、三八五	八、一〇〇
	糧食	二	一四、五〇〇	二〇、〇〇〇
	布	三	八、〇〇〇	四五、〇〇〇
	棉花	四	二三、六〇〇	一一三、〇〇〇
	雜貨	三	七、五二〇	一七、七〇〇
	總計	一七	五五、〇〇五	二〇三、一〇〇
岢嵐	雜業	七	一一、九〇〇	四九、〇〇〇
嵐縣	麪	二	一、一〇〇	一、三五〇

	布	三	四、八〇〇	六、五五〇
	總計	五	五、九〇〇	七、九〇〇
興縣	雜貨	一一	五六、七三〇	二三一、五〇〇
	藥材	四	五、六七〇	五六、〇〇〇
	總計	一五	六二、四〇〇	二八七、五〇〇
汾陽	藥材	一五	一四七、三〇八	二八、七一〇
	糧食	一〇	一八、七〇〇	一六三、九六八
	木行	二四	一四、八七五	五一、六二〇・八〇
	布	一九	四八、九九〇	一三二、四五五・
	棉花	三	八、五〇〇	二九七、〇〇〇
	油	六	二一、〇〇〇	七九、〇〇〇
	鐵行	七	五、八〇〇	二九、二〇〇
	雜貨	二四	三七、七二一	二八二、九八六
	總計	一〇八	三〇二、八九四	一、〇六四、九三九・八〇
平遙	藥材	二四	九、二六一	六〇、一二〇
	糧食	八	四、五四〇	二四一、四〇〇
	木料	五	五、五五〇	一〇、一五〇

	花布	三〇	五六、九六〇	八一三、〇〇〇
	鐵器	五	一〇、〇九〇	九〇、三七〇
	雜貨	二〇	一七、四三五	二四七、〇〇〇
	估衣	七	五、三五〇	四五、〇〇〇
	京貨	三八	二一、三五〇	三〇九、〇〇〇
	煤油	五	八、〇〇〇	一八二、〇〇〇
	烟	四	七、〇〇〇	二六、九〇〇
	油麵	二八	五、九五五	六〇、四〇〇
	總計	一七四	一五一、四九一	二、〇八五、三四〇
介休	糧食	一三	七、四七五	一五三、二〇〇
	京貨花布	二二	一一、八九五	一〇三、〇〇〇
	紙張雜貨	一四	一八、三〇〇	一二一、二〇〇
	麵	二四	二五、二七〇	一三九、七〇〇
	總計	七三	六二、九四〇	五一七、一〇〇
臨縣	藥材	五	二、五五〇	四、七〇〇
	糧食	二	四、二〇〇	二、四二〇
	紙碼雜貨	五	一、八五〇	四、九〇〇

	蔴	四	一、二二五	五二、〇〇〇
	總計	一六	九、八二五	六四、〇二〇
石樓	皮毛	一	二、三五〇	八、一三〇
	雜貨	一	一一、四〇〇	六八、七〇〇
	糧行	一	四、三五〇	八、二五〇
	總計	三	一八、一〇〇	八五、〇八〇
離石	藥材	九	六、三四〇	四五、四八〇
	花布	九	二七、〇〇〇	二六五、七二〇
	雜貨	一一	三九、六二〇	七四、四五二
	總計	二九	七二、九六〇	三八五、六五二
中陽	花布	三	二、三〇〇	七、五〇〇
	酒	三	三二〇	一、四三四
	雜貨	三	一、一〇〇	五、七〇〇
	麵粉	四	一、四〇〇	三、九〇〇
	總計	一三	五、一二〇	一八、五三四
長治	磁器	六	一、二五〇	三、八八〇
	絲行	二	五〇〇	九〇〇

	醎行	二	五〇〇	九〇〇
	鹽	一	五〇、〇〇〇	二一、四七〇・四〇
	雜貨	一二	一三、四〇〇	一三一、一〇〇
	京貨	九	三、七〇〇	三四、六〇〇
	綢緞	五	一一、〇〇〇	九六、〇〇〇
	販油	一	七五〇	
	花布	二一	一五、〇五〇	一〇八、一〇〇
	五金	二	一、三〇〇	八、一〇〇
	書業	二	二、五〇〇	一〇、五〇〇
	藥材	一一	六、八〇〇	一九、〇〇〇
	山貨	二	一、二〇〇	四、三二八
	皮毛	一		七三、三三〇
	糧食	二五	一、四〇〇	二二〇、〇〇〇
	總計	一〇二	一〇九、三五〇	七三二、二〇八・四〇
長子	皮毛	一	三〇	五、〇二一
	蔴牙	一〇	九八八	五五、五〇〇
	糧行	一六	八、九〇〇	一七五、五〇〇

	棉花	一三	七、三〇〇	六五、八〇〇
	雜貨	一八	九、七〇〇	五三、二〇〇
	藥材	一一	四、三〇〇	四八、〇〇〇
	京貨	一七	八、九〇〇	四七、九〇〇
	鹽	一	五〇、五〇〇	一四〇、〇〇〇
	總計	八七	九〇、七〇五	五九〇、九二一
屯留	雜貨	一三	一五、九〇〇	五〇、〇〇〇
	藥材	四	一、五〇〇	三、七〇〇
	京貨	三	五、〇〇〇	二〇、〇〇〇
	斗商	一七	一二、三五〇	三三七、〇〇〇
	棉花	三	五、〇〇〇	三〇、〇〇〇
	鹽	一	一〇、〇〇〇	一二〇、〇〇〇
	總計	四一	四九、七五〇	五六〇、七〇〇
襄垣	鹽	一	八、三七八	一〇二、三四三
	花布	一八	二一、八〇〇	三七、七〇〇
	京貨	八	一二、三〇〇	一九、一〇〇
	雜貨	一三	九、一〇〇	三八、一〇〇

	藥材	一〇	一一、一〇〇	一八、七〇〇
	總計	五〇	六二、六七八	二二五、九四三
潞城	布莊	五	一〇、六〇〇	三〇、七〇〇
	雜貨	三		一八、五〇〇
	京貨	一七	一三、九〇〇	四二、五〇〇
	藥材	七	一、二三〇	一、八七〇
	鹽	一	五〇、〇〇〇	一三、五九〇・七〇
	總計	三三	七五、七三〇	一〇七、一六〇・七〇
黎城	藥材	一四	一〇、二〇〇	二一、二三二
	花布	八	一七、二〇〇	二六、四七〇
	京貨	六	七、二〇〇	一一、六〇〇
	雜貨	二一	一二、五〇〇	三五、五〇〇
	鹽	一	一〇、九〇〇	九三、六〇〇
	總計	五〇	五八、〇〇〇	一八八、四〇二
壺關	糧行	二一	四、〇五〇	六二、五〇〇
	雜貨	一九	五、八五〇	三四、五〇〇
	藥材	九	二、四五〇	一一、五〇〇

	鹽	一	五〇、〇〇〇	一五、〇〇〇
	估衣	二	八〇〇	六、〇〇〇
	總計	五二	六三、一五〇	一二九、五〇〇
平順	食鹽	四	四、一〇〇	一二、三〇〇
	布	七	三、〇〇〇	一四、〇〇〇
	米行	一三	一、三一〇	一三、七〇〇
	藥材	八	三〇〇	六〇〇
	雜貨	二一	二、七六〇	三、五〇〇
	總計	五二	一一、四七〇	四四、一〇〇
晉城	書筆	一三	一〇、六五〇	一八、八七六
	土布	七八	一三一、三〇〇	二二〇、七八〇
	油	一七	二三、四〇〇	三九、六〇〇
	糧	四一	二〇、四一〇	一、二六八、〇〇〇
	鮮肉	二二	二、〇五〇	九、三〇〇
	皮貨	九	七〇〇	五三、一二〇
	鐵貨	二一	三七、九三〇	
	店行	一一	四、〇〇〇	六、〇〇〇

	木貨	一八	六、九五〇	一三、二七三
	磁碎	三〇	四四、七五〇	一〇五、〇九七
	酒	三〇	九、四九〇	一八、二五〇
	藥材	四九	一二、二六〇	二一、四七〇
	京貨	四〇	六一、一五〇	九一、五〇〇
	鹽	一	三、〇〇〇	
	鹹業	八	三、三〇〇	四、二八二
	絲業	二	五〇〇	二、五五〇
	雜貨	一五五	八八、五九五	一九四、五〇六
	總計	五四五	四九〇、一三〇	一、八六七、九〇二
高平	布莊	二三	三二、八〇〇	一三五、四〇〇
	茶號	四	七〇〇	一、五〇〇
	烏綾	六	九、四八〇	四九、二二〇
	絲行	五	五、四五〇	二四、〇〇〇
	藥材	二八	一一、六五〇	二七、八〇〇
	雜貨	六	二一、三〇〇	一八七、〇〇〇
	鹽號	一	一五、〇〇〇	二二八、〇〇〇

	總計	一四二	九六、三八〇	六五二、九二〇
陵川	花布雜貨業	六九	三六、二〇〇	一七八、五九八
	糧食	一五	九、一九七	四三、九七一
	藥材	一一	一、九八九	一五、六五〇
	鐵貨	七	五、六七二	八、四〇〇
	絲行	二	一、五〇〇	二、四五四
	鹽莊	一	七三、八七七	一〇三、七〇六
	總計	一〇五	一二八、四三五	三五二、七七九
沁水	絲行	一	二〇〇	三、〇〇〇
	總計	一	二〇〇	三、〇〇〇
沁縣	米號	七	一二、八二〇	九、四六〇
	雜貨	七	一一、一一五	一三、九一〇
	藥材	三	一、七〇〇	二、八五〇
	布行	七	九、九四〇	一六、九八〇
	京貨	七	八、二七五	一五、〇〇〇
	鹽	一	一一、六〇〇	一四、四〇〇
	總計	三二	五五、四八五	七二、六〇〇

沁源	藥材	一六	八、一九五	八、五五〇
	斗業	七	六、〇七〇	一、一五〇
	菸業	二	五、〇〇〇	一六、〇〇〇
	店業	一〇	五一六	二、〇一〇
	雜貨	四三	六一、〇一〇	一〇三、七〇〇
	總計	七八	八〇、七九一	一三一、四一〇
武鄉	雜貨	一八	八、一四四	一三、七五〇
	藥材	一一	三、二八九	八、九〇〇、一〇〇
	花布	一六	九、二六三	一四、三三〇
	鹽號	一	一四、〇〇〇	六、八五五・六〇
	總計	四六	三四、六九六	八、九三五、〇三五・六〇
平定	煤商	二九	三、六九八、四九〇	一三、五七一、九一〇
	鐵商	七	七一五、八〇〇	五四六、三〇〇
	津貨	一三	一三、九三〇	一一〇、八〇〇
	藥材	一五	七、七八〇	五四、三〇〇
	花布	一六	七、五〇〇	九八、二〇〇
	雜貨	一四	一六、四八〇	一四四、三〇〇

	麵業	二八	一七、一八〇	二三八、五〇〇
	總計	一二二	四、四七七、一六〇	二五、四九五、九一〇
晉陽	糧行	二	二、二〇〇	八三、〇〇〇
	總計	二	二、二〇〇	八三、〇〇〇
臨汾	糧行	六	二〇、〇七五	二二二、五七七
	花業	三	一二五、〇〇〇	六四、〇〇〇
	總計	九	一四五、〇七五	二八六、五七七
襄陵	雜貨	五	七、一〇三	一三、三〇〇
	木行	五	三二〇	二、九〇〇
	藥材	五	三、五二一	七、二〇〇
	牲畜	一	一、九〇〇	九五、〇〇〇
	煤行	一	一、九三〇	一二〇、〇〇〇
	鹽	一	一六、〇〇〇	四〇、一八五
	棉花	四	三、五〇〇	八二、〇〇〇
	鐵行	三	一、一〇〇	一、五〇〇
	糧食	六	一八、四八九	一五三、六二六
	總計	三一	五三、八六三	四三〇、二一一

洪洞	雜貨	九	二二、二〇〇	九三、〇〇〇
	油行	三	六、八五〇	四二、四一七
	雜糧	一一	一九、一〇〇	三二一、六〇〇
	藥材	一三	九、七七〇	二九、四一〇
	潮旱菸	七	三、五〇〇	三一、九八〇
	京貨	二七	四〇、五二八	三七五、九八〇
	麵業	三〇	二七、九七〇	一四〇、二八七
	棉花	七	五二、五〇〇	四一二、五〇〇
	皮商	一二	三、四九〇	二一、〇〇〇
	估衣	九	一二、七二〇	四四、〇〇〇
	總計	一二七	一九八、六二八	一、五一二、一七四
浮山	糧行	五	八、〇〇〇	一九九、五〇〇
	總計	五	八、〇〇〇	一九九、五〇〇
汾城	煤炭	五	一、一〇〇	三六、六七六
	粟行	一三	二五、二〇〇	三三二、八八〇
	棉花	八	六、九〇〇	一六六、〇三五
	總計	二六	三三、二〇〇	五三五、五九一

安澤	米行	一一	三〇、六七〇	四一、七〇三
	斗牙	一	五、〇〇〇	九、三〇〇
	花牙	一	二、〇〇〇	三、一〇〇
	總計	一三	三七、六七〇	五四、一〇三
曲沃	菸業	一	三〇〇	三、〇〇〇
	花行	二二	二八一、〇〇〇	一、四五二、〇〇〇
	油行	四	二四、〇〇〇	一〇〇、〇〇〇
	煤炭	三	六〇〇	一〇、〇〇〇
	糧食	七	二四、〇〇〇	二七二、〇〇〇
	總計	三七	三二九、九〇〇	一、八三七、〇〇〇
翼城	煤商	八	三〇、五〇〇、〇〇〇	三一、三一三、〇〇〇
	鐵業	五	九、七七五、八三〇	二、九四八、八〇三
	棉花	二〇	七一、二五〇	二、一八五、五四七
	糧食	四	三四、六〇〇	一九四、七〇〇
	總計	三七	四〇、三八一、六八〇	三六、六四二、〇五〇
吉縣	粟行	一	二、三〇〇	一二、〇〇〇
	總計	一	二、三〇〇	一二、〇〇〇

鄉寧	雜貨	三〇	四〇、七〇六	五九、四九九
	鹽行	一	五、一〇〇	一四、一二〇
	布莊	一	七五〇	九九八
	藥材	六	三五〇	一、五六〇
	總計	三八	四六、九〇六	七六、一七七
永濟	藥材	一二	一四、九〇〇	二四、五七〇
	雜糧	一二	一四、〇〇〇	九五六、三〇〇
	於號	二	二、四〇〇	四九一〇
	布疋商	一〇	一一、〇五〇	二一、八六八
	茶	三	九、五〇〇	二四、八五〇
	棉花	六	四、五〇〇	一七八、五八三
	煤炭	四	一、五〇〇	五、六四〇
	鹽	一	八、〇〇〇	四〇、五四五
	鐵貨	一	八〇〇	三、〇三七
	雜貨	一八	四、九五〇	三九、七五四
	總計	六七	七一、六〇〇	一、三〇〇、〇五七
臨晉	糧行	二	二、〇〇〇	二〇、八〇〇

	花行	四	四、三〇〇	六五、四〇〇
	鹽業	一	一、〇〇〇	一八、二一六
	洋車	四	四五〇	九、五〇〇
	京貨	八	六、一〇〇	五六、〇〇〇
	藥材	四	三〇〇	一、五〇〇
	雜貨	七	一一、九二〇	三一、三〇〇
	總計	三〇	二六、〇七〇	二〇二、七一六
虞鄉	粟花	八	三、〇〇〇	五三、八五〇
	鹽	一	二、四〇〇	二、五六〇
	藥店	三	五〇〇	一、〇二〇
	雜貨	七	六、二一〇	四、九二〇
	總計	一九	一二、一一〇	六二、三五〇
榮河	糧食	二	二、八〇〇	一八三、六〇〇
	藥號	一一	二、〇四〇	一五、八五〇
	鹽	一	四、〇〇〇	六〇、三四八
	雜貨	三〇	九、四〇〇	二二六、八〇〇
	花店	二九	二九、四〇〇	二三九、五五〇

	總計	七三	四七、六四〇	七二六、一四八
萬泉	糧行	六	六六〇	四三、二〇〇
	藥材	五	一、九三〇	三、八〇〇
	木料	四	九〇〇	三、四二〇
	布疋	五	二、八五〇	一三、〇一〇
	棉花	七	三、七〇〇	一二四、一七九
	食鹽	一	五、〇〇〇	二七、九〇〇
	雜貨	二一	六、四七〇	三〇、〇〇〇
	總計	四九	二一、五一〇	二四五、五〇九
猗氏	糧食	一一	七、七〇〇	二七八、〇〇〇
	木料	七	六、一〇〇	三三、〇〇〇
	棉花	八	一一、七〇〇	三〇〇、〇〇〇
	藥	八	四、九八五	一八、〇〇〇
	蔬菜	四	九〇〇	四、三〇〇
	煤	二	九〇〇	二五、八〇〇
	鹽	一	三、〇〇〇	二二、八〇〇
	雜貨	一九	一五、七四〇	七一、九〇〇

	總計	六〇	五一、〇二五	七五二、八〇〇
解縣	鹽	一	二、〇〇〇	二五、五〇〇
	布	一八	二六、六九三	一七、三三八、六四〇
	煤炭	一	三〇〇	六一、〇〇〇
	鐵	四	六、五〇〇	五四、六四八
	藥材	八	一四、七〇七	二二、一五〇
	栗花	六	四、八〇〇	四五七、〇〇〇
	雜貨	八	二三、八七一	三四二、七三六
	總計	四六	七八、八七一	一八、三〇一、六七四
安邑	藥材	四	一、六〇〇	一、二三二
	絲布	四	五、二〇〇	一四、五九〇
	棉花	三	一、九五〇	一二八、九二〇
	糧行	一四	六、二〇〇	八八、〇〇〇
	雜貨	五	五、九〇〇	一七、七〇〇
	鐵	二	三、八〇〇	三八、三五五
	油	五	六、五〇〇	一一、六五〇
	茶	三	一、一六〇	一、三〇〇

	藥材	六	五、五二〇	一一、七五六
	紙	八	四、七三〇	四二、六二一
	南貨	一五	五〇、四一〇	一一一、六八八
	總計	六九	九二、六七〇	四六七、八一二
夏縣	糧食	一〇	一六、七二九	六六、〇〇〇
	棉花	五	五、一〇〇	三一五、〇〇〇
	油	四	二、二五〇	六、六〇〇
	鹽	一	六、〇〇〇	二八、〇〇〇
	鐵	三	二、五〇〇	六、五〇〇
	雜貨	一〇	一一、七八九	二〇、〇九五
	京貨	四	三、六〇〇	一三、〇〇〇
	饃麵	一五	二、九二〇	三三、四二一
	總計	五二	五〇、八八八	四八八、六一六
平陸	糧店	四	九〇〇	一九六、五〇〇
	糧	五	一、五一〇	一二五、八〇〇
	棉花	三	一八、〇〇〇	一六〇、〇〇〇
	雜店	一一	五、三七〇	五、二五二

	鹽店	一	一、〇〇〇	四、六〇〇
	雜貨	二〇	一二、五〇〇	四六、四四〇
	總計	四四	三九、二八〇	五三八、五九二
芮城	糧食	三	一、九〇〇	
	棉花	三	四、三〇〇	一三〇、〇〇〇
	牲畜	一		一〇八、二五〇
	藥材	六	二、五〇〇	一〇、二五〇
	柴炭	四	二、七〇〇	一五、八〇〇
	鹽	一	四、〇〇〇	一、八七九
	雜貨	八	七、三〇〇	一六、四〇〇
	總計	二六	二二、七〇〇	二八二、五七九
新絳	京貨	五四	一八、七二八	二、八七四、〇〇〇
	雜貨	三二	五九、〇三〇	六八六、七〇〇
	綢緞	四	七、九一六	七〇、〇〇〇
	估衣	一一	二一、三〇〇	一二七、一〇〇
	藥材	三四	二四、五六〇	二四九、四〇〇
	糧食	六	三三、五〇〇	四四四、〇〇〇

	棉花	一	三、二〇〇	
	府紙	四	六、四〇〇	三八、〇〇〇
	粗磁	五	五三〇	三、五八〇
	酒	七	一三、一〇〇	一〇〇、二〇〇
	豬毛	一	三、〇〇〇	二四、〇〇〇
	皮店	七	七、九〇〇	二一〇、〇〇〇
	鐵貨	三	六、五〇〇	四四、五〇〇
	金珠	三	九、二〇〇	八〇、〇〇〇
	古玩	五	三、六八〇	二一、〇〇〇
	煤油	三	三、〇〇〇	一一五、〇〇〇
	繩頭	一二	六、〇一〇	三七、三〇〇
	總計	一九二	二二七、五三四	
河津	糧	一九	一三、七三八	二二三、〇〇〇
	棉花	一一	一一、一〇〇	三九四、〇〇〇
	煤炭	二五	一〇、〇〇〇	六八〇、〇〇〇
	總計	五五	三四、八三八	一、二九七、〇〇〇
聞喜	糧	一〇	九、六五〇	一四九、五五〇

	布莊	一四	四、五三〇	三五、二三〇
	棉	七	二、六〇〇	一三六、五〇〇
	藥	七	三、八八三	二六、五七一
	鹽	一	一〇、〇〇〇	八七、五五二
	木料	一〇	八二〇	二〇、三七一
	總計	四九	三一、四八三	四五五、七七四
稷山	棉	二二	三六、九〇八	一五三、八〇五
	粟	一〇	五一、一五〇	一四二、四〇〇
	總計	三四	八八、〇五八	二九六、二〇五
絳縣	糧食	一	三、五〇〇	三四、五二二
	棉花	八	一三、五〇〇	一六、九〇〇
	鹽	一	一〇、〇〇〇	六〇、三〇〇
	總計	一〇	二七、〇〇〇	一一一、七二二
垣曲	鹽	一	三〇、〇〇〇	五六、〇四〇
	糧食	一一	一四、一五〇	四六、四〇〇
	藥店	一九	三、二二〇	四、六二〇
	雜貨	五六	一〇、九七三	二六、〇九〇

	總計	八七	五八、三四三	一三三、一五〇
靈石	畜牙	五		二一七、〇〇〇
	雜貨	二〇	一七、四〇〇	五七、〇〇〇
	京貨	六	四、〇五〇	三三、五〇〇
	藥	九	二、〇八〇	八、四五〇
	糧	四	一二、〇〇〇	六〇、〇〇〇
	總計	四四	三五、五三〇	四二九、九五〇
趙城	糧	六	一、四五〇	一五三、七〇〇
	總計	六	一、四五〇	一五三、七〇〇
汾西	雜貨	五	二、五〇〇	一五、〇〇〇
	糧	二	六、〇〇〇	二三、九二〇
	總計	七	八、五〇〇	三八、九二〇
隰縣	藥材	二五	五、八二〇	二〇、九四二
	燒酒	一〇	一六、二〇〇	五五、二〇〇
	棉花	三	七、九〇〇	三七、二〇〇
	糧食	一三	二六、一二〇	五八、四二六
	油	一	五〇〇	三、七八〇

	鹽	一		三四、〇〇〇
	皮毛	六	二、二二〇	一七、六四九
	雜貨	一〇〇	四七、九二八	二四七、八九一
	總計	一五九	一〇六、六八八	四七五、〇八八
大寧	棉花	一	九、一〇〇	七、九〇〇
	牲畜	一	三、五〇〇	二、七〇〇
	布莊	一	四、六〇〇	三、三二〇
	鹽	一	一、五〇〇	一、二〇〇
	酒	一	三、五〇〇	二、三五〇
	雜貨	一	九、七〇〇	八、五七〇
	京貨	三	七、〇〇〇	一二、〇〇〇
	總計	九	三八、九〇〇	三八、〇四〇
永和	皮毛	二	二、〇〇〇	五、〇〇〇
	飯店及客棧	二	四〇〇	四、〇〇〇
	雜貨	一〇	七、一〇〇	二八、八〇〇
	總計	一四	九、五〇〇	三七、八〇〇
蒲縣	糧斗	一	一、五〇〇	六〇、〇〇〇

	牲畜	一		
	總計	二	一、五〇〇	六〇、〇〇〇
大同	牙行	三		一五九、二〇〇
	絨毛	五	五、〇〇〇	二五、〇〇〇
	雜貨	一七	二五〇、〇〇〇	一、五〇〇、〇〇〇
	布莊	一二	二〇〇、〇〇〇	一、〇〇〇、〇〇〇
	糧店	一八	三〇〇、〇〇〇	五、〇〇〇、〇〇〇
	總計	五五	七五五、〇〇〇	七、六八四、二〇〇
渾源	牙行	七		四五七、八七五
	總計	七		四五七、八七五
應縣	糧行	二		一五〇、五〇〇
	總計	二		一五〇、五〇〇
懷仁	牙行	四	二、三一〇	一四三、〇〇〇
	總計	四	二、三一〇	一四三、〇〇〇
廣靈	牙行	三		二六〇、五〇〇
	總計	三		二六〇、五〇〇
陽高	牙行	二		四九〇、〇〇〇

	總計	二		四九〇、〇〇〇
天鎮	牙行	二		一二七、四七〇
	總計	二		一二七、四七〇
右玉		四		二一、五〇〇
	總計	四		二一、五〇〇
朔縣	牙行	二		二五二、五〇〇
	總計	二		二五二、五〇〇
左雲	花布莊	一八	三一、二二〇	一〇七、二一〇
	羊毛行	五	九、五〇〇	二一、〇〇〇
	牙行	一〇	六六〇	五九三、七三〇
	總計	三三	四一、三八〇	七二一、九四〇
平魯	牙行	四		一三二、九五〇
	總計	四		一三二、九九〇
甯武	花布	一〇	一四、二二四	五三、〇〇〇
	菸酒	一五	一四、〇〇〇	五一、五〇〇
	粟牙	二	三、〇〇〇	三、一〇〇
	木貨	三	六〇、六〇〇	三〇、一一〇

	蛋業	一		
	木牙紀	一	三〇〇	一〇、六〇〇
	總計	三二	九二、一二四	二八一、二六〇
神馳	棉花土布	三六	三五、三四三	二五三、四二八
	麵業	一九	七、九四五	八六、二二五
	油	六	一、五〇〇	一一、四〇〇
	飯舖	九	二、一七〇	一五、〇〇〇
	皮貨	二	一〇〇	三〇〇
	雜貨	二	六〇〇	三、二〇〇
	洗染	三	三七五	二、四〇〇
	山貨地貨	一三	五八五	三、六〇〇
	藥材	八	二四〇	四、〇〇〇
	書業	一	一五〇	一、五〇〇
	肉業	一	五〇	一、〇〇〇
	粟行	一	二〇一	八二、五八五
	牲畜	一	二〇六	九四、八八七
	總計	一〇二	四九、四六五	五五九、五二五

偏關	雜貨	一八	八、三八八	四五、五〇〇
	絲貨	二	六〇〇	二、五〇〇
	油	一七	一三、四〇〇	二九、九〇〇
	木匠	五	六三〇	一、六五〇
	麵	三	六一〇	二、六〇〇
	藥材	七	一、五八〇	五、二〇〇
	總計	五二	二五、二〇八	八七、三五〇
五寨	雜貨	一五	一五、九〇〇	三四、二〇〇
	鹽	五		一〇、二〇〇
	藥材	五	三、〇〇〇	七、三〇〇
	斗牙	四		八五、〇〇〇
	牲畜	二九	六、五七八	一四九、九五〇
	木牙	一	四、〇〇〇	二二、五〇〇
	木料	三	一〇、〇〇〇	二〇、五〇〇
	總計	六二	三九、四七八	三一九、四五〇
忻縣	糧	四		一四、〇〇〇
	米	七	一九、〇〇〇	四八五、〇〇〇

	總計	一一	一九、〇〇〇	四九九、〇〇〇
定襄	茶紙煙	八	一四、三二〇	三六、七〇〇
	布	一七	二九、六五〇	一九八、二九〇
	糧	三	九〇〇	二、六九六
	總計	二八	四四、八七〇	二三七、六八六
靜樂	花布	六	九、五五〇	六二、〇〇〇
	麵	一〇	一三、四〇〇	五八、〇〇〇
	總計	一六	二二、九五〇	一二〇、〇〇〇
繁峙	糧	四四	四二、四〇〇	七五、四〇〇
	藥材	三	三四〇	二、〇四〇
	酒	二九	三三、五二〇	一六、五九〇
	花布	四八	六五、九九七	七二、四四九
	雜貨	四八	二三、一三七	三八、一四〇
	綢緞洋貨	二〇	四二、二二七	二三、七六〇
	總計	一九二	二〇七、六二一	二二八、三七八
崞縣	糧行	二	六六〇	一、五〇〇
	布莊	三	三、四〇〇	五、七〇〇

	麵	二		一、八〇〇
	米行	六	四七、二四〇	
	布莊	七	一七、七〇〇	二八七、〇〇〇
	糧食	四	一、六〇〇	一七、〇〇〇
	陸陳行	一六	八、九九九	三〇、五〇〇
	山貨	一四	七、六六五	四〇、六〇〇
	紙行	一	六五〇	三、三〇〇
	藥行	三	三、〇〇〇	五、六〇〇
	油房	一三	二四、五〇〇	二四九、六〇〇
	雜貨	二七	三六、三三〇	九〇、〇〇〇
	糧行	九	二四、四〇〇	一四〇、〇〇八
	總計	一〇七	一七六、一四四	八七二、六〇〇
保德	米糧	六	四、〇五〇	五六、〇〇〇
	雜貨	一〇	三一、九三〇	一七二、三三〇
	總計	一六	三五、九八〇	二二八、三三〇
河曲	鹽	一	三、二〇〇	三〇、〇〇〇
	雜貨	一五	二〇、七三五	九六、三二五

藥材	七	五、六八三	一九、五〇〇
客棧	五	二四、三〇〇	二〇四、〇〇〇
油酒	五	一二、一〇〇	二六、八〇〇
米麵	七	三、五五〇	九、三〇〇
總計	四〇	六九、五六八	三八五、九二五
共計	四、七一九	五三、二四一、六〇四・六七	一一三、〇一七、三〇〇・五〇

第二章　堆棧業

一　沿革

山西之堆棧業，除大同中國銀行第一租庫係押款堆棧外，其餘概係轉運堆棧，清季民初，交通日闢，陽曲，楡次，太谷，大同等處，因沿近鐵路，堆棧事業，漸見發展，惟自民國十九年後，晉鈔毛荒，深受打擊，復因鐵路負責聯運影響，貨不進棧，近年以來，其業徒見衰落，如陽曲之天津泰安分棧，本係旅業兼營轉運，自鐵路聯運實行後，客貨多直接交路局運輸，現已專營旅棧業務，此外各地堆棧業，連年虧歇者，尤屬不少。

二　現狀

陽曲，楡次，太谷，長治，永濟，大同，崞縣，保德等處，共有堆棧三十七家，其中計大同九家，楡次永濟各七家，太谷四家，陽曲長治各三家，崞縣保德各二家，茲將各地堆棧之分佈情形及其概況，分別列表於後。

晉省堆棧分佈狀況表

縣別	家數	資本額（元）	營業額（元）	備註
陽曲	三	四、〇〇〇	一〇、六〇〇	
榆次	七	一〇三、〇〇〇	一三〇、三八九	
太谷	四	一、〇〇〇	—	上列資額僅一家有數字營業額因設立均未滿一年無從估定
長治	三	九五〇	七、五〇〇	
永濟	七	二、九五〇	一七、七五五	
大同	九	九、四〇〇	一、二四二、九一〇	
崞縣	二	一〇、五〇〇	二七、〇〇〇	
保德	二	一、〇〇〇	二、二三〇	

晉省堆棧一覽表

縣別	堆棧名稱	設立年月	組織	容量（噸）	堆貨種類	資本額（元）	營業額（元）	備註
陽曲	元盛	光緒三十四年	獨資	一、〇〇〇	糧食、五金	二、〇〇〇	三、〇〇〇	係領有牙帖之過載行性質並接住水客
	慶泰裕	民國十六年	獨資	六〇〇	花布、雜貨、雜油、鐵貨、火柴、蘆鹽、花生、糠皮、木料、醋麴、雜糧、硫磺、油紙	一、〇〇〇	六、〇〇〇	仝右
	興順利	民國二十年	獨資	三〇〇	糧食煤	一、〇〇〇	一、六〇〇	仝右
榆次	吉泰隆	民國二年	獨資	六〇〇	棉花	三〇、〇〇〇	七、七七六	

	大豐祥	民國二十年	合資	四○○	棉花		一二、○○○	九、三二○	
	義勝合	民國十四年	合資	六○○	棉花		一○、○○○	二六、一七七	
	同和公	民國十八年	合資	五○○	棉花		三○、○○○	四一、六一七	
	聚義成	民國二十年	合資	五○○	棉花		五、○○○	三、五八○	
	義盛通	民國元年	合資	三○○	棉花		四、○○○	一九、一八七	
	萬豐厚	民國二年	合資	四○○	棉花		一二、○○○	二二、七四二	
太谷	仝右	民國二十三年十一月	合資	四○○	雜糧		一、○○○		調查時開設未滿一年營業額無從估定
	晉太興	民國二十四年一月	獨資	一、○○○	雜糧				籌備中
	義勝合	仝右	合資	四○○	雜糧				該號係榆次分來資本由總號調撥營業額因設立未滿一年無從估定
	吉泰隆	民國二十四年五月	獨資	二○○	雜糧				仝右
長治	恆發永	民國二年三月	獨資		麻鐵		四○○	三、○○○	
	晉泰德	民國十八年一月	合資		麻鐵		四○○	三、○○○	
	永盛元	民國二十一年四月	合資		麻鐵		一五○	一、五○○	
永濟	同新合	光緒九年	合資		雜貨		一、二○○	二、四三○	
	慶春店	民國十七年	合資		鹽		四○○	三、九九○	
	天來店	光緒二十九年	獨資		鹽		三○○	二、二九五	

	永興魁	光緒二十年	獨資		鹽	三〇〇	三、五四〇	
	興盛長	民國二十二年	獨資		鹽	一五〇	一、八〇〇	
	集興公	民國十九年	獨資		雜貨	三〇〇	二、一四〇	
	公義合	民國二十二年	獨資		鹽	三〇〇	一、五六〇	
大同	大同中國銀行第一租庫	民國二十三年十月		五〇、〇〇〇	綠豆、黑豆、小米、小麥、胡蔴、高粱		一〇〇、〇〇〇	係押款堆棧性質由天亨糧棧代辦一切手續費歸糧棧收受銀行僅得利息
	天亨糧棧	民國四年	合資	二、〇〇〇	小米、高粱	二、〇〇〇		
	福生祥	仝右	合資	二、〇〇〇	仝右	二〇〇		
	義與棧	仝右	合資	三、〇〇〇	小米、大豆	一、〇〇〇		
	信義公	仝右	合資	三、〇〇〇	小米、蕓豆、茴香	一、〇〇〇	一、一四二、九一〇	
	積成棧	仝右	合資	三、五〇〇	小米、大豆、高粱	一、〇〇〇		
	福茂棧	仝右	合資	二、五〇〇	小米、高粱、蕓豆、胡蔴	一、〇〇〇		
	晉裕棧	仝右	合資	三、五〇〇	小米、高粱	一、〇〇〇		
	合順棧	仝右	合資	三、〇〇〇	小米、黑豆、黃豆	二、二〇〇		
崞縣	復源瑞	民國十九年	獨資	二三〇	生烟、水烟	六、〇〇〇	一五、〇〇〇	
	萬和亨	民國二十三年	合資	一八五	仝右	四、五〇〇	一二、〇〇〇	
保德	恆晉永	民國二十二年二月	合資	一五〇	柴胡、甘草、皮毛、水旱烟、布匹、雜貨等類	六〇〇	一、三〇〇	

萬興成	民國十八年二月	合資	七八仝	右	四〇〇	九三〇

三　種類

晉省堆棧，可別為押款堆棧及轉運堆棧二類，茲分別述之。

(一)押款堆棧　大同中國銀行第一租庫，係為堆存抵押借款之担保品而設，由天亨糧棧代辦，該棧對銀行直接負責，一切手續費，歸糧棧收取，銀行所得，僅利息而已。此種押款堆棧，全省止此一家，其餘概係轉運堆棧。

(二)轉運堆棧　轉運業所設堆棧，為轉運貨物臨時囤放之處，不以保管為主要任務，如陽曲之轉運堆棧，概係領有牙帖之過儎行性質，除承辦轉運外，並接住水客，內地堆棧，雖以貯藏保管為主，亦均兼辦轉運；蓋山西之轉運業與堆棧業，實二而一者也。

四　棧租及手續

棧租及手續，各地不同，爰縷述於後。

陽曲縣　棧租與上下力合計，稱為棧用，每二十噸貨物為一車，每月棧用，視貨物之價值貴賤及面積大小而異，自七元至二十四元不等，棧用計月不計日，不足一月者，亦以一月計。貨物上棧手續，由轉運棧出收據與貨客，出棧手續，憑貨主收據出貨。

榆次縣　每一百五十斤貨物爲一包，月收租洋一角，上下力每包大洋二分。上棧手續，由客面同過秤請賬，出棧手續，一面開具發票，將貨送交貨主指定之商號地點，一面將發貨件數及日期，函知貨主，俟貨主證明交貨無誤後，即可清結運費及租金。

太谷　太谷縣每二十噸貨物，棧租八元，上下力一元，上棧手續，由發貨商號出具發貨單，出棧手續，由棧開票提發。

長治縣　棧佣値百抽一，上力由棧墊付，下力歸客自理。上棧出棧手續，均係面同交代，不開票據。

永濟縣　鹽每百斤爲一担，抽洋五分，雜貨每三百斤爲一担，抽洋三角，如有損壞或遺失，由棧照價賠補，與客無涉。

大同縣　上棧手續，由貨客須先聲明堆存噸數然後購運貨物，出棧手續，由棧代爲裝包付運，酌取佣金。

崞縣　每百斤貨物，棧租大洋三角，上下力每車大洋二角，上棧手續，須將發帖所載數目，逐一核對，出棧手續，亦須將帖付與脚戶。

保德縣　貨價每値百元，約抽租金一角，上棧手續，照發單點交，出棧手續，由棧出具發貨單，須明貨物名稱，數目，價值，運交收貨人驗收。

第三章 保險業

晉省之有保險業，始於民國初年，先有永年，金星等公司之代理人，專營人壽保險，因辦理欠善，不數年，相繼停業，嗣有華安公司代理人，亦屬專營壽險，旋亦取消代理。民國二十三年，太平保險公司及中國保險公司，同時設代理處於太原，仍因社會風氣閉塞，及受經濟衰落影響，營業殊屬平淡，玆將兩家現狀，分述於後。

（一）太平保險公司代理處　承保範圍，限火險，人壽險，行動險三種，保額十九萬二千二百三十三元，每年保險費收入，計一萬三千五百四十九元。保險手續，由代理處接洽議定後，函報總公司核准，塡發大單，每月所收保險費，除扣支額定經費外，悉數匯交天津分公司核收。

（二）中國保險公司代理處　承保範圍，限於火險一種，且多係短期，由中國銀行代辦，凡向該行押款之家，其抵押品多由行介紹天津中國保險公司保險，總保額約一百萬元，每年保險費收入，約三千五百元，市房保險者甚少。

第八編　金融機關

第一章　錢莊

一　沿革

晉省錢莊起源於何時，歷史久遠，已無可考，據同業中人言，明末清初，晉省已有錢莊之存在，當時通用貨幣，以制錢爲單位，因攜帶不便，錢莊乃發行錢票，流通市面，其價値與制錢相等，錢莊名稱之由來，卽基於此。錢莊除發行以外，又營兌換。因以前所有銀兩，形式旣無一定，成色又無標準，且人民之生活程度與物價皆極低，日常所用貨幣，制錢多而銀兩少，故錢莊又作以錢易銀，以銀易錢之營業。降至咸道間，因商業資本之發達，貨幣之流通更廣，錢莊亦愈繁盛。其資本較大者，又兼營票號，卽所謂匯兌是也。

鼎革以來，錢莊歷有增減，據前農商部農商統計，晉省民元共有錢莊四一二家，民二增至五二六家，民三又增至五六一家，民四突減至三六〇家，民五再減至三四三家，民六又增至三九七家，民七又減至三七四家，民八又減至三四五家，民九稍增至三五四家，民十又增至三六四家。該項統計，至民十爲止。

至於最近數年情形，據調查所得，十九年以前尚稱平穩，自該年發生晉鈔毛荒後，錢莊相繼倒閉，近來雖稍稍恢復，終因農村經濟破產，各業交相受困，以致錢業不能獨榮。

二　現狀

山西一〇五縣，有錢莊者四三縣，未設錢莊者六二縣。此四三縣錢莊總數，共計一八二家，其中總號凡一七六家，分號凡六家。山西錢莊集中於濟寧道，計九八家，佔總數五四%，而濟寧道又以陽曲（一九家），榆次（一〇家）、太谷（一〇家）、平遙（九家）爲多。次之爲河東道，計六〇家，佔總數三三%，而河東道則以曲沃（一四家）、洪洞（七家）、安邑（七家）爲多。又次爲雁門道，計二四家，佔總數一三%，而雁門道則以代縣（一一家）、大同（四家）爲多。又，濟甯道屬共計四四縣，有錢莊之縣凡一九，佔該道總縣數四三%。河東道屬共計三五縣，有錢莊之縣凡一四，佔該道總縣數四〇%。雁門道屬共計二六縣，有錢莊之縣凡八，佔該道總縣數三一%。

家數之地域分配

山西錢莊因交通關係，家數之地域分配遠較已往調查數省爲平均：例如湖南省共有錢莊一〇七家、而長沙（五四家）、湘潭（一四家）、常德（八家）三處合計佔總數八一%，江蘇省共有錢莊三八六家，而上海（七六家）、南京（五六家）、吳縣（三〇家）三處合計佔總數四四%。浙江省共有錢莊六三二家，而鄞縣

（一一五家）、杭縣（六五家）、紹興（四六家）三處合計佔總數三五%。山東省共有錢莊六八六家，而煙台福山（六七家），龍口黃縣（六一家）、周村長山（五八家）三處合計佔總數二七%。山西省共有錢莊一八二家，而最多之陽曲（一九家）、曲沃（一四家）、代縣（一一家）三處合計，僅佔總數二五%。

錢莊之多寡，視商業之發達與否為斷，而商業之發達與否，又以交通之利便與否為衡。濟甯道錢莊集中於陽曲，因陽曲為正太鐵路之終點，而又為同蒲鐵路之中心。河東道錢莊集中於曲沃，因曲沃為同蒲鐵路太風段與曲晉段之交點。雁門道錢莊集中於代縣大同，因代縣為通西北之要道（古有南絳北代之稱），大同為同蒲鐵路之終點，平綏鐵路之中心。茲將山西省錢莊之地域分配列表於后：

山西省錢莊地域分配表

縣別	錢莊家數			佔總數%
	總號家數	分號家數	合計	
陽曲	一七	二	一九	一〇・四四
太原	六	—	六	三、二九
榆次	九	一	一〇	五・四九
太谷	一〇	—	一〇	五・四九
祁縣	二	—	二	一・一〇
徐溝	二	—	二	一・一〇
清源	四	一	五	二・七五
交城	四	—	四	二・一九
文水	六	—	六	三・二九
岢嵐	一	—	一	〇・五五
汾陽	四	—	四	二・一九
平遙	九	—	九	四・九五

孝義	一	—	一	〇・五五
長治	二	—	二	一・一〇
長子	二	—	二	一・一〇
潞城	二	—	二	一・一〇
晉城	五	—	五	二・七五
高平	二	—	二	一・一〇
平定	六	—	六	三・二九
冀寧道合計	九四	四	九八	五三・八二
臨汾	一	—	一	〇・五五
襄陵	一	—	一	〇・五五
洪洞	六	一	七	三・八五
汾城	六	—	六	三・二九
曲沃	一四	—	一四	九・三四
永濟	一	—	一	〇・五五
解縣	一	—	一	〇・五五
安邑	七	—	七	三・八五
新絳	四	一	五	二・七五
河津	四	—	四	二・一九
聞喜	一	—	一	〇・五五
稷山	四	—	四	二・一九
霍縣	六	—	六	三・二九
趙城	二	—	二	一・一〇
河東道合計	五八	二	六〇	三四・六〇
大同	四	—	四	二・一九
山陰	一	—	一	〇・五五
朔縣	一	—	一	〇・五五
忻縣	二	—	二	一・一〇
定襄	一	—	一	〇・五五
代縣	一一	—	一一	六・〇四
繁峙	二	—	二	一・一〇
崞縣	二	—	二	一・一〇
雁門道合計	二四	—	二四	一三・一八
總計	一七六	六	一八二	*一〇〇・〇〇

*百分比因尾數關係，實際數爲一〇一・六〇

資本之地域分配

山西錢莊之資本，固較銀行銀號爲小，但較賬莊及兼營錢業者爲大。總計一八二家錢莊資本總數，連分號在內，共爲一、九七〇、六三二•一四元，平均每家一〇、八二七•六五元。資本最大者爲安邑興業錢局，總號資本三十萬元，但此爲一特殊現象，除興業外，最多者不過五萬元而已。最少資本，亦有在千元以下者，如稷山榮盛恆僅六百元，稷山慶生春及代縣集義成僅各九百元。而以千元五萬元爲最普遍。其情形如下：

山西省錢莊資本分級統計表

資本數（元）	家數
一、〇〇〇以下	四
一、〇〇一——五、〇〇〇	六六
五、〇〇一——一〇、〇〇〇	六六
一〇、〇〇一——二〇、〇〇〇	三二
二〇、〇〇一——三〇、〇〇〇	四
三〇、〇〇一——四〇、〇〇〇	五
四〇、〇〇一——五〇、〇〇〇	三
三〇〇、〇〇〇	一
總計	一八一

* 新絳興業錢局爲安邑運城興業錢局之分號，其資本由總號隨時撥付，故未計算在內。

每家平均資本之高下，與錢莊家數之多寡，商業之發達與否及交通之便利與否成比例。交通愈便利，商業愈發達，錢莊家數愈多，則每家平均資本即愈高。故自大量觀察，濟寧道錢莊每家平均資本爲一二、〇一三•三八元，河東道一〇、四三八•八五元，雁門道六、九五七•九三元。又自個別縣份觀察，凡平均資本在萬元以上之縣，如安邑、陽曲、交城、太谷、榆次、平定、大同、崞縣、汾陽等處，至少有錢莊二家。

山西省錢莊資本地域分配表

縣別	家數	資本總數（元）	每家平均資本數（元）
陽曲	一九	三六三、三〇〇・〇〇	一九、一二一・〇五
太原	六	四二、二〇〇・〇〇	七、〇三三・三三
榆次	一〇	一一五、七四〇・〇〇	一一、五七四・〇〇
太谷	一〇	一六五、三二三・七〇	一六、五三二・三七
祁縣	二	一八、五〇〇・〇〇	九、二五〇・〇〇
徐溝	五	一一、八〇〇・〇〇	二、三六〇・〇〇
清源	五	四一、四〇〇・〇〇	八、二八〇・〇〇
交城	四	六七、〇九七・二〇	一六、七七四・三〇
文水	六	五八、〇五〇・〇〇	九、六七五・〇〇
岢嵐	一	一〇、〇〇〇・〇〇	一〇、〇〇〇・〇〇
汾陽	四	五三、九五〇・〇〇	一三、四八七・五〇
平遙	九	六一、五〇〇・〇〇	六、八三三・三三
孝義	一	一五、〇〇〇・〇〇	一五、〇〇〇・〇〇
長治	二	九、〇〇〇・〇〇	四、五〇〇・〇〇
長子	二	七、〇〇〇・〇〇	三、五〇〇・〇〇
潞城	二	四、八〇〇・〇〇	二、四〇〇・〇〇
晉城	五	三一、〇〇〇・〇〇	六、二〇〇・〇〇
高平	二	七、五〇〇・〇〇	三、七五〇・〇〇
平定	六	九四、一五〇・〇〇	一五、六九二・〇〇
冀寧道平均數	九八	一、一七七、三一〇・九〇	一二、〇一三・三八
臨汾	一	六、〇〇〇・〇〇	六、〇〇〇・〇〇
襄陵	一	五、五五五・〇〇	五、五五五・〇〇
洪洞	七	五〇、五〇〇・〇〇	七、二一四・二九
汾城	六	一六、四〇〇・〇〇	二、七三三・三三
曲沃	一四	五六、〇一〇・〇〇	四、〇〇〇・七一

永濟	一	二・〇〇〇・〇〇	二、〇〇〇・〇〇
解縣	一	六、〇〇〇・〇〇	六、〇〇〇・〇〇
安邑	七	三八二、四〇〇・〇〇	五四、六二八・五七
新絳	五	二七、五〇〇・〇〇	五、五〇〇・〇〇
河津	四	八、〇六六・〇〇	二、〇一六・五〇
聞喜	一	四、二〇〇・〇〇	四、二〇〇・〇〇
稷山	四	八、〇〇〇・〇〇	二、〇〇〇・〇〇
霍縣	六	三九、九〇〇・〇〇	六、六五〇・〇〇
趙城	二	一三、八〇〇・〇〇	六、九〇〇・〇〇
河東道平均數	六〇	六二六、三三一・〇〇	一〇、四三八・八五
大同	四	四三、二〇〇・〇〇	一〇、八〇〇・〇〇
山陰	一	六、〇〇〇・〇〇	六、〇〇〇・〇〇
朔縣	一	一、八〇〇・〇〇	一、八〇〇・〇〇
忻縣	二	一九、〇〇〇・〇〇	九、五〇〇・〇〇
定襄	一	一、五〇〇・〇〇	一、五〇〇・〇〇
代縣	一一	五三、八九〇・〇〇	四、九〇〇・〇〇
繁峙	二	八、六〇〇・〇〇	四、三〇〇・〇〇
崞縣	二	三三、〇〇〇・〇〇	一六、五〇〇・〇〇
雁門道平均數	二四	一六六、九九〇・二四	六、九五七・九三
總計	一八二	一、九七〇、六三二・一四	一〇、八二七・六五

附本

附本爲錢莊股東於股款之外，將其盈餘存放本莊取息之資本。此種款項，嚴格言之，與其謂爲資本，毋寧謂存款，蓋其所差者，僅在款主爲股東而非普通主顧而已。查山西錢莊之有附本者，爲數甚少。一八二家中，僅八家有附本，總數不過二一、三三四元。計陽曲和記錢莊四、〇〇〇元，榆次萬利恆錢莊六、〇〇〇元，洪洞商業錢號四、〇〇〇元，曲沃德義和與錢莊一、五〇〇元，安邑同德昌錢莊一、四〇〇元，新絳德和與錢莊一、〇〇〇元，河津晉生元錢莊一、〇〇〇元，河津德元吉錢莊二、四三四元。

公積金

公積金爲錢莊每年於盈餘項下提成以作準備之資金。山西錢莊之有公積金者，較有附本者爲多，一八二家中計一四家有公積金，總數共計五六、三一七元。計陽曲和合生二、〇六〇元，萃蚨昌一、七四〇元，豫愼茂一六、〇〇〇元，和記四八五元，晉興三五七元，淸源晉源通三、四八八元，岢嵐勸業錢局一、〇〇〇元，長治集昌祥二、一〇〇元，平定濬源錢局一〇、〇四二元，溥艾錢局四、六八〇元，洪洞商業錢局五五〇元，曲沃義和興二、〇〇〇元，新絳大生泰三、五〇〇元，聞喜金源合四、二〇〇元、忻縣聚豐泰一、〇五〇元，定襄萬和長一、〇〇〇元，代縣集義成一、〇六五元，崞縣一、〇〇〇元，

組織性質

山西錢莊之組織，大致可分三種，卽獨資、合資、及公司是也。由股東一人獨出資本開設者，名爲獨資。由股東數人合出資本開設者，名爲合資。按照公司法組織，額定資本，按股分出資者，名爲公司。獨資合資多負無限責任，且爲舊式組織。公司則爲有限責任之新式組織。大致言之，山西錢莊之組織性質，與資本總數成正比例，與每家平均資本成反比例。換言之，一八二家錢莊中，獨資者一一五家，共有資本一、〇三〇、一三三•一四元，而每家平均資本僅八、九六八•一〇元；合資者六一家，共有資本四八〇、四九九元，而每家平均資本七、八七七•〇三元。公司組織雖僅六家，而資本共有四六〇、〇〇〇元，每家平均資本計七六、六六六•六七元，幾較合資或獨資者大一倍。

二　營業

錢莊之營業，要不外乎存款、放款、儲蓄、匯兌、及發行五種。茲就廿四年八月間調查最近一年之營業狀況，分析於下：

存款之地域分配

一、存款　晉省一八二家錢莊存款總數，共計一二、三九二、四二四・四四元，平均每家六八、〇九〇・二四元。存款無論總數或每家平均數，皆以濟甯道爲最多，河東道次之，雁門道最少。濟寧道存款總數一〇、二六九、四〇二・六五元，平均每家一〇四，七八九・八二元。河東道存款總數一、七二八、二九一・七九元，平均每家二八、八〇四・八六元。雁門道存款總數三九四、七三〇・〇〇元，平均每家一六、四四七・〇八元。若以個別縣份而論，則以陽曲爲最多，計三百餘萬元，太谷次之，計二百餘萬元，平遙又次之，計一百餘萬元，太原榆次，各計七十餘萬元，安邑、文水、交城各計五十餘萬元，清源四十餘萬元，洪洞三十餘萬元，新絳汾陽各二十餘萬元，平定、汾城、曲沃、大同、祁縣各計十餘萬元。其他各縣，則多在十萬元以下。

存款之來源

存款之來源，可分工業、商業、住戶，農民、公團、同業六種。工業包括手工業與機器工業。商業包括零售商、批發商、及中間商。住戶包括房主、地主、及薪水勞動者，而尤以地主爲最多。農民包括自耕農、半自耕農、佃農、及僱農。公團包括學校、社會團體、政府機關等。同業包括銀行、典當、銀號，及本業。就全省一般情形而論，存款者以商業爲最多，計五、七八〇、七二八・二七元，佔存款總數四六・六五%，次之爲住戶，計三、七三一、七五八・九八元，佔三〇・一一%，同業第三，計二、五五四、二三三・七五元，佔二〇・六一%，公團第四，計一六二、〇二八・〇〇元，佔一・三一%，農民第五，計一三〇、六三八・六二元，佔一・〇五%，工業最少，計三三、〇三六・六二元，佔〇・二七%。就濟寧、河東、雁門三道比較，而以每種存款者之存款數對存款總數所佔百分比觀之，則其情形仍與全省大致相同。換言之，即商業仍居首位，住戶仍居次位，同業仍居三位，工業仍居末位，惟公團與農民之地位互有參差——濟寧雁門兩道公團較農民爲多，河東道農民較公團爲多。由此可以推知商人與地主，與錢莊發生之關係最爲密切，而工業界與錢莊之關係最爲疏遠，晉省工業之不發達，由此可以覘知也。

山西省錢莊存款來源統計表（元）

縣別	工業	商業	住戶	農民	公團	同業	總計
陽曲	二〇、〇〇〇・〇〇	八七六、八六六・〇〇	一、四一七、一四八・〇〇	二、〇〇〇・〇〇	三九、五四〇・〇〇	七七三、二六九・五〇	三、一二八、八二三・五〇
太原		一二一、五六四・〇〇	三三、四八七・〇〇			五五八、八二六・〇〇	七一三、八七七・〇〇
榆次	八、七五〇・〇〇	四〇七、〇一〇・〇〇	二五六、七九〇・〇〇		三三、〇〇〇・〇〇		七〇五、五五〇・〇〇
太谷		一、五〇六、八〇二・五八	三四二、一三八・九三		八二〇・〇〇	三三九、一九六・二五	二、一八八、九五七・七六

祁縣		七四、六〇〇・〇〇	五七、〇〇〇・〇〇				一三一、六〇〇・〇〇
徐溝		五五、九五七・〇〇	九、五九六・〇〇	一四、三四六・〇〇			七九、八九九・〇〇
清源		二二六、四六三・〇〇	一四六、〇六一・〇〇		二三、八三五・〇〇	一〇三、〇五二・〇〇	四九八、四一一・〇〇
交城		一八九、一三九・〇〇	一四八、二九五・〇〇			一六四、一六四・〇〇	五〇一、五九八・〇〇
文水		二二三、一〇八・七四	二三六、四八六・〇五			一二三、五三二・〇〇	五八二、一二六・七九
岢嵐			三〇〇・〇〇				三〇〇・〇〇
汾縣		一五三、六六五・〇〇	四三、二七〇・〇〇		三、七六七・〇〇		二〇〇、七〇二・〇〇
平遙		七五〇、七五二・一六	四四五、三五一・〇〇	三二、一七〇・〇〇	一五、〇五七・〇〇	二二、〇九三・〇〇	一、二六五、四二三・一六
孝義		二八、二〇四・〇〇	一、七〇〇・〇〇		四〇〇・〇〇		三〇、三〇四・〇〇
長治		三、〇〇〇・〇〇	四、二〇〇・〇〇		二、五〇〇・〇〇		九、七〇〇・〇〇
長子		八〇〇・〇〇		二三五・〇〇		二七〇・〇〇	一、三〇五・〇〇
潞城	六〇〇・〇〇	三、〇九四・〇〇	二、二三八・〇〇	一、五六四・六二	二、八二七・〇〇		一〇、三二三・六二
晉城	六七一・八二	三、五八六・〇〇		八〇〇・〇〇	一一・〇〇		五、〇六八・八二
高平		一二、〇〇〇・〇〇	一一、七〇〇・〇〇	一〇、〇〇〇・〇〇		一八、〇〇〇・〇〇	五一、七〇〇・〇〇
平定		四四、〇五〇・〇〇	一〇一、九九七・〇〇	五、三〇〇・〇〇	三、四〇六・〇〇		一六三、七五三・〇〇
濟寧道小計	二〇、〇二一・八二	四、六七九、六六一・四八	三、二五七、七四七・九八	六六、四一五・六二	一三四、一五三・〇〇	二、一〇一、四〇二・七五	一〇、二六九、四〇二・六五
佔濟寧道小計%	〇・一九	四五・五七	三一・七二	〇・六五	一・三一	二〇・四六	一〇〇・〇〇

臨汾		七、〇〇〇·〇〇					七、〇〇〇·〇〇
襄陵		四、二〇〇·〇〇	二、五〇〇·〇〇	七〇〇·〇〇		三、〇〇〇·〇〇	一〇、四〇〇·〇〇
洪洞	三、〇〇〇·〇〇	五四、二三四·七九	七六、八二五·〇〇			二五四、一〇〇·〇〇	三八八、一五九·七九
汾城	一五·〇〇	三五、四四三·〇〇	七〇、六四九·〇〇	一八、五五二·〇〇		三八、三一九·〇〇	一六二、九七八·〇〇
曲沃		一二八、五〇〇·〇〇	二〇、二〇〇·〇〇	七、二〇〇·〇〇		三、〇〇〇·〇〇	一五八、九〇〇·〇〇
永濟			三、一一〇·〇〇		一、八八〇·〇〇		四、九九〇·〇〇
解縣		二五、二〇〇·〇〇	七、〇〇〇·〇〇	九、〇〇〇·〇〇			四一、二〇〇·〇〇
安邑		三六〇、五二〇·〇〇	一四五、〇〇〇·〇〇	八、〇〇〇·〇〇		七五、〇〇〇·〇〇	五八八、五二〇·〇〇
新絳		二〇一、〇〇〇·〇〇		七、〇〇〇·〇〇		一四、〇〇〇·〇〇	二二二、〇〇〇·〇〇
河津		八、二七〇·〇〇	二、三〇〇·〇〇	二、五九一·〇〇	五〇〇·〇〇		一三、六六一·〇〇
聞喜		一二、四八九·〇〇	一四、一五七·〇〇		五、五八八·〇〇	二一、〇一二·〇〇	五三、二四六·〇〇
稷山		三、九九〇·〇〇					三、九九〇·〇〇
霍縣		二二、五〇〇·〇〇	二八、〇八〇·〇〇		三、六〇七·〇〇	一三、五〇〇·〇〇	六七、六八七·〇〇
趙城				五、四六〇·〇〇			五、四六〇·〇〇
河東道小計	三、〇一五·〇〇	八六三、四四六·七九	三七九、八二二·〇〇	五八、五〇三·〇〇	一一、五七五·〇〇	四一一、九三一·〇〇	一、七二八、二九一·七九
佔河東道小計%	〇·一七	四九·九六	二一·九八	三·三九	〇·六七	二三·八三	一〇〇·〇〇
大同		九六、八〇〇·〇〇	五七、五〇〇·〇〇				一五四、三〇〇·〇〇

山陰		三、〇〇〇•〇〇					三、〇〇〇•〇〇
朔縣		三二、二〇〇•〇〇					三二、二〇〇•〇〇
忻縣		四八、三九〇•〇〇					四八、三九〇•〇〇
定襄		三五〇•〇〇		一五〇•〇〇			五〇〇•〇〇
代縣		二一、七〇〇•〇〇	二四、五九〇•〇〇	二、六〇〇•〇〇	一五、〇〇〇•〇〇	六、八〇〇•〇〇	七〇、六九〇•〇〇
繁峙		五五、一八〇•〇〇	二二、一〇〇•〇〇	二、五二〇•〇〇		二、六〇〇•〇〇	三二、四〇〇•〇〇
崞縣		四一、〇〇〇•〇〇		四五〇•〇〇	一、三〇〇•〇〇	三一、五〇〇•〇〇	七四、二五〇•〇〇
雁門道小計	—	二三七、六二〇•〇〇	九四、一九〇•〇〇	五、七二〇•〇〇	一六、三〇〇•〇〇	四〇、九〇〇•〇〇	三九四、七三〇•〇〇
佔雁門道小計%	—	六〇•二〇	二三•八六	一•四五	四•一三	一〇•三六	一〇〇•〇〇
全省總計	三三、〇三六•八二	五、七六〇、七二六•二七	三、七三二、七五八•九八	一三〇、六三八•六二	一六二、〇三八•〇〇	二、五五四、二三三•七五	一二、三九二、四二四•四四
佔全省總計%	〇•二七	四六•六五	三〇•一二	一•〇五	一•三一	二〇•六二	一〇〇•〇〇

存款之種類

錢莊存款，以其性質之不同，可分定期、往來、特別三種。定期存款之期限，常在半年以上。往來存款則即普通所謂活期存款，存款人可以隨時支取，非若定期存款之必須在期滿後方得支取。除定期往來兩種以外，如信託存款，通知存款等，則皆為特別存款。

山西全省一八二家錢莊一二、三九二、四二四•四四元存款總數中，定期存款佔七二•五四%，即八、九九〇、一二六•四八元，往來存款佔二七•四二%，即三、三九七、九三二•九一元，特別存款佔〇・〇四%，即四、三六五・〇五元。每種存款在各道所佔之地位，其情形與全省總數大致相同。即濟寧道定期存款佔七二・二二%，往來存款佔二七・七四%特別存款佔〇・〇四%。河東道定期存款佔七四・五七%，往來存款佔二五・四〇%，特別存款佔〇・〇三%。雁門道定期存款佔七二・一九%，往來存款佔二七・八一%。特別存款無。就各道間互相比較，則無論何種存款，皆以濟寧道居首，河東道居次，雁門道最少。如定期存款濟寧道爲七、四一六、二七四・四八元，河東道爲一、二八八、八九二・〇〇元，雁門道爲二八四、九六〇・〇〇元。往來存款濟甯道爲二、八四九、一七七・一二元，河東道爲四三八，九八五・七九元，雁門道爲一〇九、七七〇・〇〇元。特別存款濟寧道爲三、九五一・〇五元，河東道爲四一四・〇〇元，雁門道無。

山西省錢莊存款種類統計表

縣別	定期	往來	特別	合計
陽曲	二、〇二二、三〇九・五〇	一、一〇六、五一四・〇〇		三、一二八、八二三・五〇
太原	五七四、九一四・〇〇	一三八、九六三・〇〇		七一三、八七七・〇〇
榆次	四四五、一三五・〇〇	二六〇、四一五・〇〇		七〇五、五五〇・〇〇
太谷	一、八五六、七八〇・〇〇	三三二、一七七・七六		二、一八八、九五七・七六
祁縣	八九、二〇〇・〇〇	四二、四〇〇・〇〇		一三一、六〇〇・〇〇

徐溝	一六、九四六・〇〇	六二、九五三・〇〇		七九、八九九・〇〇
清源	三六九、三二一・〇〇	一二九、〇九〇・〇〇		四九八、四一一・〇〇
交城	三三〇、〇〇〇・〇〇	一七一、五九八・〇〇		五〇一、五九八・〇〇
文水	三五四、三六〇・〇〇	二二七、七六六・七九		五八二、一二六・七九
岢嵐	三〇〇、〇〇			三〇〇・〇〇
汾陽	一四六、二五二・〇〇	五四、四五〇・〇〇		二〇〇、七〇二・〇〇
平遙	一、〇四〇、〇〇三・九八	二二二、一五〇・九五	三、二六八・二三	一、二六五、四二三・一六
孝義	六、一〇〇・〇〇	二四、二〇四・〇〇		三〇、三〇四・〇〇
長治	六、七〇〇・〇〇	三、〇〇〇・〇〇		九、七〇〇・〇〇
長子		一、三〇五・〇〇		一、三〇五・〇〇
潞城	一、〇〇〇・〇〇	九、三〇三・六二		一〇、三〇三・六二
晉城	一〇〇・〇〇	四、二八六・〇〇	六八二、八二	五、〇六八・八二
高平		五一、七〇〇・〇〇		五一、七〇〇・〇〇
平定	一五六、八五三・〇〇	六、九〇〇・〇〇		一六三、七五三・〇〇
濟寧道小計	七、四一六、二七四・四八	二、八四九、一七七・一二	三、九五一・〇五	一〇、二六九、四〇二・六五
佔濟寧道小計%	七二・二三	二七・七四	〇・〇四	一〇〇・〇〇
臨汾	七、〇〇〇・〇〇			七、〇〇〇・〇〇

襄陵		一〇、四〇〇・〇〇		一〇、四〇〇・〇〇
洪洞	三七八、二二五・〇〇	九、九三四・七九		三八八、一五九・七九
汾城	七九、八五八・〇〇	八三、一二〇・〇〇		一六二、九七八・〇〇
曲沃	一四二、四〇〇・〇〇	一六、五〇〇・〇〇		一五八、九〇〇・〇〇
永濟		四、九九〇・〇〇		四、九九〇・〇〇
解縣	四〇、〇〇〇・〇〇	一、三〇〇・〇〇		四一、三〇〇・〇〇
安邑	三八八、〇〇〇・〇〇	二〇〇、五二〇・〇〇		五八八、五二〇・〇〇
新絳	一四八、〇〇〇・〇〇	七四、〇〇〇・〇〇		二二二、〇〇〇・〇〇
河津	五〇〇・〇〇	一三、一六一・〇〇		一三、六六一・〇〇
聞喜	三九、二二二・〇〇	一三、六一〇・〇〇	四一四・〇〇	五三、二四六・〇〇
稷山		三、九九〇・〇〇		三、九九〇・〇〇
霍縣	六五、六八七・〇〇	二、〇〇〇・〇〇		六七、六八七・〇〇
趙城		五、四六〇・〇〇		五、四六〇・〇〇
河東道小計	一、二八八、八九二・〇〇	四三八、九八五・七九	四一四・〇〇	一、七二八、二九一・七九
佔河東道小計%	七四・五七	二五・四〇	〇・〇三	一〇〇・〇〇
大同	一五四、三〇〇・〇〇			一五四、三〇〇・〇〇
山陰		三、〇〇〇・〇〇		三、〇〇〇・〇〇

朔縣		三一、二〇〇・〇〇		三一、二〇〇・〇〇
忻縣	四八、三九〇・〇〇			四八、三九〇・〇〇
定襄		五〇〇・〇〇		五〇〇・〇〇
代縣	六三、四九〇・〇〇	七、二〇〇・〇〇		七〇、六九〇・〇〇
繁峙	七、二〇〇・〇〇	五、二〇〇・〇〇		一二、四〇〇・〇〇
崞縣	一一、五八〇・〇〇	六二、六七〇・〇〇		七四、二五〇・〇〇
雁門道小計	二八四、九六〇・〇〇	一〇九、七七〇・〇〇	—	三九四、七三〇・〇〇
佔雁門道小計%	七二・一九	二七・八一	—	一〇〇・〇〇
全省總計	八、九九〇、一二六・四八	三、三九七、九三二・九一	四、三六五・〇五	一二、三九二、四二四・四四
佔全省總計%	七二・五四	二七・四二	〇・〇四	一〇〇・〇〇

每種存款來源之分析

更就每種存款而分析其來源，又可覘知各界對於錢莊之關係。一般而論，住戶對錢莊之存款，較爲固定，其存款目的，僅爲單純的生利，卽托錢莊運用資金而謀取利息，故在全省總計上，定期存款佔三五・六六%，而往來存款則僅佔一五・四六%。反之，商業及同業，因資金常須流動，其存款目的，除生息外，又在於取得資金之保障與週轉，故商業界對定期存款僅佔四三・五六%，而對往來存款則佔五四・七八%；同業對定期存款僅佔一九・〇〇%，而對往來存款則佔二四・一九%。其他工業界、公團、農民等存款，爲數甚少，列表於下：

山西省各縣錢莊每種存款來源分析表(元)

縣名	業別	定期	往來	特別	合計
陽曲	住戶	一、二三五、七二三・〇〇	一八一、四二五・〇〇		一、四一七、一四八・〇〇
	商業	六一一、一九九・〇〇	二六五、六六七・〇〇		八七六、八六六・〇〇
	工業	五、〇〇〇・〇〇	一五、〇〇〇・〇〇		二〇、〇〇〇・〇〇
	公團	—	三九、五四〇・〇〇		三九、五四〇・〇〇
	農民	二、〇〇〇・〇〇	—		二、〇〇〇・〇〇
	同業	一六八、三八七・五〇	六〇四、八八二・〇〇		七七三、二六九・五〇
	總計	二、〇二二、三〇九・五〇	一、一〇六、五一四・〇〇		三、一二八、八二三・五〇
太原	住戶	一二、〇〇〇・〇〇	二一、四八七・〇〇		三三、四八七・〇〇
	商業	五六、〇〇〇・〇〇	六五、五六四・〇〇		一二一、五六四・〇〇
	同業	五〇六、九一四・〇〇	五一、九一二・〇〇		五五八、八二六・〇〇
	總計	五七四、九一四・〇〇	一三八、九六三・〇〇		七一三、八七七・〇〇
榆次	住戶	二二六、七〇〇・〇〇	三〇、〇九〇・〇〇		二五六、七九〇・〇〇
	商業	二一五、九八五・〇〇	一九一、〇二五・〇〇		四〇七、〇一〇・〇〇
	工業	一、四五〇・〇〇	七、三〇〇・〇〇		八、七五〇・〇〇

	公團	一、〇〇〇・〇〇	三二、〇〇〇・〇〇		三三、〇〇〇・〇〇
	總計	四四五、一三五・〇〇	二六〇、四一五・〇〇		七〇五、五五〇・〇〇
太谷	住戶	三一二、九七〇・〇〇	二九、一六八・九三		三四二、一三八・九三
	商業	一、二一一、一九〇・〇〇	二九五、六一二・五八		一、五〇六、八〇二・五八
	公團	八二〇・〇〇	—		八二〇・〇〇
	同業	三三一、八〇〇・〇〇	七、三九六・二五		三三九、一九六・二五
	總計	一、八五六、七八〇・〇〇	三三二、一七七・七六		二、一八八、九五七・七六
祁縣	住戶	四四、〇〇〇・〇〇	一三、〇〇〇・〇〇		五七、〇〇〇・〇〇
	商業	四五、二〇〇・〇〇	二九、四〇〇・〇〇		七四、六〇〇・〇〇
	總計	八九、二〇〇・〇〇	四二、四〇〇・〇〇		一三一、六〇〇・〇〇
徐溝	住戶	—	九、五九六・〇〇		九、五九六・〇〇
	商業	二、六〇〇・〇〇	五三、三五七・〇〇		五五、九五七・〇〇
	農民	一四、三四六・〇〇	—		一四、三四六・〇〇
	總計	一六、九四六・〇〇	六二、九五三・〇〇		七九、八九九・〇〇
清源	住戶	九九、七二九・〇〇	四六、三三二・〇〇		一四六、〇六一・〇〇
	商業	一五七、五九二・〇〇	五八、八七一・〇〇		二一六、四六三・〇〇
	公團	—	二三、八三五・〇〇		二三、八三五・〇〇

	同業	一一二、〇〇〇・〇〇	五二・〇〇		一一二、〇五二・〇〇
	總計	三六九、三二一・〇〇	一二九、〇九〇・〇〇		四九八、四一一・〇〇
交城	住戶	一〇、三八〇・〇〇	四四、四九五・〇〇		一四八、二九五・〇〇
	商業	一一一、五〇〇・〇〇	七七、六三九・〇〇		一八九、一三九・〇〇
	同業	一一四、七〇〇・〇〇	四九、四六四・〇〇		一六四、一六四・〇〇
	總計	三三〇、〇〇〇・〇〇	一七一、五九八・〇〇		五〇一、五九八・〇〇
文水	住戶	一六二、三三〇・〇〇	七四、一五六・〇五		二三六、四八六・〇五
	商業	一二七、六六〇・〇〇	一〇四、四四八・七四		二三二、一〇八・七四
	同業	六四、三七〇・〇〇	四九、一六二・〇〇		一一三、五三二・〇〇
	總計	三五四、三六〇・〇〇	二二七、七六六・七九		五八二、一二六・七九
岢嵐	住戶	三〇〇・〇〇	—		三〇〇・〇〇
	總計	三〇〇・〇〇	—		三〇〇・〇〇
汾陽	住戶	三二、九一一・〇〇	一〇、三五九・〇〇		四三、二七〇・〇〇
	商業	一一二、二八四・〇〇	四一、三八一・〇〇		一五三、六六五・〇〇
	公團	一、〇五七・〇〇	二、七一〇・〇〇		三、七六七・〇〇
	總計	一四六、二五二・〇〇	五四、四五〇・〇〇		二〇〇、七〇二・〇〇
平遙	住戶	四四一、九八〇・〇〇	三、三七一・〇〇		四四五、三五一、〇〇

	商業	五三二、四四九・九八	二一五、〇三三、九五	三、二六八・二三	七五〇、七五二・一六
	公團	一三、四〇四・〇〇	一、六五三・〇〇		一五、〇五七・〇〇
	農民	三二、一七〇・〇〇	—		三二、一七〇・〇〇
	同業	二〇、〇〇〇・〇〇	二、〇九三・〇〇		二二、〇九三・〇〇
	總計	一、〇四〇、〇〇三・九八	二二二、一五〇・九五	三、二六八・二三	一、二六五、四二三・一六
孝義	住戶	一、七〇〇、〇〇	—		一、七〇〇・〇〇
	商業	四、〇〇〇・〇〇	二四、二〇四・〇〇		二八、二〇四・〇〇
	公團	四〇〇・〇〇	—		四〇〇・〇〇
	總計	六、一〇〇・〇〇	二四、二〇四・〇〇		三〇、三〇四・〇〇
長治	住戶	二、二〇〇・〇〇	二、〇〇〇・〇〇		四、二〇〇・〇〇
	商業	二、〇〇〇・〇〇	一、〇〇〇・〇〇		三、〇〇〇・〇〇
	公團	二、五〇〇・〇〇	—		二、五〇〇・〇〇
	總計	六、七〇〇・〇〇	三、〇〇〇・〇〇		九、七〇〇・〇〇
長子	商業	—	八〇〇・〇〇		八〇〇・〇〇
	農民	—	二三五・〇〇		二三五・〇〇
	同業	—	二七〇・〇〇		二七〇・〇〇
	總計	—	一、三〇五・〇〇		一、三〇五・〇〇

潞城	住戶	—	二、二二八・〇〇		二、二二八・〇〇
	商業	一、〇〇〇・〇〇	二、〇九四・〇〇		三、〇九四・〇〇
	工業	—	六〇〇・〇〇		六〇〇・〇〇
	公團	—	二、八一七・〇〇		二、八一七・〇〇
	農民	—	一、五六四・六二		一、五六四・六二
	總計	一、〇〇〇・〇〇	九、三〇三・六二		一〇、三〇三・六二
晉城	商業	—	三、五八六・〇〇		三、五八六・〇〇
	工業	—	—	六七一・八二	六七一・八二
	農民	一〇〇・〇〇	七〇〇・〇〇		八〇〇・〇〇
	公團	—	—	一一・〇〇	一一・〇〇
	總計	一〇〇・〇〇	四、二八六・〇〇	六八二・八二	五、〇六八・八二
高平	住戶	—	一一、七〇〇・〇〇		一一、七〇〇・〇〇
	商業	—	一三、〇〇〇・〇〇		一三、〇〇〇・〇〇
	農民	—	一〇、〇〇〇・〇〇		一〇、〇〇〇・〇〇
	同業	—	一八、〇〇〇・〇〇		一八、〇〇〇・〇〇
	總計	—	五一、七〇〇・〇〇		五一、七〇〇・〇〇
平定	住戶	九七、四九七・〇〇	四、五〇〇・〇〇		一〇一、九九七・〇〇

	商業	四一、六五〇・〇〇	二、四〇〇・〇〇		四四、〇五〇・〇〇
	公團	一二、四〇六・〇〇	—		一二、四〇六・〇〇
	農民	五、三〇〇・〇〇	—		五、三〇〇・〇〇
	總計	一五六、八五三・〇〇	六、九〇〇・〇〇		一六三、七五三・〇〇
臨汾	商業	七、〇〇〇・〇〇	—		七、〇〇〇・〇〇
	總計	七、〇〇〇・〇〇	—		七、〇〇〇・〇〇
襄陵	住戶	—	二、五〇〇・〇〇		二、五〇〇・〇〇
	商業	—	四、二〇〇・〇〇		四、二〇〇・〇〇
	農民	—	七〇〇・〇〇		七〇〇・〇〇
	同業	—	三、〇〇〇・〇〇		三、〇〇〇・〇〇
	總計	—	一〇、四〇〇・〇〇		一〇、四〇〇・〇〇
洪洞	住戶	七六、八二五・〇〇	—		七六、八二五・〇〇
	商業	四四、三〇〇・〇〇	九、九三四・七九		五四、二三四・七九
	工業	三、〇〇〇・〇〇	—		三、〇〇〇・〇〇
	同業	二五四、一〇〇・〇〇	—		二五四、一〇〇・〇〇
	總計	三七八、二二五・〇〇	九、九三四・七九		三八八、一五九・七九
汾城	住戶	四二、七八五・〇〇	二七、八六四・〇〇		七〇、六四九・〇〇

	商業	一一、八二三·〇〇	二三、六二〇·〇〇		三五、四四三·〇〇
	工業	—	一五·〇〇		一五·〇〇
	農民	一一、七一〇·〇〇	六、八四二·〇〇		一八、五五二·〇〇
	同業	一三、五四〇·〇〇	二四、七七九·〇〇		三八、三一九·〇〇
	總計	七九、八五八·〇〇	八三、一二〇·〇〇		一六二、九七八、〇〇
曲沃	住戶	一八、七〇〇·〇〇	一、五〇〇·〇〇		二〇、二〇〇·〇〇
	商業	一一三、五〇〇·〇〇	一五、〇〇〇·〇〇		一二八、五〇〇·〇〇
	農民	七、二〇〇·〇〇	—		七、二〇〇·〇〇
	同業	三、〇〇〇·〇〇	—		三、〇〇〇·〇〇
	總計	一四二、四〇〇·〇〇	一六、五〇〇·〇〇		一五八、九〇〇·〇〇
永濟	住戶	—	三、一一〇·〇〇		三、一一〇·〇〇
	公園	—	一、八八〇·〇〇		一、八八〇·〇〇
	總計	—	四、九九〇·〇〇		四、九九〇·〇〇
解縣	住戶	七、〇〇〇·〇〇	—		七、〇〇〇·〇〇
	商業	二四、〇〇〇·〇〇	一、三〇〇·〇〇		二五、三〇〇·〇〇
	農民	九、〇〇〇·〇〇	—		九、〇〇〇·〇〇
	總計	四〇、〇〇〇·〇〇	一、三〇〇·〇〇		四一、三〇〇·〇〇

安邑	住戶	一四五、〇〇〇.〇〇	—		一四五、〇〇〇.〇〇
	商業	一六〇、〇〇〇.〇〇	二〇〇、五二〇.〇〇		三六〇、五二〇.〇〇
	農民	八、〇〇〇.〇〇	—		八、〇〇〇.〇〇
	同業	七五、〇〇〇.〇〇	—		七五、〇〇〇.〇〇
	總計	三八八、〇〇〇.〇〇	二〇〇、五二〇.〇〇		五八八、五二〇.〇〇
新絳	商業	一二七、〇〇〇.〇〇	七四、〇〇〇.〇〇		二一〇、〇〇〇.〇〇
	農業	七、〇〇〇.〇〇	—		七、〇〇〇.〇〇
	同業	一四、〇〇〇.〇〇	—		一四、〇〇〇.〇〇
	總計	一四八、〇〇〇.〇〇	七四、〇〇〇.〇〇		二二二、〇〇〇.〇〇
河津	住戶	—	二、三〇〇.〇〇		二、三〇〇.〇〇
	商業	—	八、二七〇.〇〇		八、二七〇.〇〇
	公團	五〇〇.〇〇	—		五〇〇.〇〇
	農民	—	二、五九一.〇〇		二、五九一.〇〇
	總計	五〇〇.〇〇	一三、一六一.〇〇		一三、六六一.〇〇
聞喜	住戶	二〇、八七九.〇〇	二、八六四.〇〇	四一四、〇〇	二四、一五七.〇〇
	商業	九、八四三.〇〇	二、六四六.〇〇		一二、四八九.〇〇
	公團	—	五、五八八.〇〇		五、五八八.〇〇

	同業	八、五〇〇·〇〇	二、五一二·〇〇		一一、〇一二·〇〇
	總計	三九、二二二·〇〇	一三、六一〇·〇〇	四一四·〇〇	五三、二四六·〇〇
稷山	商業	—	三、九九〇·〇〇		三、九九〇·〇〇
	總計	—	三、九九〇·〇〇		三、九九〇·〇〇
霍縣	住戶	二八、〇八〇·〇〇	—		二八、〇八〇·〇〇
	商業	二〇、五〇〇·〇〇	二、〇〇〇·〇〇		二二、五〇〇·〇〇
	公園	三、六〇七·〇〇	—		三、六〇七·〇〇
	同業	一三、五〇〇·〇〇	—		一三、五〇〇·〇〇
	總計	六五、六八七·〇〇	二、〇〇〇·〇〇		六七、六八七·〇〇
趙城	農民	—	五、四六〇·〇〇		五、四六〇·〇〇
	總計	—	五、四六〇·〇〇		五、四六〇·〇〇
大同	住戶	五七、五〇〇·〇〇	—		五七、五〇〇·〇〇
	商業	九六、八〇〇·〇〇	—		九六、八〇〇·〇〇
	總計	一五四、三〇〇·〇〇	—		一五四、三〇〇·〇〇
山陰	商業	—	三、〇〇〇·〇〇		三、〇〇〇·〇〇
	總計	—	三、〇〇〇·〇〇		三、〇〇〇·〇〇
朔縣	商業	—	三一、二〇〇·〇〇		三一、二〇〇·〇〇

	總計	―	三一、二〇〇・〇〇		三一、二〇〇・〇〇
忻縣	商業	四八、三九〇・〇〇	―		四八、三九〇・〇〇
	總計	四八、三九〇・〇〇	―		四八、三九〇・〇〇
定襄	商業	―	三五〇・〇〇		三五〇・〇〇
	農民	―	一五〇・〇〇		一五〇・〇〇
	總計	―	五〇〇・〇〇		五〇〇・〇〇
代縣	住戶	三三、五九〇・〇〇	一、〇〇〇・〇〇		三四、五九〇・〇〇
	商業	八、〇〇〇・〇〇	三、七〇〇・〇〇		一一、七〇〇・〇〇
	公團	一四、五〇〇・〇〇	五〇〇・〇〇		一五、〇〇〇・〇〇
	農民	二、六〇〇・〇〇	―		二、六〇〇・〇〇
	同業	四、八〇〇・〇〇	二、〇〇〇・〇〇		六、八〇〇・〇〇
	總計	六三、四九〇・〇〇	七、二〇〇・〇〇		七〇、六九〇・〇〇
繁峙	住戶	一、七〇〇・〇〇	四〇〇・〇〇		二、一〇〇・〇〇
	商業	三、五〇〇・〇〇	一、六八〇・〇〇		五、一八〇・〇〇
	農民	六〇〇・〇〇	一、九二〇・〇〇		二、五二〇・〇〇
	同業	一、四〇〇・〇〇	一、二〇〇・〇〇		二、六〇〇・〇〇
	總計	七、二〇〇・〇〇	五、二〇〇・〇〇		一二、四〇〇・〇〇

崞縣	商業	九、〇〇〇・〇〇	三二、〇〇〇・〇〇		四一、〇〇〇・〇〇
	公團	四五〇・〇〇	八五〇・〇〇		一、三〇〇・〇〇
	農民	一三〇・〇〇	三二〇・〇〇		四五〇・〇〇
	同業	二、〇〇〇・〇〇	二九、五〇〇・〇〇		三一、五〇〇・〇〇
	總計	一一、五八〇・〇〇	六二、六七〇・〇〇		七四、二五〇・〇〇
全省合計	住戶	三、二〇五、八九九・〇〇	五二五、四四五・九八	四一四・〇〇	三、七三一、七五八・九八
	商業	三、九一五、九六五・九八	一、八六一、四九四・〇六	三、二六八・二三	五、七八〇、七二八・二七
	工業	九、四五〇・〇〇	二二、九一五・〇〇	六七一・八二	三三、〇三六・八二
	公團	五〇、六四四・〇〇	一一一、三七三・〇〇	一一・〇〇	一六二、〇二八・〇〇
	農民	一〇〇、一五六・〇〇	三〇、四八二・六二		一三〇、六三八・六二
	同業	一、七〇八、〇一一・五〇	八四六、二二二・二五		二、五五四、二三三・七五
	共計	八、九九〇、一二六・四八	三、三九七、九三二・九一	四、三六五・〇五	一二、三九二、四二四・四四
百分數	住戶	三五・六六	一五・四六	九・四九	三〇・一一
	商業	四三・五六	五四・七八	七四・八七	四六・六五
	工業	〇・一一	〇・六七	一五・三九	〇・二七
	公團	〇・五六	三・二八	〇・二五	一・三一
	農民	一・一一	〇・九〇	—	一・〇五

同業	一九・〇〇	二四・九二	—	二〇・六二
共計	一〇〇・〇〇	一〇〇・〇〇	一〇〇・〇〇	一〇〇・〇〇

放款之地域分配

二、放款　晉省一八二家錢莊放款總數，共計一二、九〇二、六五一・五〇元，平均每家七〇、八九三・六九元。放款無論總數或每家平均數，皆以濟寧道爲最多，河東道次之，雁門道最少。（每家平均數雁門道較河東道稍多。）濟寧道放款總數一〇、一六三、八七二・一〇元，平均每家一〇三、七一二・九八元。河東道放款總數一・八九〇、三一九・四〇元，平均每家三一、五〇五・三二元。雁門道放款總數八四八、四六〇・〇〇元，平均每家三五、三五二・五〇元。若以個別縣份而論，則以陽曲爲最多，計三百餘萬元，太谷次之，計二百餘萬元，平遙又次之，計一百餘萬元。太原七十餘萬元，榆次安邑各六十餘萬元。文水清源各五十餘萬元。交城忻縣各四十餘萬元，洪洞三十餘萬元，新絳、平定、汾陽各二十餘萬元，曲沃、大同、祁縣、汾城、霍縣、代縣各十餘萬元。其餘各縣，則皆在十萬元以下。

放款之去路

錢莊放款去路，亦可分爲工業、商業、住戶、農民、公團、同業六種。就全省一般情形而論，接受放款者，以商業界爲最多，計九、三一一、九三九・二六元，佔總數七二・一七%；同業次之，計一、四五六、五四九・〇〇元，佔一一・二九%；農民第三，計一、四一一、九三五・二四元，佔一〇・九四%；公團第四，計三八四、六三一・〇〇元，佔二・九八%；工業界第五，計三二七、三三三・〇〇元，佔二‧五四％；住戶最少，計一〇、二六四‧〇〇元，佔〇‧〇八％。就每一放款去路在各道間所佔百分數分析，則除商業情形恰巧相反外，其餘情形大略相同：卽百分數皆以濟寧道為最大，河東道次之，雁門道最小。惟商業界所吸收之錢莊存款，則以雁門道最大，計佔該道總數九三‧六六％，河東道次之，計佔七七‧六二％，濟寧道最小，計佔六九‧三六％。蓋濟寧道放款之範圍較廣，各業皆有相當數目，故從絕對數比較，商業界放款雖仍超出河東雁門兩道六倍至九倍，但自百分數觀之，則顯然較少也。

山西省錢莊放款去路統計表（元）

縣別	工業	商業	住戶	農民	公團	同業	總計
陽曲	二四四、〇〇〇‧〇〇	二、一〇二、九六三‧〇〇		一三三、四〇〇‧〇〇	二〇二、〇〇〇‧〇〇	三九二、六〇〇‧〇〇	三、〇七四、九六三‧〇〇
太原	一、二〇〇‧〇〇	二四八、一六四‧〇〇	一〇、二六四‧〇〇	四四二、七四四‧〇〇			七〇二、三七二‧〇〇
榆次	三一、〇〇〇‧〇〇	六四六、九九七‧〇〇				二〇、五〇〇‧〇〇	六九八、四九七‧〇〇
太谷		一、六三八、八七一‧〇五		五六、〇〇九‧六〇	九〇〇‧〇〇	三三〇、〇〇〇‧〇〇	二、〇二五、七八〇‧六五
祁縣		一二四、四〇〇‧〇〇				八、〇〇〇‧〇〇	一三二、四〇〇‧〇〇
徐溝		六八、四五〇‧〇〇		一五、四八九‧〇〇			八三、九三九‧〇〇
清源	二、二五〇‧〇〇	三四八、九六九‧〇〇		六一、三三九‧〇〇	五一、〇〇〇‧〇〇	七六、一七九‧〇〇	五三九、七三七‧〇〇

交城		一四七、一一二・〇〇		四四、四〇〇・〇〇		二九六、一三二・〇〇	四八七、六四四・〇〇
文水		二九六、二〇八・二三		二三九、八六九・六六	二、八一五・〇〇	三九、〇二九・〇〇	五七七、九二一・八九
岢嵐				一八、〇〇〇・〇〇			一八、〇〇〇・〇〇
汾陽		二二四、四六五・〇〇		一、四六二・〇〇	四六・〇〇		二二五、九七三・〇〇
平遙	一〇、〇〇〇・〇〇	九八八、五五二・〇〇		五七、二八七・〇〇	八三、七六五・〇〇	三九、五八〇・〇〇	一、一七九、二〇四・〇〇
孝義	四、〇〇〇・〇〇	二四、七九一・〇〇		四、〇六三・〇〇	二七〇・〇〇	三、〇〇〇・〇〇	三六、一二四・〇〇
長治		七、七〇〇・〇〇		七、一八〇・〇〇		二、二〇〇・〇〇	一七、〇八〇・〇〇
長子		二、三三九・九八		七六〇・〇〇			三、〇九九・九八
潞城	五、三六三・〇〇	二、二三〇・〇〇		四、七七三・六〇			一二、三六六・六〇
晉城		七、一〇〇・〇〇					
高平		二八、三〇〇・〇〇		三六、五六四・九八		七、五〇〇・〇〇	七二、三六四・九八
平定		一四二、四一一・〇〇		八五、九〇四・〇〇	二六、〇〇〇・〇〇	一五、〇〇〇・〇〇	二六九、三一五・〇〇
濟甯道小計	二九七、八三三・〇〇	七、〇五〇、〇〇三・二六	一〇、二六四・〇〇	一、二〇九、二三五・八四	三六六、八一六・〇〇	一、二三九、七二〇・〇〇	一〇、一六三、八七二・一〇
百分數	二・九三	六九・三六	〇・一〇	一一・九〇	三・六一	一二・一〇	一〇〇・〇〇
臨汾		三、五〇〇・〇〇					三、五〇〇・〇〇
襄陵		九、〇〇〇・〇〇		二、〇〇〇・〇〇			一一、〇〇〇・〇〇
洪洞	一六、〇〇〇・〇〇	三一、七〇五・〇〇		一八、七〇四・四〇		三〇、〇〇〇・〇〇	九六、四〇九・四〇

汾城		六七、六一五·〇〇		三五、七九〇·〇〇	四、五六五·〇〇	三一、四二九·〇〇	一三九、三九九·〇〇
曲沃	五、〇〇〇·〇〇	一三六、二〇〇·〇〇		五八、五〇〇·〇〇			一九九、七〇〇·〇〇
永濟		四、六〇〇·〇〇					四、六〇〇·〇〇
解縣		二〇、〇〇〇·〇〇					二〇、〇〇〇·〇〇
安邑		五三七、四二〇·〇〇				一一二、〇〇〇·〇〇	六四九、四二〇·〇〇
新絳	三、〇〇〇·〇〇	二七一、〇〇〇·〇〇				一七、〇〇〇·〇〇	二九一、〇〇〇·〇〇
河津	五〇〇·〇〇	五、四五〇·〇〇		一四、二四〇·〇〇			二〇、一九〇·〇〇
聞喜		二〇、八一一·〇〇		六、六六一·〇〇		一四、七〇〇·〇〇	四二、一七二·〇〇
稷山				六、三二〇·〇〇			六、三二〇·〇〇
霍縣		六六、六五〇·〇〇		二九、九〇四·〇〇	一〇、〇〇〇·〇〇	一四、〇〇〇·〇〇	一二〇、五五四·〇〇
趙城		四、三一五·〇〇		二、七四〇·〇〇			七、〇五五·〇〇
河東道小計	二四、五〇〇·〇〇	一、四六七、二六六·〇〇	—	一六四、八五九·四〇	一四、五六五·〇〇	二一九、一二九·〇〇	一、八九〇、三一九·四〇
百分數	一·三〇	七七·六二	—	八·七三	〇·七七	一一·五九	一〇〇·〇〇
大同		一九二、九〇〇·〇〇					一九二、九〇〇·〇〇
山陰		八、〇〇〇·〇〇					八、〇〇〇·〇〇
朔縣	五、〇〇〇·〇〇	二六、〇〇〇·〇〇					三一、〇〇〇·〇〇
忻縣		四四七、八二〇·〇〇					四四七、八二〇·〇〇

定襄		一、八〇〇・〇〇		一、二〇〇・〇〇			三、〇〇〇・〇〇
代縣		八三、三五〇・〇〇		三〇、六〇〇・〇〇	三、二五〇・〇〇	一、二〇〇・〇〇	一一八、四〇〇・〇〇
繁峙		九、八〇〇・〇〇		六、〇四〇・〇〇		三、〇〇〇・〇〇	一八、八四〇・〇〇
崞縣		二五、〇〇〇・〇〇				三、五〇〇・〇〇	二八、五〇〇・〇〇
雁門道小計	五、〇〇〇・〇〇	七九四、六七〇・〇〇	—	三七、八四〇・〇〇	三、二五〇・〇〇	七、七〇〇・〇〇	八四八、四六〇・〇〇
百分數	〇・五九	九三・六六	—	四・四六	〇・三八	〇・九一	一〇〇・〇〇
全省總計	三二七、三三三・〇〇	九、三二一、九三九・二六	一〇、二六四・〇〇	一、四一一、九三五・二四	三八四、六三一・〇〇	一、四五六、五四九・〇〇	一二、九〇二、六五一・五〇
百分數	二・五四	七二・一七	〇・〇八	一〇・九四	二・九八	一一・二九	一〇〇・〇〇

放款之種類

錢莊放款，因其性質不同，可分信用及抵押兩類。信用放款，全憑借款人之信用，無需實物或證券作抵押；抵押放款則反是，不憑信用而憑抵押物。大致銀行放款，抵押多於信用，而錢莊放款則信用多於抵押。此蓋銀行營業主穩健，錢莊營業主靈活，有以致之也。查山西一八二家錢莊之信用放款，共計一二、三三八、九三〇・三二元，佔放款總數九五・六三%，抵押放款共計五六三、七二一・一八元，佔放款總數四・三七%。大致人口愈密，工商業愈發達，其地之信用放款必相對減少，而抵押放款相對增加。反之則信用放款相對增加，抵押放款相對減少。因大城市中，人事頻繁，出入款項股多，錢莊之主僱熟客少而生客多，信用是否可靠，殊無絕對把握，若非採取穩健政策，常有倒賬呆賬之虞。小城市中則錢莊之往來主僱，時常見面，其平素信用，深爲熟識，卽使信用放款，亦較有把握。徵之此次調查之結果，頗與上述理論相吻合。蓋濟寧道信用放款佔該道放款總數九四・八六%，抵押放款佔五・一四%；而河東道信用放款佔九八・一八%，抵押放款佔一・八二%；雁門道信用放款佔九九・二八%，抵押放款佔〇・七二%。

山西省各縣錢莊放款分類統計表

縣別	信用	抵押	合計
陽曲	二、九四二、〇六三・〇〇	一三二、九〇〇・〇〇	三、〇七四、九六三・〇〇
太原	四五七、三一八・〇〇	二四五、〇五四・〇〇	七〇二、三七二・〇〇
榆次	六九八、四九七・〇〇		六九八、四九七・〇〇
太谷	二、〇二一、六五一・〇五	四、一二九・六〇	二、〇二五、七八〇・六五
祁縣	一三二、四〇〇・〇〇		一三二、四〇〇・〇〇
徐溝	七四、七九七・〇〇	九、一四二・〇〇	八三、九三九・〇〇
清源	五三九、七二七・〇〇		五三九、七二七・〇〇
交城	四八七、六四四・〇〇		四八七、六四四・〇〇
文水	五三五、七二九・八九	四二、一九二・〇〇	五七七、九二一・八九
岢嵐	一五、〇〇〇・〇〇	三、〇〇〇・〇〇	一八、〇〇〇・〇〇
汾陽	二二一、一八三・〇〇	四、七九〇・〇〇	二二五、九七三・〇〇

平遙	一、一六八、六五六・〇〇	一〇、五四八・〇〇	一、一七九、二〇四・〇〇
孝義	三二、〇六一・〇〇	四、〇六三・〇〇	三六、一二四・〇〇
長治	一〇、八八〇・〇〇	六、二〇〇・〇〇	一七、〇八〇・〇〇
長子	二、五二九・九八	五六〇・〇〇	三、〇八九・九八
潞城	八、七五五・〇〇	三、六二一・六〇	一二、三七六・六〇
晉城	七、一〇〇・〇〇	—	七、一〇〇・〇〇
高平	五六、八〇〇・〇〇	一五、五六四・九八	七二、三六四・九八
平定	二二八、八一一・〇〇	四〇、五〇四・〇〇	二六九、三一五・〇〇
濟寧道小計	九、六四一、六〇二・九二	五二二、二六九・一八	一〇、一六三、八七二・一〇
百分數	九四・八六	五一・四	一〇〇・〇〇
臨汾	一二、五〇〇・〇〇		一二、五〇〇・〇〇
襄陵	一一、〇〇〇・〇〇		一一・〇〇〇・〇〇
洪洞	三七六、四〇九・四〇		三七六、四〇九・四〇
汾城	一二九、三九九・〇〇		一二九、三九九・〇〇
曲沃	一八七、二〇〇・〇〇	一二、五〇〇・〇〇	一九九、七〇〇・〇〇
永濟	四、六〇〇・〇〇		四、六〇〇・〇〇
解縣	二〇、〇〇〇・〇〇		二〇、〇〇〇・〇〇

安邑	六四九、四二〇·〇〇		六四九、四二〇·〇〇
新絳	二九一、〇〇〇·〇〇		二九一、〇〇〇·〇〇
河津	一五、二二〇·〇〇	四、九七〇·〇〇	二〇、一九〇·〇〇
聞喜	二八、九五〇·〇〇	一三、二二二·〇〇	四二、一七二·〇〇
稷山	四、七〇〇·〇〇	一、六二〇·〇〇	六、三二〇·〇〇
霍縣	一一八、五五四·〇〇	二、〇〇〇·〇〇	一二〇、五五四·〇〇
趙城	七、〇五五·〇〇		七、〇五五·〇〇
河東道小計	一、八五六、〇〇七·四〇	三四、三一二·〇〇	一、八九〇、三一九·四〇
百分數	九八·一八	一·八二	一〇〇·〇〇
大同	一九二、九〇〇·〇〇		一九二、九〇〇·〇〇
山陰	八、〇〇〇·〇〇		八、〇〇〇·〇〇
朔縣	三一、〇〇〇·〇〇		三一、〇〇〇·〇〇
忻縣	四四七、八二〇·〇〇		四四七、八二〇·〇〇
定襄	三、〇〇〇·〇〇		三、〇〇〇·〇〇
代縣	一一二、三〇〇·〇〇	六、一〇〇·〇〇	一一八、四〇〇·〇〇
繁峙	一七、八〇〇·〇〇	一、〇四〇·〇〇	一八、八四〇·〇〇
崞縣	二八、五〇〇·〇〇		二八、五〇〇·〇〇

雁門道小計	八四一、三二〇・〇〇	七、一四〇・〇〇	八四八、四六〇・〇〇
百分數	九九・二八	〇・七二	一〇〇・〇〇
全省總計	一二、三三八、九三〇・三二	五六三、七二一・一八	一二、九〇二、六五一・五〇
百分數	九五・六三	四・三七	一〇〇・〇〇

每種放款去路之分析

錢莊放款之去路，因其性質之不同，借款人所佔之地位大有差異。信用放款之目的，原爲手續靈便，商業界因需款殷繁，故借款獨多，計佔信用放款總數七五・二六%。同業方面，則因仰給頭襯，以資週轉，故所需信用放款亦不少，計佔一一・八一%，其餘依次爲農民佔七・〇二%，公團佔三・一一%，工業佔二・七二%，住戶佔〇・〇八%。抵押放款之情形則大不相同。各界之仰求錢莊抵押放款者，惟農民與商業。農民之借款，其性質顯與商業不同，其特點爲借款金額較少，借款時期較長，借款之信用較次，故錢莊多以抵押形式向之放款。山西錢莊五六三、七二一・一八元抵押放款中，農民計五四五、七八一・一八元，佔九六・八〇%，商業僅一七、九四〇・〇〇元，佔三・二〇%。

山西省各縣錢莊每種放款去路分析表(元)

縣名	業別	信用	抵押	合計
陽曲	商業	二、〇九七、九六三・〇〇	五、〇〇〇・〇〇	二、一〇二、九六三・〇〇

	工業	二四四、〇〇〇・〇〇	—	二四四、〇〇〇・〇〇
	公團	二〇二、〇〇〇・〇〇	—	二〇二、〇〇〇・〇〇
	農民	五、五〇〇・〇〇	一二七、九〇〇・〇〇	一三三、四〇〇・〇〇
	同業	三九二、六〇〇・〇〇	—	三九二、六〇〇・〇〇
	總計	二、九四二、〇六三・〇〇	一三二、九〇〇・〇〇	三、〇七四、九六三・〇〇
太原	住戶	一〇、二六四・〇〇	—	一〇、二六四・〇〇
	商業	二四八、一六四・〇〇	—	二四八、一六四・〇〇
	工業	一、二〇〇・〇〇	—	一、二〇〇・〇〇
	農民	一九七、六九〇・〇〇	二四五、〇五四・〇〇	四四二、七四四・〇〇
	總計	四五七、三一八・〇〇	二四五、〇五四・〇〇	七〇二、三七二・〇〇
榆次	商業	六四六、九九七・〇〇	—	六四六、九九七・〇〇
	工業	三一、〇〇〇・〇〇	—	三一、〇〇〇・〇〇
	同業	二〇、五〇〇・〇〇	—	二〇、五〇〇・〇〇
	總計	六九八、四九七・〇〇	—	六九八、四九七・〇〇
太谷	商業	一、六三八、八七一・〇五	—	一、六三八、八七一・〇五
	公團	九〇〇・〇〇	—	九〇〇・〇〇
	農民	五一、八八〇・〇〇	四、一二九・六〇	五六、〇〇九・六〇

	同業	三三〇、〇〇〇・〇〇	—	三三〇、〇〇〇・〇〇
	總計	二、〇二一、六五一・〇五	四、一二九・六〇	二、〇二五、七八〇・六五
祁縣	商業	一二四、四〇〇・〇〇	—	一二四、四〇〇・〇〇
	同業	八、〇〇〇・〇〇	—	八、〇〇〇・〇〇
	總計	一三二、四〇〇・〇〇	—	一三二、四〇〇・〇〇
徐溝	商業	六八、四五〇・〇〇	—	六八、四五〇・〇〇
	農民	六、三四七・〇〇	九、一四二・〇〇	一五、四八九・〇〇
	總計	七四、七九七・〇〇	九、一四二・〇〇	八三、九三九・〇〇
清源	商業	三四八、九六九・〇〇	—	三四八、九六九・〇〇
	工業	二、二五〇・〇〇	—	二、二五〇・〇〇
	公團	五一、〇〇〇・〇〇	—	五一、〇〇〇・〇〇
	農民	六一、三二九・〇〇	—	六一、三二九・〇〇
	同業	七六、一七九・〇〇	—	七六、一七九・〇〇
	總計	五三九、七二七・〇〇	—	五三九、七二七・〇〇
交城	商業	一四七、一一二・〇〇	—	一四七、一一二・〇〇
	農民	四四、四〇〇・〇〇	—	四四、四〇〇・〇〇
	同業	二九六、一三二・〇〇	—	二九六、一三二・〇〇

	總計	四八七、六四四•〇〇	—	四八七、六四四•〇〇
文水	商業	二九六、二〇八•二三	—	二九六、二〇八•二三
	公團	二、八一五•〇〇	—	二、八一五•〇〇
	農民	一九七、六七七•六六	四二、一九二•〇〇	二三九、八六九•六六
	同業	三九、〇二九•〇〇	—	三九、〇二九•〇〇
	總計	五三五、七二九•八九	四二、一九二•〇〇	五七七、九二一•八九
岢嵐	農民	一五、〇〇〇•〇〇	三、〇〇〇•〇〇	一八、〇〇〇•〇〇
	總計	一五、〇〇〇•〇〇	三、〇〇〇•〇〇	一八、〇〇〇•〇〇
汾陽	商業	二一九、六七五•〇〇	四、七九〇•〇〇	二二四、四六五•〇〇
	公團	四六、〇〇	—	四六•〇〇
	農民	一、四六二•〇〇	—	一、四六二•〇〇
	總計	二二一、一八三•〇〇	四、七九〇•〇〇	二二五、九七三•〇〇
平遙	商業	九八八、五五二•〇〇	—	九八八、五五二•〇〇
	工業	一〇、〇〇〇•〇〇	—	一〇、〇〇〇•〇〇
	公團	八三•七八五•〇〇	—	八三、七八五•〇〇
	農民	四六、七三九•〇〇	一〇、五四八•〇〇	五七、二八七•〇〇
	同業	三九、五八〇•〇〇	—	三九、五八〇•〇〇

	總計	一、一六八、六五六・○○	一○、五四八・○○	一、一七九、二○四・○○
孝義	商業	二四、七九一・○○	—	二四、七九一・○○
	工業	四、○○○・○○	—	四、○○○・○○
	公團	二七○・○○	—	二七○、○○
	農民	—	四、○六三・○○	四、○六三・○○
	同業	三、○○○・○○	—	三、○○○・○○
	總計	三二、○六一・○○	四、○六三・○○	三六、一二四・○○
長治	商業	七、七○○・○○	—	七、七○○・○○
	農民	九八○・○○	六、二○○・○○	七、一八○・○○
	同業	二、二○○・○○	—	二、二○○・○○
	總計	一○、八八○・○○	六、二○○・○○	一七、○八○・○○
長子	商業	二、一二九・九八	二○○・○○	二、三二九・九八
	農民	四○○・○○	三六○・○○	七六○・○○
	總計	二、五二九・九八	五六○・○○	三、○八九・九八
潞城	商業	二、二二○・○○	—	二、二二○・○○
	工業	五、三八三・○○	—	五、三八三・○○
	農民	一、一五二・○○	三、六二一・六○	四、七七三・六○

	總計	八、七五五.〇〇	三、六二一.六〇	一二、三七六.六〇
晉城	商業	七、一〇〇.〇〇	—	七、一〇〇.〇〇
	總計	七、一〇〇.〇〇	—	七、一〇〇.〇〇
高平	商業	二八、三〇〇.〇〇	—	二八、三〇〇.〇〇
	農民	二一、〇〇〇.〇〇	一五、五六四.九八	三六、五六四.九八
	同業	七、五〇〇.〇〇	—	七、五〇〇.〇〇
	總計	五六、八〇〇.〇〇	一五、五六四.九八	七二、三六四.九八
平定	商業	一四二、四一一.〇〇	—	一四二、四一一.〇〇
	公團	二六、〇〇〇.〇〇	—	二六、〇〇〇.〇〇
	農民	四五、四〇〇.〇〇	四〇、五〇四.〇〇	八五、九〇四.〇〇
	同業	一五、〇〇〇.〇〇	—	一五、〇〇〇.〇〇
	總計	二二八、八一一.〇〇	四〇、五〇四.〇〇	二六九、三一五.〇〇
臨汾	商業	一二、五〇〇.〇〇	—	一二、五〇〇.〇〇
	總計	一二、五〇〇.〇〇	—	一二、五〇〇.〇〇
襄陵	商業	九、〇〇〇.〇〇	—	九、〇〇〇.〇〇
	農民	二、〇〇〇.〇〇	—	二、〇〇〇.〇〇
	總計	一一、〇〇〇.〇〇	—	一一、〇〇〇.〇〇

洪洞	商業	三一一、七〇五・〇〇	—	三一一、七〇五・〇〇
	工業	一六、〇〇〇・〇〇	—	一六、〇〇〇・〇〇
	農民	一八、七〇四・四〇	—	一八、七〇四・四〇
	同業	三〇、〇〇〇・〇〇	—	三〇、〇〇〇・〇〇
	總計	三七六、四〇九・四〇	—	三七六、四〇九・四〇
汾城	商業	六七、六一五・〇〇	—	六七、六一五・〇〇
	公團	四、五六五・〇〇	—	四、五六五・〇〇
	農民	二五、七九〇・〇〇	—	二五、七九〇・〇〇
	同業	三一、四二九・〇〇	—	三一、四二九・〇〇
	總計	一二九、三九九・〇〇	—	一二九、三九九・〇〇
曲沃	商業	一三六、二〇〇・〇〇	—	一三六、二〇〇・〇〇
	工業	五、〇〇〇・〇〇	—	五、〇〇〇・〇〇
	農民	四六、〇〇〇・〇〇	一二、五〇〇・〇〇	五八、五〇〇・〇〇
	總計	一八七、二〇〇・〇〇	一二、五〇〇・〇〇	一九九、七〇〇・〇〇
永濟	商業	四、六〇〇・〇〇	—	四、六〇〇、〇〇
	總計	四、六〇〇・〇〇	—	四、六〇〇・〇〇
解縣	商業	二〇、〇〇〇・〇〇	—	二〇、〇〇〇・〇〇

	總計	二〇、〇〇〇·〇〇	—	二〇、〇〇〇·〇〇
安邑	商業	五三七、四二〇·〇〇	—	五三七、四二〇·〇〇
	同業	一一二、〇〇〇·〇〇	—	一一二、〇〇〇·〇〇
	總計	六四九、四二〇·〇〇	—	六四九、四二〇·〇〇
新絳	商業	二七一、〇〇〇·〇〇	—	二七一、〇〇〇·〇〇
	工業	三、〇〇〇·〇〇	—	三、〇〇〇·〇〇
	同業	一七、〇〇〇·〇〇	—	一七、〇〇〇·〇〇
	總計	二九一、〇〇〇·〇〇	—	二九一、〇〇〇·〇〇
河津	商業	五、四五〇·〇〇	—	五、四五〇·〇〇
	工業	五〇〇·〇〇	—	五〇〇·〇〇
	農民	九、二七〇·〇〇	四、九七〇·〇〇	一四、二四〇·〇〇
	總計	一五、二二〇·〇〇	四、九七〇·〇〇	二〇、一九〇·〇〇
聞喜	商業	一二、八六一·〇〇	七、九五〇·〇〇	二〇、八一一·〇〇
	農民	一、三八九·〇〇	五、二七二·〇〇	六、六六一·〇〇
	同業	一四、七〇〇·〇〇	—	一四、七〇〇·〇〇
	總計	二八、九五〇·〇〇	一三、二二二·〇〇	四二、一七二·〇〇
稷山	農民	四、七〇〇·〇〇	一、六二〇·〇〇	六、三二〇·〇〇

	總計	四、七〇〇·〇〇	一、六二〇·〇〇	六、三二〇·〇〇
霍縣	商業	六六、六五〇·〇〇	—	六六、六五〇·〇〇
	公團	一〇、〇〇〇·〇〇	—	一〇、〇〇〇·〇〇
	農民	二七、九〇四·〇〇	二、〇〇〇·〇〇	二九、九〇四·〇〇
	同業	一四、〇〇〇·〇〇	—	一四、〇〇〇·〇〇
	總計	一一八、五五四·〇〇	二、〇〇〇·〇〇	一二〇、五五四·〇〇
趙城	商業	四、三一五·〇〇	—	四、三一五·〇〇
	農民	二、七四〇·〇〇	—	二、七四〇·〇〇
	總計	七、〇五五·〇〇	—	七、〇五五·〇〇
大同	商業	一九二、九〇〇·〇〇	—	一九二、九〇〇·〇〇
	總計	一九二、九〇〇·〇〇	—	一九二、九〇〇·〇〇
山陰	工業	八、〇〇〇·〇〇	—	八、〇〇〇·〇〇
	總計	八、〇〇〇·〇〇	—	八、〇〇〇·〇〇
朔縣	商業	二六、〇〇〇·〇〇	—	二六、〇〇〇·〇〇
	工業	五、〇〇〇·〇〇	—	五、〇〇〇·〇〇
	總計	三一、〇〇〇·〇〇	—	三一、〇〇〇·〇〇
忻縣	商業	四四七、八二〇·〇〇	—	四四七、八二〇·〇〇

	總計	四四七、八二〇・〇〇	—	四四七、八二〇・〇〇
定襄	商業	一、八〇〇・〇〇	—	一、八〇〇・〇〇
	農民	一、二〇〇・〇〇	—	一、二〇〇・〇〇
	總計	三、〇〇〇・〇〇	—	三、〇〇〇・〇〇
代縣	商業	八三、三五〇・〇〇	—	八三、三五〇・〇〇
	公團	三、二五〇・〇〇	—	三、二五〇・〇〇
	農民	二四、五〇〇・〇〇	六、一〇〇・〇〇	三〇、六〇〇・〇〇
	同業	一、二〇〇・〇〇	—	一、二〇〇・〇〇
	總計	一一二、三〇〇・〇〇	六、一〇〇・〇〇	一一八、四〇〇・〇〇
繁峙	商業	九、八〇〇・〇〇	—	九、八〇〇・〇〇
	農民	五、〇〇〇・〇〇	一、〇四〇・〇〇	六、〇四〇・〇〇
	同業	三、〇〇〇・〇〇	—	三、〇〇〇・〇〇
	總計	一七、八〇〇・〇〇	一、〇四〇・〇〇	一八、八四〇・〇〇
崞縣	商業	二五、〇〇〇・〇〇	—	二五、〇〇〇・〇〇
	同業	三、五〇〇・〇〇	—	三、五〇〇・〇〇
	總計	二八、五〇〇・〇〇	—	二八、五〇〇・〇〇
全省合計	住戶	一〇、二六四・〇〇	—	一〇、二六四・〇〇

商業	九、二八五、九九九・二六	一七、九四〇・〇〇	九、三〇三、九三九・二六
工業	三三五、三三三・〇〇	—	三三五、三三三・〇〇
公團	三八四、六三一・〇〇	—	三八四、六三一・〇〇
農民	八六六、一五四・〇六	五四五、七八一・一八	一、四一一、九三五・二四
同業	一、四五六、五四九・〇〇	—	一、四五六、五四九・〇〇
共計	一二、三三八、九三〇・三二	五六三、七二一・一八	一二、九〇二、六五一・五〇
百分數			
住戶	〇・〇八	—	〇・〇八
商業	七五・二六	三・二〇	七二・一一
工業	二・七二	—	二・六〇
公團	三・一一	—	二・九八
農民	七・〇二	九六・八〇	一〇・九四
同業	一一・八一	—	一一・二九
共計	一〇〇・〇〇	一〇〇・〇〇	一〇〇・〇〇

三、儲蓄　儲蓄與存款，性質稍有不同。儲蓄之目的，在於吸收小宗款項，往往時期較長，利息較優，款額較少。銀行辦理儲蓄，其會計常與普通營業分而獨立，使儲戶多有一層保障，而錢莊則否。故山西錢莊所吸收之儲蓄，數目甚少，全省總計不過四二、〇〇〇元，而經營儲蓄之錢莊，亦不過五家而已。

匯兌數量

四、匯兌　匯兌在昔原爲山西票號之專業，自票號衰落，此項營業，卽分散於銀行、郵局、銀號、錢莊之手。查山西本爲一地瘠產少之省，人民日常需要，類多仰求省外之供給，其能彌補人民經濟之平衡者，全賴本省商民出外謀生之盈餘，故在對蒙對滿貿易興旺時，省外匯入之款，常較匯出爲多。近來滿蒙兩路商業皆告斷絕，其他各省之晉商，亦因商業蕭條，紛紛回省，以致省內經濟，大見拮据。據此次調查，最近一年內晉省匯款經錢莊之手者，匯出共計二七、五八六、八二〇・二〇元，匯入共計二七、一二七、〇〇四・六六元，差額雖僅四十餘萬元，但由入超一變而爲出超，固一可注意之現象也。就各縣錢莊而論，匯兌數量以陽曲爲最大，出入各約一千二百餘萬元；洪洞次之，各約三百餘萬元；平遙各約二百餘萬元，太谷、安邑、榆次、新絳各約一百餘萬元。

山西省各縣錢莊匯兌統計表

縣名	通匯地址	匯出（元）	匯入（元）
陽曲	天津	六、九二九、九三九・〇〇	五、九二九、〇二二・〇〇
	綏遠	四〇、〇〇〇・〇〇	四二、〇〇〇・〇〇
	石家莊	一六〇、〇〇〇・〇〇	一五八、〇〇〇・〇〇
	北平	三三三、〇〇〇・〇〇	三五〇、〇〇〇・〇〇
	包頭	五〇、〇〇〇・〇〇	五五、〇〇〇・〇〇

	榆次	二一、〇〇〇·〇〇	二一、〇〇〇·〇〇
	上海	二二、〇〇〇·〇〇	二二、〇〇〇·〇〇
	其他	四、八三〇、九一三·〇〇	五、五九五、四三七·〇〇
	共計	一二、三八六、八五二·〇〇	一二、一七二、四五九·〇〇
榆次	天津	一、一一一、一〇〇·〇〇	一、一〇三、三〇〇·〇〇
	共計	一、一一一、一〇〇·〇〇	一、一〇三、三〇〇·〇〇
太谷	天津	一、八〇〇、二六〇·〇〇	一、七八〇、七三〇、〇〇
	北平	八四、〇〇〇·〇〇	八四、〇〇〇、〇〇
	共計	一、八八四、二六〇·〇〇	一、八六四、七三〇·〇〇
祁縣	天津	四五、〇〇〇·〇〇	四三、〇〇〇·〇〇
	漢口	一四、〇〇〇·〇〇	一一、〇〇〇·〇〇
	共計	五九、〇〇〇·〇〇	五四、〇〇〇·〇〇
交城	天津	一四〇、四四〇·〇〇	一四〇、四四〇·〇〇
	上海	六八、一〇〇·〇〇	六八、一〇〇·〇〇
	共計	二〇八、五四〇·〇〇	二〇八、五四〇·〇〇
文水	太原	四九、八二〇·〇〇	五六、七一一·〇〇
	北平	五八、一五〇·二〇	六七、五二一·九五

	共計	一〇七、九七〇・二〇	一二四、二三二・九五
汾陽	天津	四二八、二五四・〇〇	五〇〇、二五四・〇〇
	太原	九、三六〇・〇〇	八一、一〇〇・〇〇
	北平	一、〇〇〇・〇〇	二、一四五・〇〇
	離石	二、二〇〇・〇〇	二、二〇〇・〇〇
	文水	二四〇・〇〇	——
	共計	四四一、〇五四・〇〇	五八五、六九九・〇〇
平遙	天津	二、〇六三、六五六・九〇	二、〇五五、七八六・四七
	北平	一一三、八四七・一〇	一一一、〇三二・二四
	共計	二、一七七、五〇四・〇〇	二、一六六、八一八・七一
長治	天津	四〇、〇〇〇、〇〇	三九、〇〇〇・〇〇
	太原	一九、〇〇〇・〇〇	一九、〇〇〇・〇〇
	共計	五九、〇〇〇・〇〇	五八、〇〇〇・〇〇
臨汾	天津	三、五〇〇・〇〇	三、五〇〇・〇〇
	太原	二、五〇〇・〇〇	二、五〇〇・〇〇
	平遙	二、〇〇〇・〇〇	二、〇〇〇・〇〇
	榆次	四、二〇〇・〇〇	四、二〇〇・〇〇

	運城	二、八〇〇·〇〇	二、八〇〇·〇〇
	共計	一五、〇〇〇·〇〇	一五、〇〇〇·〇〇
襄陵	太原	—	九五·〇〇
	汾陽	—	九〇〇·〇〇
	陝北	—	一、五〇〇·〇〇
	共計	—	一、九九五·〇〇
洪洞	天津	三七四、六五〇·〇〇	二九九、〇〇〇·〇〇
	綏遠	一〇、三五〇·〇〇	一〇、三五〇·〇〇
	太原	三三七、四七〇·〇〇	二七一、六七〇·〇〇
	榆次	一、四五九、一〇〇·〇〇	一、三八一、五一〇·〇〇
	平遙	六五三、五四〇、〇〇	六八八、一四〇·〇〇
	運城	四二七、六〇〇·〇〇	四四五、三〇〇·〇〇
	新絳	三九六、一三〇·〇〇	四〇三、四三〇·〇〇
	曲沃	一一八、五〇〇·〇〇	一三六、一〇〇·〇〇
	介休	一〇〇·〇〇	四、〇〇〇·〇〇
	靈石	七、七〇〇·〇〇	七、七〇〇·〇〇
	霍縣	二、〇〇〇·〇〇	二、〇〇〇·〇〇

	北平	二、〇〇〇·〇〇	二、〇〇〇·〇〇
	太谷	五、〇〇〇·〇〇	一二、五〇〇、〇五
	其他	一七、二〇〇·〇〇	—
	共計	三、八一一、三四〇·〇〇	三、六五三、七〇〇·〇〇
曲沃	天津	三二三、五〇〇·〇〇	三二三、五〇〇·〇〇
	榆次	三二三、五〇〇·〇〇	三二三、五〇〇·〇〇
	共計	六四七、〇〇〇·〇〇	六四七、〇〇〇·〇〇
解縣	天津	六四、〇〇〇·〇〇	一二、五〇〇·〇〇
	上海	一七、〇〇〇·〇〇	—
	鄭州	一八、〇〇〇·〇〇	七〇、〇〇〇·〇〇
	共計	九九、〇〇〇·〇〇	八二、五〇〇·〇〇
安邑	太原	一、三五七、〇〇〇·〇〇	一、二四六、〇〇〇·〇〇
	天津	二四、〇〇〇·〇〇	二四、〇〇〇·〇〇
	共計	一、三八一、〇〇〇·〇〇	一、二七〇、〇〇〇·〇〇
新絳	天津	四八〇、〇〇〇·〇〇	四八〇、〇〇〇·〇〇
	太原	一〇〇、〇〇〇·〇〇	一〇〇、〇〇〇·〇〇
	運城	五〇、〇〇〇·〇〇	五〇、〇〇〇·〇〇

	鄭州	七五、〇〇〇・〇〇	七五、〇〇〇・〇〇
	榆次	一〇、〇〇〇・〇〇	一〇、〇〇〇・〇〇
	北平	四八、〇〇〇・〇〇	四八、〇〇〇・〇〇
	陝西	一〇、〇〇〇・〇〇	一〇、〇〇〇・〇〇
	甘省	四〇、〇〇〇・〇〇	四〇、〇〇〇・〇〇
	西安	一〇、〇〇〇・〇〇	一〇、〇〇〇・〇〇
	洛陽	一〇、〇〇〇・〇〇	一〇、〇〇〇・〇〇
	上海	一八五、〇〇〇・〇〇	一八五、〇〇〇・〇〇
	其他	一二、〇〇〇・〇〇	一二、〇〇〇・〇〇
	共計	一、〇三〇、〇〇〇・〇〇	一、〇三〇、〇〇〇・〇〇
趙城	洪洞	四二七、九〇〇・〇〇	四二七、九〇〇・〇〇
	共計	四二七、九〇〇・〇〇	四二七、九〇〇・〇〇
大同	天津	六五〇、五〇〇・〇〇	六一〇、五〇〇・〇〇
	北平	二二六、〇〇〇・〇〇	二五六、〇〇〇・〇〇
	張家口	四二、〇〇〇・〇〇	五二、〇〇〇・〇〇
	綏遠	九二、〇〇〇・〇〇	九二、〇〇〇・〇〇
	上海	五、五〇〇・〇〇	五、五〇〇・〇〇

	歸化	一五、〇〇〇・〇〇	一五、〇〇〇・〇〇
	豐鎮	八〇、〇〇〇・〇〇	八〇、〇〇〇・〇〇
	忻州	一〇、五〇〇・〇〇	一〇、五〇〇・〇〇
	太原	四九、〇〇〇・〇〇	四九、〇〇〇・〇〇
	共計	一、一七〇、五〇〇・〇〇	一、一七〇、五〇〇・〇〇
山陰	太原	五〇、〇〇〇・〇〇	―
	太谷	―	六〇〇・〇〇
	大同	―	三、四〇〇・〇〇
	共計	五〇、〇〇〇・〇〇	四、〇〇〇・〇〇
朔縣	天津	一一〇、〇〇〇・〇〇	一一〇、〇〇〇・〇〇
	大同	五〇、〇〇〇・〇〇	五〇、〇〇〇・〇〇
	太原	九〇、〇〇〇・〇〇	九〇、〇〇〇・〇〇
	北平	三、〇〇〇・〇〇	三、〇〇〇・〇〇
	原平	五、〇〇〇・〇〇	五、〇〇〇・〇〇
	石家莊	八〇、〇〇〇・〇〇	八〇、〇〇〇・〇〇
	共計	三三八、〇〇〇・〇〇	三三八、〇〇〇・〇〇
忻縣	太原	五、〇〇〇・〇〇	五、〇〇〇・〇〇

	天津	五、〇〇〇.〇〇	五、〇〇〇.〇〇
	共計	一〇、〇〇〇.〇〇	一〇、〇〇〇.〇〇
定襄	太原	二五、〇〇〇.〇〇	—
	楡次	一二、五〇〇.〇〇	—
	五台	一、三〇〇.〇〇	—
	河北省	一一、二〇〇.〇〇	—
	察哈爾	—	三五、〇〇〇.〇〇
	歸化	—	一五、〇〇〇.〇〇
	包頭	—	一五、〇〇〇.〇〇
	共計	五〇、〇〇〇.〇〇	六五、〇〇〇.〇〇
代縣	太原	二三、〇〇〇.〇〇	一四、〇〇〇.〇〇
	綏遠	一、〇〇〇.〇〇	五、一〇〇.〇〇
	天津	一四、〇〇〇.〇〇	一七、〇〇〇.〇〇
	包頭	一三、〇〇〇.〇〇	二四、〇〇〇.〇〇
	共計	五一、〇〇〇.〇〇	六〇、一〇〇.〇〇
崞縣	太原	三五、〇〇〇.〇〇	六、三〇〇.〇〇
	大同	二五、八〇〇.〇〇	六、五八〇.〇〇

忻縣	六、〇〇〇・〇〇	五〇〇・〇〇
石家莊	四、〇〇〇・〇〇	一五〇・〇〇
共計	七〇、八〇〇・〇〇	一三、五三〇・〇〇

通匯地點

往昔與山西發生匯兌關係之地點，首推內外蒙古，次爲東三省。自外蒙與東三省先後發生事變以來，晉商之匯款絕跡，即內蒙之綏察兩省，其地位亦遠不如昔，而靑寧兩省，向爲晉商勢力籠絡之下者，近亦日就式微，毫無匯兌之可言。就二十四年調査，與山西錢莊發生匯兌關係之省份，舉其要者，僅有冀、綏、察、陝、豫，甘、鄂，蘇數省。其中以河北省之匯兌額爲最大，計匯出一五、七三一、九九七・二〇元，匯入一四、六三八、三八一・六六元，而河北省又以天津爲最大，計匯出一四、六〇七、七九九・九〇元，匯入一三、四七六、五三二・四七元。其餘依次爲綏遠、江蘇、甘肅、察哈爾、陝西，湖北等省。總計匯出外省之款爲一六、五四九、九四七・二〇元，佔匯出總數六一％，由外省匯入之款爲一五、五八六、九三一・六六元，佔匯入總數五七％。至省內各縣間之匯兌，以陽曲爲最大，計匯出二、一五二、一五〇・〇〇元，匯入一、九四一、三七六・〇〇元。榆次出入亦各一百餘萬元，平遙六十餘萬元，洪洞四十餘萬元，新絳三十餘萬元，曲沃十餘萬元。總計本省各縣間匯出六、一七六、七六〇・〇〇元，匯入五、六〇七、四三七・〇〇元。

山西省錢莊通匯地點及匯兌金額分析表（元）

省別	通匯地點	匯出	匯入
河北省*		一一、二〇〇・〇〇	—
	天津	一四、六〇七、七九九・九〇	一三、四七六、五三二・四七
	石家莊	二四四、〇〇〇・〇〇	二三八、一五〇・〇〇
	北平	八六八、九九七・三〇	九二三、六九九・一九
	總計	一五、七三一、九九七・二〇	一四、六三八、三八一・六六
綏遠省*		一四三、三五〇・〇〇	一四九、四五〇・〇〇
	包頭	六三、〇〇〇・〇〇	九四、〇〇〇・〇〇
	歸化	一五、〇〇〇・〇〇	三〇、〇〇〇・〇〇
	豐鎮	八〇、〇〇〇・〇〇	八〇、〇〇〇・〇〇
	總計	三〇一、三五〇・〇〇	三五三、四五〇・〇〇
察哈爾*		—	三五、〇〇〇・〇〇
	張家口	四二、〇〇〇・〇〇	五二、〇〇〇・〇〇
	總計	四二、〇〇〇・〇〇	八七、〇〇〇・〇〇
陝西省		一〇、〇〇〇・〇〇	一〇、〇〇〇・〇〇
	陝北	—	一、五〇〇・〇〇
	西安	一〇、〇〇〇・〇〇	一〇、〇〇〇・〇〇

	總計	二〇、〇〇〇·〇〇	二一、五〇〇·〇〇
河南省	鄭州	九三、〇〇〇·〇〇	一四五、〇〇〇·〇〇
	洛陽	一〇、〇〇〇·〇〇	一〇、〇〇〇·〇〇
	總計	一〇三、〇〇〇·〇〇	一五五、〇〇〇·〇〇
甘肅		四〇、〇〇〇·〇〇	四〇、〇〇〇·〇〇
	總計	四〇、〇〇〇·〇〇	四〇、〇〇〇·〇〇
湖北	漢口	一四、〇〇〇·〇〇	一一、〇〇〇·〇〇
	總計	一四、〇〇〇·〇〇	一一、〇〇〇·〇〇
江蘇省	上海	二九七、六〇〇·〇〇	二八〇、六〇〇·〇〇
	總計	二九七、六〇〇·〇〇	二八〇、六〇〇·〇〇
	外省共計	一六、五四九、九四七·二〇	一五、五八六、九三一·六六
山西省	榆次	一、八三〇、三〇〇·〇〇	一、七四〇、二一〇·〇〇
	陽曲	二、一五二、一五〇·〇〇	一、九四一、三七六·〇〇
	離石	二、二〇〇·〇〇	二、二〇〇·〇〇
	文水	二四〇·〇〇	—
	平遙	六五五、五四〇·〇〇	六九〇、一四〇·〇〇
	運城	四八〇、四〇〇·〇〇	四九八、一〇〇·〇〇

發行

汾陽	—	四〇〇·〇〇
新絳	三九六、一三〇·〇〇	四〇三、四三〇·〇〇
曲沃	一一八、五〇〇·〇〇	一二六、一〇〇·〇〇
介休	一〇〇·〇〇	四、〇〇〇·〇〇
靈石	七、七〇〇·〇〇	七、七〇〇·〇〇
霍縣	二、〇〇〇·〇〇	二、〇〇〇·〇〇
太谷	五、〇〇〇·〇〇	一三、一〇〇·〇〇
洪洞	四二七、九〇〇·〇〇	四二七、九〇〇·〇〇
大同	七五、八〇〇·〇〇	五九、九八〇·〇〇
原平	五、〇〇〇·〇〇	五、〇〇〇·〇〇
五台	一、三〇〇·〇〇	—
忻縣	一六、五〇〇·〇〇	一一、〇〇〇·〇〇
總計	六、一七六、七六〇·〇〇	五、九三二、六三六·〇〇
其他	四、八六〇、一一三·〇〇	五、六〇七、四三七·〇〇
省內外合計	二七、五八六、八二〇·二〇	二七、一二七、〇〇四·六六

* 此項總兌金額因地點不明，故歸入各該省標題下。

五、發行　錢莊有發行之特權，爲內地金融界一特殊現象。晉省錢莊取得發行權，始於何時已不可考。惟知民國初年以來，私鈔發行之數，已頗可觀。當時不但錢莊可以發行，卽當鋪質店，以至糧行布莊，亦莫不有紙幣之發行。省府雖屢欲整頓，無如終無結果。迨十八年省府通令各莊號所發紙幣，一律限期收回，一時發行之數大減，同時省府爲流通市面籌碼，授權省銀行加發紙幣。不料十九年政治風潮起後，金融風潮接踵而起，省行紙幣，一日數跌，初尚有市價可循，終則等於廢紙，民商受累不淺。迨政局平靜，省行信用未復，人民已如驚弓之鳥，不願行使省鈔，市面頓感流通停滯。錢莊商號，爲救急起見，紛紛呈請發行。省府一面暫如所請，一面絡續開設墾業、鐵路、鹽業等銀號，特許其發行。至二十二年，省行信用恢復，錢莊商店發行之紙幣，又被勒令限期收回。

據此次調查，截至民國二十四年九月底止，山西錢莊尙未收回之紙幣，共計二一一、二一三・四元，其中一元票一七二、九九〇・〇元，五角票一二、一四四・〇元，二角票一三、九二七・二〇元，一角票一二、一二五・二元，銅元票二七・〇元

四　制度

標期

標期爲商場交解現款之期限，每年分春夏秋冬四標。大致每標相距爲三月，日期則因須選合吉日關係，並不固定。以前係由蘇廣莊與銀錢業公選黃道吉日議定之，現在則由商會召集各業公定。查標期之發源，實由於對蒙俄之貿易，淸時外蒙及對俄貿易之中心在倫庫，而張家口則爲我國去倫庫必經之關口，稱爲東口，出關卽爲口外。本國商人，尤以晉商爲夥，採辦兩湖之茶、曲沃之烟、許昌之綢、南京之

緞，以及北京雜貨蘇廣雜貨等出運庫倫，茶葉綢蒙俄兼銷，緞及雜貨則多爲外蒙旗人用品。復向庫倫運回外蒙之牛、羊、馬、駝、蘑菇、皮毛、及俄產之毛織品（回絨哈拉，即嗶嘰）等貨，發售國內如北平、四川、河南、兩湖、兩廣、江浙等地。貨商去蒙境交易，全係以貨易貨性質，其金融周轉之時期約需一年，多仰賴東口金融界爲之調濟。每年總結賬一次。必須以鏢車運現銀交解，因有一年一次之標期。按歸鏢現稱歸標，東口之標期稱爲大寅標，因夏曆建寅，正月爲寅月，標期多在正月，故名。惟國內商人如不出庫倫貿易，僅運貨至東口銷售，則其歸現之期，一年分爲春夏秋冬四標。

東口以外，復有西口。西口在綏遠，現改歸綏，爲去外蒙烏里雅蘇台及新疆鎮西之關口，其標期較東口爲遲，因由東口運鏢至西口約需二十日，故西口標期較東口遲二十日，再遲二十日爲太原標，太原標後五日爲太谷標，太谷標後五日爲太汾標。其間相隔之日期，皆爲鏢車運現所留之餘地。至今相沿成習，晉省金融界仍有歸標之習慣，而各地標期相差之日數，市仍其舊。例如民國二十四年之標期。

	東口日期	西口日期	太原日期	太谷日期	汾陽日期
春標	二月四日	二月二十日	三月三日	三月八日	三月十二日
夏標	五月六日	五月十五日	五月廿九日	六月三日	六月七日
秋標	八月一日	八月十六日	八月廿四日	八月廿九日	九月三日
冬標	十月卅日	十一月十五日	十一月十九日	十一月廿四日	十一月廿九日

銀錢業存放款項，分爲借貸及往來兩種賬目。存款項下，分該外借貸與往來浮存，放款項下分外該借貸與往來欠款。借貸賬以標期爲歸還期，期限相當固定，往來賬則隨存隨取，或隨借隨還，無固定期限。前者計利，後者無息。

計利之方法，約分四種：一爲滿加利，二爲短期息，三爲對月利，四爲長年利。四者之中，以滿加利最爲普通。所謂滿加利者。乃滿標加利之謂，可分靜動兩面申論之。就靜態論，則一年分爲四標，按標公開利率，春標開夏標，夏標開秋標，秋標開冬標，冬標復開次年春標。依此循環，決定由此標至下標歸款期內之滿加利率，但每標期之前半月，錢業卽行預開下標之利率，以銜接下標。其利率大致每千元滿加二十元上下，例如民國二十三年春標滿加二十元，夏標滿加十二元，秋標滿加二十元，冬標滿加二十九元。繩此卽知目冬標日借款至翌年春標歸還，每千元須加利二十九元。但就動態而論，則市場金融鬆緊日有變化，一標三月之內，每日有每日之滿加利行市，甚且每日有早午晚三次之行市，滿加利之決定，每日由錢業公所交易定之，既隨標期之遠近而伸縮，復憑銀市鬆緊而漲落。秋季糧食上市，需款孔亟。銀市較緊，歸標時期雖近，滿加利並不因之而低，春季銀市甚鬆，用款極少，標期雖遠，而滿加反較低。例如民國二十四年秋標在八月廿九日，冬標爲十一月廿四日，秋標開冬標之滿加利爲二十一元，而十月三十一日至冬標歸款之滿加行市尙爲二十元，十一月一日則降至十六元。又如同年春標在三月八日，夏標在六月二日，春標開夏標之滿加利爲十八元、而三月九日至夏標歸款之滿加爲八元，三月十二日、滿加爲七元。故所謂滿加利者，與其謂爲以借款時間爲期限，毋寧謂爲以按標歸現爲標準。

長年利每標有開，民國二十三年太谷春標開每千元長年利九十六元，夏標開八十五元，秋標開八十六元，冬標開九十五元。月息亦每標開盤。惟其歸還之期亦以標期爲準，每次連開三標，如民國二十三年。太谷春標開夏標每元月息爲八厘，冬標爲七厘九；夏標開秋冬標月息七厘，次年春標亦七厘；秋標開冬標月息七厘一，次年春夏標均七厘一；冬標開次年春標月息七厘九，次年夏秋標月息均七厘八。

太谷短期利息，分爲二種：一種係按糧期而定，太谷糧期以二十天爲一期，故短期息均以二十天爲期，例如民國二十四年十一月五日爲糧期，十月十五後之短期息，均以此日爲期，日開利率。十六日爲每千元八元，十八日爲七元，十九爲九元，二十爲十一元，廿一日爲九元，廿二日爲八元，廿四爲八元半、廿七爲六元、廿八爲八元、三十一日早市四元晚市十元，十一月一日爲四元五角，二日爲二元半，其間如無交易則停開，外業借貸係按前一日行市。又一種則爲五天、十天、半月、二十天、一二日亦有之。例如太谷錢市，十月廿七日至十月三十一日五天之利爲每千元四元；十月廿七至十一月五日十天之利爲每千元八元二角；十一月五日至十一月廿五日之二十天利爲每千元十六元。

山西省各縣城市及鄉村利率統計表（大原經濟建設委員會廿三年一月調查）

縣別	城市%	鄉村%
太原	一•五	三•五
榆次	〇•九	三•五
陽曲	一•二	三•五

太谷	一・〇	三・五
祁縣	一・〇	三・五
徐溝	四・〇	六・〇
清源	二・五	四・〇
交城	一・三	五・〇
文水	一・二	四・〇
岢嵐	三・〇	三・二
嵐縣	七・五	五・五
興縣	三・五	七・五
汾陽	〇・八	三・五
平遙	一・二	四・〇
介休	三・七五	四・五
孝義	二・五	五・五
臨縣	二・〇	二・〇
石樓	三・五	六・五
離石	四・〇	五・〇
方山	四・〇	五・五

中陽	二・五	五・三
長治	一・九	二・七五
長子	六・〇	六・〇
屯留	四・五	四・五
襄垣	二・六五	五・〇
潞城	四・〇	四・〇
黎城	三・五	四・五
壺關	三・〇	三・〇
平順	三・〇	四・五
晉城	三・〇	三・〇
高平	三・〇	四・五
陽城	三・二五	四・五
陵川	二・〇	三・〇
沁水	三・〇	四・〇
遼縣	二・五	三・五
和順	三・二五	四・〇
榆社	三・〇	四・〇

沁縣	三・五	四・五
沁源	七・五	五・五
武鄉	三・〇	三・〇
平定	一・二五	二・〇
昔陽	二・五	四・〇
盂縣	三・〇	五・五
壽陽	四・〇	四・〇
臨汾	一・二	四・〇
襄陵	三・〇	三・〇
洪洞	一・五	四・〇
浮山	三・〇	五・五
汾城	一・二	二・一
安澤	三・五	六・五
曲沃	一・四	二・〇
翼城	一・五	二・五
吉縣	二・五	二・五
鄉寧	三・〇	三・〇
永濟	二・〇	三・〇
臨晉	三・〇	四・〇
虞鄉	二・五	三・〇
榮河	一・六	一・八五
萬泉	二・五	二・五
猗氏	二・〇	二・〇
解縣	一・五	二・五
安邑	一・〇	二・二五
夏縣	一・五	三・〇
平陸	一・五	一・五
芮城	一・七	三・〇
新絳	二・二五	二・五
河津	二・五	四・五
聞喜	一・五	三・二五
稷山	一・四	二・五
絳縣	二・五	四・〇
垣曲	三・〇	四・〇

霍縣	一·五	二·五
靈石	二·二五	二·二五
趙城	四·〇	六·五
汾西	五·〇	五·〇
隰縣	四·〇	七·〇
大寧	二·五	四·〇
永和	三·五	三·五
蒲縣	三·五	六·〇
大同	二·〇	二·五
渾源	一·六五	二·二五
應縣	二·五	三·〇
懷仁	二·五	四·〇
山陰	三·〇	三·〇
靈邱	一·〇	二·〇
廣靈	二·二五	二·二五
陽高	一·五	二·〇
天鎮	一·五	二·〇
右玉	二·五	四·五
朔縣	一·〇	三·〇
左雲	一·五	三·〇
平魯	二·二五	三·〇
寧武	三·〇	三·五
神池	三·五	五·〇
偏關	二·〇	二·二五
五寨	三·〇	四·〇
忻縣	二·五	四·〇
定襄	一·五	一·五五
靜樂	三·〇	五·五
代縣	一·三	二·〇
五台	一·〇	三·五
繁峙	一·〇	三·〇
崞縣	一·五	二·五
保德	二·〇	三·〇
河曲	一·五	三·〇

濟寧道平均	二・九三	四・三一
河東道平均	二・三四	三・四九
雁門道平均	二・〇〇	三・〇五
全省平均	二・五一	三・七三

山西省錢莊概況

縣別	家數	資本及附本	存款	放款	儲蓄	全年匯出	全年匯入	發行
陽曲	一九	三六三、三〇〇・〇〇	三、二二八、八二三・五〇	三、〇七四、九六三・〇〇		三、三八六、八五二・〇〇	二、一七三、四五九・〇〇	
太原	六	四二、二〇〇・〇〇	七二三、八七七・〇〇	七〇二、三七二・〇〇				
榆次	一〇	一二五、七四〇・〇〇	七〇五、五五〇・〇〇	六九八、四九七・〇〇		一、一二二、一〇〇・〇〇	一、一〇三、三〇〇・〇〇	
太谷	一〇	一六九、三三三・七〇	二、一八八、九五七・七六	二、〇三五、七六〇・六五		一、八八四、三六〇・〇〇	一、八六四、七三〇・〇〇	
祁縣	二	一八、五〇〇・〇〇	一三二、六〇〇・〇〇	一三三、四〇〇・〇〇		五九、〇〇〇・〇〇	五四、〇〇〇・〇〇	三〇、〇〇〇・〇〇
徐溝	二	一一、八〇〇・〇〇	七九、八九九・〇〇	八三、九三九・〇〇				九二・四〇
清源	五	四一、四〇〇・〇〇	四九八、四二一・〇〇	五三九、七二七・〇〇				一五、二〇〇・〇〇
交城	四	六七、〇九七・二〇	五〇一、五九八・〇〇	四八七、六四四・〇〇		二〇八、五四〇・〇〇	二〇八、五四〇・〇〇	五〇・〇〇
文水	六	三八、〇五〇・〇〇	五八二、一二六・七九	五七七、九二一・八九		一〇七、九七〇・二〇	一三四、二三三・九五	
岢嵐	一	一〇、〇〇〇・〇〇	三〇〇・〇〇	一八、〇〇〇・一一				一〇、〇〇〇・〇〇
汾陽	四	五三、九五〇・〇〇	二〇〇、七〇二・〇〇	三三六、九七三・〇〇		四四二、〇五四・〇〇	五八五、六九九・〇〇	八九、九二九・〇〇
平遙	九	六一、五〇〇・〇〇	一、二六五、四三三・一六	一、一七九、二〇四・〇〇		二、一七七、五〇四・〇〇	二、一六六、八一八・七二	四九、〇二七・〇〇

孝義	一	一五、〇〇〇・〇〇	三〇、三〇四・〇〇	三六、二二四・〇〇				三〇、〇〇〇・〇〇
長治	二	九、〇〇〇・〇〇	九、七〇〇・〇〇	一七、〇八〇・〇〇	一、三〇〇・〇〇	三九、〇〇〇・〇〇	三八、〇〇〇・〇〇	
長子	三	七、〇〇〇・〇〇	一、三〇五・〇〇	三、〇八九・九八				
潞城	二	四、八〇〇・〇〇	一〇、三〇三・六二	一三、三七六・六〇				
晉城	五	三一、〇〇〇・〇〇	五、〇六八・八二	七、一〇〇・〇〇				
高平	二	七、五〇〇・〇〇	五一、七〇〇・〇〇	七三、三六四・九八				
平定	六	九四、一五〇・〇〇	一六三、七五三・〇〇	二六九、三二五・〇〇	八、二〇〇・〇〇			
臨汾	一	六、〇〇〇・〇〇	七、〇〇〇・〇〇	二三、五〇〇・〇〇		一五、〇〇〇・〇〇	一五、〇〇〇・〇〇	
襄陵	一	五、五五五・〇〇	一〇、四〇〇・〇〇	一二、〇〇〇・〇〇	一〇、四〇〇・〇〇		一、九九五・〇〇	
洪洞	七	五〇、五〇〇・〇〇	三八八、一五九・七九	三七六、四〇九・四〇		三、八二二、二四〇・〇〇	三、六五三、七〇〇・〇〇	
汾城	六	一六、四〇〇・〇〇	一六二、九七六・〇〇	一二九、三九九・〇〇				
曲沃	一四	五六、〇二〇・〇〇	一三八、九〇〇・〇〇	一九九、七〇〇・〇〇		六四七、〇〇〇・〇〇	六四七、〇〇〇・〇〇	
永濟	一	二、〇〇〇・〇〇	四、九九〇・〇〇	四、六〇〇・〇〇	四、六〇〇・〇〇			
解縣	一	六、〇〇〇・〇〇	四一、三〇〇・〇〇	二〇、〇〇〇・〇〇		九九、〇〇〇・〇〇	八二、五〇〇・〇〇	
安邑	七	三八二、四〇〇・〇〇	五八八、五二〇・〇〇	六四九、四二〇・〇〇		一、三八一、〇〇〇・〇〇	一、二七〇、〇〇〇・〇〇	
新絳	五	二七、五〇〇・〇〇	二三一、〇〇〇・〇〇	二九一、〇〇〇・〇〇		一、〇三〇、〇〇〇・〇〇	一、〇三〇、〇〇〇・〇〇	
河津	四	八、〇六六・〇〇	一三、六六一・〇〇	二〇、一九〇・〇〇				

聞喜	一	四、二〇〇・〇〇	五三、二四六・〇〇	四二、一七二・〇〇		—		
稷山	四	八、〇〇〇・〇〇	三、九九〇・〇〇	六、三三〇・〇〇		—		
霍縣	六	三九、九〇〇・〇〇	六七、六八七・〇〇	二三〇、五五四・〇〇		—		八、五〇〇・〇〇
趙城	二	三三、八〇〇・〇〇	五、四六〇・〇〇	七、〇五五・〇〇	一七、五〇〇・〇〇	四二七、九〇〇・〇〇	四二七、九〇〇・〇〇	三三、三〇〇・〇〇
大同	四	四三、二〇〇・〇〇	一五四、三〇〇・〇〇	一九二、九〇〇・〇〇		一、一一七、五〇〇・〇〇	一、一一七、五〇〇・〇〇	
山陰	一	六、〇〇〇・〇〇	三、〇〇〇・〇〇	八、〇〇〇・〇〇		四〇、〇〇〇・〇〇	四、〇〇〇・〇〇	
朔縣	一	一、八〇〇・〇〇	三一、二〇〇・〇〇	三一、〇〇〇・〇〇		三三八、〇〇〇・〇〇	三三八、〇〇〇・〇〇	
忻縣	二	一九、〇〇〇・〇〇	四八、三九〇・〇〇	四四七、八二〇・〇〇		一〇、〇〇〇・〇〇	一〇、〇〇〇・〇〇	
定襄	一	一、五〇〇・〇〇	五〇〇・〇〇	三、〇〇〇・〇〇		四〇、〇〇〇・〇〇	六五、〇〇〇・〇〇	
代縣	二	四三、八九〇・〇〇	七〇、六九〇・〇〇	一二八、四〇〇・〇〇		五一、〇〇〇・〇〇	六〇、一〇〇・〇〇	
繁峙	二	八、六〇〇・〇〇	一二、四〇〇・〇〇	一八、八四〇・〇〇		—		二三五・〇〇
崞縣	二	三三、〇〇〇・〇〇	七四、二五〇・〇〇	一八、五〇〇・〇〇		七〇、八〇〇・〇〇	一三、五三〇・〇〇	
總計（一）	九八	一、一七七、三二〇・九〇	一〇、二六九、四〇二・六五	一〇、一六三、八七三・一〇	九、五〇〇・〇〇	一八、四三五、二八〇・二〇	一八、三三七、七七九・六六	一九九、二八八・四〇
總計（二）	六〇	六二六、三二一・〇〇	一、七二八、二九一・七九	一、八九〇、三二九・四〇	三一、五〇〇・〇〇	七、四二一、二四〇・〇〇	七、二三八、〇九五・〇〇	二一、八〇〇・〇〇
總計（三）	二四	一六六、九九〇・二四	三九四、七三〇・〇〇	八四八、四六〇・〇〇		一、七四〇、三〇〇・〇〇	一、六六一、一三〇・〇〇	二三五・〇〇
總計	一八二	一、九七〇、六三二・一四	一二、三九二、四二四・四四	一二、九〇二、六五一・五〇	四一、〇〇〇・〇〇	二七、五八六、八二〇・二〇	二七、二三七、〇〇四・六六	二二一、三二三・四〇

附　賬莊

山西賬莊，僅限於文水一地，該地所謂賬莊，其營業只限放賬，且不入錢業同行，故性質相當獨立。文水賬莊開設最早者，當推志積成，於光緒四年卽開始營業，其後在民國五年間，又有德聚祥之設立，後於十四年改組，同年豫澤通加入營業。二十年瑞和亦經創立，二十二年更有保興出現，截至調查時止，共有賬莊五家。

資本　賬莊之資本，因較錢莊爲少，卽與商店兼營錢業者相較，亦不逮遠甚。最大者如瑞和，不過一八、〇〇〇元，次之豫澤通，亦不過一〇、〇〇〇元，餘如德聚祥七、四〇〇〇元，保興六、〇〇〇元，志積成四、四〇〇元，五家共計四五、八〇〇元，平均每家九、一六〇元。

存款　賬莊之主要營業雖爲放款，但以資本有限，營業範圍狹小，故不得不吸收存款，以資週轉。存款月利，最高八厘，普通六厘；年利最高一分，普通八厘。年來地方經濟拮据，存戶與存數逐年減少。十九年雖僅有二家營業，而存款總數凡一一、三七六元，二十年雖有四家營業，總數亦不過一四八、〇七二元，二十年收成較佳，各項商業皆有生氣，存款增至二八四、四八三元，以後則逐漸減少，如二十二年僅有二一八、五一七元，二十三年僅有一四三、四八九元。玆將最近五年賬莊存款列表於后：

山西文水賬莊最近五年存款統計表（元）

賬莊名稱＼年別	十九年	二十年	二十一年	二十二年	二十三年
瑞和	—	二五、六〇一	六二、二八一	五二、一六五	三五、一四五
保興	—	—	—	二三、四七七	一七、八六九
志積成	—	三二、七六九	四七、九一八	四一、〇二七	三〇、九八四
德聚祥	七九、三一一	五六、二八五	七八、三二八	五五、二三三	三六、五〇九
豫澤通	三三、〇六五	三三、四一七	六三、九五六	四一、一一〇	二二、九八二
合計	一一二、三七六	一四八、〇七二	二八四、四八三	二一八、五一七	一四三、四八九

再就二十三年存款加以分析，定期較往來爲多。前者計一一八、七五〇元，佔存款總數八二・七六%；後者爲二四、七三九・三元，佔一七・二四%。存款來源，以住戶爲最多，計七一、五〇九・三〇元，佔存款總數四九・八三%；商業次之，佔二七・九九%；同業最少，佔二二・一八%。情形如下：

山西省賬莊存款種類及來源表

業別	定期	往來	合計
住戶	六八、一五〇・〇〇	三、三五九・三〇	七一、五〇九・三〇
商業	一二、六〇〇・〇〇	一九、二一四・〇〇	三一、八一四・〇〇

同業	三八、〇〇〇·〇〇	二、一六六·〇〇	四〇、一六六·〇〇
總計	一一八、七五〇·〇〇	二四、七三九·三〇	一四三、四八九·三〇

放款

賬莊放款所受影響，最大者爲十九年之晉鈔毛荒，此爲賬莊放款變質之一大原因。查十九年以前，賬莊放款，以商業戶頭爲主，該年因紙幣跌價，商業首蒙其害，所吃呆賬爲數不少。賬莊於是改變方針，轉而放款於農民，二十年農產收成較佳，故二十一年放與農民之款大增，豈知自該年以後，水旱相交爲災，農產收成極歉。農民放款雖有田地以爲抵押，而因一時不能收回之故，週轉大感困難，因之放款數量與年俱減。茲將最近五年之放款數目，列表於后：

山西省文水賬莊最近五年放款統計表(元)

賬莊名稱＼年別	十九年	二十年	二十一年	二十二年	二十三年
瑞和	—	三六、四八三	七五、七九七	六九、二八〇	五一、七一〇
保興	—	—	—	二八、四四五	二一、四四二
志積成	—	三六、一九〇	五二、〇四七	四八、四一九	三九、五五三
德聚祥	七八、七〇三	四七、五七七	七二、一七五	五六、八四七	三八、七五四
豫澤通	四一、五三六	四〇、八〇〇	六九、三六一	四八、三七〇	三〇、六八四
合計	一二〇、二六六	一六一、〇五〇	二六九、三八〇	二五一、三六一	一八二、一四三

放款利率，月利最高一分五厘，普通一分二厘，年利最高一分八厘，普通一分五厘。就二十三年放款分析其去路，則知信用放款以農民為最多，計八一、一三三·〇六元，商業次之，計五〇、〇三九·〇〇元，同業最少，計四四、四八三·〇〇元。抵押放款則僅放於農民，計六、四八七·〇〇元。

山西省文水賬莊放款去路分析表（元）

	信用	抵押	合計
商業	五〇、〇三九·〇〇	—	五〇、〇三九·〇〇
農民	八一、一三三·〇六	六、四八七·〇〇	八七、六二〇·〇六
同業	四四、四八三·〇〇	—	四四、四八三·〇〇
總計	一七五、六五五·〇六	六、四八七·〇〇	一八二、一四二·〇六

山西省文水賬莊一覽表

縣名	賬莊名稱	地址	設立年月	組織性質	資本金額（元）	存款（元）	放款（元）
文水	瑞和	南街	民國二十年四月	合資	一八、〇〇〇·〇〇	三五、一四五·〇〇	五一、七一〇·〇〇
	保興號	北街	民國二十一年一月	合資	六、〇〇〇·〇〇	一七、八六九·〇〇	二一、四四一·〇〇
	志積成恆記	南街	光緒四年	合資	四、四〇〇·〇〇	三〇、九八四·〇〇	三九、五五三·〇〇
	德聚祥	南街	民國五年成立	合資	七、四〇〇·〇〇	三六、五〇九·〇〇	三八、七五四·〇〇

豫澤通	南街	民國十四年	合資	一〇、〇〇〇・〇〇	二二、九八二・三〇	三〇、六八四・〇六
五家統計				四五、八〇〇・〇〇	一四三、四八九・三〇	一八二、一四二・〇六

附　商店兼營錢業

一　概說

晉省偏僻縣份，商業不甚發達，既乏銀行，又無錢莊，其賴以週轉金融者，厥惟兼營錢業之商店。據此次調查，共計二十二家，分佈於九縣：計崞縣六家，安澤六家，太原靈石各二家，高平、榆社、昔陽、平陸、左雲各一家。就性質分類，由茶葉烟紙京雜貨業兼營者八家，粮糧兼營者七家，花布莊兼營者五家，綢緞店、酒行、鹽行兼營者各一家。

資本　商店兼營錢業者之資本，類多微薄，最多者爲崞縣之萬德亨，計一五〇、〇〇〇元，次爲左雲之萬濟，計一〇、〇〇〇元，其餘皆在萬元以下。亦有如安澤之益盛恆，復興源等，少至五百元者；總計二十二家，資本總額爲二三一、五二〇元，平均每家一〇、五二四元。

組織　兼營錢業之商店，其組織可分獨資合資兩種。合資者計十五家，獨資者七家，獨資者多由店東自任經理，僱職員二三人，學徒一二人；合資者則往往由股東互推一人爲經理，或另聘經理一人，其職員學徒，亦不出五六人，亦有少至一二人者。

山西省商店兼營錢業概況表

縣名	商號名稱	地址	設立年月	組織性質	資本金額(元)	存款(元)	放款(元)	匯出(元)	匯入(元)	發行額(元)
太原	復興成	城內北大街	民國二十二年一月	合資	九,〇〇〇·〇〇	四七,九七六·〇〇	三九,七五〇·〇〇			
	同心利	晉祠鎮	民國十七年	合資	七,二〇〇·〇〇	六二,〇六〇·〇〇	五三,四五〇·〇〇			
	二家共計				一六,二〇〇·〇〇	一一〇,〇三六·〇〇	九三,二〇〇·〇〇			
高平	中興恒	城內	民國十七年七月	合資	三,〇〇〇·〇〇	二五,四〇〇·〇〇	二四,三〇〇·〇〇			
	一家共計				三,〇〇〇·〇〇	二五,四〇〇·〇〇	二四,三〇〇·〇〇			
榆社	義聚長	城北街	民國一年二月	合資	二,七〇〇·〇〇	—	—	一四,八〇〇·〇〇	三,六七〇·〇〇	二,五〇〇·〇〇
	家共計				二,七〇〇·〇〇	—	—	一四,八〇〇·〇〇	三,六七〇·〇〇	二,五〇〇·〇〇
昔陽	謙裕吉	城內	光緒二十四年一月	獨資	二,〇〇〇·〇〇	五,〇〇〇·〇〇	一·〇〇〇·〇〇			
	一家共計				二,〇〇〇·〇〇	五,〇〇〇·〇〇	一,〇〇〇·〇〇			
安澤	裕生昌	城內	民國二十二年八月	獨資	一,二〇〇·〇〇					二,一〇〇·〇〇
	同心成	城內	民國十七年四月	獨資	二,〇〇〇·〇〇					四五〇·〇〇
	協和慶	古縣鎮	民國十七年一月	合資	六,八七〇·〇〇					四〇〇·〇〇

	益盛恆	唐城鎮	民國二十年一月	獨資	五〇〇·〇〇					一五〇·〇〇
	純興德	北平鎮	民國七年十月	獨資	一,〇〇〇·〇〇					二〇〇·〇〇
	復興源	北平鎮	民國十八年三月	合資	五〇〇·〇〇					三五〇·〇〇
	六家共計				三,〇七〇·〇〇					三,七五〇·〇〇
平陵	新生源	苑津鎮	民國一年二月	合資	一,〇〇〇·〇〇	二〇〇·〇〇	一〇〇·〇〇			
	一家共計				一,〇〇〇·〇〇	二〇〇·〇〇	一〇〇·〇〇			
靈石	通濟公	水頭街	民國十八年二月	合資	二,〇〇〇·〇〇	二,二〇〇·〇〇	四,二〇〇·〇〇			
	聚泰隆	東關	民國二十二年九月	合資	二,〇〇〇·〇〇	三〇〇·〇〇	六〇〇·〇〇			
	二家共計				四,〇〇〇·〇〇	二,五〇〇·〇〇	四,八〇〇·〇〇			
左雲	萬濟	城內南街	民國一年一月	獨資	一〇,〇〇〇·〇〇	二,六〇〇·〇〇	一·五〇〇·〇〇	五,六〇〇·〇〇〇	二,五〇〇·〇〇	
	一家共計				一〇,〇〇〇·〇〇	二,六〇〇·〇〇	一,五〇〇·〇〇	五,六〇〇·〇〇〇	二,五〇〇·〇〇	
崞縣	萬德亨	原平鎮	民國十六年二月	獨資	一五〇,〇〇〇·〇〇	二三,九〇〇·〇〇	六,五〇〇·〇〇	七,二〇〇·〇〇	三一〇·〇〇	
	厚記號	宏道鎮	民國十五年二月	合資	二,〇〇〇·〇〇	二〇〇·〇〇	—			
	裕盛和	城內	民國二十一年	合資	四,五〇〇·〇〇	八,五三三·〇〇	九,一五〇·〇〇			
	復恆興	城內	民國二十年	合資	八,〇〇〇·〇〇	一,〇〇〇·〇〇	三,〇〇〇·〇〇			
	德生祥	南關	民國二十年	合資	二,四〇〇·〇〇	八〇〇·〇〇	二,〇〇〇·〇〇			
	德裏興	城內	民國二十二年	合資	九,七五〇·〇〇	三,四〇〇·〇〇	二·七〇〇·〇〇	—		

同德恆	南關	民國十年	合資	三、九〇〇・〇〇	五〇〇・〇〇	一、〇〇〇・〇〇			
七家合計				一八〇、五五〇・〇〇	二八、四三三・〇〇	三三、三五〇・〇〇	七、二〇〇・〇〇	三二〇・〇〇	
全省合計				二三一、五二〇・〇〇	一八四、一六九・〇〇	一五八、二五〇・〇〇	一六、〇〇〇・〇〇	六、四八〇・〇〇	六、二五〇・〇〇

二　營業

兼營錢業之商店，其在錢業方面之業務，以吸收存款爲主，吸收存款之目的，原爲發展並週轉其本身之營業，但有時吸收過多，爲其本身不克全數消納者，亦稍稍外放。其餘如匯兌、發行，間亦附帶經營，惟爲數不多耳。茲將各種營業，分述於后：

一、存款　商店吸收之存款，以往來存款爲多，計一一五、〇四九・〇〇元，定期存款較少，計六九、一二〇・〇〇元，兩共合計一八四、一六九・〇〇元。往來存款之來源，首推公團，次爲農民，其次爲商業，再次爲住戶，最少爲同業。定期存款之來源，首推商業，次爲同業，再次爲農民，公團住戶皆無。

山西省商店兼營錢業存款來源表（元）

存款種類／存款來源	定期	往來	總計

住戶	—	一五、一八九	一五、一八九
商業	六一、一二〇	二四、五四〇	八五、六六〇
農民	六、七〇〇	三〇、〇五三	三六、七五三
公團	—	四一、九六七	四一、九六七
同業	一三、五五〇	三、三〇〇	一六、八五〇
合計	六九、一二〇	一一五、〇四九	一八四、一六九

二、放款　可分信用抵押兩種，而以信用放款爲多，計九七、三八一元，抵押放款較少，計六〇、八、六九元，兩共一五八、二五〇元。信用放款多出借與商店，其次借與公團、農民、同業。抵押放款多出借與農民，而以地契及農產爲抵押，對商業界雖亦有抵押放款，但爲數不多耳。

山西省商店兼營錢業放款去路表（元）

放款種類／放款去路	信用放款	抵押放款	總計
商業	六一、九六九	四、〇四九	六六、〇一八
農民	一六、六一九	五六、八二〇	七三、四三九
公團	一七、五九三	—	一七、五九三
同業	一、二〇〇	—	一、二〇〇

合計	九七、三八一	六〇、八六九	一五八、二五〇

三、匯兌　商店兼營錢業之附做匯兌，完全以省內大埠為限，蓋其營業範圍狹小，省外則殊非其能力所及也。且辦理匯兌之商店，僅有榆社、左雲、崞縣三縣。通匯地點，計太原、太谷、大同、忻縣等處。

山西省商店兼營錢業匯兌表（元）

通匯地點／匯兌項目	匯出	匯入
太原	一二、〇〇〇	二、二〇〇
太谷	七、八〇〇	一、六二〇
大同	五八、〇〇〇	二、六〇〇
忻縣	二〇〇	—
其他	—	六〇
總計	七八、〇〇〇	六、四八〇

山西省商店兼營錢莊營業一覽表

縣名	業別	定期	往來	合計	信用	抵押	合計
太原	住戶	—	一〇、六八九・〇〇	一〇、六八九・〇〇	—	—	—
	商業	五五、五七〇・〇〇	一一、七一〇・〇〇	六七、二八〇・〇〇	二五、八六九・〇〇	四、〇四九・〇〇	二九、九一八・〇〇
	農民	—	—	—	一四、一六九・〇〇	三一、五三〇・〇〇	四五、六九九・〇〇

	公團	—	三二、〇六七・〇〇	三二、〇六七・〇〇	一七、五九三・〇〇	—	一七、五九三・〇〇
	總計	五五、三七〇・〇〇	五四、四六六・〇〇	一一〇、〇三六・〇〇	三七、六三一・〇〇	三五、三六九・〇〇	九三、二〇〇・〇〇
高平	農民	—	二五、四〇〇・〇〇	二五、四〇〇・〇〇	—	二四、三〇〇・〇〇	二四、三〇〇・〇〇
	總計	—	二五、四〇〇・〇〇	二五、四〇〇・〇〇	—	二四、三〇〇・〇〇	二四、三〇〇・〇〇
昔陽	公團	—	五、〇〇〇・〇〇	五、〇〇〇・〇〇	—	—	—
	農民	—	—	—	—	一、〇〇〇・〇〇	一、〇〇〇・〇〇
	總計	—	五、〇〇〇・〇〇	五、〇〇〇・〇〇	—	一、〇〇〇・〇〇	一、〇〇〇・〇〇
平陸	商業	—	二〇〇・〇〇	二〇〇・〇〇	一〇〇・〇〇	—	一〇〇・〇〇
	總計	—	二〇〇・〇〇	二〇〇・〇〇	一〇〇・〇〇	—	一〇〇・〇〇
靈石	商業	—	二、五〇〇・〇〇	二、五〇〇・〇〇	四、八〇〇・〇〇	—	四、八〇〇・〇〇
	總計	—	二、五〇〇・〇〇	二、五〇〇・〇〇	四、八〇〇・〇〇	—	四、八〇〇・〇〇
左雲	住戶	—	四、五〇〇・〇〇	四、五〇〇・〇〇	—	—	—
	商業	—	三、二〇〇・〇〇	三、二〇〇・〇〇	一、五〇〇・〇〇	—	一、五〇〇・〇〇
	公團	—	四、九〇〇・〇〇	四、九〇〇・〇〇	—	—	—
	總計	—	一二、六〇〇・〇〇	一二、六〇〇・〇〇	一、五〇〇・〇〇	—	一、五〇〇・〇〇
崞縣	商業	五、五五〇・〇〇	六、九三〇・〇〇	一二、四八〇・〇〇	二九、七〇〇・〇〇	—	二九、七〇〇・〇〇
	農民	六、七〇〇・〇〇	四、六五三・〇〇	一一、三五三・〇〇	二、四五〇・〇〇	—	二、四五〇・〇〇

同業	一、三〇〇・〇〇	三、三〇〇・〇〇	四、六〇〇・〇〇	一、二〇〇・〇〇	—	一、二〇〇・〇〇
總計	一三、五五〇・〇〇	一四、八八三・〇〇	二八、四三三・〇〇	三三、三五〇・〇〇	—	三三、三五〇・〇〇
全省合計	六九、二二〇・〇〇	一一五、〇四九・〇〇	一八四、一六九・〇〇	九七、三八一・〇〇	六〇、八六九・〇〇	一五八、二五〇・〇〇

縣名	通匯地點	匯出（元）	匯入（元）
榆社	太原	七、〇〇〇・〇〇	二、〇〇〇・〇〇
	太谷	七、八〇〇・〇〇	一、六二〇・〇〇
	其他	—	五〇・〇〇
	總計	一四、八〇〇・〇〇	三、六七〇・〇〇
左雲	大同	五六、〇〇〇・〇〇	二、五〇〇・〇〇
	總計	五六、〇〇〇・〇〇	二、五〇〇・〇〇
崞縣	太原	五、〇〇〇・〇〇	二〇〇・〇〇
	大同	二、〇〇〇・〇〇	一〇〇・〇〇
	忻縣	二〇〇・〇〇	—
	其他	—	一〇・〇〇
	總計	七、二〇〇・〇〇	三一〇・〇〇
	全省合計	七八、〇〇〇・〇〇	六、四八〇・〇〇

第二章　當質業

一　沿革

家數增減趨勢

山西當舖家數，從數量上觀察，昔年多而現時少。據清光緒十三年之晉政輯要所載，全晉領帖開設之當舖共有一、七一三家。民國十年，因發生貼用印花一案，全省當業同業公會調查省內當舖共計七三一家，較前短少一半有奇。嗣後繼續減少，迨民國十六年，據財政廳領帖數字，全省僅有六六〇家，十六年以後，更逐年趨減，以民國二十二年爲最少，不及民十六之半數，二十三年後，家數略有增進，然以二十四年與十六年相較，亦不過當其六六•一%而已，歷年家數增減趨勢，見下圖：

註：民國十六年後，當舖家數均以財政廳領帖數字爲準。另據建設廳調查，二十一年爲二三九家，較財廳少八〇家，二十二年爲三五七家，較財廳少四三家；蓋因此二年內，承十九年晉鈔跌價之後，多數當舖止當候贖，雖領當帖，但並不營業，故建設廳調查之家數，較領帖家數爲少。

清光緒一三年以來山西全省當舖家數增減圖

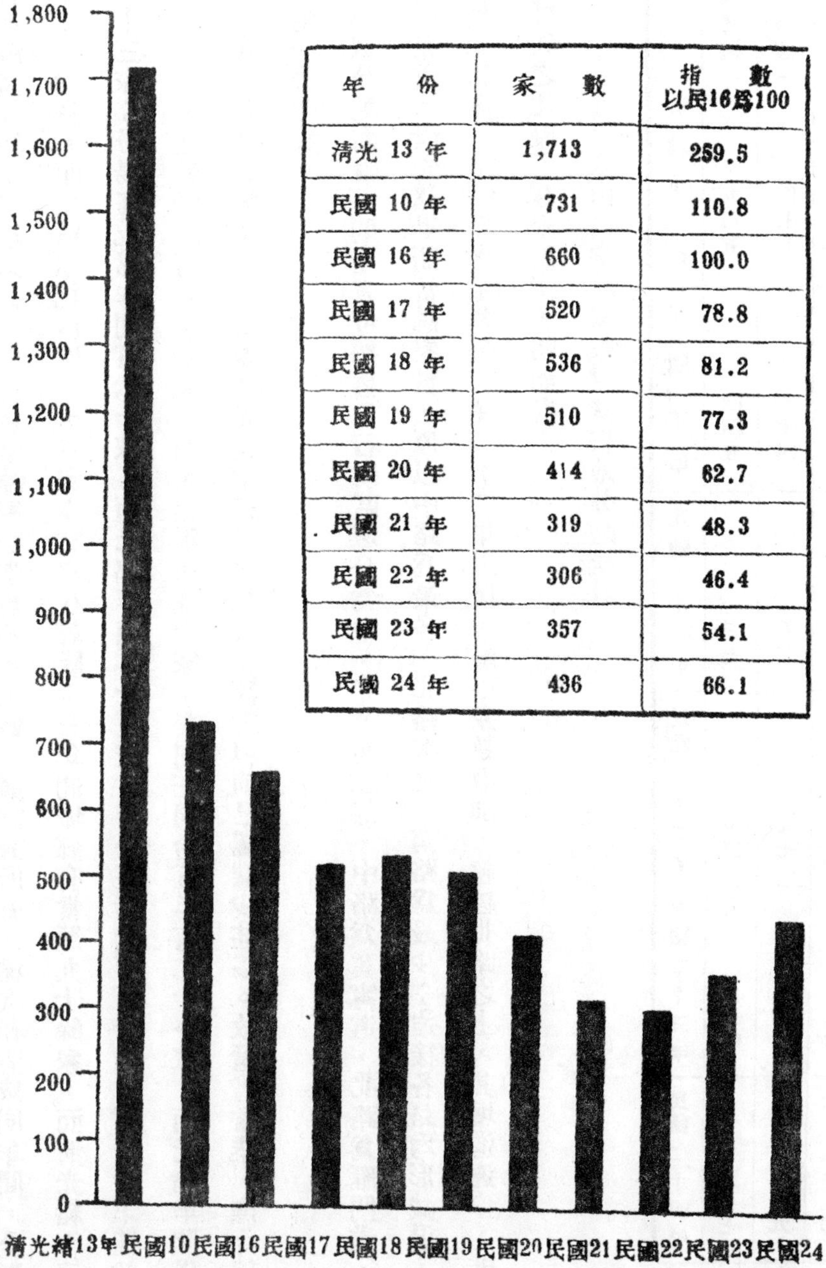

年　　份	家　　數	指　　數 以民16爲100
清光 13 年	1,713	259.5
民國 10 年	731	110.8
民國 16 年	660	100.0
民國 17 年	520	78.8
民國 18 年	536	81.2
民國 19 年	510	77.3
民國 20 年	414	62.7
民國 21 年	319	48.3
民國 22 年	306	46.4
民國 23 年	357	54.1
民國 24 年	436	66.1

清光緒十三年前之當鋪家數

若追溯清光緒十三年以前，則晉省當鋪家數當更不止上數。據調查所知，榆次在清咸同年間，全縣有當鋪九十餘家，而光緒年紀載僅六十三家；文水在乾隆十三年間城鄉有當鋪九十餘家，而清光緒十三年僅四十三家；汾陽在乾嘉年間有六十家，而光緒年僅二十五家；平遙在清初有百餘家，而光緒年僅載六十五家；洪洞在乾隆時有六十餘家，而光緒年僅及十家；榮河在同治五年有二十一家，而光緒年間僅留八家。凡此零散之數字，均足證明光緒十三年之紀載，較之以前已屬減少甚多。故晉省當業，撫今追昔，實屬一落千丈。

增減之地域分配

就地域分配而論，則全省可按舊日行政區域分為中、北、南三部，中路為冀寧道，北路為雁門道，南路為河東道。清光緒年間當鋪家數，原以中路為最多，北路次之，南路為最少；迨後各路均形減退，民國二十一年時，尚保持此種次序，惟二十二年以後，南路家數增加，超越北路之上，其增進速率，非中路所可與之比擬，茲舉數字表明如次：

近年來山西當鋪家數增減按地分配統計

	光緒十三年	民國十年	民國二十一年	民國二十二年	民國二十三年	民國二十四年
中部冀寧道	九八五	四四五	一三七	一四三	二〇四	二七七
北部雁門道	四七三	一七四	五二	五七	六六	六九
南部河東道	二五五	一一二	五〇	六三	八七	九〇

總計	一、七一三	七三一	二三九	二六三	三五七	四三六

數字根據建設廳調查

增減之城鄉分配

就城鄉而論，則城當家數之減退，不如鄉當之甚，民十至民二十四年十餘年來，城當家數比較穩定，而鄉當則減退甚大，中路減五三・三六%，北路減三七・九三%，南路減八三・〇〇%，由下表觀察，即可見近年山西當舖家數之縮減，全由於鄉村當業之衰頹。

近年來山西城鄉當舖家數減少趨勢統計

	城當		鄉當		合計	
	民國十年	民國二十四年	民國十年	民國二十四年	民國十年	民國二十四年
中部冀寧道	一三二	一三一	三一三	一四六	四四五	二七七
北部雁門道	五四	五四	五八	三六	一一二	九〇
南部河東道	七四	五二	一〇〇	一七	一七四	六九
合計	二六〇	二三七	四七一	一九九	七三一	四三六

增減之原因

當舖家數之減少，大率不外政治、經濟、及社會三項原因。軍事戰爭，政局變動，稅捐加重，皆為政治之原因；幣制紊亂，飢旱災荒，農村凋敝，皆為經濟之原因；服式變遷，盜匪搶掠，皆為社會之原因。山西當業所受上述各項原因之影響，清光緒以前，已不可攷，光緒以後，則第一次之影響為光緒三年，是年歲遭飢荒，死亡衆多，災後人口減少，當舖亦因之閉歇甚多。其次爲戊戌政變及庚子之亂，地方不靖：社會騷動，各項商業咸受損失，當舖自不能例外。再其次爲辛亥革命，武昌起義，全國震動，當舖被焚被刼，擄掠一空，紛紛倒閉，倖免者寥寥無幾。民國以後，元氣未復，民八九年通行銀元，制錢跌價，至十三四年間，每元換錢達八千文之多，當舖錢當錢贖，資本虧折一空。民國十五年後，國家多事，戰爭連年，北路受晉奉戰禍之糜爛，南路受客軍駐境之蹂躪，加兵差頻繁，攤派日增，復因社會風尚時易，服式變換靡常，營業困難萬分，當舖有減無增。迨十九年南北失和，晉鈔跌價，當戶紛紛以跌價之紙幣贖當，仍照面額價值使用，向日當舖以足價押入之架貨，至此取贖一空，悉成落價之晉鈔。一元之鈔，由七八角跌至四五角，乃至二三角，最後價值四五分，於是當舖飽受虧折，原有資本，僅存十之二三，無法繼續營業，繼以金融枯澀，滿貨滯銷，當業衰頹，於此爲甚。二十二年全省僅存當舖三〇六家，尙皆止當候贖，並不營業。觀乎二十四年存在之當舖，類皆開設於民國二十年以後，即可知當年受創之深且鉅。二十二年後。地方平靖，當業又重振旗鼓，逐步邁進，家數略形增加，然較之往昔，猶不如遠甚。

民國二十二年後，南路當舖增加較北路爲速，其原因：一則由於東北失陷，北路商人向多遠遊東省，至此大受打擊，紛紛失業還鄉，向之滙款家鄉者，今已斷絕來源，於是贖當能力減弱，當舖僅有收縮，遑云增設，此種情形，可舉忻縣爲代表；二則由於南路原爲產棉之區，二十二年後，農產價格低落，農民及小商均受影響，需要小額之金融調節，於是當舖增設較多。但因近年天災人禍之餘，農村破產，十室九空，農民無物可當，亦無力贖當，當舖雖即有恢復者，亦都在縣城及其附郭。舊日鄉村之當舖，至今尙無復業之機會也。

二　現狀

種類

山西現有之典當，大致可分爲「當」及「質」兩種，但在名稱上則「當」亦有稱爲「典」者，如晉城之恆裕典，升恆典，源泰典，陽城之信成典，沁水之聚成典等是；亦有在招牌上一面書「質」，一面書「當」者，如陽高之天聚當，富德當，天鎮之天聚當，左雲之志成慶、德慶、天義長；長治之集興當，及淸源交城一帶之當舖是；更有所謂押當者，如大同口泉鎮之德生是；至黎城之正興，左雲之萬有德，及忻縣之積順、復興誠、復興長，皆爲「代當」，長子之集義成則爲「代押」，均爲「當」之分設，或「當」之經紀。故就大體而言，僅「當」及「質」二種，其餘如「典」，如「質當」，如「押當」，及「代當」「代押」，家數旣不多，且其利率與滿期亦與「當」同，爲便利計，悉倂入當之一類。

「當」又可稱爲「當舖」，其資本比質爲大，滿期較質爲長，利率較質爲輕。開設時須向財政廳領取當帖，每年須向財政廳交納當稅，並加入其所在縣境之「當行」，在縣城者，加入「城當行」，在鄉鎮者，加入「鄉當行」，又爲山西全省當業公會之會員。遇當業有共同利害相關之事端發生，則各會員當咸取一致行動，例如民國二十四年，財政廳修改當稅規章，因其所定之稅率，較舊章過重，全省當業聯合反抗，均不願個別承認。

「質」亦稱「質店」，其資本較當爲小，照例多在千元以下，惟現下亦有多至八九千元者，尤以介休之質店爲例外，介休無當舖，僅有質店，故能如此。質之滿期較當爲短，利率或與當同，或較當爲重。開設時不必向財政廳領帖，僅呈報當地政府註冊備案，即可開設，太原省會質店，均受省會公安局之管理，省城以外各縣之質店，均受縣政府管轄。又不納當稅，僅向各該管政府認繳地方公益捐。不加入當業公會，及各該所在地之當行，另有行頭，傳達政府之命令，或代表同業向政府提呈申請，並無全省之聯合組織。

設立年限

當質業每遭一次打擊，即紛紛倒閉，事後逐漸恢復，或將原有者加以改組，或重行創設。以山西現有之當質而論，雖尙不乏前淸嘉、道、咸、同、年間之遺物，但爲數已寥寥無幾，多數設立于民國二十年以後。蓋自淸末以來，已受三次之打擊，第一次爲辛亥革命，第二次爲制鈔跌價，第三次爲晉鈔跌價。歷次打擊，幾莫不使當質業創鉅痛深，下表即能表示此中實在。

山西現有四三六家當質設立年份之分配

	冀寧道	河東道	雁門道	總計	%
民國以前	一八	二〇	五	四三	九·九
民十四以前	三〇	一八	三	五一	一一·七

組織

民十九以前	三一	一〇	五	四六	一〇·五
民二十以後	一九八	四二	五六	二九六	六七·九
合計	二七七	九〇	六九	四三六	一〇〇·〇

論設立之背景，則當與質微有不同，當舖有公立者，質店則全為私營，惟山西現下之當舖，公立者亦殊寥寥，現有當舖中，僅平遙之晉平當，洪洞之晉洪當，為山西營業公社所設，臨晉之儲蓄當，崞縣之公立當，亦屬公立，偏關之民生當係公私合立，餘則全為私立。私立當質之組織，可分合資與獨資兩種，以合資者佔多數，分析如下表。

山西現有四三六家當質組織性質之分配

		當舖	質店	總計	%
獨資	公立	四	—	四	〇·九
	私立	一三九	二三	一六二	三七·二
合資	公立	一	—	一	〇·二
	私立	二二六	四三	二六九	六一·七
合計		三七〇	六六	四三六	一〇〇·〇

分佈

山西全省一〇五縣中，僅二〇縣無當質業，其餘八五縣，或有當無質，或有質無當，或當質並有。陽曲、太原、榆次、太谷、平遙、潞城、黎城、晉城、壽陽、靈石、左雲、忻縣等十二縣，均當質並存；祁縣、徐溝、清源、交城、文水、興縣、汾陽、孝義、離石、長治、長子、屯留、襄垣、壺關、平順、高平、陽城、陵川、沁水；和順、沁縣、沁源、武鄉、平定、昔陽、盂縣、臨汾、襄陵、洪洞、浮山汾城、曲沃、翼城、永濟、臨晉、虞鄉、榮河、萬泉、猗氏、解縣、安邑、夏縣、芮城、新絳、河津、聞喜、稷山、絳縣、霍縣、趙城、汾西、大同、渾源、應縣、懷仁、山陰、陽高、天鎮、右玉、朔縣、寧武、神池、偏關、定襄、靜樂、代縣、繁峙、崞縣、保德、河曲等七十縣，均有當無質；介休、遼縣、平魯等三縣，則有質無當。境內計有當舖三七〇家，質店六六家，共四三六家。中路以太谷為最多，當及質凡三七家，平遙次之為三〇家，陽曲又其次，計十八家，祁縣居其四，凡十五家；南路以洪洞及榮河為多，各有八家；北路則首推大同，凡十一家。

山西全省當質業統計表

		家數	資本（元）	借入資本（元）	發行兌換券（元）	架本（元）	每家平均資本（元）	每家平均借入資本（元）	每家平均發行兌換券（元）	每家平均架本（元）
當舖	冀寧道	二一三	一、〇四九、七九四·〇〇	二、二一八、〇三三·〇九	四九六、〇七七·〇〇	二、八九〇、九五三·一四	四、九二八·六一	一〇、四一三·三〇	二、三二九·〇〇	一三、五七二·五五
	雁門道	六八	四二三、六一五·〇〇	三六五、五六二·六〇	五二〇、六七〇·〇〇	五九四、五四三·五七	六、二二九·六三	五、三七五·九二	七、六五六·九二	八、七四三·四三
	河東道	八九	六九八、四九〇·〇〇	一、四四九、六一四、九一	三三〇、五五〇·〇〇	一、九〇七、五〇九·八九	七、八四八·二〇	一六、二八七·八二	三、七一三·四八	二一、四三二·六八
	合計	三七〇	二、一七一、八九九·〇〇	四、〇三三、二一〇·六〇	一、三四七、二四七·〇〇	五、三九三、〇一六·六〇	五、八六七、二九	一〇、九〇〇·五七	三、六四一·二二	一四、五七五·七三
	冀寧道	六四	一二六、四八〇·〇〇	五〇九、四三二·七三	七〇〇·〇〇	五五〇、七六六·四八	一、八二〇·〇〇	七、九五九·八九	一〇·九四	八、六〇六·〇四
	雁門道	一	一、六〇〇·〇〇	一、六〇〇·〇〇	—	三、〇〇〇·〇〇	一、六〇〇·〇〇	一、六〇〇·〇〇	—	三、〇〇〇·〇〇

質店	河東道	一	四、五〇〇・〇〇	一六、一〇〇・〇〇	—	七、三二〇・〇〇	四、五〇〇・〇〇	一六、一〇〇・〇〇	—	七、三二〇・〇〇
	合計	六六	一二三、五八〇・〇〇	五二七、一三三・七三	七〇〇・〇〇	五六一、〇九六・四八	一、八五七・二七	七、九八六・八六	一〇・六二	八、五〇一・四六
綜合	冀寧道	二七七	一、一六六、二七四・〇〇	二、七二七、四六五・八二	四九六、七七七・〇〇	三、四四一、七三九・六二	四、二二〇・三七	九、八四六・四五	一、七九三・四二	三、四二五・〇五
	雁門道	六九	四二五、二一五・〇〇	三六七、一六三・六〇	五二〇、六七〇・〇〇	五九七、五五三・五七	六、一六二・五四	五、三二一・二〇	七、五四五・九四	八、六六〇・二〇
	河東道	九〇	七〇二、九九〇・〇〇	一、四六五、七一四・九二	三三〇、五〇〇・〇〇	一、九一四、八一九・八九	七、八一一・〇〇	一六、二八五・七三	三、六七三・二三	二一、二七五・七八
	合計	四三六	二、二九四、四七九・〇〇	四、五六〇、三四三・三三	一、三四七、九四七・〇〇	五、九五四、一一三・〇八	五、二六二・五七	一〇、四五九・五〇	三、〇九一・六三	一三、六五六・二三

資本

全省當質業資本，據民國二十四年調查，共計二、二九四、四七九元，與民國二十一年比，增三八・〇七%，與二十二年比，增六三・八八%，與二十三年比，增一八・二二%。故就近四年論，當質業之資本實年有增加、其增加之原因則爲年來當舖質店設立家數之增多。二十二年及二十三年間增設之當質，其資力較二十一年原設者爲大，二十四年增設者，規模均較前此爲小。此點可由下表證明之：

年份	數字來源	家數	佔民國二十一年之%	資本總數（元）	佔民國二十一年之%	每家平均資本（元）
民國二十一年	建設廳	二三九	一〇〇・〇〇	一、二五三、三四〇	一〇〇・〇〇	五、二四四・一〇
民國二十二年	建設廳	二五八	一〇七・九四	一、四〇〇、〇八五	一一一・七一	五、四二六・六九
民國二十三年	財政廳	三五七	一四九・三七	一、九四〇、八六一	一四五・八五	五、四三六・五八
民國二十四年	本誌調查	四三六	一八二・四二	二、二九四、四七九	一八三・〇七	五、二六二・五七

，就地域論，當質之資本，以開設南路者爲大，每家平均七、八一一元，北路次之，每家平均六、一六二・五四元，中路爲最小，每家平均計四、二一〇・三七元。當舖之開設鄉區者其資本較在城區者爲大，前者每家平均四、九八三・六五元，後者每家平均二、五一六・一一元；質舖則反是，在城者較在鄉者爲大，城質每家平均二、三二三・九一元，鄉質每家平均一・六〇七・六七元。

當質之資本，民國以前，多以制錢爲本位，民國七八年間制錢未跌價時，尙多以制錢爲資本單位，但此時因制錢價格漲落不定，乃有改爲銀兩者，民十四五年以後，晉鈔盛行，乃悉改爲紙幣，即俗所謂「票大洋」者是，迨晉鈔落價後，繼起之當質，其資本悉爲銀元。據此次調查，全體當質，均以銀元塡報其資本額，其中如汾城縣清道光三十一年開設之三陽當，其資本八千元係按市價將舊日元係銀七千兩折合而得；折縣清宣統元年開設之義和祥，其資本九百二十元，係因晉鈔落價，於民國二十一年時折合銀洋之數；太谷縣清嘉慶五年開設之萬聚當局，在民國十九年間之回本帳上，尙有未贖清之錢本。

資本來源

當資業之運用資本，包括開設資本及流通資本兩項，尤以後者爲大，超過前者二倍半有奇。綜合分析其來源，則來自商人者爲最多，佔四六・〇%，富戶次之，佔三四・五%，發行又次之，佔一六・四%，公家存款，現已極爲少數僅三・一%。如分而言之，則開設資本之源於富戶者，較出自商人者爲多，而流通資本之來源適反是，公家開設當舖，以及公家存款當舖，在當質業全體資本之機構中，其所佔之成份，實屬微渺不堪。

民國二十四年山西全省三七〇家當舖及六六家質店之資本來源分析%

資本及其來源		城區 當	城區 質	城區 合計	鄉區 當	鄉區 質	鄉區 合計	當舖	質舖	總計
開設資本	商人股	三七·六七	四七·三八	三八·〇三	三三·六一	四三·二二	三四·三九	三六·二二	四五·〇四	三六、六九
	富戶股	五六·五一	五二·六二	五六·三六	六六·三九	五六·七八	六五·六一	六〇·〇四	五四·九六	五九·七七
	公家股	五·八二	—	五·六一	—	—	—	三·七四	—	三·五四
	合計	一〇〇·〇〇	一〇〇、〇〇	一〇〇·〇〇	一〇〇·〇〇	一〇〇·〇〇	一〇〇·〇〇	一〇〇·〇〇	一〇〇·〇〇	一〇〇·〇〇
流通資本 商家來源	錢莊借入	一六·二五	一八·二八	一六·三八	一五·七九	一五·七三	一五·七八	一六·一二	一六·九五	一六·一九
	銀行借入	三·五九	三、一五	三·五六	一·五六	二·二三	一·六五	二·九八	二·六七	二·九六
	商家借入	二四·三九	五一·七五	二六·一一	二一·五八	四〇·九九	二四·四一	二三·五五	四六·一七	二五·五七
	商家股東墊款	四·九八	五·九四	五·〇四	四·八六	一·八三	四、四二	四、九五	三·八一	四·八四
富戶來源	富戶股東墊款	四·二〇	—	三·九四	八·八九	一〇·二三	九·一〇	五·六〇	五·三六	五·五八
	私人存款	一七·五〇	二〇·八八	一七·七三	二一·三〇	二八·二三	二一·二四	一八·六一	二四·七四	一九·一五
	公家存款	二·八六	—	二·六八	三·八九	〇·二三	三·三七	三·一六	〇·一七	二·九〇
	發行兌換券	二六·二三	—	二四·五八	二二·一三	〇·二六	一九·〇三	二五·〇四	〇·一三	二二·八一
	合計	一〇〇·〇〇	一〇〇·〇〇	一〇〇·〇〇	一〇〇·〇〇	一〇〇·〇〇	一〇〇·〇〇	一〇〇·〇〇	一〇〇·〇〇	一〇〇·〇〇
綜	商人	四六·一〇	七三·六〇	四七·六四	四〇·四六	五七·三三	四二·五八	四四·三三	六四·九六	四五·九六

合　分　析

當戶	三一・〇九	二六・四〇	三〇・八三	四一・九四	四三・三〇	四一・九九	三四・七九	三四・五四	三四・五二
公家	三・六五	—	三・四五	二・六三	〇・二七	二・三三	〇・一四	三・〇七	三・三三
兌換券	一九・一六	—	一八・〇八	一四・九八	〇・三三	一三・一二	〇・三三	一六・四三	一七・八四
合計	一〇〇・〇〇	一〇〇・〇〇	一〇〇・〇〇	一〇〇・〇〇	一〇〇・〇〇	一〇〇・〇〇	一〇〇・〇〇	一〇〇・〇〇	一〇〇・〇〇

架本

據民國二十四年六月底之數字，全省當質業之架本總數（卽放款總數）爲五，九五四、一一三・〇八元，超過全體當質開設資本一倍半有奇。但以開設資本與借入資本相加計算，則其放出之款（卽架本總數，）亦不過八六・九%，若更以發行之兌換券併計在內，則放款額（架本）所佔之百分更低，僅及七二・六%。此種原因，一方面固由於舖底、牌底、銀尾、及發行準備，須存有相當之現銀以資應付，他方面則由於中路一部份當舖，兼營小數田產抵押俗稱放土（帳），其所放款項，未包括在架本總數之內。據業中人言，當舖所存之舖底、牌底、及銀尾三項，約等於其架本額一四%，準是則晉省當質業之架本，如剔除其發行之兌換券額，亦甚相稱。

當質業與人口之關係

當質家數之多少、與人口之密度成正比例，中路人口較密，當質開設最多，全省當質最多各縣如太谷、平遙、陽曲、祁縣，均在中路，北路人口較稀，當質開設亦少。據統計，中路每三、九〇三戶合有當質一家，南路每五、六八一戶合有一家，北部則每七、六六九戶合有一家。此種表示，實足證明當質之開設以地面繁榮人口密集之地爲宜，若地面遼闊，人口疏散之處，則不宜於當質之設立。北路地瘠民貧，民戶可當之物，既較少，且亦粗劣，故每戶所佔架本僅一元餘，中路及南路均在三元以上，尤以南路爲多，幾達四元。蓋中路居民，向稱富庶，今則因受種種變端而衰落，其中破落戶，大多爲當質之長期顧主，尤以祁太平三縣票號東家後裔集居之地爲甚。南路則爲棉產發達之區，小農需要出產金融之調節，近年棉產跌價，更形深切。其情形有如下表所示：

山西當質與人口之關係（二十四年六月底）

	當質家數	人口密度（每方里人數）	每當所佔戶數	每當平均架本（元）	每戶所佔架本（元）
中部冀甯道	二七七	二四·六	三、九〇三	一二、四二五·〇五	三·一八
南部河東道	九〇	二三·六	五、六八一	二一、二七五·七八	三·七四
北部雁門道	六九	一七·四	七、六六九	八、六六〇·二〇	一·一三
綜合	四三六	二二·〇	四、八六六	一三、六五六·二二	二·八一

三 業務

1.「存架」： 當質業之業務，以動產押放爲主體，該業習慣，稱此項押款爲「上架」，所謂「上架」重，即放款多，「上架」輕，即放款少。其押放在外而未收回之款項，稱爲「存架」，存架日有變動，因每日有贖有當，猶銀行錢莊之放款，每日有出有進也。調查時，曾調查現有各當質近五年年底及二十四年六月底之存架，但因近數年當質家數已有變動，或已倒閉，或經接盤，或係新設，未能據現有各家塡報之存架，作近六年存架總額之比較，僅能就各家歷年存架之平均，以觀察逐年年終存架之輕重。據下表，民國二十一年年底每家之平均存架爲最重，幾達二萬元，十九年以後趨重，二十二以後則趨輕。揆以此六年中晉省社會之情形，亦頗相當，自民國十九年南北失和，晉鈔跌價後，人民經濟暴受打擊，於是紛紛賴當質以資周轉，故當質之存架重，二十二年以後，民生稍蘇，故當質存架較輕。

山西當質業近六年營業平均存架金額（單位元）

業別	地別＼年別	一九	二〇	二一	二二	二三	二四
當鋪	中路冀甯道	一一、七六一·八五	一三、九九二·六四	二一、九三〇·八七	一八、六五三·八二	一四、五八六·九五	一三、五七二·五五
	南路河東道	二〇、八六九·五二	二一、一二〇·一一	二六、四九五·四三	二七、七六九·五五	一六、七一一·三四	二一、四三二·六八
	北路雁門道	八、七七四·〇三	九、〇五〇·四一	二〇、二三六·八八	一一、二八三·九四	九、五三六·九六	八、七四三·四三
	合計	一四、九四四·九三	一五、八八九·一九	二一、二八二·五三	一九、三五七·七九	一四、二〇二·四三	一四、五七五·七二
質店	中路冀甯道	四、二〇六·二〇	四、三二四·八五	六、七六五·五七	八、一三八·七〇	六、五二一·九八	八、六〇六·〇四
	南路河東道	—	—	八、一二三·〇〇	一二、三〇〇·〇〇	九、〇五〇·〇〇	七、三一〇·〇〇
	北路雁門道	—	—	—	—	—	三、〇〇〇·〇〇
	合計	四、二〇六·二〇	四、三二四·八五	六、八〇六·七〇	八、二二〇·三〇	六、五六二·一一	八、五〇一·四六

綜合						
中路冀甯道	一〇、六八二・四七	一二、二五四・六二	一八、三〇九・三一	一六、〇七六・五九	一二、三七四・四四	一二、四二五・〇五
南路河東道	二〇、八六九・五三	二一、一二〇・一一	二六、一五五・一九	二七、五〇七・三六	一六、六一五・五七	二一、二七五・七八
北路雁門道	八、七七四・〇三	九、〇五〇・四一	一〇、二三六・八八	一一、二八三・九四	九、五三六・三六	九、六六〇・二〇
合計	一四、〇九五・一〇	一四、七一〇・六六	一九、一〇一・二四	一七、五二五・四九	一二、八七二・七六	一三、六五六・二二

註：　民國二十四年係六月底數字，餘皆底數字。

據上表，質之存架，不如當，當常在一二萬元，而質則不及萬元，就兩者之資本對照，亦屬合理，質之規模，原不如當，故其上架能力亦不如當。惟晉省於民國後已有質之設立，太谷縣行政公署於民國九年已有限制質之增設，而此次調查之質店，多數設立於民國二十年以後。是否因受晉鈔毛折而倒閉，抑係當時家數確屬甚少，則無由證明。南路每當之存架，歷年均較中路爲重，而北路則歷年均不如中南二路；此點亦與晉省社會經濟狀況相符，北路民窮，無物多當，故輕，前已述及，茲不贅。

2.發行：　當舖向日原享有發行之權，爲官廳所默許，迨後，省銀行爲推行其本行紙幣發行起見，禁止當舖發行。民國十九年晉鈔跌價後，政府又特准當舖有發行之權，准其發行資本三倍之兌換券，於是乃重行印發兌換券。據本次調查，全省發行兌換券之當舖，計一五八家，佔當質業全體家數三六・二四%，惟質店均不發行，僅平遙有一家發行七〇〇元，未包括在內。茲將其發行狀態分析如后：

山西全省一五八家發行當舖發行狀況之分析

	發行家數對總家數之%	發行額佔資本額之%	發行額佔資本及揭本額之%	發行額佔架本額之%	每家平均發行額
中部	三三·五七	九八·二八	三五·七一	三七·四二	五、三三四·一六
北部	四九·二七	二〇一·九七	一二四·三三	一三二·〇九	一五、三一三·八二
南部	三四·四四	一一〇·〇〇	四一·〇三	三六·八四	一〇、六六一·二九
綜合	三六·二四	一二六·七四	五一·五五	五一·四八	八、五二六·八八

一五八家之發行總額爲一，三四六，二四七元，（質店發行之七〇〇〇元不在內，）以北路之發行量爲最多，南路次之，中路較少。此蓋中路各縣，省鈔流通最多，當舖發行之機會較少。南路則省行信用未孚，發行不廣，當地當舖發行之票，因卽日可以兌現，故較佔優勢。北路雖省鈔頗多，但因當舖信用尤著，如忻縣之民生當，其號東爲閻百川氏，信用卓著，資本雖僅一萬五千元，而發行額達二十七萬元之多，因之每家平均發行額，亦形加大，達平均資本額二倍以上，且爲架本額之一三二%有奇，換言之，卽當舖之貸款全恃發行之兌換券而有餘也。

發行額與資本額成正比例，似爲正常形態，大致發行之數量，均較資本數量爲大，尤以資本在萬五千者爲甚，（此實因民生當舖發行量因信用而增高之故，）而資本在三萬元者，其發行額似較資本爲小。以全體總計，則每家平均資本六、七二七·七八元而平均發行額爲八、五二六·八八元。

山西一五八家發行當舖資本與發行額之關係（每家平均額）

資本組	冀甯道 資本	冀甯道 發行	雁門道 資本	雁門道 發行	河東道 資本	河東道 發行	綜合 資本	綜合 發行
1,000元以下	九〇〇·〇〇	一、九七五·〇〇	八〇〇·〇〇	一、〇〇〇·〇〇	—	—	八六六·六七	一、六五〇·〇〇
1,000元以上	一、五二〇·〇〇	三、三二〇·〇〇	—	—	—	—	一、五二〇·〇〇	三、三二〇·〇〇
2,000元以上	二、一〇三·八五	二、六二七·五四	二、七四七·五〇	一、〇二五·〇〇	—	—	二、一八九·六七	二、四一三·八七
3,000元以上	三、〇八一·八九	三、〇六六·六七	三、三三三·三三	二、七八五·〇〇	—	—	三、一四四·七五	一、九九六·二五
4,000元以上	四、三三三·七五	四、一八七·一七	四·四二八·五七	三、九五七·一四	四、四三八·八九	六、二〇〇·〇〇	四、三六八·〇〇	四、四二四·八〇
5,000元以上	五、〇五〇·〇〇	五、八一三·四〇	五、〇〇〇·〇〇	七、八六〇·〇〇	五、〇〇〇·〇〇	七、六六六·六七	五、〇一九·二三	七、〇三八·三三
6,000元以上	七、九二八·五七	七、六三三·一四	六·七〇〇·〇〇	七、〇七〇·〇〇	八、〇〇〇·〇〇	九、二五〇·〇〇	七、七二二·〇〇	七、九〇八·〇〇
10,000元以上	一〇、六五五·五六	一三、九六二·二三	一一、〇〇〇·〇〇	六、五〇〇·〇〇	一三、〇七七·七八	一〇、五七七·七八	一一、三三〇·〇〇	一一、二四三·〇〇
15,000元以上	一六、六〇〇·〇〇	一六、〇〇〇·〇〇	一五、〇〇〇·〇〇	七三、一四〇·〇〇	一六、五〇〇·〇〇	一六、〇〇〇·〇〇	一五、五一六·六七	五四、〇九三·三三
20,000元以上	—	—	—	—	二二、〇〇〇·〇〇	二七、五〇〇·〇〇	二二、〇〇〇·〇〇	二七、五〇〇·〇〇
30,000元	三〇、〇〇〇·〇〇	八、八〇〇·〇〇	三〇、〇〇〇·〇〇	五〇、〇〇〇、〇〇	三〇、〇〇〇·〇〇	10,000·00	三〇、〇〇〇·〇〇	二五、五五〇·〇〇

發行之兌換劵，分一元、五角、二角、一角數種，尤以一二角之輔幣劵爲多。

3.當物：當物之種類，大致不外衣服、首飾、銅錫、木器、農具、珍珠、玉器、磁器、鐘表、骨董、玻璃、小車自行車等物。以前社會富庶，雖民間貧戶，其婦女亦藏有相當之金銀首飾，即無金飾，銀飾則甚普遍；至富戶最多之地，如府十縣內之祁、太、平、三縣內，更有不少珍珠、玉石、骨董等貴重之物，當舖受當是項珍貴物品自必較多。現下則承歷次創痛之後，社會貧瘠，所有當物，多屬零星細小之日用品，尤以布衣服爲大宗；農間無物可當，甚至以其生產必要之農具入當。當舖當入之物品，以衣服爲最多數，皆在百分之七八十以上。當舖亦歡迎此項。用或生產之必需品，因爲當舖營業，利在當戶之贖當，贖當多則利息收入旺，營業亦發達。他方面，當戶因係必需品，故有當必贖。據估計，山西當舖押入當物之種類，以衣服爲大宗，金銀首飾次之，農具木器又次之，其餘各種物品則不甚普遍，或見於甲縣而不見於乙縣，或見於鄉村而不見於城市。

當額

4.當額：　當額因當物粗劣之故，每票所當均甚細小，以不及一元者爲最多數，一元以上至二元者次之，三元至五元者又次之，五元以上者寥寥無幾。當舖最低之當額爲一角，一角以下不開票，最高之額，雖無限制，但亦不過百元，惟百元之票，已稀若晨星未之多見。

滿期

5.滿期：滿當舖期限，當舖較質店爲長；當舖以十八個月及十二個月爲多數，質店則多係六個月及八個月。細分之，則當舖滿期有十二個月、十五個月、十八個月、二十個月，及二十四個月五種，質店滿期則分六個月、八個月，十二個月、及十五個月四種。茲據調查，分析如下表：

山西省當質業滿期之分析(%)

滿期	當舖		質店		合計	
	家數	架本	家數	架本	家數	架本
六月	—	—	五六・一	三九・五	八・五	三・八

八月	｜	｜	一五・一	三八・三	二・三	三・七
一二月	四一・六	四五・二	二七・三	二〇・九	三九・四	四二・八
一五月	一・四	二・四	一・五	一・三	一・四	二・三
一八月	四八・九	四四・二	｜	｜	四一・五	四〇・〇
二〇月	〇・三	〇・二	｜	｜	〇・二	〇・二
二四月	七・八	八・〇	｜	｜	六・七	七・〇

南路當舖之滿期較長，河東道汾城以南各縣，多爲年半及二年；冀甯道偏南數縣，亦有二年之滿期；其餘中路之大部份及北路，多爲一年及年半；至十五月及二十月之滿期，寥寥數家，無關重大。大致一縣之內，滿期長短，多屬一致，但偏南數縣，亦有二種不同之滿期者，如平順當舖有一年，二年兩種，高平當舖有一年，年半兩種，沁水及稷山當舖，有年半、二年兩種，河津當舖則有二年及二十個月兩種。質店之分佈不廣，僅少數縣份有之：陽曲、楡次、太谷、壽陽、等縣之質店，其滿期皆爲六月；介休質店爲八月；太原、潞城、晉城、平魯等縣均爲十二月；靈石一家爲十五月；平遙之質店六月及十二月各居其半。

滿當期限，昔年長而現時短；溯其變遷之歷程，大致往昔爲三年，後由三年短縮爲二年半或二年四月；復縮爲二年或二十月；再縮爲年半或十五月；更縮爲一年；至今當舖滿期以一年爲最短。其現爲十八月或二十四月者，亦有縮改爲一年之趨勢，全省當業公會，已有此項呈請提出。質店之滿期，本較當舖爲短，原爲六月，爲八月，其有十二月或十五月者，實由政府限制取締，乃不得改取當之滿期也。

當舖滿期趨縮之原因，大率不外下列數端：（一）衣物式樣之變遷；近年來社會時尚，演變極速，就衣服論，時而寬大，時而短小，年年變化，乃至一年數易，死當滿貨，因受滿期限制，不能提前應時出賣，往往時過境遷，無法脫售；其他製品亦然。（二）物質花色之變遷；不僅衣物製作之式樣時變，且製作之物料亦如此。就質論，則昔之絲今易麻，昔尙耐久，今取輕漂；就花論，則時大時小，時疏時密；就色論，則今取其暗，明取其鮮，昨猶尙深，今已論淺；致使滿貨出售更形困難。（三）當業資本之短小；以前當舖資本多爲制錢，且較現時爲雄厚；故能長期貸放；今則較昔短小，無力久墊；縮短期限，希圖周轉靈活。（四）社會金融之滯澁：昔年社會較富，金融活潑，當舖吸收客本較易；今則金融枯竭周轉困難，因之不得不改縮滿期。（五）物價之漲落不定：曩昔物價穩定；當入架貨，雖滿期較長，滿貨尙能照收押時之市價出售；今則漲落不定，滿期架貨，往往跌價甚大，按其原價，甚至較新貨亦屬不如，一旦期滿出售，必致折利賠本。（六）當價折成之提高；昔時利輕，而當物估價折成，常守「値十當五」之成例；今則利較昔高，而折成亦加爲「價十當七」；故不得不縮短滿期，使當値與利息之和，不致超過當物之市價。凡此種種，均爲滿當期限由長趨短之顯著原因。

然滿期雖有規定，亦有寬限辦法，蓋當舖營業，原在將本就利，利息收入之多寡，爲其盈虧之尺度，滿貨出售，非其利也；故各地當舖皆有寬限之慣例。太谷、祁縣、徐溝、交城、遼縣、平定、壽陽、洪洞、大同各縣當舖均按原定滿期外，寬限一月；文水、平遙、潞城、陽城、和順、沁源各縣，均寬限二月；興縣、汾陽、離石、屯留、高平、沁縣、曲沃、臨晉、懷仁各縣，均寬限三月；靈石爲五月；永濟、萬泉、芮城、保德各縣爲六月；長子爲三四月不等；夏縣爲一二月不等；新絳有爲四月，有爲六月；崞縣爲二三月不等。亦有寬限十餘日乃至數日者，太原爲三日；榆次、代縣爲五日；陽曲則五六日不等。更有可面議寬限者，如浮山、稷山、朔縣之當舖是。期滿不能寬限者，爲清源、孝義、長治、襄垣、壺關、晉城、陵川、武鄉、昔陽、臨汾、襄陵、翼城、廣鄉、榮河、猗氏、解縣、安邑、河津、聞喜、絳縣、霍縣、趙城、汾西、渾源、應縣、山陰、陽高、天鎮、右玉、左雲、甯武、神池、偏關、忻縣、定襄、靜樂、繁峙、河曲等縣之當舖是。大致當舖開設較多之縣，均有寬限辦法，蓋所以招徠顧客也。至質店寬限者最長爲六月，如太原縣是；靈石爲五月；太谷、介休、及潞城爲二月；平遙則一、二、三月不等；陽曲有爲五天，有爲半月；晉城及平魯則無之。

6.利率： 當舖之利率較輕，質店則較重，兩者皆按月計算。其相遇之利率爲三分，質店向上伸展，由四分至五分；當舖則向下趨減，由二分半至二分。據調查結果，當質之家數及架本，皆以三分計息者佔多數，分析如下表：

山西當質業利率之分析%

利率	當鋪 家數	當鋪 架本	質 家數	質 架本	合計 家數	合計 架本
二分	四・九	三・九	—	—	四・一	三・五
二分半	一五・七	一七・六	—	—	一三・三	一五・九
三分	七九・四	七八・五	五四・五	八〇・二	七五・七	七八・七
四分	—	—	六・一	五・七	〇・九	〇・五
五分	—	—	三九・四	一四・一	六・〇	一・四

南路汾城以南各縣，當鋪之利率爲二分半，間亦有二分者；中路偏南及北路偏西各縣之當鋪，亦有月利二分半者，其餘均爲三分。一縣之內有兩種利率並存者，惟臨晉與稷山二縣，或爲二分，或爲二分半。質店之利率，以太谷爲最高，均按月五分；平遙之質，五分及三分各居其半；太原之質，一律四分；陽曲、榆次、介休、潞城、晉城、壽陽、靈石、平魯等縣之質店，皆爲月利三分。

當鋪利率昔輕而今重，在前清末葉，當鋪利率，多爲按月二分，高亦不過二分五厘，低者僅一分五厘。民國以後，逐漸高增，由二分升至二分五，更由二分五升至三分。質店利率，原較當鋪爲重，民國以後始有開設，向爲四分，五分，其以月利三分計者，倘係受政府之限制而改訂者。

當鋪利率，不特昔較今低，且往昔又有年底減利之舉。例如遼縣、武鄉、沁源、壽陽等縣，往昔月利二分五，冬臘月贖當之時，按舊例減爲二分，至翌年二月底止，現則均爲三分。朔縣則由二分五，減爲一分五，現亦改爲通年按月三分計算。此種年節減利之舉，大致爲往昔全晉當業共同一致之辦法，現下亦尚有存在者，如晉城當利按月三分，每年逢一月、二月、十二月三個月減息爲二分五厘。

當舖利率之升漲，亦自有其原因，茲列舉如次：(一)市利高漲；在往昔，當舖有公款存入，官利甚微，迨民國後，公款由政府收回，於是當舖全恃揭本，據此次調查，晉省當質業之揭本數量，超過資本二倍以上。此種揭本，因市面銀根吃緊，其利率均在月息一分，乃至一分五厘；似此利率揭入客款，當舖取利自不得不較往昔爲高。(二)開支加重；年來社會生活費用增進，當舖職員薪給及舖面經常開支，均較往昔澎漲。而當舖之營業收入，全恃利息，利率低則收入少，即不足開支，於是不得不增加利率。(三)攤派浩繁；現下當舖除向有之當稅較昔加重外，各種地方攤派，如兵差捐、區捐、警捐、村捐門捐、燈捐、舖捐等等，亦莫不負担，均爲曩昔所無，乃新增之支出。當舖提增利率，即係此種雜項攤派之轉嫁。

但亦有例外，沁水之當舖利率，昔爲二分半，旋改三分，現又改爲二分半；絳縣之當利，亦由三分改爲二分半。前者因往日轉貸困難，故曾一度增高，現下則因當舖增加二家，互相競爭，乃又減低；後者則因現下人民經濟稍裕，當利隨之下減。

當利有視當物之品質而差異者，往昔如此，今亦有之。民國二十二年十八日，平遙當行聯合會議決自同月十九日起，當貨取利如下：(一)凡金銀首飾普通綢緞布衣，利息均照每月三分；(二)凡細毛皮衣，不論價值多寡，利息均照每月三分五厘；(三)凡銅錫器皿、木器、農器、玉器、鐘表、鏡子、粗、毛皮衣及一切架底貨物，利息均照每月四分。民國二十二年底因金融較前活潑，利率太高，無法出貨金錢，改爲一律三分。文水當利，昔年亦有皮毛四分，其他三分之規例，惟現已取消。清源則至今尚有半數當舖保持皮毛四分之向例。

又有視當額之大小而差異者，祁縣在民國以前，每票當額不滿一元者，月利三分；一元以上者二分五；百元以上者則爲二分。現雖百元以下均爲三分，但百元以上仍保持舊例。洪洞在民國十五前，當本以制錢計，一吊以上者月息二分；不足一吊者三分；現則改爲一律三分。霍縣往昔亦然，一吊以上者二分，一吊以下者二分五；今亦改爲一律三分。河津當利，昔爲一律二分，今改一元五角以上者二分，一元五角以下者二分五。平遙當利今雖三分計算，但五十元以上者得減爲二分五厘。此種辦法，尤以質店爲甚，現下太谷質店，月利五分，但五元以上得減爲三分。平遙質店現下計利辦法爲一元至十元三分；十元至二十元二分五；二十元以上者二分一二；三十元至五十元及以上者，二分。

更有面議利率者，現今太谷多數當舖，雖規定月利三分，但當額在五十元以上者，得面議讓利。懷仁及絳縣當舖，亦有面議辦法。文水當利，今爲三分，但市利低落時，得按二分或二分五計算。

當舖無日利，皆論月利；其計月之方法，除開票即計一月外，其滿一月後之零日，可分下列數種辦法計算之：(一)「過三不過四」，卽滿月過三天不計息，滿月後四天卽作二月計算，陽曲、太原、榆次、太谷、徐溝、交城、文水、汾陽、長子、平順、晉城、高平、和順、壽陽、解縣、安邑、夏縣、河津、靈石、左雲等縣之當舖，均採此項辦法。(二)「過四不過五」；滿月後過四天不計利，過五天則加一月，祁縣、平遙、離石、黎城、陽城、沁水、神池等縣，均按照此法計算。(三)「過五不過六」，卽足月後滿五日，以二月計利，武鄉、平定、昔陽、臨汾、襄陵、洪洞、浮山、汾城、永濟、定襄、保德等縣之當舖是。(五)滿月作二月或不滿一月亦作月計利，興縣、孝義、長治、長子、屯留、襄垣、潞城、壺關、陵川、沁縣、沁源、壽陽、曲沃、臨晉、虞鄉、萬泉，芮城、新絳，聞喜、絳縣、霍縣、汾西、渾源、應縣、山陰、右玉、朔縣、甯武、偏關、忻縣、靜樂、代縣、繁峙、崞縣、河曲等縣之當舖是。此外，如陽高天鎮之當舖，半月以上計半月，過半月計一月，卽足月過一天加半月利，過十六天加一月利。

滿期與利率爲決定當舖營業盈虧之主要之因素，兩者有相互之關係，利率加高，固足以增當舖之收入，滿期縮短，亦足以助當舖資本周轉之靈活，因以減輕客利之支出，滿貨之賠折，間接增加其收入。故當舖之要求爲縮短滿期，增加利率，前者對當舖營業之有利，實較後者更勝。目前山西當舖，就家數而論固以月利三分滿期十二月者居多數，且論架本亦以此佔優勢。質店則家數以月利五分滿期六月者爲多，架本以月利三分滿期八月者爲衆。下列二表，一爲滿期利率之家數分配，一爲架本分配。

山西全省當質滿期及利率之家數分配

利率（月利）＼滿期（月數）	六	八	一二	一五	一八	二〇	二四	合計
當舖二分	—	—	一	二	一五	—	—	一八
二分半	—	—	五	一	三四	一	一七	五八
三分	—	—	一四八	二	一三二	—	一二	二九四
合計	—	—	一五四	五	一八一	一	二九	三七〇
質店三分	一二	一〇	一四	一	—	—	—	三六
四分	—	—	四	—	—	—	—	四
五分	二六	—	—	—	—	—	—	二六
合計	三七	一〇	一八		—	—	—	六六
綜合二分	—	—	一	二	一五	—	—	一八
二分半	—	—	五	一	三四	一	一七	五八
三分	一二	一〇	一六二	三	一三二	—	一二	三三〇
四分	—	—	四	—	—	—	—	四
五分	二六	—	—	—	—	—	—	二六
合計	三七	一〇	一七二	六	一八一	一	二九	四三六

山西全省當質滿期及利率之架本分配

滿期（月數） 利率（月利）	六	八	一二	一五	一八	二〇	二四	合計
當舖二分	—	—	一八、〇〇〇・〇〇	五七、一二三・〇〇	一三一、四五六・〇〇	—	—	二〇六、五七九・〇〇
二分半	—	—	六六、〇一九・四〇	三一、八七〇・〇〇	五三五、二八四・九九	一三、三五一・二〇	二八七、六〇一・五〇	九三四、一二七・〇九
三分	—	—	二、三一二、五九三・三八	三六、六〇〇・〇〇	一、六七八、八一四・六五	—	一三七、四四六・四八	四、一六五、四五四・五一
合計	—	—	二、三九六、六一三・七八	一二五、五九三・〇〇	二、三四五、五五五・六四	一三、三五一・二〇	四二五、〇四七・九八	五、三〇六、一六〇・六〇
質店三分	一四三、六〇九・六〇	二一五、〇八五・六〇	八五、〇九二・二〇	七、三一〇・〇〇	—	—	—	四五〇、〇九七・四〇
四分	—	—	三一、八〇三・一七	—	—	—	—	三一、八〇三・一七
五分	七九、一九五・三二	—	—	—	—	—	—	七九、一九五・三二
合計	二二二、八〇四・九二	二一五、〇八五・六〇	一一六、八九五・三七	七、三一〇・〇〇	—	—	—	五六一、〇九五・八八
綜合二分	—	—	一八、〇〇〇・〇〇	五七、一二三・〇〇	一三一、四五六・〇〇	—	—	二〇六、五七九・〇〇
二分半	—	—	六六、〇一九・四〇	三一、八七〇・〇〇	五三五、二八四・九九	一三、三五一・二〇	二八七、六〇一・五〇	九三四、一二七・〇九
三分	一四三、六〇九・六〇	二一五、〇八五・〇六	二、三九七、六八五・五八	四三、九一〇・〇〇	一、六七八、八一四・六五	—	一三七、四四六・四八	四、六一五、五五一・九一
四分	—	—	三一、八〇三・一七	—	—	—	—	三一、八〇三・一七
五分	七九、一九五・三二	—	—	—	—	—	—	七九、一九五・三二
合計	二二二、八〇四・九二	二一五、〇八五・六〇	二、五一三、五〇八・一五	一三二、九〇三・〇〇	二・三四五、五五五・六四	一三、三五一・二〇	四二五、〇四七・九八	五、八六七、二五六・四八

7.當稅：　清季課稅方法，每當每歲納銀五兩；據晉政輯要載：「會典內載康熙三年題準當舖每年納銀五兩。」又載「雍正六年題準直省各屬典當，均令布政司鈐印頒帖，交各州縣轉給輸稅如有新開典當，報司給帖，於開設時增稅，無力停開者，即交帖免輸。」又載「乾隆四十一年議準各省民間開設典當呈明地方官轉詳布政司請帖，按年納稅報部，其有無力停止者，繳帖免稅。」民國肇始，稅章更改，據民二山西國稅廳籌備處查驗當帖簡章內載：「查驗當帖，應征換領帖費暨註冊費數目；(一)前清舊帖換領新帖每張征換帖費大洋貳百元，註冊費五十元；(二)前已領過財政司民國年號當帖者，今再換領新帖，每張征換帖費一百五十元，註冊費二十五元；(三)凡新開當商請領新帖，每張征領帖費三百元，註冊費一百元。」民國三年，山西財政廳修改章程，除規定每當每年應納當稅大洋五十元外，又令當舖呈驗當帖，分為五級，換領新帖，課收換帖費及註冊費如下：

資本等級	清舊帖換新		民國舊換帖新		新開當舖	
	換帖費(元)	註冊費(元)	換帖費(元)	註冊費(元)	換帖費(元)	註冊費(元)
甲、一萬五千元以上者	二〇〇	五〇	一五〇	二五	三〇〇	一〇〇
乙、一萬元以上者	一六〇	四〇	一二〇	二〇	二四〇	八〇
丙、五千元以上者	一二〇	三〇	九〇	一五	一八〇	六〇
丁、一千元以上者	八〇	二〇	六〇	一〇	一二〇	四〇
戊、不及一千元者	四〇	一〇	三〇	五	六〇	二〇

此種稅章，已行之二十餘年，未有改更。迨民國二十四年，山西財政廳復依營業稅法第十條暨第二次全國財政會議決議案，規定徵收當質業營業稅章程。內載：「當質業營業稅稅率，依全年架本實數計算規定如左：(甲)架本不滿五千元者征收其千分之五；(乙)架本在五千元以上至五萬元者征收其千分之十；(丙)架本超過五萬元者，每一萬元加征其千分之一，最多以千分之十五爲度。」但是項稅章頒佈後，當質業因其稅率過重，且所謂架本實數難以確定，呈請修改，截至調查時止，此項當稅章程，尚未見諸實行也。

山西省各縣當質家數歷年增減統計表(一)

縣別	清光緒十三年(據晉政輯要)	民國十年(同業公會數字)	民國二十一年(建設廳數字)	民國二十二年(建設廳數字)	民國二十三年(財政廳數字)	民國二十四年(本誌調查)
陽曲	四三	二〇	一一	一一	一一	一八
太原	四四	一一	八	八	八	六
榆次	六三	三〇	三	三	八	一二
太谷	八八	三三	一八	一八	一六	三七
祁縣	六三	二一	一三	一三	一四	一五
徐溝	四七	八	三	三	四	四
清源		一六	一二	一二	一〇	一一
交城	三二	一五	七	七	五	七
文水	四三	二四	五	六	七	七
岢嵐	一	一	一	一	一	|
忻縣	一〇	一	|	|	|	|
興縣	二	一	|	一	一	一
汾陽	二五	一五	六	六	六	七
平遙	六五	三三	九	九	二八	三〇
介休	三二	一九	|	|	一〇	一〇
孝義	二三	二一	|	|	六	六

臨縣	一一	二	一	一	|	|
石樓	三	二	|	|	|	|
離石	三三	九	|	|	一	一
方山	二三	八	|	|	|	|
中陽	八	一	一	一	|	|
長治	八	|	六	六	九	九
長子	二二	二一	|	|	二	一二
屯留	七	六	|	|	|	二
襄垣	二三	一一	|	一	一	五
潞城	四四	|	五	五	九	一一
黎城	四	三	三	三	四	六
壺關	二六	一一	|	四	八	六
平順	|	五	一	一	三	三
晉城	一六	一二	四	四	四	一一
高平	一七	一〇	二	二	五	六
陽城	三	三	|	|	一	一
陵川	一一	六	四	四	四	五
沁水	三	一	一	一	一	三
遼縣	五	三	|	|	|	一
和順	四	二	一	一	一	一
榆社	三	一	|	|	|	|
沁縣	一二	六	|	|	三	三
沁源	八	五	|	|	四	二
武鄉	一七	八	一	一		四
平定	五九	二〇	|	|	二	二
昔陽	|	|	|	|	|	二
盂縣	一〇	三	一	一	一	二
壽陽	五八	一八	九	九	五	八
臨汾	一二	八	一	一	四	六
襄陵	一二	三	|	三	六	六
洪洞	一〇	一〇	四	四	七	八
浮山	三	一	|	|	一	一
安澤	一七	五	|	五	五	五
曲沃	一一	三	五	五	七	七

翼城	四	三	三	三	三	三
吉縣	二	|	|	|	|	|
鄉甯	一	|	|	|	|	|
永濟	一四	七	五	五	六	六
臨晉	三	四	一	一	二	二
虞鄉	九	三	二	三	三	三
榮河	八	五	八	八	八	八
萬泉	三	|	一	一	一	一
猗氏	二	四	二	二	二	二
解縣	二	一	一	一	一	|
安邑	五	二	|	|	一	一
夏縣	一二	六	二	二	三	三
芮城	二	四	二	二	二	二
新絳	一五	三	|	四	四	三
河津	一九	一	二	二	二	二
聞喜	九	五	四	四	五	五
稷山	三	五	五	五	五	五
絳縣	七	一	一	一	一	一
霍縣	八	三	|	|	一	二
靈石	一九	七	一	一	四	三
趙城	一一	九	|	|	三	三
汾西	一三	三	|	|	|	一
隰縣	一一	五	|	|	|	|
大寧	二	|	|	|	|	|
永和	三	|	|	|	|	|
蒲縣	三	一	|	|	|	|
大同	九九	五六	一〇	一〇	八	一二
渾源	一九	八	二	五	五	五
應縣	一九	一二	二	二	三	四
懷仁	五	四	|	|	|	一
山陰	七	二	|	|	|	一
靈邱	一〇	|	|	|	|	|
廣靈	三	一	|	|	|	|
陽高	三	一	|	|	|	二

山西省各縣城鄉當質家數增減統計表二

縣別	城當 民國十年	城當 民國二十四年	鄉當 民國十年	鄉當 民國二十四年	合計 民國十年	合計 民國二十四年
陽曲	一二	一六	八	二	二〇	一八
太原	三	二	八	四	一一	六
榆次	四	三	二六	九	三〇	一二
太谷	九	七	二三	三〇	三二	三七
祁縣	七	六	一四	九	二一	一五
徐溝	四	三	四	一	八	四
清源	六	六	一〇	五	一六	一一
交城	五	五	一〇	二	一五	七
天鎮	二	一	—	—	—	一
右玉	一五	四	—	—	一	一
朔縣	一〇	三	四	四	三	四
左雲	二一	六	三	三	四	四
平魯	六	—	—	—	—	一
寧武	一二	—	二	二	二	一
神池	一〇	二	—	—	一	一
偏關	一〇	—	—	—	—	一
五寨	二	—	—	—	—	—
忻縣	六三	三三	一八	一八	一八	七
定襄	一九	五	一	一	四	四
靜樂	二六	六	—	—	一	一
代縣	二六	七	三	三	五	五
五台	二八	三	—	—	—	—
繁峙	八	六	二	四	四	五
崞縣	三三	九	三	三	四	七
保德	七	一	一	一	一	一
河曲	一〇	五	一	一	一	一
總計	一七一三	七三一	二三九	二六三	三五七	四三六

文水	三	三	二一	四	二四	七
岢嵐	一	—	—	—	一	—
嵐縣	一	一	—	—	一	—
興縣	一	一	—	—	一	一
汾陽	五	五	一〇	二	一五	七
平遙	七	一四	二六	一六	三三	三〇
介休	二	五	一七	五	一九	一〇
孝義	三	三	一八	三	二一	六
臨縣	一	—	一	—	二	—
石樓	二	—	—	—	二	—
離石	三	—	六	一	九	一
方山	二	—	六	—	八	—
中陽	一	—	—	—	一	—
長治	—	四	—	五	—	九
長子	三	四	一八	八	二一	一二
屯留	二	二	四	—	六	二
襄垣	三	三	八	二	一一	五

潞城	—	三	—	八	—	一一
黎城	三	五	—	一	三	六
壺關	三	二	八	四	一一	六
平順	二	一	三	二	五	三
晉城	四	五	八	六	一二	一一
高平	三	四	七	二	一〇	六
陽城	一	—	二	一	三	一
陵川	二	一	四	四	六	五
沁水	一	二	—	一	一	三
遼縣	二	—	一	一	三	一
和順	二	一	—	—	二	一
榆社	—	—	一	—	一	—
沁縣	四	三	二	—	六	三
沁源	一	一	四	一	五	二
武鄉	二	一	六	三	八	四
平定	四	二	一六	—	二〇	二
昔陽	—	二	—	—	—	二

盂縣	三	二	—	—	三	二
壽陽	五	四	一三	四	一八	八
臨汾	四	四	四	一	八	六
襄陵	二	四	一	二	三	六
洪洞	五	五	五	三	一〇	八
浮山	一	一	—	—	一	一
汾城	二	二	三	三	五	五
曲沃	三	二	—	五	三	七
翼城	三	三	—	—	三	三
永濟	一	二	六	四	七	六
臨晉	三	二	一	—	四	二
虞鄉	一	二	二	一	三	三
榮河	—	二	五	六	五	八
萬泉	—	—	—	一	—	一
猗氏	二	二	二	—	四	二
解縣	一	一	—	—	一	一
安邑	二	—	—	一	二	一
夏縣	—	二	六	一	六	三
芮城	三	二	一	—	四	二
新絳	—	二	三	一	三	三
河津	一	二	—	—	一	二
聞喜	三	三	二	二	五	五
稷山	三	三	二	二	五	五
絳縣	一	—	—	一	一	一
霍縣	三	二	—	—	三	二
靈石	二	二	五	一	七	三
趙城	五	三	四	—	九	三
汾西	一	一	二	—	三	一
隰縣	一	—	四	—	五	—
蒲縣	一	—	—	—	一	—
大同	二一	九	三五	二	五六	一一
渾源	三	五	五	—	八	五
應縣	七	四	四	—	一一	五
懷仁	三	一	一	—	四	一

山西省各縣當舖統計表(三)

山陰	二	｜	一	一	三	一
廣靈	一	｜	｜	｜	一	｜
陽高	一	二	｜	｜	一	二
天鎮	一	一	｜	｜	一	一
右玉	一	一	三	｜	四	一
朔縣	三	四	｜	｜	三	四
左雲	三	三	三	一	一	四
平魯	｜	一	｜	｜	｜	一
寧武	｜	一	｜	｜	｜	一
神池	二	一	｜	｜	二	｜
偏關	｜	一	｜	｜	｜	一
忻縣	四	二	二九	五	三三	七
定襄	二	三	三	一	五	四
靜樂	三	一	三	｜	六	一
代縣	六	四	一	一	七	五
五台	｜	｜	三	｜	三	｜
崞縣	五	四	四	三	九	七
繁峙	二	二	四	三	六	五
保德	一	一	｜	｜	一	一
河曲	四	一	一	｜	五	一
總計	二六〇	二三七	四七一	一九九	七三一	四三六

縣別	家數	股東人數	股數	資本金額(元)	借入資本(元)	發行兌換券(元)	架本金額(元)
陽曲	二	八〇	三二八	六〇、六四〇	二五〇、九〇〇.〇〇	｜	二八四、二二八.〇〇
太原	二	二	二	八、五〇〇	三、八八〇.〇〇	｜	一八、四九四.四七
榆次	九	三三	一六八	七五、七〇〇	七四、三八三.六四	一六、五〇〇	一四二、三〇一.八〇

太谷	一六	三八	九四五	九四、九五〇	一六五、四八三·五五	二、二〇〇	一八一、八五三·〇四
祁縣	一五	三二	六一八	九〇、一五〇	一三三、六七〇·〇〇	九七、〇〇〇	二三三、一八七·四五
徐溝	四	二七	三二五	一六、五〇〇	四七、二八〇·〇〇	—	四八、一九二·五三
清源	一二	三三	五〇	四八、九二〇	七一、六五一·〇〇	六、〇〇〇	一〇七、五三九·四三
交城	七	二二	三、七二九	二六、六七四	八四、六四六·五九	二、六三三	九六、〇八九·八七
文水	七	三〇	四五·二	三八、七二〇	一一七、五七〇·〇〇	—	一五四、五一七·八七
興縣	一	二	六	二、六四〇	二、一〇〇·〇〇	三、三五八	八、〇四五·〇〇
汾陽	七	六〇	二〇九	七〇、八〇〇	一九九、七五八·〇〇	一六、〇〇〇	二四四、五八九·〇〇
平遙	一九	六六	一〇〇	七六、四一〇	二五二、七九五·八七	四八、七九〇	三〇九、五五三·二五
孝義	六	六二	五二	三三、五〇〇	五三、〇〇〇·〇〇	一四、四三〇	四二、四九三·〇〇
離石	一	二	六	三、〇〇〇	六、九一〇·〇〇	—	三〇、一七八·一〇
長治	九	三八	五〇	三八、六〇〇	一三四、三三〇·〇〇	六、〇〇〇	一六一、六二九·一三
長子	三	三九	九八	四九、九四〇	一〇一、七〇〇·〇〇	四九、二二七	一三七、〇三一·五四
屯留	二	一三	一三	一〇、〇〇〇	一〇、〇〇〇·〇〇	一五、〇〇〇	二四、五〇〇·〇〇
襄垣	五	一三	二七	一五、一〇〇	六四、八〇〇·〇〇	二七、一〇〇	七九、六五〇·一五
潞城	一〇	一六	二七	二〇、三〇〇	四六、一〇〇·〇〇	九、七〇〇	六六、六四六·七九
黎城	六	一五	一五	一六、五〇〇	一七、三八四·六九	三、五〇〇	二七、七五五·七五

壺關	六	三二	九三	一九、五〇〇	九五、三〇〇・七五	二二、五九〇	一〇三、五五三・〇〇
平順	三	二三	一八	一〇、八〇〇	一〇、七五〇・〇〇	三、〇〇〇	二〇、七〇九・〇〇
晉城	五	一六	二〇	二三、五〇〇	五六、五七〇・〇〇	二三、〇〇〇	五五、六七四・四八
高平	六	二六	六九	一四、一〇〇	三四、四五〇・〇〇	四、〇〇〇	二三、五四九・五三
陽城	一	二	一〇	一〇、〇〇〇	六、〇〇〇・〇〇	五、〇〇〇	一五、〇〇〇・〇〇
陵川	五	三三	九〇	三三・四〇〇	四八、一二〇・〇〇	—	七一、三三四・〇〇
沁水	三	三	三	七、〇〇〇	四二、六六六・〇〇	一〇、〇〇〇	一九、二三六・二〇
遼縣	一	三	三	一、五〇〇	—	—	八〇、〇〇〇
和順	一	一	六	三、〇〇〇	七、四七五・〇〇	—	八、六二〇・〇〇
沁縣	三	八	一四	一九、八〇〇	三〇、四〇〇・〇〇	二〇、〇〇〇	四六、二五三・〇一
沁源	二	一六	二〇	二〇、〇〇〇	二三、〇〇〇・〇〇	三五、〇〇〇	四〇、五三三・七〇
武鄉	四	一九	一九	二六、八〇〇	—	三六、〇〇〇	一〇、七三一・九三
平定	二	五	五	五、〇〇〇	二五、五五〇・〇〇	三、五〇〇	一六、六六七・九七
昔陽	二	一〇	一〇	五、〇〇〇	—	六、〇〇〇	七、八〇〇・〇〇
盂縣	二	二	二	一三、〇〇〇	—	—	一一、〇〇〇・〇〇
壽陽	七	一〇二	二八六・八	四三、八五〇	一一、三二〇・〇〇	一三、五五〇	五二、三〇六・八五
臨汾	六	一九	四八・三	六四、九〇〇	一一八、五〇〇	七九、一〇〇	一八八、一〇一・九〇

襄陵	六	三	三一・七五	二七、三五〇	七六、六〇〇	三四、四〇〇	一〇三、六七〇・七〇
洪洞	八	六〇	八七・八	九六、二〇〇	二二一、五〇〇	五〇、〇〇〇	三三八、八七一・五〇
浮山	一	三	九	九、〇〇〇	五、〇〇〇・〇〇	七、七〇〇	九、六八七・六〇
汾城	五	六	一九	四一、〇〇〇	六〇、二〇五・八五	—	一〇一、四一八・五〇
曲沃	七	一八	七一	七三、〇〇〇	七一、〇〇〇・〇〇	二四、一〇〇	一三〇、七三三・〇〇
翼城	三	五	三	一六、〇〇〇	九一、三〇〇・〇〇	—	一〇四、七八〇・四〇
永濟	六	八	一〇	二四、〇〇〇	一一五、四九二・八三	—	七八、五九一・二五
臨晉	二	三	五	一四・〇〇〇	三〇、五〇〇・〇〇	—	三一、九三一・四〇
虞鄉	三	三	三	一五、〇〇〇	七〇、四〇〇・〇〇	二〇、〇〇〇	八八、九九三・〇〇
榮河	八	八	八	三三、七二〇	五五、〇三〇・〇〇	—	七八、四七八・〇〇
萬泉	一	一	四	四、〇〇〇	一八、六七六・八〇	—	一〇、〇三〇・二〇
猗氏	二	二	二	二四、〇〇〇	一九、七四六・七七	—	二三、六四六・〇〇
解縣	一	三	一〇	一〇、〇〇〇	二一、〇〇〇・〇〇	三、二〇〇	三〇、七〇〇・〇〇
安邑	一	二〇	四〇	二〇、〇〇〇	—	六〇、〇〇〇	二六、〇〇〇・〇〇
夏縣	三	八	一六	一九、一五〇	一七、〇〇〇	—	五、五〇〇
芮城	二	二	二五	九、〇〇〇	六四、六九〇	—	四〇、二九五・〇〇
新絳	三	一三	二七	四一、〇〇〇	三〇、五〇〇	—	六四、八三〇・一九

河津	二	二	二	二三、〇〇〇	一四、〇〇〇	—	二九、九七六・三〇
聞喜	五	一〇	二八	二四、〇〇〇	一〇一、〇〇〇	—	一三三、四三九・六五
稷山	五	一一	二九	二八、四〇〇	四八、三三二・六七	五、〇〇〇	八二、〇七二・〇〇
絳縣	一	一	一	四、八〇〇	—	—	三四、二〇〇・〇〇
霍縣	二	四	一三	二四、〇〇〇	二三、三〇〇	三〇、〇〇〇	六四、四二八、〇〇
靈石	二	四	一〇	一八、〇〇〇	一〇四、〇〇〇	—	三六、六〇〇・〇〇
趙城	三	五	九	三一、〇〇〇	九二、八〇〇・〇〇	一七、〇〇〇	八七、一八五・三〇
汾西	一	二	八	四、〇〇〇	—	—	二、三六二・一〇
大同	一二	二九	五二	八六、七〇〇	九二、四八二・六〇	三三、五六〇	一八〇、七八四・八一
渾源	五	九	九	二〇、二五〇	二〇、二五〇	—	一四五・〇〇
應縣	四	一三	一三	二三、〇〇〇	四四、九〇〇	一九、一〇〇	六四、六〇〇・〇〇
懷仁	一	四	四	四、八〇〇	—	—	二、九〇〇・〇〇
山陰	一	一二	四〇	二〇、〇〇〇	—	—	一八、〇〇〇・〇〇
陽高	二	二〇	二〇	一〇、〇〇〇	—	三〇、〇〇〇	二五、〇〇〇・〇〇
天鎮	一	五	一〇	五、〇〇〇	—	一、三〇〇	五、〇〇〇・〇〇
右玉	一	五	五	四、五〇〇	一四、〇〇〇・〇〇	二、〇〇〇	九、五二〇・〇〇
朔縣	四	三五	一六〇・四五	二五、七九五	三四、一〇〇・〇〇	一、二九〇	六三、八二九・〇〇

左雲	四	二	一八·五	一四、五〇〇	二、七〇〇	五、二三〇	三八、二五二·〇〇
寧武	一	一	二	二、〇〇〇	八、〇〇〇·〇〇	—	九、〇〇〇·〇〇
神池	一	一九	八〇	八、〇〇〇	八、〇〇〇·〇〇	一六、〇〇〇	四〇、六〇〇·一八
偏關	一	一五	四八	二、四〇〇	—	—	二、九五一·三〇
忻縣	七	二	四〇·五	五五、九二〇	四五、二〇〇·〇〇	三六三、〇〇〇	三二、七四三·三三
定襄	四	八	二三·七五	二三、五〇〇	—	七、八〇〇	一九、五二一·〇〇
靜樂	一	二	三·六	三、六〇〇	二、五〇〇·〇〇	一〇、〇〇〇	六、五三七·〇〇
代縣	五	九	一四·八	三二、〇〇〇	三八、〇〇〇·〇〇	—	一五、〇〇〇·〇〇
繁峙	五	一四	一九·五	一九、六〇〇	二〇、七六〇、〇〇	五、九〇〇	三〇、九〇三·四六
崞縣	七	三	二四·五	五五、五五〇	二一、一五〇·〇〇	二三、五〇〇	二三、一八四·八〇
保德	一	三	三	四、五〇〇	四、五〇〇·〇〇	一、〇〇〇	八、一七六·八〇
河曲	一	一七	二〇	二二、〇〇〇	—	二二、〇〇〇	一〇、五六〇·〇〇
總計	三七〇	一、六五四	四、〇三四·七四	二、一七一、八九九	四、〇三二、三一〇·六三	一、三四七、二四七	五、三九三、〇一六·六〇

山西省各縣質店統計表（四）

縣別	家數	東股人數	股數	資本額（元）	借入資本（元）	發行兌換券（元）	架本（元）
陽曲	七	一四	二一·三	八、四〇〇	一一九、五四〇·〇〇	—	一二三、八九九·五〇

太原	四	一九	二六・一	一七、〇五〇	一五、九〇九・四一	—	三一、八〇三・一七
楡次	三	六	六	二、一〇〇	一七、〇〇〇・〇〇	—	一六、三八九・一〇
太谷	二一	五九	七三	一四、五八〇	九五、二七五・〇〇	—	七二、五七七・五五
平遙	一一	二七	三五	一一、六五〇	三三、〇七二・六一	七〇〇	三九、七九五・九八
介休	一〇	五二	九四	四二、二〇〇	一九五、三六〇・〇〇	—	二一五、〇八五・六〇
潞城	一	一	一	一、〇〇〇	一、〇七五・七〇	—	八四六・九八
晉城	六	二二	二六	一五、五〇〇	三一、五〇〇・〇〇	—	四八、〇六七・六〇
壽陽	一	七	二〇	四、〇〇〇	七〇〇・〇〇	—	二、三二一・〇〇
靈石	一	七	四・五	四、五〇〇	一六、一〇〇・〇〇	—	七、三一〇・〇〇
平魯	一	四	四	一、六〇〇	一、六〇〇・〇〇	—	三、〇〇〇・〇〇
總計	六六	二一八	三一〇・九	一二二、五八〇	五二七、一三二・七二	七〇〇	五六一、〇九六・四八

山西省鄉當資本來源分析表(十八)

縣別	家數	資本金額(元) 商人股	富戶股	合計	流通資本額(元) 錢莊借入	銀行借入	商家借入	商界股東墊款	富戶股東墊款	公家存款	私人存款	兼營公積儲蓄金	合計	發行兌換券(元)
陽曲	二	—	三、〇四〇	三、〇四〇	三〇〇	—	四、〇〇〇	—	—	四、〇〇〇	四、五〇〇	—	一二、八〇〇	—
太原	二	—	八、五〇〇	八、五〇〇	八、一五〇	—	—	—	—	—	四、七三〇	—	一二、八八〇	—
榆次	六	二四、二〇〇	一八、五〇〇	四二、七〇〇	八、〇〇〇	—	一七、四〇〇	—	—	一、一四六	一六、一五〇	—	四二、六九六	一六、五〇〇
太谷	一〇	一七、〇四〇	三〇、六五〇	四七、六九〇	二〇、九〇〇	三、五〇〇	五一、五〇〇	三、〇〇〇	六、三〇〇	一三、七九七・五五	四、三〇〇	—	一〇三、二九七・五五	二、二〇〇
祁縣	九	二四、二四〇	二〇、七一〇	四四、九五〇	一六、四二〇	—	一八、五〇〇	一〇、九四〇	一一、三一〇	—	七、五〇〇	—	六四、六七〇	五八、〇〇〇
徐溝	一	二、〇〇〇	二、〇〇〇	四、〇〇〇	七、六〇〇	—	六、〇〇〇	—	—	一、七〇〇	—	—	一五、三〇〇	—
清源	五	一三、一五〇	九、〇五〇	二二、二〇〇	一三、五〇〇	—	—	五、五〇〇	五、五〇〇	—	—	—	二四、五〇〇	—
交城	二	三、〇〇〇	三、〇〇〇	六、〇〇〇	—	—	四、〇〇〇	—	—	—	—	—	四、〇〇〇	—
文水	四	三、〇〇〇	一七、三二〇	二〇、三二〇	九、五〇〇	—	一五、〇〇〇	—	—	—	—	—	二四、五〇〇	—
汾陽	二	一六、二〇〇	—	一六、二〇〇	二、〇〇〇	—	—	—	—	六、〇五六	一二、二〇〇	—	二〇、二五六	—
平遙	一〇	七、六六六	一五、三三四	二三、〇〇〇	二三、〇〇〇	二、〇〇〇	二三、〇〇〇	—	三、〇〇〇	四、一六四・二〇	四二、二〇二・八九	—	九七、三六七・〇九	二一、二五〇
孝義	三	三、〇〇〇	五、〇〇〇	八、〇〇〇	七、〇〇〇	三、〇〇〇	九、〇〇〇	—	五、七〇〇	—	—	—	二四、七〇〇	二、〇〇〇
離石	一	一三、〇〇〇	—	一三、〇〇〇	—	—	—	六、二七〇	—	六四〇	—	—	六、九一〇	—
長治	五	二、三〇〇	三、八〇〇	六、一〇〇	二五、五〇〇	三、〇〇〇	一、五〇〇	一、六〇〇	一、〇〇〇	一、三五〇	二〇、〇〇〇	—	五三、九四〇	—

長子	八	二一、四四〇	一七、〇〇〇	三八、四四〇	七、三〇〇	—	二、五〇〇	九、〇〇〇	一八、〇〇〇	—	一六、五〇〇	—	—	六二、三〇〇	三三、〇六七
襄垣	二	一、六〇〇	九、〇〇〇	一〇、六〇〇	—	—	—	三、〇〇〇	三、〇〇〇	—	—	—	—	五、〇〇〇	一八、三〇〇
潞城	七	一、〇〇〇	二、〇〇〇	三、〇〇〇	—	—	七、五〇〇	—	一六、九〇〇	一、二〇〇	二、八〇〇	—	—	二八、四〇〇	二、八五〇
黎城	一	—	五〇〇	五〇〇	—	—	—	—	—	—	—	—	—	—	—
壺關	四	六、五〇〇	六、五〇〇	一三、〇〇〇	一、五〇〇	七、〇〇〇	二〇、五〇〇	一九、〇〇〇	一八、〇〇〇	三、四四七・二五	一五〇	—	—	六九、五九七・二五	一一、六二〇
平順	二	一、五〇〇	三〇〇	一、八〇〇	—	—	—	—	—	五〇〇	四、二五〇	—	—	四、七五〇	—
晉城	一	四、五〇〇	—	四、五〇〇	—	—	八、五〇〇	—	—	六七〇	—	—	—	九、一七〇	三、〇〇〇
高平	二	一、九〇〇	—	一、九〇〇	一五、〇〇	—	五〇〇	六、〇〇〇	—	—	三、九〇〇	—	—	二一、九〇〇	—
陽城	一	—	一〇、〇〇〇	一〇、〇〇〇	—	—	—	—	—	—	六、〇〇〇	—	—	六、〇〇〇	五、〇〇〇
陵川	四	三〇・四〇〇	—	三〇、四〇〇	—	—	—	三、三〇〇	—	一、一三〇	三四、三〇〇	—	—	三七、六三〇	—
沁水	一	—	二、〇〇〇	二、〇〇〇	—	—	—	—	—	—	—	—	—	—	四、〇〇〇
遼縣	一	一、五〇〇	—	一、五〇〇	—	—	—	—	—	—	—	—	—	—	—
沁源	一	—	八、〇〇〇	八、〇〇〇	—	—	—	—	—	—	—	—	—	—	二四、〇〇〇
武鄉	三	五、〇〇〇	九、八〇〇	一四、八〇〇	—	—	—	—	—	—	—	—	—	—	—
壽陽	四	一五、八五〇	二、五〇〇	一八、三五〇	—	—	—	六五〇	五、八〇〇	—	八六〇	—	—	十、三一〇	九、八五〇
臨汾	二	八、五〇〇	一五、〇〇〇	二三、五〇〇	三、〇〇〇	一、〇〇〇	一五、〇〇〇	—	—	—	二、〇〇〇	—	—	三〇、〇〇〇	一八、三〇〇
襄陵	二	四、八〇〇	四、二五〇	九、〇五〇	七、〇〇〇	一、〇〇〇	七、〇〇〇	—	—	—	五、〇〇〇	—	—	三〇、〇〇〇	八、〇〇〇

洪洞	三	六、五〇〇	二三、四〇〇	二九、九〇〇	三四、八〇〇	—	九、〇〇〇	—	一一、〇〇〇	—	—	—	—	五四、八〇〇	一三、〇〇〇
汾城	三	—	二八、〇〇〇	二八、〇〇〇	—	—	—	—	—	三、一四二・一六	二八、五〇〇	—	—	三一、六四二・一六	—
曲沃	五	八、五〇〇	三三、五〇〇	四二、〇〇〇	九、〇〇〇	—	一九、〇〇〇	六、九三七・五〇	一一、〇六二・五〇	—	五、〇〇〇	—	—	五一、〇〇〇	四、〇〇〇
永濟	四	四、〇〇〇	一二、〇〇〇	一六、〇〇〇	—	—	—	三、一五〇	—	一四、四六七	六三、一〇九・二九	—	—	八〇、七三六・二九	—
廣鄉	一	—	五、〇〇〇	五、〇〇〇	—	—	六、五〇〇	—	—	三、〇五〇	一五、五〇〇	—	—	二五、〇五〇	一〇、〇〇〇
榮河	六	—	二八、九二〇	二八、九二〇	—	—	四〇、六三〇	—	—	—	—	—	—	四〇、六三〇	—
萬泉	一	—	四、〇〇〇	四、〇〇〇	—	—	—	—	三、五七六・八〇	—	一五、一〇〇	—	—	一八、六七六・八〇	—
安邑	二	一〇、〇〇〇	一〇、〇〇〇	二〇、〇〇〇	—	—	—	—	—	—	—	—	—	—	六〇、〇〇〇
夏縣	一	—	八、三三〇	八、三三〇	—	—	—	—	—	—	—	—	—		—
新絳	一	—	二四、〇〇〇	二四、〇〇〇	—	—	—	—	—	五〇〇	二、〇〇〇	—	—	二、五〇〇	—
聞喜	三	—	九、六〇〇	九、六〇〇	一一、〇〇〇	—	二〇、〇〇〇	—	—	—	—	—	—	三一、〇〇〇	—
稷山	三	—	九、〇〇〇	九、〇〇〇	—	—	三、五〇〇	—	一四、二八六	一、三四六・六七	九、〇〇〇	—	—	二八、一三三・六七	—
絳縣	一	—	四、八〇〇	四、八〇〇	—	—	—	—	—	—	—	—	—	—	—
大同	二	六、〇〇〇	五、五〇〇	一一、五〇〇	—	—	—	—	—	—	一〇、〇〇〇	—	—	一〇、〇〇〇	—
山陰	一	三、〇〇〇	一七、〇〇〇	二〇、〇〇〇	—	—	—	—	—	—	—	—	—		—
左雲	一	—	八〇〇	八〇〇	—	—	—	—	—	—	—	—	—	—	一、〇〇〇
忻縣	五	四、九〇〇	六、〇二〇	一〇、九二〇	三五、〇〇〇	—	六、〇〇〇	—	—	—	四、二〇〇	—	—	四五、二〇〇	三、〇〇〇

定襄	一	三〇〇	四、二〇〇	四、五〇〇	—	—	—	—	—	—	—	—	—	—	八〇〇
代縣	一	—	四、八〇〇	四、八〇〇	一、〇〇〇	二、〇〇〇	—	—	四、八〇〇	—	—	—	—	七、八〇〇	—
繁峙	三	二三、八〇〇	八、三〇〇	三二、一〇〇	—	二、五〇〇	二、〇〇〇	六五〇	六五〇	—	一、二〇〇	—	—	七、〇〇〇	四、八〇〇
崞縣	三	二、〇〇〇	三六、二五〇	三八、二五〇	一、二〇〇	—	—	一、〇七一・四五	二、六七八・五五	—	八、〇〇〇	—	—	一二、九五〇	三、〇〇〇
總計	一五六	一六一、一二六	五一六、一六四	七七七、四五〇	一五三、一七〇	一五、〇〇〇	三四六、〇三〇	七七、九六八・九五	一四二、五六三・八五	六二、二九六・八三	三三九、九五二・一八	—	—	一、一四六、九八一・八一	三五六、五三七

山西省城質資本來源分析表（七）

縣別	家數	資本金額（元）			流通資本額（元）										發行兌換券（元）
		商人股	富戶股	合計	錢莊借入	銀行借入	商家借入	商界股東墊款	富戶股東墊款	公家存款	私人存款	兼營儲蓄	公積金	合計	
陽曲	七	六、八〇〇	一、六〇〇	八、四〇〇	三三、七〇〇	五、〇〇〇	四〇、六〇〇	二、〇〇〇	—	—	三九、二四〇	—	—	一一九、五四〇	—
太原	二	—	二、五〇〇	二、五〇〇	三、八二三・二九	—	六一四	—	—	—	二、〇〇〇	—	—	六、四三六・二九	—
太谷	一	—	八〇〇	八〇〇	二、五〇〇	—	—	—	—	—	四、二〇〇	—	—	六、七〇〇	—
平遙	五	五五〇	一〇〇	六五〇	—	—	—	—	—	—	七、三八〇	—	—	七、三八〇	—
介休	五	九、八七五	一四、一二五	二四、〇〇〇	一六、四〇〇	三、〇〇〇	八九、七一〇	—	—	—	—	—	—	一〇九、一一〇	—
晉城	一	二、五〇〇	—	二、五〇〇	—	—	—	二、五〇〇	—	—	—	—	—	二、五〇〇	—
壽陽	一	四、〇〇〇	—	四、〇〇〇	—	—	五〇〇	—	—	—	二〇〇	—	—	七〇〇	—
平魯	一	一、六〇〇	—	一、六〇〇	—	—	—	一、六〇〇	—	—	—	—	—	一、六〇〇	—
總計	二三	二五、三二五	二八、一二五	五三、四五〇	四六、四二三・二九	八、〇〇〇	一三一、四二四	一五、一〇〇	—	—	五三、〇二〇	—	—	二五三、九六六・二九	—

山西省鄉質資本來源分析表(八)

縣別	家數	資本金額(元) 商人股	富戶股	合計	流通資本額(元) 錢莊借入	銀行借入	商家借入	商界股東墊款	富戶股東墊款	公家存款	私人存款	兼營儲蓄	公積金	合計	發行兌換券(元)
太原	三	一、五〇〇	四、〇五〇	五、五五〇	七、一五〇	—	—	—	—	—	二、三二三・三	—	—	九、四七三・三	—
榆次	三	一、〇〇〇	一、一〇〇	二、一〇〇	一四、〇〇〇	—	三、〇〇〇	—	—	—	—	—	—	一七、〇〇〇	—
太谷	二〇	八、八八〇	四、九〇〇	一三、七八〇	二、八〇〇	四、六〇〇	四〇、〇五〇	—	二、九〇〇	—	三八、二二五	—	—	八八、五七五	—
平遙	六	三、〇〇〇	八、〇〇〇	一一、〇〇〇	六〇〇	一、〇〇〇	二、九〇〇	—	一三、四〇〇	八三、二四二	六、九六〇・二〇	—	—	二五、六九二・六二	七〇〇
介休	五	一、〇〇〇	一七、二〇〇	一八、二〇〇	一八、五〇〇	五〇〇	四一、〇〇〇	二、〇〇〇	三、〇〇〇	—	一三、二五〇	—	—	八六、二五〇	—
潞城	一	—	一、〇〇〇	一、〇〇〇	—	—	—	—	—	七、五七〇	一、〇〇〇	—	—	一、〇五七・七〇	—
晉城	五	一〇、〇〇〇	三、〇〇〇	一三、〇〇〇	—	—	一九、〇〇〇	三、〇〇〇	—	—	七、〇〇〇	—	—	二九、〇〇〇	—
靈石	一	四、五〇〇	—	四、五〇〇	—	—	六、三〇〇	—	—	—	九、八〇〇	—	—	一六、一〇〇	—
總計	四三	二九、八八〇	三九、二五〇	六九、一三〇	四三、〇五〇	六、一〇〇	一一二、二五〇	五、〇〇〇	一九、三〇〇	九〇、八一二	七七、五五八・三	—	—	二七三、一六六・四三	七〇〇

第三章　銀行業

一　沿革

中國銀行

山西之有銀行，始於民國二年中國銀行分行之設立，當時中國銀行由大清銀行改組未久，以西北偏僻省份，素無銀行調劑金融，故於晉省陽曲(舊太原府)設立分行一處，嗣因營業蕭條，於十二年改分行爲支行，歸津行管轄，前此在分行時代發行之紙幣，至此停止發行。十九年又因晉鈔風潮發生以來，各業皆告虧累，再改爲辦事處，其營業除存放匯兌外，又兼代收鹽稅。大同方面，該行於民國五年曾設辦事處，嗣因軍事擾攘，十八年宣告停業，近以軍事底定，社會粗安，復於廿三年九月籌設寄莊，歸太原辦事處管轄。

山西省銀行

繼中國銀行之後成立者，爲山西省銀行。該行以前原爲官錢局，於民國八年改爲省銀行，由官督商辦，資本額定三百萬元，設總管理處於太原，代理省金庫，發行兌換券，於十九年收歸官辦。該年因軍事關係，省府藉省銀行爲籌餉機關，濫發不兌現紙幣，循至造成晉鈔之毛荒。二十一年政局安定，省政府下令整頓，修訂章程，即於是年七月照章實行改組，由省政府派監理員一人，理事五人，取消總管理處，改稱總行，資本由省政府分年籌撥，現已撥到二百四十萬元。據總行報告，該行共有分行九處，辦事處九處，寄莊九處，代理店二十九處。但據二十四年下半年調查，僅有分行六處，辦事處七處，寄莊四處，代理店一處。

其他各行

除上述二家銀行外，民國十二年太谷文水各有農工銀行之設立，十五年汾陽亦成立農工銀行一家，廿三年天津裕華銀行，於太谷開設分行，翌年又在安邑開設支行，歸太谷管轄。同年上海交通銀行亦在大同開設辦事處。

二 現狀

家數

山西省之銀行，總行僅有四家，分支行處共有二十三家，合計二十七家。按性質分，連總分支行處在內，國營者三家，省營者十九家，民營者五家，按舊道分，則濟寗道十四家，河東道六家，雁門道七家。

資本

山西銀行業之資本，共計三、〇七七、六〇〇·〇〇元 較銀號業資本總數之七、五六〇、三七〇·四〇元雖少，但較錢莊業資本總數之 一、九七〇、六三一·一四元則多。上述銀行資本總數，包括各分支行由總行所撥流動資本在內，實際上四家總行資本總數，僅計 二、五四〇、六〇〇·〇〇元。資本最大者，自推山西省銀行，計 二、四〇〇、〇〇〇·〇〇元，該行除代理省金庫及經營普通商業銀行之業務外，在財政部新貨幣政策未頒布前，又有發行紙幣之特權，故分支行處遍省內。茲將山西省銀行現狀列表於后：

山西省銀行現狀表

縣別	家數（包括總分行處）	資本（元）	存款（元）	放款（元）	儲蓄（元）	匯兌（元）匯出	匯入	發行（元）	公積金（元）
陽曲	二	二、五二〇、〇〇〇·〇〇	三、〇四五、三三二·〇〇	六、八四八、三七〇·〇〇	三四〇、八二一·〇〇	三、二五八、九五六·〇〇	一七、八一五、八九五·〇〇	二、〇六七、八六六·九〇	四六、二三二·八八
榆次	一	一一〇、〇〇〇·〇〇	—	八〇、〇〇〇·〇〇	—	六三〇、〇〇〇·〇〇	三三七、〇〇〇·〇〇	—	二四三、五七七·〇〇
太谷	二	一九〇、〇〇〇·〇〇	—	三五二、一三三·〇〇	四〇〇、八一五·〇〇	二一四、〇〇〇·〇〇	二二一、〇〇〇·〇〇	五六、〇〇〇·〇〇	—
文水	一	五一、五〇〇·〇〇	二七、一六三·〇〇	六四、三九八·〇〇	—	—	—	—	—
汾陽	一	一九、一〇〇·〇〇	六六、二八九·一九	九〇、六〇五·五一	—	一〇九、六〇〇·〇〇	一〇四、九四五·〇〇	三七、九七五·〇〇	六、〇〇〇·〇〇
平遙	一	—	一、二〇〇·〇〇	二六〇、〇〇〇·〇〇	—	二五〇、〇〇〇·〇〇	二四八、〇〇〇·〇〇	一四七、九〇〇·〇〇	—
介休	一	—	—	三〇、〇〇〇·〇〇	—	—	—	四〇、〇〇〇·〇〇	—
長治	一	—	—	一三、〇〇〇·〇〇	—	三七二、〇〇〇·〇〇	二、五三〇、〇〇〇·〇〇	四〇、八七〇·〇〇	—
晉城	一	五〇、〇〇〇·〇〇	—	六〇、〇〇〇·〇〇	—	六〇〇、〇〇〇·〇〇	一六、〇〇〇·〇〇	三、一三五·五〇	—
壽陽	一	二七、〇〇〇·〇〇	—	—	—	三〇〇、〇〇〇·〇〇	三〇〇、〇〇〇·〇〇	二七、〇〇〇·〇〇	—
臨汾	一	—	—	二四、二〇〇·〇〇	—	七七九、四三〇·〇〇	三五二、九〇〇·〇〇	一三一、六七〇·〇〇	—
洪洞	一	—	—	一九、〇〇〇·〇〇	—	二〇、〇〇〇·〇〇	一〇、〇〇〇·〇〇	一三、〇〇〇·〇〇	—
曲沃	一	—	—	三三、〇〇〇·〇〇	—	四九〇、〇〇〇·〇〇	一八五、〇〇〇·〇〇	二七、〇〇〇·〇〇	—

安邑	二	三〇、〇〇〇·〇〇	四一、四三九·〇〇	一三一、〇〇〇·〇〇	—	三、一四〇、七三一·〇〇	四三、〇〇〇·〇〇	二五、八〇七·〇〇	—
新絳	一	—	—	二一〇、〇〇〇·〇〇	—	四三〇、〇〇〇·〇〇	三五〇、〇〇〇·〇〇	五六、五六九·六〇	—
大同	三	—	二八、〇〇〇·〇〇	一四六、〇〇〇·〇〇	—	七六五、〇〇〇·〇〇	四七三、五〇〇·〇〇	一三〇、〇〇〇·〇〇	—
應縣	一	—	—	二、八〇〇·〇〇	—	五、一〇〇·〇〇	二、三〇〇·〇〇	一六、三〇〇·〇〇	—
胡縣	一	一〇〇、〇〇〇·〇〇	三、〇〇〇·〇〇	六、〇〇〇·〇〇	—	一三四、八〇〇·〇〇	一二三、四八〇·〇〇	八二、九八〇·〇〇	—
代縣	一	—	—	—	—	—	—	一九、〇〇〇·〇〇	—
河曲	一	—	—	—	—	—	—	—	—
濟寧道	一四	二、九四七、六〇〇·〇〇	三、四九二、一一六·一九	七、八四七、一八八·五二	七四一、六三六·〇〇	二四、七三四、五五六·〇〇	二一、五五二、八四〇·〇〇	二、四二九、七四七·四〇	二九五、八〇九·八八
河東道	六	三〇、〇〇〇·〇〇	四一、四三九·〇〇	四一七、三〇〇·〇〇	—	四、八六〇、一八一·〇〇	八四〇、九八〇·〇〇	二六四、〇四六·六〇	—
雁門道	七	一〇〇、〇〇〇·〇〇	三一、〇〇〇·〇〇	一五四、八〇〇·〇〇	—	九〇四、九〇〇·〇〇	五九八、一八〇·〇〇	二三八、二八〇·〇〇	—
全省總計	二七	三、〇七七、六〇〇·〇〇	三、五六四、五五五·一九	八、四一九、一八八·五二	七四一、六三六·〇〇	三〇、四九九、六三七·〇〇	二三、九九一、九二〇·〇〇	二、九三二、〇七四·〇〇	二九五、八〇九·八八

三　營業

存款種類

銀行存款之種類，大別之要不外乎定期，往來，及特別三種，其中以定期爲最多，計二、二四八、八九六·八八元，佔存款總數六三·〇九%，往來次之，計一、三〇四、一一九·三二元，佔存款總數三六·五八%，特別最少，計一一、五三九·〇〇元，佔存款總數〇·三三%。共計三、五六四、五五五·一九元。如以省銀行與其他銀行存款分類相比較，則其情形如下：

山西省銀行與其他銀行存款分類比較表

行別＼類別	定期		往來		特別		總計	
	實數(元)	百分數	實數(元)	百分數	實數(元)	百分數	實數(元)	百分數
省銀行	五四六、八四九.〇〇	二四.三二	八三二、五八三.〇〇	六三.八四	一二、五三九.〇〇	一〇〇.〇〇	一、三九一、九七一.〇〇	三九.〇二
其他銀行	一、七〇二、〇〇六.八八	七五.六八	四七一、五三六.三一	三六.一六	—	—	二、一七三、五四三.一九	六〇.九八
合計	二、二四八、八九六.八八	一〇〇.〇〇	一、三〇四、一一九.三一	一〇〇.〇〇	一二、五三九.〇〇	一〇〇.〇〇	三、五六四、五五五.一九	一〇〇.〇〇

山西省銀行存款分類表

縣別	定期	往來	特別	合計
陽曲	一、九一六、八四九.〇〇	一、一二八、四八三.〇〇		三、〇四五、三三二.〇〇
太谷	二八二、〇〇〇.〇〇	七〇、一三二.〇〇		三五二、一三二.〇〇
文水	一八、四二〇.〇〇	八、七四三.〇〇		二七、一六三.〇〇
汾陽	一四、六二七.八八	五一、六六一.三一		六六、二八九.一九
平遙			一、二〇〇.〇〇	一、二〇〇.〇〇
安邑		三一、一〇〇.〇〇	一〇、三三九.〇〇	四一、四三九.〇〇
大同	一七、〇〇〇.〇〇	一一、〇〇〇.〇〇		二八、〇〇〇.〇〇

朔縣		三、〇〇〇・〇〇		三、〇〇〇・〇〇
濟寧道(一)	二、二三一、八九六、八八	一、二五九、〇一九・三一	一、二〇〇・〇〇	三、四九二、一一六・一九
河東道(二)	—	三一、一〇〇・〇〇	一〇、三三九・〇〇	四一、四三九・〇〇
雁門道(三)	一七、〇〇〇・〇〇	一四、〇〇〇・〇〇	—	三一、〇〇〇・〇〇
全省總計	二、二四八、八九六・八八	一、三〇四、一一九・三一	一一、五三九・〇〇	三、五六四、五五五・一九
百分數	六三・〇九	三六・五八	〇・三三	一〇〇・〇〇

存款來源

銀行存款之來源，以往戶爲最多，計一、九三四、〇一五・九五元，佔存款總數五四・二六%；公團次之，計一、〇六六、八五七・八九元，佔二九・九三%；商業第三，計三四四、七五七・二二元，佔九・六七%；同業第四，計一八〇、〇〇〇・〇〇元，佔五・〇五%；農民最少，計三八、九二四・一三元，佔一・〇九%。工業界則並無存款。如以省銀行與其他銀行存款來源相比較，則其情形如下：

山西省銀行與其他銀行存款來源比較表

行別＼款別	商業		往戶		農民		公團		同業		合計	
	實數	白分數	實數	百分數	實數	百分數	實數	百分數	實數	百分數	實數	百分數
省銀行	—	—	五五七、一八八・〇〇	二八・八一	—	—	八二三、七八三・〇〇	七八・一五	—	—	一、三九一、九七一・〇〇	三九・〇五
其他銀行	三四四、七五七・二二	一〇〇・〇〇	一、三七六、八二七・九五	七一・一九	三八、九二四・一三	一〇〇・〇〇	二三三、〇七四・八九	二一・八五	一八〇、〇〇〇・〇〇	一〇〇・〇〇	二、一七二、五八四・一九	六〇・九五
合計	三四四、七五七・二二	一〇〇・〇〇	一、九三四、〇一五・九五	一〇〇・〇〇	三八、九二四・一三	一〇〇・〇〇	一、〇六六、八五七・八九	一〇〇・〇〇	一八〇、〇〇〇・〇〇	一〇〇・〇〇	三、五六四、五五五・一九	一〇〇・〇〇

山西省銀行存款來源統計表

縣別	工業	商業	住戶	農民	公團	同業	總計
陽曲		一五〇、〇〇〇·〇〇	一、八四六、八四九·〇〇		九九八、四八三·〇〇	五〇、〇〇〇·〇〇	三、〇四五、三三二·〇〇
太谷		一七五、六三二·〇〇	六、五〇〇·〇〇		四〇、〇〇〇·〇〇	一三〇、〇〇〇·〇〇	三五二、一三二·〇〇
文水		一六、七二一·〇〇	一〇、四四二·〇〇				二七、一六三·〇〇
汾陽		二、四〇四·二二	四〇、七八五·九五	四、九二四·一三	一八、一七四·八九		六六、二八九·一九
平遙					一、二〇〇·〇〇		一、二〇〇·〇〇
安邑			一一、四三九·〇〇	三〇、〇〇〇·〇〇			四一、四三九·〇〇
大同			一八、〇〇〇·〇〇	四、〇〇〇·〇〇	六、〇〇〇·〇〇		二八、〇〇〇·〇〇
朔縣					三、〇〇〇·〇〇		三、〇〇〇·〇〇
濟寧道一		三四四、七五七·二二	一、九〇四、五七六·九五	四、九二四·一三	一、〇五七、八五七·八九	一八〇、〇〇〇·〇〇	三、四九二、一一六·一九
河東道二			一一、四三九·〇〇	三〇、〇〇〇·〇〇			四一、四三九·〇〇
雁門道三			一八、〇〇〇·〇〇	四、〇〇〇·〇〇	九、〇〇〇·〇〇		三一、〇〇〇·〇〇
全省總計		三四四、七五七·二二	一、九三四、〇一五·九五	三八、九二四·一三	一、〇六六、八五七·八九	一八〇、〇〇〇·〇〇	三、五六四、五五五·一九
百分數		九·六七	五四·二六	一·〇九	二九·九三	五·〇五	一〇〇·〇〇

每種存款

定期存款之來源，以住戶爲最多，計一、八〇〇、三三九·〇〇元；公團次之，計一八九、〇五七·八

來源之分析

八元；商業第三，計一四三、五〇〇·〇〇元，同業第四，計一一〇、〇〇〇·〇〇元；農民最少，計六、〇〇〇·〇〇元；工業界全無。

活期存款以公團爲最多，計九〇六、六〇〇·〇一元；商業次之，計二〇一、二五七·二二元，住戶第三，計一二三、三三七·九五元；同業第四，計七〇、〇〇〇·〇〇元；農民最少，計二、九二四·一三元；工業亦無。

特別存款則僅住戶一〇、三三九·〇〇元，公團一、二〇〇·〇〇元。

山西省各銀行每種存款來源分析表

縣別	業名	存款 定期（元）	活期（元）	特別（元）	合計（元）
陽曲	住戶	一、七六六、八四九·〇〇	八〇、〇〇〇·〇〇		一、八四六、八四九·〇〇
	商業		一五〇、〇〇〇·〇〇		一五〇、〇〇〇·〇〇
	公團	一五〇、〇〇〇·〇〇	八四八、四八三·〇〇		九九八、四八三·〇〇
	同業		五〇、〇〇〇·〇〇		五〇、〇〇〇·〇〇
	共計	一、九一六、八四九·〇〇	一、一二八、四八三·〇〇		三、〇四五、三三二·〇〇
太谷	住戶	六、五〇〇·〇〇			六、五〇〇·〇〇
	商業	一二七、五〇〇·〇〇	四八、一三二·〇〇		一七五、六三二·〇〇

	公團	三八、〇〇〇・〇〇	二、〇〇〇・〇〇		四〇、〇〇〇・〇〇
	同業	一一〇、〇〇〇・〇〇	二〇、〇〇〇・〇〇		一三〇、〇〇〇・〇〇
	共計	二八二、〇〇〇・〇〇	七〇、一三二・〇〇		三五二、一三二・〇〇
文水	住戶	二、四二〇・〇〇	八、〇二二・〇〇		一〇、四四二・〇〇
	商業	一六、〇〇〇・〇〇	七二一・〇〇		一六、七二一・〇〇
	共計	一八、四二〇・〇〇	八、七四三・〇〇		二七、一六三・〇〇
汾陽	住戶	一一、五七〇・〇〇	二九、二一五・九五		四〇、七八五・九五
	商業		二、四〇四・二二		二、四〇四・二二
	公團	一、〇五七・八八	一七、一一七・〇一		一八、一七四・八九
	農民	二、〇〇〇・〇〇	二、九二四・一三		四、九二四・一三
	共計	一四、六二七・八八	五一、六六一・三一		六六、二八九・一九
平遙	公團			一、二〇〇・〇〇	一、二〇〇・〇〇
	共計			一、二〇〇・〇〇	一、二〇〇・〇〇
安邑	住戶		一、一〇〇・〇〇	一〇、三三九・〇〇	一一、四三九・〇〇
	公團		三〇、〇〇〇・〇〇		三〇、〇〇〇・〇〇
	共計		三一、一〇〇・〇〇	一〇、三三九・〇〇	四一、四三九・〇〇
大同	住戶	一三、〇〇〇・〇〇	五、〇〇〇・〇〇		一八、〇〇〇・〇〇

	公團		六、〇〇〇・〇〇		六、〇〇〇・〇〇
	農民	四、〇〇〇・〇〇			四、〇〇〇・〇〇
	共計	一七、〇〇〇・〇〇	一一、〇〇〇・〇〇		二八、〇〇〇・〇〇
朔縣	公團		三、〇〇〇・〇〇		三、〇〇〇・〇〇
	共計		三、〇〇〇・〇〇		三、〇〇〇・〇〇
全省合計	作戶	一、八〇〇、三三九・〇〇	一二三、三三七・九五	一〇、三三九・〇〇	一、九三四、〇一五・九五
	商業	一四三、五〇〇・〇〇	二〇一、二五七・二二		三四四、七五七・二二
	公團	一八九、〇五七・八八	九〇六、六〇〇・〇一	一、二〇〇・〇〇	一、〇九六、八五七・八九
	同業	一一〇、〇〇〇・〇〇	七〇、〇〇〇・〇〇		一八〇、〇〇〇・〇〇
	農民	六、〇〇〇・〇〇	二、九二四・一三		八、九二四・一三
	總計	二、二四八、八九六・八八	一、三〇四、一一九・三一	一一、五三九・〇〇	三、五六四、五五五・一九

放款種類

銀行放款，有信用抵押兩種。放款利率，信用高而抵押低。以月利計算，最高一分二厘，最低四厘四毫，普通約八厘。內地銀行，狃於商業習慣，仍以信用放款爲多；蓋商人不明週轉之原理，以爲將貨抵押與人，無異宣告其資本短缺，資本短缺，即無異於信用欠著。故非至萬不得已，不肯將財貨輕易作抵押借款。坐此山西省各銀行之抵押放款，僅一、六五一、二四六・〇〇元，佔放款總數一九・六一%，而信用放款則計六、七六七、九四二・五一元，佔放款總數八〇・三九%。

就放款銀行而論，八百餘萬銀行放款中，省銀行之放款佔絕大多數，計 五、九八八、一七〇·〇〇元，或七一·一三%，其他銀行僅二、四三一、〇一八·五一元，或 二八·八七%。茲將省銀行與其他銀行之放款按類列表於后：

山西省銀行與其他銀行放款分類比較表

項別／款別	信用放款 實數	信用放款 百分數	抵押放款 實數	抵押放款 百分數	總計 實數	總計 百分數
山西省銀行	五、九五八、九二一·〇〇	八八·〇五	二九、二五九·〇〇	一·七七	五、九八八、一七〇·〇〇	七一·一三
其他銀行	八〇九、〇三一·五一	一一·九五	一、六三一、九八七·〇〇	九八·二三	二、四三一、〇一八·五一	二八·八七
合計	六、七六七、九四二·五一	一〇〇·〇〇	一、六五一、二四六·〇〇	一〇〇·〇〇	八、四一九、一八八·五一	一〇〇·〇〇

山西省銀行放款統計表

縣別	信用	抵押	合計
陽曲	五、三一九、一一一·〇〇	一、五二九、二五九·〇〇	六、八四八、三七〇·〇〇
榆次	八〇、〇〇〇·〇〇		八〇、〇〇〇·〇〇
太谷	三九二、〇〇〇·〇〇	八、八一五·〇〇	四〇〇、八一五·〇〇
文水	一四、五〇六·〇〇	四九、八九二·〇〇	六四、三九八·〇〇
汾陽	七七、三二五·五一	一三、二八〇·〇〇	九〇、六〇五·五一

平遙	二六〇、〇〇〇·〇〇		二六〇、〇〇〇·〇〇
介休	三〇、〇〇〇·〇〇		三〇、〇〇〇·〇〇
長治	一三、〇〇〇·〇〇		一三、〇〇〇·〇〇
晉城	六〇、〇〇〇·〇〇		六〇、〇〇〇·〇〇
臨汾	二四、二〇〇·〇〇		二四、二〇〇·〇〇
洪洞	一九、〇〇〇·〇〇		一九、〇〇〇·〇〇
曲沃	三三、〇〇〇·〇〇		三三、〇〇〇·〇〇
安邑	一三一、〇〇〇·〇〇		一三一、〇〇〇·〇〇
新絳	二一〇、〇〇〇·〇〇		二一〇、〇〇〇·〇〇
大同	九六、〇〇〇·〇〇	五〇、〇〇〇·〇〇	一四六、〇〇〇·〇〇
應縣	二、八〇〇·〇〇		二、八〇〇·〇〇
朔縣	六、〇〇〇·〇〇		六、〇〇〇·〇〇
濟寧道	六、二四五、九四二·五一	一、六〇一、二四六·〇〇	七、八四七、一八八·五一
河東道	四一七、二〇〇·〇〇		四一七、二〇〇·〇〇
雁門道	一〇四、八〇〇·〇〇	五〇、〇〇〇·〇〇	一五四、八〇〇·〇〇
全省總計	六·七六七、九四二·五一	一、六五一、二四六·〇〇	八、四一九、一八八·五一
百分數	八〇·三九	一九·六一	一〇〇·〇〇

放款去路

銀行放款之去路，以商業界爲最多，幾佔半數以上，計四、五三九、一四六·五一元，佔放款總數五三·九一%，次爲工業界，計二、二七九、二五九·〇〇元，佔二六·九九%，公團第三，計一、〇四七、八九六·〇〇元，佔一二·四五%，同業第四，計三七八、〇〇〇·〇〇元，佔四·四九%。住戶第五，計一〇〇、〇〇〇·〇〇元，佔一·一九%，農民最少，計七四、八八七·〇〇元，佔〇·九七%。如將省銀行之放款去路與其他銀行相比較，則其情形如下：

山西省銀行與其他銀行放款去路比較表

行別＼款別	住戶 實數	住戶 百分數	工業 實數	工業 百分數	商業 實數	商業 百分數	農民 實數	農民 百分數	公團 實數	公團 百分數	同業 實數	同業 百分數	總計 實數	總計 百分數
省銀行	—		一、二五〇、〇〇〇·〇〇	五四·八四	三、四三七、八〇〇·〇〇	七五·七四	—	—	一、〇二九、一一一·〇〇	九八·二一	三六二、〇〇〇·〇〇	六九·三一	五、九八八、一七〇·〇〇	七一·一三
其他銀行	一〇〇、〇〇〇·〇〇	一〇〇·〇〇	一、〇二九、二五九·〇〇	四五·一六	一、一〇一、三四六·五一	二四·二六	七四、八八七·〇〇	一〇〇·〇〇	一八、七八五·〇〇	一·七九	一六、〇〇〇·〇〇	三〇·六九	二、四三一、〇一八·五一	二八·八七
總計	一〇〇、〇〇〇·〇〇	一〇〇·〇〇	二、二七九、二五九·〇〇	一〇〇·〇〇	四、五三九、一四六·五一	一〇〇·〇〇	七四、八八七·〇〇	一〇〇·〇〇	一、〇四七、八九六·〇〇	一〇〇·〇〇	三七八、〇〇〇·〇〇	一〇〇·〇〇	八、四一九、一八八·五二	一〇〇·〇〇

山西省銀行放款去路表

縣別	工業	商業	住戶	農民	公團	同業	總計
陽曲	二、〇〇九、二五九·〇〇	三、七二〇、〇〇〇·〇〇	一〇〇、〇〇〇·〇〇		一、〇二九、一一一·〇〇		六、八四八、三七〇·〇〇

榆次	三〇、〇〇〇·〇〇	三〇、〇〇〇·〇〇				三〇、〇〇〇·〇〇	八〇、〇〇〇·〇〇
太谷	三〇、〇〇〇·〇〇	二九一、〇〇〇·〇〇		二、八一五·〇〇	六、〇〇〇·〇〇	八一、〇〇〇·〇〇	四〇〇、八一五·〇〇
文水		八、七七六·〇〇		五九、六二三·〇〇			六四、三九八·〇〇
汾陽		六一、三七〇·五二		一六、四五〇·〇〇	三、七八五·〇〇		九〇、六〇五·五二
平遙		二六〇、〇〇〇·〇〇					二六〇、〇〇〇·〇〇
介休		二〇、〇〇〇·〇〇				一〇、〇〇〇·〇〇	三〇、〇〇〇·〇〇
長治		八、〇〇〇·〇〇				五、〇〇〇·〇〇	一三、〇〇〇·〇〇
晉城		一〇、〇〇〇·〇〇				五〇、〇〇〇·〇〇	六〇、〇〇〇·〇〇
臨汾		二四、二〇〇·〇〇					二四、二〇〇·〇〇
洪洞		七、〇〇〇·〇〇				一二、〇〇〇·〇〇	一九、〇〇〇·〇〇
曲沃	一五、〇〇〇·〇〇					一八、〇〇〇·〇〇	三三、〇〇〇·〇〇
安邑						一三二、〇〇〇·〇〇	一三二、〇〇〇·〇〇
新絳	一三〇、〇〇〇·〇〇	五〇、〇〇〇·〇〇				三〇、〇〇〇·〇〇	二一〇、〇〇〇·〇〇
大同	八五、〇〇〇·〇〇	五〇、〇〇〇·〇〇				一一、〇〇〇·〇〇	一四六、〇〇〇·〇〇
應縣		二、八〇〇·〇〇					二、八〇〇·〇〇
朔縣		六、〇〇〇·〇〇					六、〇〇〇·〇〇
濟甯道	(一)二、〇四九、二五九·〇〇	四、三九九、一四六·五二	一〇〇、〇〇〇·〇〇	七四、八八七·〇〇	一、〇四七、八九六·〇〇	一七六、〇〇〇·〇〇	七、八四七、一八八·五二

河東道(三)	一四五、〇〇〇・〇〇	八一、二〇〇・〇〇				一九二、〇〇〇・〇〇	四一七、二〇〇・〇〇
雁門道(三)	八五、〇〇〇・〇〇	五八、八〇〇・〇〇				一一、〇〇〇・〇〇	一五四、八〇〇・〇〇
全省總計	二、二七七、二五九・〇〇	四、五三九、一四六・五一	一〇〇、〇〇〇・〇〇	七四、八八七・〇〇	一、〇四七、八九六・〇〇	三七八、〇〇〇・〇〇	八、四一九、一八八・五一
百分數	二六・九九	五三・九一	一・一九	〇・九七	一二・四五	四・四九	一〇〇・〇〇

每種放款去路之分析

信用放款之去路，以商業為最多，計三、九八七、一四六・五一元；工業次之，計一、三七〇〇、〇〇〇・〇〇元；公團第三，計一、〇四〇、九四六・〇〇元；同業第四，計三六〇、〇〇〇・〇〇元；農民最少，計九、八〇〇・〇〇元；住戶全無。

抵押放款以工業為最多，計九〇九、二五九・〇〇元；商業次之，計五七〇、〇〇〇・〇〇元；住戶第三，計一〇〇、〇〇〇・〇〇元；農民最少，計六五、〇三七・〇〇元；同業全無。

縣別	業別	放款 信用(元)	放款 抵押(元)	放款 合計(元)
陽曲	住戶		一〇〇、〇〇〇・〇〇	一〇〇、〇〇〇・〇〇
	商業	三、一九〇、〇〇〇・〇〇	五二〇、〇〇〇・〇〇	三、七一〇、〇〇〇・〇〇
	工業	一、一〇〇、〇〇〇・〇〇	九〇九、二五九・〇〇	二、〇〇九、二五九・〇〇
	公團	一、〇二九、一一一・〇〇		一、〇二九、一一一・〇〇

	共計	五、三一九、一一一.〇〇	一、五二九、二五九.〇〇	六、八四八、三七〇.〇〇
榆次	工業	二〇、〇〇〇.〇〇		二〇、〇〇〇.〇〇
	商業	三〇、〇〇〇.〇〇		三〇、〇〇〇.〇〇
	同業	三〇、〇〇〇.〇〇		三〇、〇〇〇.〇〇
	共計	八〇、〇〇〇.〇〇		八〇、〇〇〇.〇〇
太谷	商業	二九一、〇〇〇.〇〇		二九一、〇〇〇.〇〇
	工業	二〇、〇〇〇.〇〇		二〇、〇〇〇.〇〇
	公團		六、〇〇〇.〇〇	六、〇〇〇.〇〇
	同業	八一、〇〇〇.〇〇		八一、〇〇〇.〇〇
	農民		二、八一五.〇〇	二、八一五.〇〇
	共計	三九二、〇〇〇.〇〇	八、八一五.〇〇	四〇〇、八一五.〇〇
文水	商業	八、七七六.〇〇		八、七七六.〇〇
	農民	五、七三〇.〇〇	四九、八九二.〇〇	五五、六二二.〇〇
	共計	一四、五〇六.〇〇	四九、八九二.〇〇	六四、三九八.〇〇
汾陽	商業	六一、三七〇.五一		六一、三七〇.五一
	公團	一一、八三五.〇〇	九五〇.〇〇	一二、七八五.〇〇
	農民	四、一二〇.〇〇	一二、三三〇.〇〇	一六、四五〇.〇〇

	共計	七七、三二五・五一	一三、二八〇・〇〇	九〇、六〇五・五一
平遙	商業	二六〇、〇〇〇・〇〇		二六〇、〇〇〇・〇〇
	共計	二六〇、〇〇〇・〇〇		二六〇、〇〇〇・〇〇
介休	商業	二〇、〇〇〇・〇〇		二〇、〇〇〇・〇〇
	同業	一〇、〇〇〇・〇〇		一〇、〇〇〇・〇〇
	共計	三〇、〇〇〇・〇〇		三〇、〇〇〇・〇〇
長治	商業	八、〇〇〇・〇〇		八、〇〇〇・〇〇
	同業	五、〇〇〇・〇〇		五、〇〇〇・〇〇
	共計	一三、〇〇〇・〇〇		一三、〇〇〇・〇〇
晉城	商業	一〇、〇〇〇・〇〇		一〇、〇〇〇・〇〇
	同業	五〇、〇〇〇・〇〇		五〇、〇〇〇・〇〇
	共計	六〇、〇〇〇・〇〇		六〇、〇〇〇・〇〇
臨汾	商業	二四、二〇〇・〇〇		二四、二〇〇・〇〇
	共計	二四、二〇〇・〇〇		二四、二〇〇・〇〇
洪洞	商業	七、〇〇〇・〇〇		七、〇〇〇・〇〇
	同業	一二、〇〇〇・〇〇		一二、〇〇〇・〇〇
	共計	一九、〇〇〇・〇〇		一九、〇〇〇・〇〇

曲沃	工業	一五、〇〇〇·〇〇		一五、〇〇〇·〇〇
	商業	一八、〇〇〇·〇〇		一八、〇〇〇·〇〇
	共計	三三、〇〇〇·〇〇		三三、〇〇〇·〇〇
安邑	同業	一三一、〇〇〇·〇〇		一三一、〇〇〇·〇〇
	共計	一三一、〇〇〇·〇〇		一三一、〇〇〇·〇〇
新絳	工業	一三〇、〇〇〇·〇〇		一三〇、〇〇〇·〇〇
	商業	五〇、〇〇〇·〇〇		五〇、〇〇〇·〇〇
	同業	三〇、〇〇〇·〇〇		三〇、〇〇〇·〇〇
	共計	二一〇、〇〇〇·〇〇		二一〇、〇〇〇·〇〇
大同	工業	八五、〇〇〇·〇〇		八五、〇〇〇·〇〇
	商業		五〇、〇〇〇·〇〇	五〇、〇〇〇·〇〇
	同業	一一、〇〇〇·〇〇		一一、〇〇〇·〇〇
	共計	九六、〇〇〇·〇〇	五〇、〇〇〇·〇〇	一四六、〇〇〇·〇〇
應縣	商業	二、八〇〇·〇〇		二、八〇〇·〇〇
	共計	二、八〇〇·〇〇		二、八〇〇·〇〇
朔縣	商業	六、〇〇〇·〇〇		六、〇〇〇·〇〇
	共計	六、〇〇〇·〇〇		六、〇〇〇·〇〇

全省合計	住戶	—	一〇〇、〇〇〇・〇〇	一〇〇、〇〇〇・〇〇
	商業	三、九八七、一四六・五一	五七〇、〇〇〇・〇〇	四、五五七、一四六・五一
	工業	一、三七〇、〇〇〇・〇〇	九〇九、二五九・〇〇	二、二七九、二五九・〇〇
	公團	一、〇四〇、九四六・〇〇	六、九五〇・〇〇	一、〇四七、八九六・〇〇
	同業	三六〇、〇〇〇・〇〇	—	三六〇、〇〇〇・〇〇
	農民	九、八五〇・〇〇	六五、〇三七・〇〇	七四、八八七・〇〇
	總計	六、七六七、九四二・五一	一、六五一、二四六・〇〇	八、四一九、一八八・五一

山西銀行之經營儲蓄業務者頗少。僅陽曲山西省銀行總行有三四〇、八一一・〇〇元，太谷裕華銀號有四〇〇、八一五・〇〇元，兩共七四一、六二六，〇〇元，查儲蓄所吸收者，多爲數十元至數百元之小戶頭，此種戶頭，以都市中之薪水勞動者爲多。山西人口，農民佔絕大多數，若藉一年收入，維持最低生活，尙感不敷，遑論其儲蓄能力。至於都市中之薪水勞動者，又以舊式商店夥友居多數，此種夥友，平時每月收入，微乎其微，全賴年底店中分紅，以資注挹一年之不足 故其儲蓄能力亦至爲薄弱。此實山西各銀行儲蓄不能發達之最大原因也。

銀行經營匯兌，其款額遠較銀號錢莊爲多，良以銀行多營國內進出口押匯，故款項進出頗鉅。據此次調查，經各銀行之匯款，在最近一年內，匯入者達二二一、九九一、九二〇・〇〇元，匯出者計三〇、四

九九、六三七・〇〇元。就通匯地點加以分析，則以河北省爲最頻繁，計匯入六百八十餘萬元，匯出九百七十餘萬元。良以冀晉兩省地處毗鄰，而晉省之一切商業，又多以天津爲出納口，匯款較他處爲多，自屬意中之事。總計外省匯入凡六百九十餘萬元，匯出爲一千一百三十餘萬元。

山西省各銀行匯款地域分配表

通匯地點		匯出	匯入
河北省	天津	九、五二八、五八二・〇〇	六、五二五、五〇〇・〇〇
	北平	一三、一〇〇・〇〇	三〇、〇四五・〇〇
	石家莊	二〇〇、〇〇〇・〇〇	三〇〇、〇〇〇・〇〇
	總計	九、七四一、六八二・〇〇	六、八五五、五四五・〇〇
綏遠省	綏遠	一、二四八、一〇四・〇〇	六九、八二三・〇〇
	包頭	一〇、〇〇〇・〇〇	一、五〇〇・〇〇
	總計	一、二五八、一〇四・〇〇	七一、三二三・〇〇
察哈爾	張家口	二、〇〇〇・〇〇	一〇、〇〇〇・〇〇
	總計	二、〇〇〇・〇〇	一〇、〇〇〇・〇〇
山東省	青島	一〇、〇〇〇・〇〇	—
	總計	一〇、〇〇〇・〇〇	—

江蘇省	上海	三三六、〇〇〇・〇〇	六〇、〇〇〇・〇〇
	總計	三三六、〇〇〇・〇〇	六〇、〇〇〇・〇〇
外省合計		一一、三四七、七八六・〇〇	六、九九六、八六八・〇〇
山西省	太原	五、三二一、九五五・〇〇	三、四五七、四〇〇・〇〇
	太谷	二五八、八四〇・〇〇	三五〇、八一〇・〇〇
	榆次	一、四四〇、五四〇・〇〇	四六五、二〇五・〇〇
	平遙	八、八〇〇・〇〇	二六、五〇〇・〇〇
	曲沃	—	二〇〇、〇〇〇・〇〇
	祁縣	四〇〇・〇〇	四〇〇・〇〇
	文水	三、〇〇〇・〇〇	三、〇〇〇・〇〇
	臨汾	三、一九〇・〇〇	—
	洪洞	七、〇五五・〇〇	—
	新絳	四、〇〇〇・〇〇	三、〇〇〇・〇〇
	汾陽	—	五〇・〇〇
	大同	六、一〇〇・〇〇	一、六〇〇・〇〇
	忻縣	八〇〇・〇〇	—
	總計	七、〇五四、六八〇・〇〇	四、三二七、九六五・〇〇

其他	一二、〇九七、一七一・〇〇	一一、六六七、〇八七・〇〇
省內外合計	三〇、四九九、六三七・〇〇	二二、九九一、九二〇・〇〇

山西省各縣銀行匯款出入表

縣別	通匯地址	匯出（元）	匯入（元）
陽曲	天津	七、七一九、〇八二・〇〇	五、四七四、五〇〇・〇〇
	綏遠	一、二四五、九〇四・〇〇	六七、七二三・〇〇
	榆次	一、二〇五、六一〇・〇〇	三五一、七七五・〇〇
	太谷	二二三、二七〇・〇〇	二五五、八一〇・〇〇
	其他	一一、八六五、〇九〇・〇〇	一一、六六六、〇八七・〇〇
	共計	二二、二五八、九五六・〇〇	一七、八一五、八九五・〇〇
榆次	太原	三三七、〇〇〇・〇〇	二六、〇〇〇・〇〇
	天津	七五、〇〇〇・〇〇	二一〇、〇〇〇・〇〇
	太谷	一、〇〇〇・〇〇	四五、〇〇〇・〇〇
	平遙	六、〇〇〇・〇〇	二六、〇〇〇・〇〇
	曲沃	—	二〇、〇〇〇・〇〇
	其他	二一一、〇〇〇・〇〇	—

	共計	六三〇、〇〇〇.〇〇	三二七、〇〇〇.〇〇
太谷	太原	三〇、〇〇〇.〇〇	四三、〇〇〇.〇〇
	天津	一六八、〇〇〇.〇〇	一二八、〇〇〇.〇〇
	上海	一六、〇〇〇.〇〇	四〇、〇〇〇.〇〇
	共計	二一四、〇〇〇.〇〇	二一一、〇〇〇.〇〇
汾陽	天津	四六、五〇〇.〇〇	四三、〇〇〇.〇〇
	北平	一〇〇.〇〇	四五.〇〇
	太原	五三、六〇〇.〇〇	五二、六〇〇.〇〇
	楡次	五、五〇〇.〇〇	五、四〇〇.〇〇
	平遙	五〇〇.〇〇	五〇〇.〇〇
	祁縣	四〇〇.〇〇	四〇〇.〇〇
	文水	三、〇〇〇.〇〇	三、〇〇〇.〇〇
	共計	一〇九、六〇〇.〇〇	一〇四、九四五.〇〇
平遙	天津	四〇、〇〇〇.〇〇	二〇、〇〇〇.〇〇
	太原	一四〇、〇〇〇.〇〇	一三〇、〇〇〇.〇〇
	太谷	三〇、〇〇〇.〇〇	五〇、〇〇〇.〇〇
	楡次	三〇、〇〇〇.〇〇	四八、〇〇〇.〇〇

	其他	一〇、〇〇〇·〇〇	—
	共計	二五〇、〇〇〇·〇〇	二四八、〇〇〇·〇〇
長治	太原	三七二、〇〇〇·〇〇	二、五三〇、〇〇〇·〇〇
	共計	三七二、〇〇〇·〇〇	二、五三〇、〇〇〇·〇〇
晉城	太原	六〇〇、〇〇〇·〇〇	一六、〇〇〇·〇〇
	共計	六〇〇、〇〇〇·〇〇	一六、〇〇〇·〇〇
壽陽	石家莊	二〇〇、〇〇〇·〇〇	三〇〇、〇〇〇·〇〇
	太原	一〇〇、〇〇〇·〇〇	—
	共計	三〇〇、〇〇〇·〇〇	三〇〇、〇〇〇·〇〇
臨汾	太原	七〇〇、〇〇〇·〇〇	三五二、九〇〇·〇〇
	榆次	七九、四三〇·〇〇	—
	共計	七七九、四三〇·〇〇	三五二、九〇〇·〇〇
洪洞	天津	二〇、〇〇〇·〇〇	一〇、〇〇〇·〇〇
	共計	二〇、〇〇〇·〇〇	一〇、〇〇〇·〇〇
曲沃	太原	一九〇、〇〇〇·〇〇	八五、〇〇〇·〇〇
	天津	一八〇、〇〇〇·〇〇	四〇、〇〇〇·〇〇
	榆次	一二〇、〇〇〇·〇〇	六〇、〇〇〇·〇〇

	共計	四九〇、〇〇〇・〇〇	一八五、〇〇〇・〇〇
安邑	上海	三〇〇、〇〇〇・〇〇	二〇、〇〇〇・〇〇
	天津	三〇〇、〇〇〇・〇〇	二〇、〇〇〇・〇〇
	太原	二、五一六、三五五・〇〇	—
	太谷	四、五七〇・〇〇	—
	綏遠	二、二〇〇・〇〇	—
	臨汾	三、一九〇・〇〇	—
	洪洞	七、〇五五・〇〇	—
	新絳	四、〇〇〇・〇〇	三、〇〇〇・〇〇
	平遙	二、三〇〇・〇〇	—
	其他	一、〇八一・〇〇	—
	共計	三、一四〇、七五一・〇〇	四三、〇〇〇・〇〇
新絳	天津	二八〇、〇〇〇・〇〇	一五〇、〇〇〇・〇〇
	太原	一五〇、〇〇〇・〇〇	一〇〇、〇〇〇・〇〇
	共計	四三〇、〇〇〇・〇〇	二五〇、〇〇〇・〇〇
大同	天津	七〇〇、〇〇〇・〇〇	四三〇、〇〇〇・〇〇
	北平	一三、〇〇〇・〇〇	三〇、〇〇〇・〇〇

	上海	二〇、〇〇〇.〇〇	—
	張家口	二、〇〇〇.〇〇	一〇、〇〇〇.〇〇
	包頭	一〇、〇〇〇.〇〇	一、五〇〇.〇〇
	青島	一〇、〇〇〇.〇〇	—
	其他	一〇、〇〇〇.〇〇	一、〇〇〇.〇〇
	共計	七六五、〇〇〇.〇〇	四七二、五〇〇.〇〇
應縣	太原	二、〇〇〇.〇〇	一、〇〇〇.〇〇
	大同	三、一〇〇.〇〇	一、二〇〇.〇〇
	共計	五、一〇〇.〇〇	二、二〇〇.〇〇
朔縣	太原	一三一、〇〇〇.〇〇	一二〇、九〇〇.〇〇
	綏遠	—	二、一〇〇.〇〇
	汾陽	—	五〇.〇〇
	大同	三、〇〇〇.〇〇	四〇〇.〇〇
	忻縣	八〇〇.〇〇	—
	榆次	—	三〇.〇〇
	共計	一三四、八〇〇.〇〇	一二三、四八〇.〇〇
全省	合計	三〇、四九九、六三七.〇〇	二二、九九一、九二〇.〇〇

發行原爲銀行所能運用資金來源之一，在中央未頒布新貨幣政策之前，山西銀行之發行，幾全爲省銀行所獨佔。在全省銀行發行總額二、九三二、〇七四元中，省銀行佔二、八三八、二九九元。其他僅太谷農工銀行發行五六、〇〇〇元，汾陽農工銀行發行三七、九七五元。

第四章　銀號業

一　沿革

銀號名稱之由來，始於滿清末葉。查我國以前所用貨幣，有一定形狀與成色者，厥爲制錢；元寶、大條、及碎散銀兩，殊無一定形狀與成色，故經營金融業者，自稱爲錢莊。自墨西哥輸入銀元以後，清政府仿造推行，銀元之使用範圍大廣。同時因社會經濟逐漸發達，生活程度與物價日就高漲，向之以制錢表示價值者，漸覺不便而改用銀元。錢莊一方面因資本短少，一方面因營業範圍窄狹，漸漸不克與當時社會經濟相適應。於是銀號乃應運而生。銀號之資本較大，營業之範圍較廣，其勢力實足壓倒錢莊而有餘，故當初聲勢頗爲宣赫，各界因銀號信用昭著，多樂與之往來。此滿清末年間事也。

民國以來，據前農商部農商統計，晉省銀號，歷有興替。民元有九家，民二增至十二家，民三未詳，四五兩年各減至四家，六年又增至十三家，七八兩年又各減至六家，九十兩年稍增至十家。

歷年銀號倒閉家數，素乏統計。惟就現存一〇一家銀號（二十四年調查）加以分析，則知近五年來新設銀號，數甚可觀，而尤以二十四年爲最多，計達二十四家之多。其情形如下：

山西省一〇一家現存銀號成立時期表

二　現狀

年份	新設家數	累積家數
民國以前	一	一
民國元年		一
民國二年		一
民國三年		一
民國四年	一	二
民國五年		二
民國六年		二
民國七年		二
民國八年		二
民國九年	一	三
民國十年	一	四
民國十一年	一	五
民國十二年	二	七
民國十三年	一	八
民國十四年	三	一一
民國十五年	二	一三
民國十六年		一三
民國十七年	二	一五
民國十八年	八	二三
民國十九年	五	二八
民國二十年	五	三三
民國廿一年	一二	四五
民國廿二年	一八	六三
民國廿三年	一四	七七
民國廿四年	二四	一〇一
共計	一〇一	一〇一

種類

據此次二十四年調查，山西共有銀號一〇一家，其中總號八六家，分號一五家。銀號按創辦者性質之不同，可分為官營，民營，及官民合營或官督民營三種。所謂官營者，即由太原經濟建設委員會出資創辦，如晉綏地方鐵路銀號，或由山西省財政整理處創辦，如晉北鹽業銀號，或由太原綏靖公署創辦，如綏西墾業銀號（總號在包頭），共計總號二家，分號九家，合計十一家。所謂民營者，即由商民私人經營，或為獨資，或為合資，或為股份有限公司，或為股份無限公司。如陽曲之晉裕銀號，裕泰昌銀號，太谷之匯通銀號，祁縣之裕善銀號等。共計總號五三家，分號五家，合計五八家。所謂官民合營或官督民營者，其情形最為複雜。此種銀號，大都係按照十年計劃方案成立者，普通多稱為縣銀號。其資本來源，皆由地方分期籌募，所謂由地方籌募，或向省銀行息借，或按田畝攤派，或令商會籌集，或在田賦項下附征，或向地方教育基金提撥，或在斗捐項下挪借。如此籌得之款，為數甚微，多者一二萬元，少僅四五千元，實不足開設一正式銀號。各縣為履行省府命令起見，類多虛設名目，而將已籌資本，交商人代辦，坐收利息，自八厘至一分二不等，一方面以此資本作抵，發行紙幣。故就此次調查所得，各縣所設縣銀號，不但無營業地址，抑且無營業職員，所請存放款等營業，更無論矣。此種縣銀號，現有總號三一家，分號一家，合計三二家。

資本

山西一〇一家銀號總資本，共計七、五六〇、三七〇・四〇元，除七家分號資本由總號隨時撥發不加計算外，其餘九十四家平均每家八〇、四二九・五一元，雖較銀行為少，已較錢莊為多。銀號資本最大者，當推晉綏地方鐵路銀號，於二十三年開辦時籌足二百萬元，二十四年又增加三百萬元，合計五百萬元，幾佔全省所有銀號資本總數十分之七。其次爲綏西墾業銀號，計三十萬元，又次爲晉北鹽業銀號，及忻縣民生厚銀號，各計二十萬元，文水興華銀號十二萬元，陽曲晉裕銀號十萬元，其餘多則數萬元，亦有少至二千元者，如壺關之信義同順等。

資本之地域分配

如將山西全省分濟寧、河東、雁門三道而比較銀號之資本，則無論資本總數或每家資本平均數，皆以濟甯道爲首，雁門道較次，河東道最少。濟甯道共有銀號六六家，除五家分號不計外，其餘六一家資本總數六、八一一、七二七・四〇元，平均每家一一一、六六七・六六元；雁門共有銀號二〇家，除一家分號不計外，其餘一九家資本總數六二五、五四三・〇〇元，平均每家三二、九二三・三二元；河東道共有銀號一五家，除二家分號不計外，其餘一三家資本總數一三一、一〇〇・〇〇元，平均每家一〇、〇八四・六〇元。

再就官營，民營，及官督民營三種銀號之資本觀察，則官營銀號佔絕對多數，總分號十一家共計五、五五〇、〇〇〇・〇〇元，佔銀號資本總數七三・四一%；民營銀號次之，總分號五十八家共計一、六〇二、一一七・四〇元，佔銀號資本總數二一・一九%；官督民營銀號最少，總分號三十二家共計四〇八、二五三・〇〇元，佔銀號資本總數五・四〇%。

三　營業

銀號之營業，隨銀號之性質而異。官營銀號，除普通業務外，常負特殊之使命。例如綏西墾業銀號，其業務爲：（一）資助實業，（二）存放款項，（三）儲蓄，（四）匯兌抵押，（五）發行期票，（六）發行兌換券，（七）買賣生金銀，而不經營股票公債之買賣。晉綏地方鐵路銀號之特種營業爲（一）經理晉綏兩省地方所有鐵路之金庫，（二）辦理晉綏兩省地方所有鐵路之特別會計，（三）辦理晉綏兩省地方所有鐵路之儲蓄及出納款項等事宜，（四）募集或經理鐵路公債事項，（五）調濟晉綏兩省地方所有鐵路金融事項，（六）倉庫抵押，（七）發售晉綏地方鐵路期票。除特種營業外，又經營下列普通業務：（一）各種證券及商業上確實期票之買賣貼現或重貼現，（二）辦理匯兌及發行期票，（三）買賣生金銀及各種貨幣，（四）收受各種存款，（五）以各種有價證券、商品、或金銀幣，及生金銀作抵押之貸款。（六）作殷實銀行、公司、商號之信用貸款，但期限至遠不得過六個月，（七）代理收解各種款項，（八）代人保管證券、票據、契約、及其他各種貴重物品，（九）代素有交易之銀行、公司，商號、及個人收取各種票據之款項，（十）兼營儲蓄業務，（十一）發行兌換券及實業借券。晉北鹽業銀號，除普通業務外，以代理鹽區及公鹽倉店收解款項爲專業。至於官督民營之縣銀號，以代理縣金庫，流通縣地方金融爲目的，惟開辦伊始，各縣多在草創時代，故尚無成績可言。總之，官營銀號，其營業有類於銀行，民營銀號，其營業有類於錢莊。所差者惟資本之大小而已。茲將山西省各縣銀號二十三年營業統計列表於后：

山西省各縣銀號二十三年營業統計表

縣別	家數	資本及附本	存款	放款	儲蓄款	全年匯出	全年匯入	發行
陽曲	一七	三五、八九二、〇〇〇.〇〇	五、五六三、一三八.六五	二一、三九九、七〇三.七〇	二六三、三三七.〇〇	一四、六二七、七四七.〇〇	一四、四五六、八九二.〇〇	一、八七六、九七七.三〇
榆次	一	五〇、〇〇〇.〇〇	—	三四、〇〇〇.〇〇		—		九六、〇〇〇.〇〇
太谷	八	二五七、〇〇〇.〇〇	二、〇六八、八四八.三二	一、七六〇、〇五五.九七		二、〇二一、三七五.〇〇	二、一五六、七八五.〇〇	二六、九九三.七〇
祁縣	三	七五、〇〇〇.〇〇	一八六、五八九.〇〇	二七九、六八九.〇〇		六八、八七三.〇〇	七九、五〇〇.〇〇	三九、七〇五.〇〇
徐溝	一	九、〇〇〇.〇〇	二六、六四三.〇〇	二八、八八五.〇〇				七.一〇
交城	一	八、〇〇〇.〇〇	七三、〇九六.〇〇	七八、三〇〇.〇〇				五〇〇.〇〇
文水	四	二二四、七五〇.〇〇	三四二、二四八.〇〇	四三六、九五八.〇〇		五六、二二六.〇〇	七四、二五〇.〇〇	四五、五一九.〇〇
嵐縣	一	五、〇〇〇.〇〇	五〇、〇〇〇.〇〇	九、〇〇〇.〇〇				二、五〇〇.〇〇
汾陽	二	四〇、六六〇.四〇	一一五、六七七.〇〇	一三六、五八〇.〇〇		二八三、八五五.〇〇	二八三、六七二.〇〇	六一、七〇〇.〇〇
平遙	三	六九、二〇〇.〇〇	二八、一二〇.〇〇	二三一、六五五.一四		二二六、八〇〇.〇〇	二六一、二〇〇.〇〇	一〇九、九〇〇.〇〇
介休	四	一四、一四〇.〇〇	二〇、六五〇.〇〇	四八、〇〇〇.〇〇		三七、〇〇〇.〇〇	三六、〇〇〇.〇〇	
孝義	一	二九、一七七.〇〇	二二、〇三九.〇〇	三六、九七四.〇〇				六、四〇〇.〇〇
石樓	一	五、〇〇〇.〇〇	—	—				五、〇〇〇.〇〇
長治	三	二三、〇〇〇.〇〇	六六、四六六.二八	五三、六〇〇.〇〇	一〇、〇〇八.六三	二五一、〇八〇.〇〇	一四〇、八〇〇.〇〇	
長子	二	九、〇〇〇.〇〇	一、〇〇〇.〇〇	八、六五〇.〇〇				
壺關	一	四、〇〇〇.〇〇	八、五五〇.〇〇	二一、七六五.〇〇		六、三五四.〇〇	六、五八四.〇〇	

平順	一	二、〇〇〇·〇〇		二、二〇〇·〇〇		三、〇〇〇·〇〇	三、〇〇〇·〇〇	
晉城	三	一九、〇〇〇·〇〇	一三、〇〇〇·〇〇	二四、〇〇〇·〇〇		一九二、〇〇〇·〇〇	二二四、〇〇〇·〇〇	
陵川	一	八、〇〇〇·〇〇	一九、五九七·〇〇	二五、六六二·〇〇				
榆社	一	三、〇〇〇·〇〇						
沁縣	二	一四、八〇〇·〇〇	二、〇〇〇·〇〇	二、〇〇〇·〇〇		二、〇〇〇·〇〇	二、〇〇〇·〇〇	四·六〇〇·〇〇
沁源	一	四〇、〇〇〇·〇〇		一八、〇〇〇·〇〇				五〇、〇〇〇·〇〇
平定	三							
盂縣	一	三〇、〇〇〇·〇〇		三〇、〇〇〇·〇〇				
襄陵	一	六、〇〇〇·〇〇						一、四三〇·〇〇
洪洞	二	二四、〇〇〇·〇〇	四五、六五九·六六	七、六〇〇〇·〇〇		二〇九、六〇〇·〇〇	一八九、六〇〇·〇〇	五五、四〇〇·〇〇
汾城	一	六、〇〇〇·〇〇	四三·〇二五·〇〇	四九、〇二五·〇〇				
安澤	一	五、〇〇〇·〇〇						五、〇〇〇·〇〇
曲沃	一	二五、〇〇〇·〇〇	三二、〇〇〇·〇〇	五〇、〇〇〇·〇〇		四七、〇〇〇·〇〇	四七、〇〇〇·〇〇	二五、〇〇〇·〇〇
翼城	一	二、〇〇〇·〇〇						三、〇〇〇·〇〇
吉縣	一	五、〇〇〇·〇〇						
鄉寧	一	二、一〇〇·〇〇	七、〇七三·〇〇	八、〇〇〇·〇〇	九五·〇〇			五、〇〇〇·〇〇
安邑	二							

聞喜	一	七、000·00						七、000·00
鹽石	一	三、000·00	二、000·00	五、000·00				
大寧	一	五、000·00						六、000·00
永和	一	一0、000·00	五、000	一0、0七0·00				六、000·00
蒲縣	一	三、000·00						
大同	五	六五、六00·00	三七0、五一0·00	三四八、0四0·00		一、六一九、000·00	一、六一九、000·00	
渾源	三	四五、一四0·00	二二、000·00	一七、000·00				一、000·00
山陰	一	二00、000·00		一六、二00·00				二五、000·00
甯武	一	八、000·00						
五寨	一	五、000·00		六、000·00				二、五00·00
忻縣	二	二八、五00·00	六0、一00·00	五一、三00·00		五、000·00	五、000·00	一八、000·00
定襄	一	二三、三0三、00	一九、五00·00					一七、000·00
代縣	一	一0、000·00	五、000·00	一三、五三二·00				一五、000·00
五台	一	二八、000·00						二五、000·00
繁峙	一	六、000·00						六、000·00
崞縣	二	三、000·00	五四、000·00	一六、000·00		一00、000·00		
保德	一	五、000·00	六、四三二·00	四、七九0·00				三、000·00

濟寗道	六六	六、八二一、七三七・四〇	八、七九六、六五二・二四	一四、六三五、六七七・八一	二七三、二三五・六三	一七、六七五、三〇〇・二八	一七、七一三、六八三・三〇	二、三二五、八〇一・九〇
河東道	一五	一三一、一〇〇・〇〇	一三四、七四七・六六	一九八、〇八五・〇〇	九五〇・〇〇	二五六、六〇〇・〇〇	二五六、六〇〇・〇〇	二三、八三〇・〇〇
雁門道	二〇	六二五、五四三・〇〇	五二七、五四二・〇〇	四七二、八五二・〇〇		一、七二四、〇〇〇・〇〇	一、六二四、〇〇〇・〇〇	二一一、五〇〇・〇〇
總計	一〇一	七、五六〇、三七〇・四〇	九、四五八、九四一・九〇	一五、三〇六、六一四・八一	二七四、一八五・六三	一九、六五五、九〇〇・二八	一九、五九四、二八三・三〇	二、五六一、一三一・九〇

存款

山西全省銀號吸收之存款，共計九、四五八、九四一・九〇元，而以濟寗道為最多，計八、七九六、六五二・二四元，佔存款總數九三・三〇％，雁門道次之，計五二七、五四二・〇〇元，佔存款總數五・五八％河東道最少，計一九八、〇八〇・〇〇元，佔存款總數一・四二％。以個別縣份而論，則以陽曲居首，計五百五十餘萬元；太谷居次，計二百餘萬元；大同文水各計三十餘萬元，平遙二十餘萬元，祁縣、汾陽各計十餘萬元，其他各縣皆在十萬元以下。

就存款來源分析，則以商業界為最多，計三、八六四、八四二・七四元，佔存款總數四〇・八六％；住戶第二，計二、〇七三、六二四・九七元，佔二一・九二％；同業第三，計一、六三二、九一七・四九元，佔一七・二六％；公團第四，計一、五一六、七一六・七〇元，佔一六・〇四％；工業第五，計三三二九、四八〇・〇〇元，佔三・四八％；農民最少，計四一、三六〇・〇〇元，佔〇・四四％。

山西省各縣銀號存款來源統計表

縣別	工業	商業	作戶	農民	公團	同業	總計
陽曲	二七四、七八〇·〇〇	一·九七五、五三五·六五	一·二九三、五三九〇〇	二、〇〇〇·〇〇	一、三三三·三三三·〇〇	六八四、〇五一·〇〇	五、五六三、二三八·六五
太谷	二九、七〇〇·〇〇	一、〇六七、四二一·〇九	三五九、三五六·九七	三〇、九三〇·〇〇	一八、二六二·一九	五六三、一七八·〇六	二、〇六八、八四八·三一
徐溝		八九、七三九·〇〇	九六、八五〇·〇〇				一八六、五八九·〇〇
祁縣		二四、三七八·〇〇	二、二六五·〇〇				二六、六四三·〇〇
交城		四二、四六八·〇〇	一四、八五四·〇〇			一五 七七四·〇〇	七三、〇九六·〇〇
文水		七六、五一八·〇〇	三三、四二八·〇〇			二三三、三〇二·〇〇	三四三、二四八·〇〇
嵐縣					五〇、〇〇〇〇·〇〇		五〇、〇〇〇·〇〇
汾陽	二五、〇〇〇·〇〇	五三、五一三·〇〇	三四、九五〇·〇〇		二、二一四·〇〇		一一五、六七七·〇〇
平遙		一〇九、七二一·〇〇	八二、一五〇·〇〇		三、七五九·〇〇	二三、五〇〇·〇〇	二一八、一三〇·〇〇
介休		二〇、六五〇·〇〇					二〇、六五〇·〇〇
孝義		一〇、〇二〇·〇〇	一一、〇〇九·〇〇				二一、〇二九·〇〇
長治		七 七〇〇·〇〇	三一、〇〇〇·〇〇	一八〇·〇〇	二〇、六〇〇·九八	六、九八五·三〇	六六、四六六·二八
長子				一、〇〇〇·〇〇			一、〇〇〇·〇〇
壺關			三、五〇〇 〇〇	五、〇五〇·〇〇			八、五五〇·〇〇
晉城		六、〇〇〇·〇〇	五、〇〇〇·〇〇	二 〇〇〇·〇〇			一三 〇〇〇·〇〇
陵川			一、五二〇·〇〇		一八、〇七七·〇〇		一九、五九七·〇〇

沁縣		二、〇〇〇·〇〇					二、〇〇〇·〇〇
洪洞					一三、八三一·五三	三一、八二七·一三	四五、六五九·六六
汾城		九、五七四·〇〇	一三、七〇三·〇〇		一九、七三八·〇〇		四三、〇一五·〇〇
曲沃					三一、〇〇〇·〇〇		三一、〇〇〇·〇〇
鄉甯		七、〇七三·〇〇					七、〇七三·〇〇
靈石		二、〇〇〇·〇〇					二、〇〇〇·〇〇
永和					五、〇〇〇		五、〇〇〇
大同		二九一、七二〇·〇〇	七六、八〇〇·〇〇				三七〇、五二〇·〇〇
渾源			三、〇〇〇·〇〇				三、〇〇〇·〇〇
忻縣		一五、八〇〇·〇〇				四四、三〇〇·〇〇	六〇、一〇〇·〇〇
定襄		一九、五〇〇·〇〇					一九、五〇〇·〇〇
代縣		五、〇〇〇·〇〇					五、〇〇〇·〇〇
崞縣		二三、〇〇〇·〇〇				三一、〇〇〇·〇〇	五四、〇〇〇·〇〇
保德		五、五三二·〇〇	七〇〇·〇〇	二〇〇·〇〇			六、四三二·〇〇
總計	(一)三三九、四八〇·〇〇	三、四八五、六五三·七四	一、九六八、四二一·九七	四一、一六〇·〇〇	一、四四六、一四六·一七	一、五三五、七九〇·三六	八、七九六、六五二·二四
	(二)	一八、六四七·〇〇	一三、七〇三·〇〇		七〇、五七〇·五三	一三、八二七·一三	一三四、七四七·六六
	(三)	三六〇、五四二·〇〇	九一、五〇〇·〇〇	二〇〇·〇〇		五七、五〇〇·〇〇	五二七、五四二·〇〇

全省總計	三九、四八〇・〇〇	三、八六四、八四二・七四	三、〇七三、六二四・九七	四一、三六〇・〇〇	一、五一六、七六六・七〇	一、六三三、九一七・四九	九、四五八、九四一・九〇
百分數	三、八四	四〇・八六	三二・九二	〇・四四	一六・〇四	一七・二六	一〇〇・〇〇

存款種類

銀號存款之種類，亦可分為定期，往來、特別三種。活期存款，亦包括往來存款之內；實際上活期與往來稍為不同，前者因有利息，但較定期為輕，後者則全無利息。山西一〇一家銀號之存款，定期存款五、五七一、八八八・二五元，佔總數五九，〇一％，往來存款三、七六四、九八八・五一元，佔存款總數三九・八〇元；特別存款一二三、〇六五・一四元，佔存款總數一、一九％。定期存款以濟甯道為最多，雁門道次之，河東道最少。往來存款亦以濟甯道為最多，河東道次之，雁門道最少。特別存款則僅濟甯道有之。

山西省各縣銀號存款種類分析表

縣別	定期	往來	特別	合計
陽曲	二、五九五、五三三・〇〇	二、八六二、八四五・六五	一〇四、七六〇・〇〇	五、五六三、一三八・六五
太谷	一、七六一、〇六〇・二五	二九〇、四八二・九二	一七、三〇五・一四	二、〇六八、八四八・三一
祁縣	一一八、六〇〇・〇〇	六七、九八九・〇〇		一八六、五八九・〇〇
徐溝	二三、三九〇・〇〇	三、二五三・〇〇		二六、六四三・〇〇
交城	六三、六〇〇・〇〇	九、四九六・〇〇		七三、〇九六・〇〇

文水	一五九、五一六.〇〇	一八二、七三二.〇〇		三四二、二四八.〇〇
嵐縣		五〇、〇〇〇.〇〇		五〇、〇〇〇.〇〇
汾陽	八二、六六四.〇〇	三三、〇一三.〇〇		一一五、六七七.〇〇
平遙	一四一、一二九.〇〇	七六、九九一.〇〇		二一八、一二〇.〇〇
介休		二〇、六五〇.〇〇		二〇、六五〇.〇〇
孝義	一〇、三〇〇.〇〇	一〇、七二九.〇〇		二一、〇二九.〇〇
長治	四一、五八〇.〇〇	二四、八八六.二八		六六、四六六.二八
長子	一、〇〇〇.〇〇			一、〇〇〇.〇〇
壺關	八、五五〇.〇〇			八、五五〇.〇〇
晉城	七、〇〇〇.〇〇	六、〇〇〇.〇〇		一三、〇〇〇.〇〇
陵川	一九、五九七.〇〇			一九、五九七.〇〇
沁縣	二、〇〇〇.〇〇			二、〇〇〇.〇〇
洪洞	二八、〇〇〇.〇〇	一七、六五九.六六		四五、六五九.六六
汾城	二三、〇〇〇.〇〇	二〇、四九六.〇〇		四三、〇一五.〇〇
曲沃	二〇、〇〇〇.〇〇	一二、〇〇〇.〇〇		三二、〇〇〇.〇〇
鄉寧		七、〇七三.〇〇		七、〇七三.〇〇
靈石	二、〇〇〇.〇〇			二、〇〇〇.〇〇

永和		五、〇〇〇		五、〇〇〇
大同	三四九、二五〇・〇〇	二一、二六〇・〇〇		三七〇、五一〇・〇〇
渾源	一二、〇〇〇・〇〇			一二、〇〇〇・〇〇
忻縣	五四、六一〇・〇〇	五、五〇〇・〇〇		六〇、一〇〇・〇〇
定襄	一九、五〇〇・〇〇			一九、五〇〇・〇〇
代縣	五、〇〇〇・〇〇			五、〇〇〇・〇〇
崞縣	二一、五〇〇・〇〇	三三、〇〇〇・〇〇		五四、〇〇〇・〇〇
保德	四、五〇〇・〇〇	一、九三二・〇〇		六、四三二・〇〇
總計	(一)五、〇三三、五一九・二五	三、六四一、〇六七・八五	一二二、〇六五・一四	八、七九六、六五二・二四
	(二)七二、五一九・〇〇	六二、二二八・六六		一三四、七四七・六六
	(三)四六五、八五〇・〇〇	六一、六九二・〇〇		五二七、五四二・〇〇
全省總計	五、五七一、八八八・二五	三、七六四、九八八・五一	一二二、〇六五・一四	九、四五八、九四一・九〇
百分數	五九・〇一	三九・八〇	一・一九	一〇〇・〇〇

每種存款來源之分析

定期存款之來源，以商業界為最多，佔三七、一三%，住戶次之，佔三三、六四%；同業第三，佔二二、四二%；公團第四，佔四、八三%；工業第五，佔一、三九%；農民最少，佔〇、五九%。

往來存款之來源，亦以商業界為最多，佔四六、八四%；公團次之，佔三一、八七%；同業第三，佔一〇、二九%；工業第四，佔六、六九%；住戶第五，佔四、一七%；農民最少，佔〇、二四%。

特別存款以公團為最多，佔三九、一七%；住戶次之，佔三四、二四%；商業最少，佔二六、五九%；

縣名	業別	存款 定期	往來	特別	合計
陽曲	工業	三五、九二四・〇〇	二三八、八五六・〇〇		二七四、七八〇・〇〇
	商業	七四九、九四〇・〇〇	一、一九三、一五一・六五	三二、四四四・〇〇	一、九七五、五三五・六五
	住戶	一、一三四、七四四・〇〇	一一六、九九七・〇〇	四一、七九八・〇〇	一、二九三、五三九・〇〇
	農民		二、〇〇〇・〇〇		二、〇〇〇・〇〇
	公團	二一二、七二五・〇〇	一、〇八九、九九〇・〇〇	三〇、五一八・〇〇	一、三三三、二三三・〇〇
	同業	四六二、二〇〇・〇〇	二二一、八五一・〇〇		六八四、〇五一・〇〇
	總計	二、五九五、五三三・〇〇	二、八六二、八四五・六五	一〇四、七六〇・〇〇	五、五六三、一三八・六五
太谷	工業	一六、五〇〇・〇〇	一三、二〇〇・〇〇		二九、七〇〇・〇〇
	商業	八二五、六一三・二〇	二四一、八〇七・八九		一、〇六七、四二一・〇九
	住戶	三五一、七九〇・〇〇	七、五六六・九七		三五九、三五六・九七
	農民	二四、五〇〇・〇〇	六、四三〇・〇〇		三〇、九三〇・〇〇

	公團	九五七・〇五		一七、三〇五・一四	一八、二六二・一九
	同業	五四一、七〇〇・〇〇	二一、四七八・〇六		五六三、一七八・〇六
	總計	一、七六一、〇六〇・二五	二九〇、四八二・九二	一七、三〇五・一四	二、〇六八、八四八・三一
祁縣	住戶	八四、一〇〇・〇〇	一二、七五〇・〇〇		九六、八五〇・〇〇
	商業	三四、五〇〇・〇〇	五五、二三九・〇〇		八九、七三九・〇〇
	總計	一一八、六〇〇・〇〇	六七、九八九・〇〇		一八六、五八九・〇〇
徐溝	住戶		二、二六五・〇〇		二、二六五・〇〇
	商業	二三、三九〇・〇〇	九八八・〇〇		二四、三七八・〇〇
	總計	二三、三九〇・〇〇	三、二五三・〇〇		二六、六四三・〇〇
交城	住戶	一二、六〇〇・〇〇	二、二五四・〇〇		一四、八五四・〇〇
	商業	三六、〇〇〇・〇〇	六四六八・〇〇		四二、四六八・〇〇
	同業	一五、〇〇〇・〇〇	七七四・〇〇		一五、七七四・〇〇
	總計	六三、六〇〇・〇〇	九、四九六・〇〇		七三、〇九六、〇〇
文水	商業	一八、八六六・〇〇	五七、六五二・〇〇		七六、五一八・〇〇
	住戶	二四、一五〇・〇〇	八、二七八・〇〇		三二・四二八・〇〇
	同業	一一六、五〇〇・〇〇	一一六、八〇二・〇〇		二三三、三〇二・〇〇
	總計	一五九、五一六・〇〇	一八二、七三二・〇〇		三四二、二四八・〇〇

嵐縣	公團		五〇、〇〇〇·〇〇		五〇、〇〇〇·〇〇
	總計		五〇、〇〇〇·〇〇		五〇、〇〇〇·〇〇
汾陽	工業	二五、〇〇〇·〇〇			二五、〇〇〇·〇〇
	住戶	三四、九五〇·〇〇			三四、九五〇·〇〇
	商業	二〇、五〇〇·〇〇	三三、〇一三·〇〇		五三、五一三·〇〇
	公團	二、二一四·〇〇			二、二一四·〇〇
	總計	八二、六六四·〇〇	三三、〇一三·〇〇		一一五、六七七·〇〇
平遙	商業	三二、七二〇·〇〇	七六、九九一·〇〇		一〇九、七一一·〇〇
	住戶	八二、一五〇·〇〇			八二、一五〇·〇〇
	公團	三、七五〇·〇〇			三、七五九·〇〇
	同業	二二、五〇〇·〇〇			二二、五〇〇·〇〇
	總計	一四一、一二九·〇〇	七六、九九一·〇〇		二一八、一二〇·〇〇
介休	商業		二〇、六五〇·〇〇		二〇、六五〇·〇〇
	總計		二〇、六五〇·〇〇		二〇、六五〇·〇〇
孝義	商業	五、五〇〇·〇〇	四、五二〇·〇〇		一〇、〇二〇·〇〇
	住戶	四、八〇〇·〇〇	六、二〇九·〇〇		一一、〇〇九·〇〇
	總計	一〇、三〇〇·〇〇	一〇、七二九·〇〇		二一、〇二九·〇〇

長治	商業		七、七〇〇・〇〇		七七、七〇〇・〇〇
	住戶	三一、〇〇〇・〇〇			三一、〇〇〇・〇〇
	公團	四、五〇〇・〇〇	一八、一〇〇・九八		二〇、六〇〇・九八
	農民	一八〇・〇〇			一八〇・〇〇
	同業	五、九〇〇、〇〇	一、〇八五・三〇		六、九八五・三〇
	總計	四一、五八〇・〇〇	二四、八八六・二八		六六・四六六・二八
長子	農民	一、〇〇〇・〇〇			一、〇〇〇・〇〇
	總計	一、〇〇〇・〇〇			一、〇〇〇・〇〇
壺關	住戶	三、五〇〇・〇〇			三、五〇〇・〇〇
	農民	五、〇五〇・〇〇			五、〇五〇・〇〇
	總計	八、五五〇、〇〇			八、五五〇・〇〇
晉城	商業		六、〇〇〇・〇〇		六、〇〇〇・〇〇
	住戶	五、〇〇〇・〇〇			五、〇〇〇・〇〇
	農民	二、〇〇〇・〇〇			二、〇〇〇・〇〇
	總計	七、〇〇〇・〇〇	六、〇〇〇・〇〇		一三、〇〇〇・〇〇
陵川	住戶	一、五二〇・〇〇			一、五二〇・〇〇
	公團	一八、〇七七・〇〇	—		一八、〇七七・〇〇

	總計	一九、五九七・〇〇			一九、五九七・〇〇
沁縣	商業		二、〇〇〇・〇〇		二、〇〇〇・〇〇
	總計		二、〇〇〇・〇〇		二、〇〇〇・〇〇
洪洞	公團		一三、八三二・五三		一三、八三二・五三
	同業	二八、〇〇〇・〇〇	三、八二七・一三		三一、八二七・一三
	總計	二八、〇〇〇・〇〇	一七、六五九・六六		四五、六五九・六六
汾城	住戶	一二、七一五・〇〇	九八八・〇〇		一三、七〇三・〇〇
	商業	三、〇八三・〇〇	六、四九一・〇〇		九、五七四・〇〇
	公團	六、七二一・〇〇	一三、〇一七・〇〇		一九、七三八・〇〇
	總計	二二、五一九・〇〇	二〇、四九六・〇〇		四三、〇一五・〇〇
曲沃	公團	二〇、〇〇〇・〇〇	一二、〇〇〇・〇〇		三二、〇〇〇・〇〇
	總計	二〇、〇〇〇・〇〇	一二、〇〇〇・〇〇		三二、〇〇〇・〇〇
鄉寧	商業		七、〇七三・〇〇		七、〇七三・〇〇
	總計		七、〇七三・〇〇		七、〇七三・〇〇
靈石	商業	二、〇〇〇・〇〇			二、〇〇〇・〇〇
	總計	二、〇〇〇・〇〇			二、〇〇〇・〇〇
永和	公團		五、〇〇〇・〇〇		五、〇〇〇・〇〇

	總計		五、〇〇〇.〇〇		五、〇〇〇.〇〇
大同	商業	二七〇、四五〇.〇〇	二一、二六〇.〇〇		二九一、七一〇.〇〇
	住戶	七八、八〇〇.〇〇			七八、八〇〇.〇〇
	總計	三四九、二五〇.〇〇	二一、二六〇.〇〇		三七〇、五一〇.〇〇
渾源	住戶	一二、〇〇〇.〇〇			一二、〇〇〇.〇〇
	總計	一二、〇〇〇.〇〇			一二、〇〇〇.〇〇
忻縣	商業	一〇、三〇〇.〇〇	五、五〇〇.〇〇		一五、八〇〇.〇〇
	同業	四四、三〇〇.〇〇			四四、三〇〇.〇〇
	總計	五四、六〇〇.〇〇	五、五〇〇.〇〇		六〇、一〇〇.〇〇
定襄	商業	一九、五〇〇.〇〇			一九、五〇〇.〇〇
	總計	一九、五〇〇.〇〇			一九、五〇〇.〇〇
代縣	商業	五、〇〇〇.〇〇			五、〇〇〇.〇〇
	總計	五、〇〇〇.〇〇			五、〇〇〇.〇〇
崞縣	商業	八、〇〇〇.〇〇	一五、〇〇〇.〇〇		二三、〇〇〇.〇〇
	同業	一三、〇〇〇.〇〇	一八、〇〇〇.〇〇		三一、〇〇〇.〇〇
	總計	二一、〇〇〇.〇〇	三三、〇〇〇.〇〇		五四、〇〇〇.〇〇
保德	住戶	七〇〇.〇〇			七〇〇.〇〇

	商業	三、六〇〇・〇〇	一、九三二・〇〇		五、五三二・〇〇
	農民	二〇〇・〇〇			二〇〇・〇〇
	總計	四、五〇〇・〇〇	一、九三二・〇〇		六、四三二・〇〇
全省合計	工業（實數）	七七、四二四・〇〇	二五二、〇五六・〇〇	—	三二九、四八〇・〇〇
	工業（百分數）	一・三九	六・六九		三・八八
	商業（實數）	二、〇六八、九六二・二〇	一、七六三、四三六・五四	三二、四四四・〇〇	三、八六四、八四二・七四
	商業（百分數）	三七・一三	四六・八四	二六・五九	四〇・八六
	住戶（實數）	一、八七四、五一九・〇〇	一五七、三〇七・九七	四一、七九八・〇〇	二、〇七三、六二四・九七
	住戶（百分數）	三三・六四	四・一七	三四・二四	二一・九二
	農民（實數）	三二、九三〇・〇〇	八、四三〇・〇〇	—	四一、三六〇・〇〇
	農民（百分數）	〇・五九	〇・二四		〇・四四
	公團（實數）	二六八、九五三・〇五	一、一九九、九四〇・五一	四七、八二三・一四	一、五一六、七一六・七〇
	公團（百分數）	四・八三	三一・八七	三九・一七	一六・〇四
	同業（實數）	一、二四九、一〇〇・〇〇	三八三、八一七・四九	—	一、六三二、九一七・四九
	同業（百分數）	二二・四二	一〇・一九		一七・二六
	總計（實數）	五、五七一、八八八・二五	三、七六四、九八八・五一	一二二、〇六五・一四	九、四五八、九四一・九〇
	總計（百分數）	一〇〇・〇〇	一〇〇・〇〇	一〇〇・〇〇	一〇〇・〇〇

放款去路

山西銀號放款之去路，以工業界爲最多，計七、九五〇、五六六・〇〇元，佔放款總數五一・九四%；商業界次之，計四、七〇一、二一二・二〇元，佔三〇・七一%；同業第三，計一、三八七、六一四・四七元，佔九・〇七%；公團第四，計六四四、六一一・〇〇元，佔四・二一%；農民第五，計五五一、八一一・一四元，佔三・六一%；住戶最少，計七〇、八〇〇・〇〇元佔〇・四六%。

山西省各縣銀號放款表

縣別	工業	商業	住戶	農民	公團	同業	總計
陽曲	七、八五二・六六六・〇〇	二、一八六・五四七・七〇	五三、八〇〇・〇〇	一五〇・二〇〇・〇〇	五二〇、〇〇〇・〇〇	六三六、四九〇・〇〇	一一、三九九・七〇三・七〇
榆次		二〇、〇〇〇・〇〇				一四、〇〇〇・〇〇	三四、〇〇〇・〇〇
太谷	二、〇〇〇・〇〇	一、二四二・九〇六・五〇		一一、六四〇・〇〇	三一、六〇九・〇〇	四七二、八九〇・四七	一、七六〇・〇五五・九七
祁縣		一七五、一八九・〇〇		一四、五〇〇・〇〇		九〇、〇〇〇・〇〇	二七九、六八九・〇〇
徐溝		一五、二四九・〇〇		一三、六三六・〇〇			二八、八八五・〇〇
交城	九、五〇〇・〇〇	三九、一〇〇・〇〇		七〇〇・〇〇		二九、〇〇〇・〇〇	七八、三〇〇・〇〇
文水		一三九、二七〇・〇〇		一八九、七三二・〇〇	五、七三〇・〇〇	一一二、二二四・〇〇	四三六、九五八・〇〇
嵐縣	一、二〇〇・〇〇	一、二〇〇・〇〇		六、六〇〇・〇〇			九、〇〇〇・〇〇
汾陽	五〇、〇〇〇・〇〇	六九、六三〇・〇〇		六、九三二・〇〇	一〇、〇二〇・〇〇		一三六、五八〇・〇〇
平遙		一六六、八二四・〇〇		六、六八一・一四	四八、一五〇・〇〇		二二一、六五五・一四
介休	三、〇〇〇・〇〇	二八、〇〇〇・〇〇				一七、〇〇〇・〇〇	四八、〇〇〇・〇〇
孝義		二七、四〇六・〇〇		九、五六八・〇〇			三六、九七四・〇〇
長治		三六、二〇〇・〇〇		一七、四〇〇・〇〇			五三、六〇〇・〇〇
長子		三、六〇〇・〇〇		五、〇五〇・〇・〇			八、六五〇・〇〇
壺關	一、五〇〇・〇〇	四、一五〇・〇〇		六、一一五・〇〇			一一、七六五・〇〇
平順		二〇〇、〇〇		二、〇〇〇・〇〇			二、二〇〇・〇〇

晉城		一九、〇〇〇・〇〇		五、〇〇〇・〇〇			二四、〇〇〇・〇〇
陵川		五、四三〇・〇〇		二〇・二四二・〇〇			二五、六六二・〇〇
沁縣		二、〇〇〇・〇〇					二、〇〇〇・〇〇
沁源				一八、〇〇〇・〇〇			一八、〇〇〇・〇〇
盂縣					三〇、〇〇〇・〇〇		三〇、〇〇〇・〇〇
濟寧道	七九二八・八六六・〇〇	四、一七一・八九二・二〇	五三二、八〇〇・〇〇	四八三、九九四・一四	六二五、五二一・〇〇	一、三七一、六一四・四七	一四、六三四・六七七・八二
洪洞		七四、〇〇〇・〇〇				二、〇〇〇・〇〇	七六、〇〇〇・〇〇
汾城	二〇〇・〇〇	三四、三五〇・〇〇		五、四六五・〇〇		九、〇〇〇・〇〇	四九、〇一五・〇
曲沃	二〇、〇〇〇・〇〇	一〇、〇〇〇・〇〇		二〇、〇〇〇・〇〇			五〇、〇〇〇・〇〇
鄉寧	一、五〇〇・〇〇	一、三〇〇・〇〇		五、二〇〇・〇〇			八、〇〇〇・〇〇
靈石		五、〇〇〇・〇〇					五〇〇〇・〇〇
永和		一、〇七〇、〇〇		九、〇〇〇・〇〇			一〇、〇七〇・〇〇
河東道	二、七〇〇・〇〇	一二五、七二〇・〇〇		三九、六六五・〇〇		二、〇〇〇・〇〇	一九八、〇八五・〇〇
大同		三四八、〇四〇・〇〇					三四八、〇四〇・〇〇
渾源			一七、〇〇〇・〇〇				一七、〇〇〇・〇〇
山陰				一六、二〇〇・〇〇			一六、二〇〇・〇〇
五寨		一、〇〇〇・〇〇		五、〇〇〇・〇〇			六、〇〇〇・〇〇

放款種類							
忻縣		三、二〇〇.〇〇			一九、一〇〇.〇〇		五一、三〇〇.〇〇
代縣		七、五〇〇.〇〇		六、〇三三.〇〇			一四、五三三.〇〇
崞縣		一〇、五〇〇.〇〇		五〇〇.〇〇		五、〇〇〇.〇〇	一六、〇〇〇.〇〇
保德		四、三六〇.〇〇		四三〇.〇〇			四、七九〇.〇〇
雁門道		四三、六〇〇.〇〇	一七、〇〇〇.〇〇	二八、一五三.〇〇	一九、一〇〇.〇〇	五、〇〇〇.〇〇	四七二、八五二.〇〇
總計	七、九五〇、五六六.〇〇	四、七〇二、二二二.二〇	七〇、八〇〇.〇〇	五五一、八二一.一四	六四四、六二一.〇〇	一、三八七、六一四.四七	一五、三〇六、六一四.八一

山西銀號放款，共計一五、三〇六、六一四・八一元，其中濟寧道一四、六三五、六七七・八一元，雁門道四七二、八五二・〇〇元，河東道一九八、〇八五・〇〇元。如按性質分類，則信用放佔款絕對多數，計一四、六八七、〇六一・八一元，佔放款總數九五・九五%。抵押頗少，計六一九、五五三、〇〇元，佔放款總數四・〇五%。

再就放款銀號加以分析，則十一家官營銀號之放款達八、六〇三、七六〇・七〇元，佔放款總數五六・二一%。五十八家民營銀號之放款爲六、二六三、九四四・九七元，佔放款總數四〇・九二%。三十一家官督民營銀號之放款爲四三八、九〇九・一四元，佔放款總數二・八七%。

山西省各縣銀號放款分類表

縣別	信用	抵押	合計
陽曲	一〇、九四八、三六三・七〇	四一五、四四〇・〇〇	一一、三六三、八〇三・七〇
榆次	三四、〇〇〇・〇〇		三四、〇〇〇・〇〇
太谷	一、七四八、四〇五・九七	一一、六五〇・〇〇	一、七六〇、〇五五・九七
祁縣	二六五、一八九・〇〇	一四、五〇〇・〇〇	二七九、六八九・〇〇
徐溝	一五、二四九・〇〇	一三、六三六・〇〇	二八、八八五・〇〇
交城	七八、三〇〇・〇〇		七八、三〇〇・〇〇
文水	三六三、一八六・〇〇	七三、七七二・〇〇	四三六、九五八・〇〇
嵐縣	一、二〇〇・〇〇	七、八〇〇・〇〇	九、〇〇〇・〇〇
汾陽	二九、六五〇・〇〇	六、九三〇・〇〇	三六、五八〇・〇〇
平遙	三三一、六五五・一四		三三一、六五五・一四
介休	四八、〇〇〇・〇〇		四八、〇〇〇・〇〇
孝義	二七、四〇六・〇〇	九、五六八・〇〇	三六、九七四・〇〇
長治	二七、二〇〇・〇〇	二六、四〇〇・〇〇	五三、六〇〇・〇〇
長子	五、二五〇・〇〇	三、四〇〇・〇〇	八、六五〇・〇〇
壺關	七、七五〇・〇〇	四、〇一五・〇〇	一一、七六五・〇〇
平順	二〇〇・〇〇	二、〇〇〇・〇〇	二、二〇〇・〇〇
晉城	二四、〇〇〇・〇〇		二四、〇〇〇・〇〇
陵川	二一、三〇二・〇〇	四、三六〇・〇〇	二五、六六二・〇〇
沁縣	二、〇〇〇・〇〇		二、〇〇〇・〇〇
沁源	一八、〇〇〇・〇〇		一八、〇〇〇・〇〇
浮縣	三〇、〇〇〇・〇〇		三〇、〇〇〇・〇〇
洪洞	七六、〇〇〇・〇〇		七六、〇〇〇・〇〇
汾城	四九、〇二五・〇〇		四九、〇二五・〇〇
曲沃	五〇、〇〇〇・〇〇		五〇、〇〇〇・〇〇
鄉寧	八、〇〇〇・〇〇		八、〇〇〇・〇〇
靈石	五、〇〇〇・〇〇		五、〇〇〇・〇〇
永和	一〇、〇七〇・〇〇		一〇、〇七〇・〇〇
大同	三四八、〇四〇・〇〇		三四八、〇四〇・〇〇
渾源	一七、〇〇〇・〇〇		一七、〇〇〇・〇〇
山陰		一六、二〇〇・〇〇	一六、二〇〇・〇〇
五寨	六、〇〇〇・〇〇		六、〇〇〇・〇〇
忻縣	五一、三〇〇・〇〇		五一、三〇〇・〇〇
代縣	七、五〇〇・〇〇	六、〇三二・〇〇	一三、五三二・〇〇

崞縣	一六、〇〇〇・〇〇		一六、〇〇〇・〇〇
保德	九三〇、〇〇	三、八六〇・〇〇	四、七九〇・〇〇
濟甯道小計河	一四、〇〇六、三〇六・八一	五九三、四七一・〇〇	一四、六三五、六七七・八一
河東道小計	一九八、〇八五・〇〇		一九八、〇八五・〇〇

雁門道小計	四四六、七七〇・〇〇	二六、〇八二・〇〇	四七二、八五二・〇〇
全省總數	一四、六八七、〇六一・八一	六一九、五五三・〇〇	一五、三〇六、六一四・八一
百分數	九五・九五	四・〇五	一〇〇・〇〇

每種放款去路之分析

信用放款之去路，以工業界爲最多，佔五三・二八%；商業界次之，佔三一・一一%；同業第三，佔九・四一%；公團第四，佔四・三五%；農民第五，佔一・七〇%；住戶最少，佔〇・一五%。

抵押放款之去路，以農民爲最多，佔四八・七九%；商業界次之，佔二〇・九〇%；工業界第三，佔二〇・三四%；住戶第四，佔八・二八%；同業第五，佔〇・八九%；公團最少，佔〇・八〇%。

山西省銀號放款去路表

縣名	業別	放款		
		信用	抵押	合計
陽曲	工業	七、七二六、六六六・〇〇	一二六、〇〇〇・〇〇	七、八五二、六六六・〇〇
	商業	二、〇七〇、九〇七・七〇	一一五、六四〇・〇〇	二、一八六、五四七・七〇
、	住戶	二、五〇〇・〇〇	五一、三〇〇・〇〇	五三、八〇〇・〇〇
	農民	三八、二〇〇・〇〇	一一二、〇〇〇・〇〇	一五〇、二〇〇・〇〇

	公團	五一五、〇〇〇·〇〇	五、〇〇〇·〇〇	五二〇、〇〇〇·〇〇
	同業	六三〇、九九〇·〇〇	五、五〇〇·〇〇	六三六、四九〇·〇〇
	總計	一〇、九八四、二六三·七〇	四一五、四四〇·〇〇	一一、三九九、七〇三·七〇
榆次	商業	二〇、〇〇〇·〇〇		二〇、〇〇〇·〇〇
	同業	一四、〇〇〇·〇〇		一四、〇〇〇·〇〇
	總計	三四、〇〇〇·〇〇		三四、〇〇〇·〇〇
太谷	工業	一一、〇〇〇·〇〇		一一、〇〇〇·〇〇
	商業	一、二四二、九〇六·五〇		一、二四二、九〇六·五〇
	農民		一一、六五〇·〇〇	一一、六五〇·〇〇
	公團	二一、六〇九·〇〇		二一、六〇九·〇〇
	同業	四七二、八九〇·四七		四七二、八九〇·四七
	總計	一、七四八、四〇五·九七	一一、六五〇·〇〇	一、七六〇 〇五五·九七
祁縣	商業	一七五、一八九·〇〇		一七五、一八九·〇〇
	同業	九〇、〇〇〇·〇〇		九〇、〇〇〇·〇〇
	農民		一四、五〇〇·〇〇	一四、五〇〇·〇〇
	總計	二六五、一八九·〇〇	一四、五〇〇·〇〇	二七九、六八九·〇〇
徐溝	商業	一五、二四九·〇〇		一五、二四九·〇〇

	農民		一三、六三六・〇〇	一三、六三六・〇〇
	總計	一五、二四九・〇〇	一三、六三六・〇〇	二八、八八五・〇〇
交城	商業	三九、一〇〇・〇〇		三九、一〇〇・〇〇
	同業	二九、〇〇〇・〇〇		二九、〇〇〇・〇〇
	工業	九、五〇〇・〇〇		九、五〇〇・〇〇
	農民	七〇〇・〇〇		七〇〇・〇〇
	總計	七八、三〇〇・〇〇		七八、三〇〇・〇〇
文水	商業	一二九、二七〇・〇〇		一二九、二七〇・〇〇
	公團	五、七三二・〇〇		五、七三二・〇〇
	農民	一一五、九五〇・〇〇	七三、七七二・〇〇	一八九、七二二・〇〇
	同業	一一二、二三四・〇〇		一一二、二三四・〇〇
	總計	三六三、一八六・〇〇	七三、七七二・〇〇	四三六、九五八・〇〇
嵐縣	工業	一、二〇〇・〇〇		一、二〇〇・〇〇
	商業		一、二〇〇・〇〇	一、二〇〇・〇〇
	農民		六、六〇〇・〇〇	六、六〇〇・〇〇
	總計	一、二〇〇・〇〇	七、八〇〇・〇〇	九、〇〇〇・〇〇
汾陽	工業	五〇、〇〇〇・〇〇		五〇、〇〇〇・〇〇

	商業	六九、六三〇.〇〇		六九、六三〇.〇〇
	公團	一〇、〇二〇.〇〇		一〇、〇二〇.〇〇
	農民		六、九三〇.〇〇	六、九三〇.〇〇
	總計	一二九、六五〇.〇〇	六、九三〇.〇〇	一三六、五八〇.〇〇
平遙	商業	一六六、八二四.〇〇		一六六、八二四.〇〇
	公團	四八、一五〇.〇〇		四八、一五〇.〇〇
	農民	六、六八一.一四		六、六八一.一四
	總計	二二一、六五五.一四		二二一、六五五.一四
介休	商業	二八、〇〇〇.〇〇		二八、〇〇〇.〇〇
	同業	一七、〇〇〇.〇〇		一七、〇〇〇.〇〇
	工業	三、〇〇〇.〇〇		三、〇〇〇.〇〇
	總計	四八、〇〇〇.〇〇		四八、〇〇〇.〇〇
孝義	商業	二七、四〇六.〇〇		二七、四〇六.〇〇
	農民		九、五六八.〇〇	九、五六八.〇〇
	總計	二七、四〇六.〇〇	九、五六八.〇〇	三六、九七四.〇〇
長治	商業	二七、二〇〇.〇〇	九、〇〇〇.〇〇	三六、二〇〇.〇〇
	農民		一七、四〇〇.〇〇	一七、四〇〇.〇〇

	總計	二七、二〇〇・〇〇	二六、四〇〇・〇〇	五三、六〇〇・〇〇
長子	商業	三、六〇〇・〇〇		三、六〇〇・〇〇
	農民	一、六五〇・〇〇	三、四〇〇・〇〇	五、〇五〇・〇〇
	總計	五、二五〇・〇〇	三、四〇〇・〇〇	八、六五〇・〇〇
壺關	工業	一、五〇〇・〇〇		一、五〇〇・〇〇
	商業	四、一五〇・〇〇		四、一五〇・〇〇
	農民	二、一〇〇・〇〇	四、〇一五・〇〇	六、一一五・〇〇
	總計	七、七五〇・〇〇	四、〇一五・〇〇	一一、七六五・〇〇
平順	商業	二〇〇・〇〇		二〇〇・〇〇
	農民		二、〇〇〇・〇〇	二、〇〇〇・〇〇
	總計	二〇〇・〇〇	二、〇〇〇・〇〇	二、二〇〇・〇〇
晉城	商業	一九、〇〇〇・〇〇		一九、〇〇〇・〇〇
	農民	五、〇〇〇・〇〇		五、〇〇〇・〇〇
	總計	二四、〇〇〇・〇〇		二四、〇〇〇・〇〇
陵川	商業	五、四二〇・〇〇		五、四二〇・〇〇
	農民	一五、八八二・〇〇	四、三六〇・〇〇	二〇、二四二・〇〇
	總計	二一、三〇二・〇〇	四、三六〇・〇〇	二五、六六二・〇〇

沁縣	商業	二、〇〇〇·〇〇		二、〇〇〇·〇〇
	統計	二、〇〇〇·〇〇		二、〇〇〇·〇〇
沁源	農民	一八、〇〇〇·〇〇		一八、〇〇〇·〇〇
	總計	一八、〇〇〇·〇〇		一八、〇〇〇·〇〇
盂縣	公團	二〇、〇〇〇·〇〇		二〇、〇〇〇·〇〇
	總計	二〇、〇〇〇·〇〇		二〇、〇〇〇·〇〇
洪洞	商業	七四、〇〇〇·〇〇		七四、〇〇〇·〇〇
	同業	二、〇〇〇·〇〇		二、〇〇〇·〇〇
	總計	七六、〇〇〇·〇〇		七六、〇〇〇·〇〇
汾城	商業	三四、三五〇·〇〇		三四、三五〇·〇〇
	工業	二〇〇·〇〇		二〇〇·〇〇
	農民	五、四六五·〇〇		五、四六五·〇〇
	同業	九、〇〇〇·〇〇		九、〇〇〇·〇〇
	總計	四九、〇一五·〇〇		四九、〇一五·〇〇
曲沃	工業	二〇、〇〇〇·〇〇		二〇、〇〇〇·〇〇
	商業	一〇、〇〇〇·〇〇		一〇、〇〇〇·〇〇
	農民	二〇、〇〇〇·〇〇		二〇、〇〇〇·〇〇

	總計	五〇、〇〇〇.〇〇		五〇、〇〇〇.〇〇
鄉甯	工業	一、五〇〇.〇〇		一、五〇〇.〇〇
	商業	一、三〇〇.〇〇		一、三〇〇.〇〇
	農民	五、二〇〇.〇〇		五、二〇〇.〇〇
	總計	八、〇〇〇.〇〇		八、〇〇〇.〇〇
靈石	商業	五、〇〇〇.〇〇		五、〇〇〇.〇〇
	總計	五、〇〇〇.〇〇		五、〇〇〇.〇〇
永和	商業	一、〇七〇.〇〇		一、〇七〇.〇〇
	農民	九、〇〇〇.〇〇		九、〇〇〇.〇〇
	總計	一〇、〇七〇.〇〇		一〇、〇七〇.〇〇
大同	商業	三四八、〇四〇.〇〇		三四八、〇四〇.〇〇
	總計	三四八、〇四〇.〇〇		三四八、〇四〇.〇〇
渾源	住戶	一七、〇〇〇.〇〇		一七、〇〇〇.〇〇
	總計	一七、〇〇〇.〇〇		一七、〇〇〇.〇〇
山陰	農民		一六、二〇〇.〇〇	一六、二〇〇.〇〇
	總計		一六、二〇〇.〇〇	一六、二〇〇.〇〇
五寨	商業	一、〇〇〇.〇〇		一、〇〇〇.〇〇

	農民	五、〇〇〇·〇〇		五、〇〇〇·〇〇
	總計	六、〇〇〇·〇〇		六、〇〇〇·〇〇
忻縣	商業	三二、二〇〇·〇〇		三二、二〇〇·〇〇
	公團	一九、一〇〇·〇〇		一九、一〇〇·〇〇
	總計	五一、三〇〇·〇〇		五一、三〇〇·〇〇
代縣	商業	七、五〇〇·〇〇		七、五〇〇·〇〇
	農民		六、〇二二·〇〇	六、〇二二·〇〇
	總計	七、五〇〇·〇〇	六、〇二二·〇〇	一三、五二二·〇〇
崞縣	商業	一〇、五〇〇·〇〇		一〇、五〇〇·〇〇
	農民	五〇〇·〇〇		五〇〇·〇〇
	同業	五、〇〇〇·〇〇		五、〇〇〇·〇〇
	總計	一六、〇〇〇·〇〇		一六、〇〇〇·〇〇
保德	商業	七三〇·〇〇	三、六三〇·〇〇	四、三六〇·〇〇
	農民	二〇〇·〇〇	二三〇·〇〇	四三〇·〇〇
	總計	九三〇·〇〇	三、八六〇·〇〇	四、七九〇·〇〇
全省總計		一四、六八九、〇六一·八一	六一九、五五三·〇〇	一五、三〇六、六一四·八一
全省合計	工業（實數） （百分數）	七、八二四、五六六·〇〇 五三·二八	一二六、〇〇〇·〇〇 二〇·三四	七、九五〇、五六六·〇〇 五一·九四

商業 實數	四、五七一、七四二・二〇	一二九、四七〇・〇〇	四、七〇一、二一二・〇〇
商業 百分數	三一・一一	二〇・九〇	三〇・七一
住戶 實數	一九、五〇〇・〇〇	五一、三〇〇・〇〇	七〇、八〇〇・〇〇
住戶 百分數	〇・一五	八・二八	〇・四六
農民 實數	二四九、五二八・一四	三〇二、二八三・〇〇	五五一、八一一・一四
農民 百分數	一・七〇	四八・七九	三・六一
公團 實數	六三九、六一一・〇〇	五、〇〇〇・〇〇	六四四、六一一・〇〇
公團 百分數	四・三五	〇・八〇	四・二一
同業 實數	一、三八二、一一四・四七	五、五〇〇・〇〇	一、三八七、六一四・四七
同業 百分數	九・四	〇・八九	九・〇七
總計 實數	一四、六八七、〇六一・八一	六一九、五五三・〇〇	一五、三〇六、六一四・八一
總計 百分數	一〇〇・〇〇	一〇〇・〇〇	一〇〇・〇〇

儲蓄

儲蓄並非爲銀號所能運用之主要資金來源。蓋晉省一〇一家銀號，經營儲蓄業務者，僅有五家，此五家所吸收之儲款，僅計二七四、一八五・六三元，其中官營銀號凡二六三、二二七・〇〇元，佔儲款總數九六・〇〇%；民營銀號凡一〇、〇〇八・六三元，佔儲款總數三・六五%；官督民營銀號凡九五〇・〇〇元，佔儲款總數〇・三五%。

匯兌

晉省經銀號之手匯出款數，共計一九、六五五、九〇〇元，匯入款數，共計一九、五七四、二八三元。其中匯出省外者凡一八、七一一、〇七〇元，由省外匯入者凡一八、七八九、二一六元。省外尤以河北爲最頻繁，綏遠次之；其餘依次爲察哈爾、江蘇、河南、湖北等省。若以埠別而論，則以天津爲最，出入各一千六百餘萬元，歸綏次之，出入各一百餘萬元。列表於后：

山西省銀號匯兌按埠別分析表

通匯地址	匯出	匯入
河北省		
天津	一六、〇二七、七一九	一六、〇八七、七九一
北平	四三二、三八一	三七二、二〇六
石家莊	九五、〇〇〇	七八、〇〇〇
總計	一六、五五五、一〇〇	一六、五三七、九七〇
綏遠省		
歸綏	一、七二五、七三五	一、六二二、六三五
包頭	一〇〇、〇〇〇	四〇三、四七六
豐鎮	七一、三〇〇	七一、三〇〇
集寧	二三、〇〇〇	二三、〇〇〇
總計	一、九二〇、〇三五	二、一二〇、四一一
察哈爾		
張家口	八三、九三五	四二、八三五
總計	八三、九三五	四二、八三五
河南省		
開封	五、〇〇〇	五、〇〇〇
鄭州	二五、〇〇〇	一八、〇〇〇
洛陽	二、〇〇〇	一五、〇〇〇
博愛	五、〇〇〇	——
總計	三七、〇〇〇	三八、〇〇〇
江蘇省		
上海	一〇五、〇〇〇	四七、〇〇〇
總計	一〇五、〇〇〇	四七、〇〇〇
湖北省		
漢口	一〇、〇〇〇	三、〇〇〇
總計	一〇、〇〇〇	三、〇〇〇
外省合計	一八、七一一、〇七〇	一八、七八九、二一六
山西省		
陽曲	三〇五、三〇〇	二〇八、一八四
太谷	二、〇〇〇	二、〇〇〇
榆次	一八六、四〇〇	一六六、四〇〇
長治	二七、二六三	一五、〇〇〇
安邑	六六、五〇〇	六一、八〇〇

新絳		九〇、四〇〇	七一、〇〇〇
運城		二、〇〇〇	二、〇〇〇
忻縣		四七、五〇〇	二七、五〇〇
大同		三〇、〇〇〇	—
總計		七五七、三六三	五五三、八八四
其他		一八七、四六七	二三一、一八三
省內外合計		一九、六五五、九〇〇	一九、五七四、二八三

山西省各縣銀號匯兌表

縣名	通匯地址	匯出（元）	匯入（元）
陽曲	天津	三、三三七、三九七・〇〇	三、〇五八、七三三・〇〇
	上海	八七、〇〇〇・〇〇	三五、〇〇〇・〇〇
	石家莊	九五、〇〇〇・〇〇	七八、〇〇〇・〇〇
	包頭	八七、五〇〇・〇〇	三九二、五七六・〇〇
	綏遠	一、六二〇、五〇〇・〇〇	一、五〇八、四〇〇・〇〇
	北平	九三、九二〇・〇〇	四三、〇〇〇・〇〇
	長治	一五、二六三・〇〇	—
	安邑	五八、七〇〇・〇〇	〇、〇〇〇・〇〇
	新絳	七五、〇〇〇・〇〇	五〇、〇〇〇・〇〇
	其他	一八七、四六七・〇〇	二三一、一八三・〇〇
	共計	四、六二七、七四七・〇〇	四、四五六、八九二・〇〇
太谷	天津	一、八二五、七四四・〇〇	三、〇一五、二五四・〇〇
	北平	九三、四六一・〇〇	九一、四六一・〇〇
	綏遠	二三、二三五・〇〇	二二　二三五・〇〇
	張家口	六八、九三五・〇〇	二七、八三五・〇〇
	共計	二、〇一一、三七五・〇〇	三、一五六、七八五・〇〇
文水	天津	五六、二一六・〇〇	七四、二五〇・〇〇
	共計	五六、二一六・〇〇	七四、二五〇・〇〇
平遙	天津	一二六、八〇〇・〇〇	二六一、二〇〇・〇〇
	共計	一二六、八〇〇・〇〇	二六一、二〇〇・〇〇
介休	天津	三七、〇〇〇・〇〇	三六、〇〇〇・〇〇

	共計	三七、〇〇〇.〇〇	三六、〇〇〇.〇〇
長治	天津	一三五、〇八〇.〇〇	七一、一〇〇.〇〇
	太原	九五、〇〇〇.〇〇	五一、三〇〇.〇〇
	北平	一二、〇〇〇.〇〇	五、八〇〇.〇〇
	新絳	一、二〇〇.〇〇	八〇〇.〇〇
	安邑	七、八〇〇.〇〇	一、八〇〇.〇〇
	共計	二五一、〇八〇.〇〇	一三〇、八〇〇.〇〇
壺關	天津	四、二五四.〇〇	二、九〇〇.〇〇
	太原	二、一〇〇.〇〇	三、六八四.〇〇
	共計	六、三五四.〇〇	六、五八四.〇〇
平順	天津	八、〇〇〇.〇〇	九、〇〇〇.〇〇
	太原	二、〇〇〇.〇〇	二、〇〇〇.〇〇
	北平	二、〇〇〇.〇〇	一、〇〇〇.〇〇
	共計	一二、〇〇〇.〇〇	一二、〇〇〇.〇〇
晉城	天津	九〇、〇〇〇.〇〇	一二〇、〇〇〇.〇〇
	太原	三〇、〇〇〇.〇〇	二五、〇〇〇.〇〇
	開封	五、〇〇〇.〇〇	五、〇〇〇.〇〇
	鄭州	二五、〇〇〇.〇〇	一八、〇〇〇.〇〇
	新絳	六、〇〇〇.〇〇	一二、〇〇〇.〇〇
	長治	二、〇〇〇.〇〇	一五、〇〇〇.〇〇
	漢口	一〇、〇〇〇.〇〇	三、〇〇〇.〇〇
	上海	七、〇〇〇.〇〇	一、〇〇〇.〇〇
	洛陽	二、〇〇〇.〇〇	一五、〇〇〇.〇〇
	潞安	一〇、〇〇〇.〇〇	—
	博愛	五、〇〇〇.〇〇	—
	共計	一九二、〇〇〇.〇〇	二一四、〇〇〇.〇〇
沁縣	太谷	二、〇〇〇.〇〇	二、〇〇〇.〇〇
	共計	二、〇〇〇.〇〇	二、〇〇〇.〇〇
洪洞	天津	九、〇〇〇.〇〇	九、〇〇〇.〇〇
	楡次	一八六、四〇〇.〇〇	一六六、四〇〇.〇〇
	太原	四、〇〇〇.〇〇	四、〇〇〇.〇〇
	運城	二、〇〇〇.〇〇	二、〇〇〇.〇〇
	新絳	八、二〇〇.〇〇	八、二〇〇.〇〇
	共計	二〇九、六〇〇.〇〇	一八九、六〇〇.〇〇

曲沃	天津	四七、〇〇〇・〇〇	四七、〇〇〇・〇〇
	共計	四七、〇〇〇・〇〇	四七、〇〇〇・〇〇
大同	天津	一、〇三〇、〇〇〇・〇〇	一、〇三一、〇〇〇・〇〇
	張家口	一五、〇〇〇・〇〇	一五、〇〇〇・〇〇
	北平	二三一、〇〇〇・〇〇	二三一、〇〇〇・〇〇
	豐鎮	七一、三〇〇・〇〇	七一、三〇〇・〇〇
	集寧	二三、〇〇〇・〇〇	二三、〇〇〇・〇〇
	綏遠	九二、〇〇〇・〇〇	九二、〇〇〇・〇〇
	上海	一一、〇〇〇・〇〇	一一、〇〇〇・〇〇
	太原	一一七、二〇〇・〇〇	一一七、二〇〇・〇〇
	忻縣	二七、五〇〇・〇〇	二七、五〇〇・〇〇
	共計	一、六二九、〇〇〇・〇〇	一、六一九、〇〇〇・〇〇

忻縣	太原	五、〇〇〇・〇〇	五、〇〇〇・〇〇
	共計	五、〇〇〇・〇〇	五、〇〇〇・〇〇
祁縣	天津	五六、三七三・〇〇	六八、六〇〇・〇〇
	包頭	一二、五〇〇・〇〇	一〇、九〇〇・〇〇
	共計	六八、八七三・〇〇	七九、五〇〇・〇〇
汾陽	天津	二八三、八五五・〇〇	二八三、六七二・〇〇
	共計	二八三、八五五・〇〇	二八三、六七二・〇〇
崞縣	太原	五〇、〇〇〇・〇〇	—
	大同	三〇、〇〇〇・〇〇	—
	忻縣	二〇、〇〇〇・〇〇	—
	共計	一〇〇、〇〇〇・〇〇	—

發行

銀號所能運用之資金，除資本與存款外，當推發行爲最大之資源，銀號發行之紙幣，可分十元，五元，一元，五角，二角，一角六種，共計發行二、五六一、一三一・九〇元，平均每家發行二五、三五八元。就銀號經營者之性質分析，則十一家官營銀號（總分號包括在內下同）發行額爲二、〇六九、二七七・三〇元，佔銀號發行總額八〇・八〇%，平均每家發行一八八、一六六元，三十二家官督民營銀號發行額爲三七・二五四・五〇元，佔發行總額一四・五五%，平均每家發行一一、六四二元。五十八家民營銀號發行額爲一一九、三一二・一〇元，佔發行總額四・六五%，平均每家發行二、五七三元。

第五章　票號

一　沿革

起源

山西票號，亦名票莊，又稱匯票莊，在外國銀行未來我國之前，實操我國金融之大權，全國公私匯兌，悉以票號為中心。考票號之產生，當溯源于明末清初之鏢局。明末流寇李自成攻破北平，因吳三桂招引滿清入關，自成敗棄北平而逃。李本陝西米脂縣人，欲由太原渡河而西，因追兵已至，將在北平搜括之現銀埋藏地中，擬待事後來取，但多為山西人所得。晉人既得如許大宗現銀，乃藉此擴充其自宋以來已露頭角之商業，會顧炎武至其地，乃為組織鏢局，以現銀轉運，承解公私款項，僱用大批武藝高強之人，明為保鏢，暗中培養復明能力，自此山西鏢局信譽甚著。迨清乾隆時用兵四川，餉銀解運困難，四川商人以現銀托山西鏢局轉運，鏢局中人與北平官場多有往來，乃以四川商人運往北平之現銀，與北平運往四川之餉銀，互相撥兌，就近交解，于是產生撥兌之辦法。撥兌既興，匯兌繼起，先以信匯，就彼此往來相熟之商人為之；後用票匯，行之于普通人民，持票取錢，認票不認人；然此時尚無所謂票號也。註一

物創

正式之票號，實始創于嘉慶二年之日昇昌票號。先是有平遙縣日昇號者，本營顏料業，設分號于北

分幫發展

平、天津、瀋陽、四川等地。號東爲達蒲村李正華，經理雷履泰，久駐北平，廣交際，著信用，爲京中顯貴所器重。時日昇號販賣之顏料中，有銅綠一種，出四川省，因自往重慶府製造銅綠，運至天津銷售，亦甚獲利，日昇顏料舖之名，遂喧傳于四川天津各處。此時官商款項多存儲于貨商舖號中，日昇號之聲譽既著，而號掌之交遊又廣，達官顯宦之存款于日昇號中者，自屬意中事。款項存儲既多，販運貨物，無以容納此項鉅款。乃採取撥兌之法，利用當時道途不靖鏢局運現困難之際，創營滙兌，始而兼營，繼而專營。最初于嘉慶二年，由號東李姓出資三十萬兩，經理雷君出資二萬兩，成立日昇昌票號，吸收存款，專業滙兌，不數年間，獲利鉅萬。嗣後嘉慶十九年，又有蔚泰厚號由布莊招攬匯兌而成立票號，資本二十四萬兩，東家侯葵，出資二十萬兩，經理毛鳳翽，出資四萬兩，毛君曾爲日昇昌之分號經理，故其號中規則，皆仿日昇昌辦法。此後自道光初年起十數年間，繼續成立之票號，爲數更多，可分爲平帮、祁帮、谷帮三帮。註二

平帮

1.平帮：總號之設于平遙者，統稱平帮，有蔚豐厚，資本二十萬兩，東家爲賈村侯姓，經理爲范凝靜，亦曾爲日昇昌分號之經理。以細布莊而集資改組者有天成亨，資本二十萬兩，東家有賈村侯姓，與張蘭鎮之張姓，經理爲侯王賓。以綢緞莊而集資改組者，有蔚盛長，資本十六萬兩，東家爲賈村侯姓，與平遙王姓，經理爲李夢庚。又有新泰厚，資本十六萬兩，在東家爲賈村侯姓，與平遙趙姓，經理爲侯王敬。以茶業而集資改組者，有蔚長厚，資本十五萬兩，在東家爲賈村候姓，與平遙毛姓喬姓，經理爲

范光晉。以上各號因侯姓股佔多數，均推侯姓當家，故蔚泰、蔚豐、蔚盛、蔚長、天成、新泰合稱六聯號。

祁帮

2.祁帮：總號設于祁縣者統稱祁帮，有大德興(卽現在之大德通)、大德恆，資本各二十四萬兩，東家均爲祁縣喬家堡之喬姓。三晉源、存義公，資本各二十二萬兩，東家均爲祁縣城之渠姓。合盛元資本二十萬兩，東家爲祁縣郭姓。中興和，資本十六萬兩，東家爲祁縣戴姓。大盛川，資本二十萬兩，東家爲東口大盛魁。

谷帮

3.谷帮：總號之設于太谷者，統稱谷帮，有志成信，資本二十六萬兩，東家爲太谷之員姓與孔姓。協成乾，資本二十四萬兩，東家爲太谷之吳姓與張姓。大德玉，資本二十萬兩，東家爲榆次縣之常姓。

在此時期內，成立之票號，計平帮七家，祁帮七家，谷帮三家，共十七家。其分號之開設，南至兩廣雲貴，北及伊犂新疆，國內各通商大埠，幾莫不有票號之存在。其中尤以日昇昌、天成亨、蔚泰厚、存義公、大德通、大德恆、志成信、協成乾諸家之分號爲最多，皆三十餘處，俗有日昇昌匯通天上之稱，蓋以其分號之多也。註三

波折時期

咸豐初年，籌餉例開，報捐者多歸票行承辦，朝廷賣官鬻爵，紳縉捐官謀缺，莫不依賴票商，于是票號營業漸次擴張。嗣洪楊起義，南七省用兵籌餉，急如星火，而道路梗塞轉運艱難，國家以票行可靠，因將軍餉、丁粮悉歸匯兌。同治以後，規模益宏，卽邊陲之協款，內地之賑撫，皆賚票行以爲挹注，

一紙之信遙傳，百萬之款立集，官商咸受其益。惟因時局混亂，咸同年間，除舊有票號外，並無增設。註四

繼起

迨至光緒初年，大局抵定，乃有不少票號繼起。平帮有協同慶，資本十萬兩，東家爲平遙米姓，榆次王姓，經理爲劉清和。協和信，資本十萬兩，東家爲榆次王姓，經理爲李清芳。匯源水，資本十四萬兩，東家爲祁縣渠姓，經理爲段啓祥。百川通，資本十六萬兩，東家爲祁縣渠姓，經理爲龐凝山。寶豐隆，資本二十萬兩，東家爲四川藩台許涵度，經理爲喬世傑。祁帮有長盛川，資本十六萬兩，東家爲祁縣渠姓。元豐九，資本十四萬兩，東家爲祁縣孫姓，經理爲王封晉。谷帮有錦生潤，資本十二萬兩，東家爲榆次常姓。世義信，資本三十萬兩，東家爲太谷楊姓。以上均爲光緒年後起之票號，計平帮五家，祁帮兩家，谷帮兩家，共九家，合前之十七家，共計二十六家，是爲山西票號家數最多之時代。註五

鼎盛時期

是時票號因國家丁賦歸其匯兌，官紳私蓄，存儲其中，以二三十萬兩之資本，吸收二三百萬乃至七八百萬兩之存款，于是資力充足，營業甚廣。官款之存入者，有稅項運餉，協款丁漕，均不計利，私人之款，則官吏宦囊，縉紳私蓄，莫不捆載而來，寄存號內，每年取息不過二三厘，尙有不取利者，票號全以他人之款，轉放商家，年取八九厘乃至一分之利，而匯兌時則僅憑一紙之書，付款毫不稽遲，所取匯水，更屬不貲。故自光緒中葉以至庚子年間，票號無不年年利市數倍。註六

增盛時期

中經甲午之役，庚子之亂，大局岌岌，各業停頓，而票號之遇執券兌現者，或存款提取者，如上海、漢口、山西各地，雖雲合霧集，莫不應付裕如，毫無停滯，于是信用益彰，存款益多，營業發達，登

峯超極。蓋甲午之役，患在關外，庚子之亂，禍僅直魯，肢體之傷，無妨心腹，雖有提存擠兌之舉，而票號元氣正充，反欲擒先縱，竭力退還存款，以抑存戶疑懼之心，因之信用大著，官商士庶，咸知票商之殷實，雖經變亂，亦能保存，凡有積蓄，莫不存儲票莊，以免遺失。是爲票號之鼎盛時代。註七

動搖時期

迨辛亥革命，武昌起義，地當全國之中心，扼商務之樞紐，一方風動，各方響應。票號於此，既無事先之準備，又乏處變之胆識，紛紛攜款逃歸，于是匯兌不能通，外欠不能收，存款者逼提日急，各莊應付無策，一籌莫展，無力者相繼倒閉，有力者亦孤掌難鳴，遂致一敗塗地，無法挽救。註八

衰落時期

辛亥變後，票號尚存二十六家，迨民國初年，環境漸漸不佳，曩日所依賴之政府機關，或滿清官僚，至此已完全失去，加以各省秩序紊亂，紙幣毛折，各商埠之放款既多被人倒去，而各官場之存款又須如約籌還，內外交困，應付束手，間有一二經理劃策維持，意在另闢途徑，聯合新組；無如請示總號，而總號經理莫名其妙，仍以洪楊之役，與庚子之亂相比擬，以爲票號雖受一時損失，不久仍能恢復，殊不知今非昔比，遂至愈走愈窮，于民國五六年至七八年間，倒閉者又復二十餘家。註九

民國十一年間，據山西省商業專門學校調查，三帮票號，倒閉殆盡，平帮之日昇昌、蔚泰厚，方籌抵禦外債之法，蔚豐厚已改爲銀號，亦不發達；祁帮之存義公，時正辦理外債，即將清理收市，惟喬氏之大德通、渠氏之三晉源、尚開門營業，亦僅不欠外債而已；谷帮僅存曹氏之錦生潤，而因受民國十年東省羌帖之害，賠累甚多，亦閉門收賬，不復營業。註十

民國二十三年，據平遙范椿年君所述，謂票號之存在者，尙有大德通、大德恆、三晉源等三家，因號東之財力雄厚，經理之應付適宜，分號之營業精幹，猶能維持健存。又有日昇昌一家，則倒而復起，該號本于民國五年倒閉，所欠外款約二百萬，經理逃避，賴副經理梁懷文出而與債權人周旋，開誠佈公，和盤托出，除將東家李姓宣告破產外，復將該號內外財產清理明白，盡其所有交代債權，于是債權人感其誠懇，佩其正直，遂將該號財產仍託梁君經理，恢復營業，票號首創之日昇昌乃得復活。註十一

註一：衞聚賢：山西票號之起源；中央銀行月報四卷六期，二十四年六月，上海。

註二：范椿年：山西票號之組織及沿革；中央銀行月報，四卷一期，二十四年一月，上海。

註三：同註二。

註四：李宏齡：山西票商成敗記，平遙李贊廷君家藏石印本，民國六年，山西平遙。

註五：山西票號之組織及沿革，見註二。

註六：許崇裕：山西票號之盛衰始末記，交行通信，五卷一號、交通銀行，民國二十三年，上海。

註七：韓芸青：調査山西票莊皮行商務記；文水韓芸青君未發表手抄本，太原。

註八：同註七。

註九：同註二。

註十：山西省商業專門學校：晉商盛衰記，民國十二年二月出版，太原。

註十一：同註二。

二　現狀

民國二十四年六月間，本誌調查時，祁縣之大德恆已遷往北平，三晉源已不存在，僅存者惟祁縣之大德通及平遙之日昇昌而已，日昇昌在事實上已改為錢業，茲分述之。

大德通

大德通票號，原名大德興，光緒十年四月始改今名，辛亥革命時，亦大受打擊，因其財東喬姓，富有資產，當時卽出資百萬兩，以維持該號，乃得渡過難關，至今存在。現係合資組織，總號設于祁縣小東街，現在北平、天津、漢口、濟南、周村、石莊、及哈爾濱、歸綏、包頭各地，尚設有分號，其中後三處，因營業不佳正在收撤，上海分號，寓上海自來水橋三和里內。山西境內，太谷、文水、平遙、交城、徐溝、清源各縣，均設有代理莊，資本現計十八萬六千元，劃分各分莊十六萬六千元，總號淨存二萬元，公積金七萬元。其所營業務為存款放款及匯兌三項，茲將其五年來營業統計，列表于後：

山西祁縣大德通票號近五年營業統計（祁縣總號）

年份	存款（元）	放款（元）	分莊欠款（元）	全年匯出（元）	全年匯入（元）
民國十九年	一、九四五、六八二·六一	三二七、〇六三·〇六	二、四〇三、八五九·六五	一四八、三八四·〇〇	三六八、五八〇·四二
民國二十年	一、八三三、三二八·三六	一四四、八一四·二八	二、四四二、四七〇·一六	一七、六〇〇·〇〇	五〇一、四三三·六〇
民國二十一年	一、七六二、八七二·五三	三三五、〇五〇·〇〇	一、七一四、四八八·〇三	四、八一八·五〇	五六三、三三〇·三〇

民國二十二年	一、七五五、三三六・四三	三九、一五〇・〇〇	一、七九〇、二〇八・七五	二五、〇〇〇・〇〇	二八二、四七九・八七
民國二十三年	一、三八〇、三六二・一五	五、九八〇・〇〇	一、五四三、五八三・一〇	二三、六七〇・〇〇	一八二、〇九八・一五

存款係該號全體之總計，放款則專指該號在祁縣之放款，匯兌亦以祁縣總號所在地爲限。存款全爲商家所存入，放款亦全放商家，匯兌則全係與天津對匯。存款利息最高月利六厘三毫，普通五厘三毫，放款最高月利七厘九毫，普通七厘。

據該號報告現下之業務分(一)存款；(二)放款；及(三)匯兌三項：

1. 存款　存款又分(一)往來存款，及(二)定期存款二種；前者係商家浮存，隨市面之疲快，臨時定日利，但存款利率較市面利率爲略小；後者則有定期一年者，亦有定期一、二、三、四、五、六月者，存戶如在存款未到期時提取利息，須立一借據。

2. 放款　放款又分(一)信用放款及(二)抵押放款二種：前者于放款時須立一字據，亦有隨市面習慣辦理者。其日利隨市面而定，定期者較高，活期者較小；後者抵押貨物，須訂立合同，執其棧單，驗明貨物，押品如係不動産，則須執其紅契，並立字據，憑承還保人佣還。

3. 匯兌　匯兌可分下列六項說明：(一)同業對交，各憑各信，不立字據，匯水隨市面鬆緊，臨時酌定；(二)遲票除以兌期應加匯水外，所估之期，按月估算遞加之；(三)兌條手續于定匯之後，立一對條，齊中剪爲二紙，匯款者持上半頁，承匯者將下半頁寄往所匯之地點驗兌繳條交付之，即不找保立收據亦可；（四）信匯，各憑各信，字號對字號下付人堂名須憑的保付給，匯水隨行市；（五）匯票匯款，憑票給付，匯水隨行市；（六）電匯，如用明電，見電後討殷實承保用款，錯則退款；如係各家之密電，用款手續亦與明電同，電費均由匯款者出。

日昇昌

日昇昌原為票號首創之第一家，于民國五年停業，惟該號外該賬款不在少數。後因清理收賬還賬，民國二十一年經各債權人由收回外該賬款內提出銀本六千元作為資本改營錢業。現係合資組織，號址在平遙西大街，在北平設有分號，太原及太谷均有代理莊。營業分存款、放款、及匯兌三項，並代辦收交事宜。存款最高月利八厘，普通七厘；放款最高月利九厘，普通八厘。其民國二十一年後之營業統計有如下表：

山西平遙縣日昇莊號近三年營業統計

年份	存款（元）	放款（元）	全年匯出（元）	全年匯入（元）
民國二十一年	三九、一五〇・〇〇	五一、二五〇・〇〇	三六、八七四・一四	四〇、八一五・五二
民國二十二年	一〇四、九三三・〇〇	一〇〇、六八〇・〇〇	一九八、七二二・二七	一九四、五六三・〇九
民國二十三年	一五五、九二六・一六	一一五、四四九・〇〇	二六三、六一四・〇〇	二三九、〇一二・七一

存款分定期、往來及特別三種：民國二十三年年底存款，共一五五、九二六・一六元，其中定期佔八七・〇%；往來佔一〇・九%，特別佔二・一%。存戶有住戶、商家、公團三種，商家存款有定期，往

來及特別三種，住戶及公團均僅定期一種。存款以商家爲多，佔七四•四%；住戶次之，佔二四•五%；公團最少，僅一•一%。

放款共計一一五、四四九元，以信用放款爲主，抵押放款甚少，前者佔九〇•九%，後者僅九•一%。放款分工業，商業，農戶，公團，及同業數項；僅農戶有抵押放款，餘均係信用放款，商業方面有津貨業、海菜業、花布業、鐵業、油業、粮業、各貨行業、及各業往來數種，共計五六、三一一元，佔放款總數四八•八%；公團計二九、七四〇元，佔二五•八%；農戶計二二、三九八元，佔一九•四%同業計五、〇〇〇元，佔四•三%；工業計二、〇〇〇元，佔一•七%。

通匯地點爲天津及北平兩地，二十三年匯往天津者爲二二六、四二九•九〇元；匯往北平者計三七、一八八•一〇元；由天津匯入者計二〇四、七二九•四七元，由北平匯入者則爲三四、二八三•二四元。

此外並發有兌換券共三千八百元，內計面額一元者二千八百張，一角者一萬張，均能十足兌現。

綜觀二號近年營業，雖大德通仍票號之舊，日昇昌已改錢業，但兩號營業亦與其他銀錢業無甚差異。其營業均不甚佳，蓋與其他銀錢業同受市面不景氣及農村衰落之影響。兩號雖當年皆以票號稱雄一時，今日則因票號已失向日之依據，其所營業既與一般銀錢業無異，且與銀錢業遭同一之命運，其所不同，惟舊日遺下票號名義或招牌而已。

三　業務

業務種類

存　款　票號之業務，固以匯兌著，然其所以大獲勝利者，不僅在匯兌，而在存款，存款多則匯兌靈通，匯兌靈通，則匯水利息，源源而來。票號收入之存款，分公款及私款二種，公款由各省會政府機關所存入，私款則爲貴族顯宦之私蓄。其存款時，由票號寫立憑摺一本，公款不計息，私款則利息按月計算，自二三厘至四厘爲止。分訂期活期兩種：訂期爲三個月或六個月，活期則隨時可以支取，其吸收存款地點，以北京爲最佳，其次即各省會與各稅關所在地。存款總額，每一票號，多者七八百萬兩，少者二三百萬兩。當時國內交通未便，運現非易，有票號爲之收存，則一到解款時期，用匯兌手續，無論如何遠道，一紙公文即可辦妥。

放　款　其次爲放款，放款之地點，大半在各都市之商務碼頭。交易字號，以錢莊及各大貨行爲限。小商號與人名，則義不交易。利息按月計算，自六、七、八、九厘至一分，期限自三個月至六個月。貨物抵押及不動產抵押，則更不許做。票號放款目的，不圖厚利，但求穩妥與活動，最忌冒險與遲滯。

匯　兌　匯兌爲票號之特長，其匯款手續，有電匯、信匯、票匯三種。電匯多爲緊急需款，匯費較昂，電報恆用自編之密碼，其日期、平色、數目，均能以一二字代替，頗爲簡捷。信匯匯費較輕，匯款者多爲熟識之商號或個人，各以信關照，不至錯訛。至若普通匯款，則以票匯爲最多數，其匯費即以兩地平色之高下，期口之淡旺，月息之大小爲估定標準。寫匯票時多用記名式，但所記之名與原匯者之名幷不一定相同，所以雖記名而等于不記名，憑票付款，幷不認人。是以各方人士對于票號之匯票，極爲信用。例如漢口商人往四川辦貨，六月赴川，攜帶九月期票，到川時卽可以遲期匯票當作現款以付貨價，幷不須蒙貼現損失，已能流通無礙。

發行

票號于匯票之外，尙有一種臨時便條，名曰小票，以北京分號發行爲最暢，其形爲長方式，印有各色花紋，（與現時之鈔票相似，）憑票付款，幷不記名，其數目自京平足銀十兩起至五十、一百、一千兩爲止。此種小票出入于權貴之門，一經內眷收藏，恆有至三五年十數年而不來兌現者。查當時北京票號，每家發行流通總額自一二十萬起以至五六十萬者，亦多有之。至其他各地票號之小票流通較少，不過零星小數，隨出隨兌。註十二

獲利

票號營業之擴張，獲利之豐厚，以光緒初至庚子前之二十餘年爲最佳。每年年終獲利，三帮合計，共有五百萬兩之多。若論每家資本，皆僅十餘萬兩，卽後獲利倍本，亦不過增至二三十萬，三四十萬而已。然至四年賬期，每股可獲利銀多者二萬餘兩，少者一萬兩，其每股獲利銀八九千兩，五六千兩者，常數耳。如平帮之百川通，原本作爲十股，連人股二十股共三十股，而四年結賬，每股獲利二萬二千三百兩，共獲利六十六萬餘兩；日昇昌原銀股三十股，又人股四十股，共七十股，而四年間每股獲利銀一萬二千兩，共獲利八十四萬兩。祁帮之大德恆，原本分爲二十餘股，而四年獲利，每股分銀一萬兩，大

德通原本亦分二十餘股，而四年內每股獲利銀九千兩。太谷之志成信、協成乾亦皆二十餘股，每股各得利一萬餘兩。此外各家，每股獲利七八千兩者甚多，其獲利五六千兩者，尙不足稱。然此猶除過各分莊各「老帮」（分號經理之稱呼）之應酧衣資、一切揮霍等費而言，若並此計算，則四年中各家獲利尙不止此數，至公積則各號均有，但無一定標準，每一賬期提存十萬至二十萬兩，由各號東與總號經理商决而行，其他號友不得與聞也。註十三

利益

票號獲利之鉅，亦自有故，在我國未經鼓鑄銀元以前，公私款項概以銀塊與制錢充各項支付之工具，票號營業卽恃此爲利藪。當其收入銀塊之始，有藉口于成色之不足，而貶抑其價格者，有取巧于秤砝之大小，而減輕其分量者。雖所取之利極形微末，而因出入頻繁，纍計則屬不貲，此僅就銀塊之出入而言也。至于銀錢兌換事務，莫非取盈于賤入貴出之所差，以博什一之利。更就匯兌而論，則利用距離之遠隔，交通之阻塞，與時日之差異，匯費而外，獲利亦鉅。蓋當時通商大埠之金融機關，幾全爲票號所壟斷所操縱。票號獲利既厚，資力愈雄，凡國家地方之稅款，以及官吏員司之囊私，或代其匯解，或爲之存儲，莫不源源而來，有加無已；匯解既有匯費及銀色之收入，存放更可藉以運轉，貸放厚利，此項利益，尤難勝計。其業務之發達，卽方諸現代之銀行，有過之無不及也。註十四

至官款存入不行息，因前淸定例，凡屬官款，在京則存戶部，在省則存藩庫，並無存儲票號之規定，其所以存儲票號者，乃官場與乃票號經理之私人感情也。故票號各碼頭之分號經理，必選幹練精明，

應酧嫺雅者充之，方能勝任，蓋所以博得長官之歡心，以吸引存款也。註十五

註十二：同註二。

註十三：同註二，註七，及註十。

註十四：阮鈞：論票號前途之危機及其救濟方法；載山西商業雜誌，第一年第九期，民國八年九月，太原總商會及山西商業專門學校發刊。

註十五：同註十。

四 組織及管理

銀股

人股

票號于初創時，多附設于貨號之內，及後營業發達，乃立專莊，其組織或爲獨資或爲合資，均屬無限責任。創立時由財東與經理出名邀請中證人三人至五人，書立合同，寫明資本若干兩，以若干兩作一股，(大概以一萬兩或八千兩作一股者居多)，幾年合算大賬一次，(以四年或三年者居多)，盈虧按股均分，經理頂人力股若干，(以一股者居多，亦間有一股二三厘者)。其餘頂股人員則不在合同列名，另有萬金賬詳載，其頂股之多寡，即由經理視人材勞績而酌定之，恆有人力股總數超過資本總數者。人力股係晉商特別習慣，俗稱頂身股，資本家出錢，勞動者出力，均有股份，一經獲利，平等分配。以是經理夥友，莫不殫心竭力，視營業之盛衰，爲切已之利害，因獎勵人材計，此種頂身股辦法，爲號東所特許。號東平日不問號事，大權賦與經理獨裁，祇于每年終決算期一閱賬簿，大賬期一評功過。其資本皆存

總號，設分號時不另發資本，祇給川資及開辦費若干。譬如甲分號開設後，營業需款時，自有相連接之乙丙分號，源源接濟，全局統籌，不分畛域，爲一種聯合組織，是亦票號之巧妙處也。其聯絡原則，以酌盈濟虛，抽疲轉快八字爲標準。註十六

總號

總號設經理一人，俗稱大掌櫃；協理一人，俗稱二掌櫃；營業三四人，俗名跑街；賬房四五人，信房三四人；練習生一二十人。經理統籌全號事務，協理襄助經理，管理內外事務。賬房亦名管賬，信房亦稱管信，互相資助，司理總號賬目，並對分號之申請或報告詳予答覆。練習生亦稱「年青夥計」，練習寫賬或謄寫信件。跑街者或在本市，或派往他市，每晚必至經協理前詳細報告本日所營事業，及各莊行商情，由是各路銀勢之鬆緊，匯水之漲落，可以知其梗概，而籌劃營業，此爲總號之情形。註十七

分號

分號設經理一人，俗稱「老幫」，主辦分號事務；副經理一人，俗稱「副幫」；協助經理辦理分號事務；營業一二人（副經理兼任一席）；賬房一二人至三人不等，信房亦如之。分號經理由總號選擇資格較優者派往，隨帶總號圖章砝碼等各要件，以資信用。每日市面銀錢行情，平穩時由普通信分報連號各莊，如遇行情暴漲暴落時，在未通電報前，用加緊專信，報告有直接關係之各分莊，其無直接關係各莊。則用普通信報告之；自通電報後，則由電報報告之。分號每逢月終，須將本月內之營業，詳細造具清摺報告總號，及連號各分莊；並于造具清冊後，附報後三月之「比期」（此三月內預計後三月之生意，俗稱比期），詳述收交之銀，或有餘或不足，以通消息而資聯絡，使各分莊作收交上之預備。每遇年終結

賬一次，報告總號，以結總號之總賬，並分報連號各分莊，以便核對通年賬目之有無錯誤，俾清手續。至各分號之經理，經濟上之籌劃，營業上之運用，全視其才智之優劣，如才優智長，交遊廣闊，則每至比期，無論銀勢鬆緊，皆可籌措裕如；例如比期存銀一萬兩，適有電報令交款十萬兩，亦不致拮据難辦。倘才庸智愚，則每逢比期，銀勢一緊，即張皇失措，無法應付矣。故票號對分號之經理，異常審慎。註十八

職員待遇

至職員待遇，總號頂人力股者，按其股厘數目，逐年給予應支，分四季支用，大概每股應支，多者五百兩，少者三四百兩不等。薪給人員，按年給予薪金，多者每年一百兩或七八十兩，少者三二十兩；除日用飲食，由號開支外，其衣服零用，皆歸自備。分號人員，除經副理應支，薪給人員薪金均由總號支給，往來川資亦歸總號給予出賬外，彼等在外之衣服零用均由分號給予出賬，但有等級規定，大致經理每月十兩，副理八兩，其他人員四兩至六兩不等；日用飲食，亦歸各分號開支。惟其應酬費一項，當視本分號事務之繁簡，營業之盈虧，由該經理人酌量情形，核實開支，總號并不予以規定。註十九

禁條

票號分號人員，無論出門路途之遠近，均以三年為一歸期，亦有四年者。除遇父母喪葬大事，不得輕易告假。每月准寄平安家信，但不得私寄銀錢及物品，一切舉動辦事，悉承總號命令。倘有特別禁條：(一)不准接眷出外；(二)不准在外娶妻納妾；(三)不准宿娼賭博；(四)不准在外開設商店；(五)不准捐納實職官銜；(六)不准攜帶親故在外謀事。揆其用意，一則恐傷精神，再則恐耗金錢，此為票號對分

號人員之節制與禁條。註二十

官場酬應

票號在滿清時，對于應酬官場，極爲注意，以北京爲最重要，各省會經理亦必取文雅幹練之人材，乃克勝任，舉貢生員爲數甚少。北京經理常出入于王公大臣之門，省會經理亦往來于督撫藩臬之署，招攬生意，各逞才能。例如蔚盛長之交好慶親王，百川通之交好張之洞，協同慶之交好某福祥，志成信之交好粵海關監督某氏，均獲益不少。至各商務碼頭爲票號放款地點，其經理人選，取計算周密，操守嚴謹之人材，應酬方面則不甚講求。註二十一

賬簿

票號賬簿，原屬一種舊式簿記，但其組織之完備，登記之詳密，亦可稱爲舊複式簿記。總號除本總號應有之營業各賬外，尚有各分號之營業報告，亦須分別記賬。每月有月淸冊，迨到決算賬期，（大概齊十月底者居多），以月淸而統造年淸，決無毫絲錯誤，以彼時各地平碼之繁雜，銀色之差異，而到決算時期，統以本平本色，（卽本號資本之平色本位）折合入賬，曾無發生錯訛。舊簿記由總賬而轉入分類，亦猶新簿記由分類而轉入總賬，形式雖不同，而其理則一也。註二十二

信扎

票號所用信札，分爲正報、復報、附報、叙事四項。正報者報告本號直接對某分號營業之事項。復報者，報告本號前次直接對某分號之營業事項。附報者，對其他分號報告本號與某分號間之各種營業事項。叙事者於報告營業之末尾，再另起稿叙述本處近日市面商務之情狀，及一切其他事務。條分縷析，一目了然，亦堪爲舊商業信扎之最完備者。註二十三

註十六：仝註二。
註十七：仝註七。
註十八：仝註七。
註十九：仝註二。
註二十：仝註二。
註二十一：仝註二。
註二十二：仝註二。
註二十三：仝註二。

五　沒落之原因

自辛亥革命後，票號由衰頹而趨沒落，至今雖有一二家之存在，亦徒負空名，決不能與當年相提並論。攷其致此之原因，不外下列數端：

銀行之興起

1.銀行之興起：五口通商後，外國銀行已入中國，但于初來時，祇營國外滙兌，內地營業不甚注意。迨光緒甲午後，各國銀行相繼設立，對于國內滙兌及存款之營業，亦漸有侵入。迨戶部銀行，交通銀行先後成立，各省官銀號又次第開辦，票號曩日經營之政府公款及滙兌，至此大部由前項銀行銀號所承辦，于是營業大受影響。

失去參加國家銀行之機會

銀行既興，票號又失去參加國家銀行之機會；當光緒三十年間，鹿傳霖氏爲戶部尚書，奉諭組織大清戶部銀行。鹿氏與票號素有往來，曾邀請票號加入股份，并請票號出人組織，票號北平經理，贊成者多數；但票號爲獨裁制，如此重大事件，必須請示總號，方敢決定。而票號總號之經理，類皆墨守成規，不識潮流趨勢，復函至平，不惟不敢入股，且人位亦不合參加，因之坐失良機。

票號參加國家銀行之機會既失，各分號經理之有識者均爲太息不止，而尤以北京經理爲甚。事隔一二年，卽有蔚豐厚經理李宏齡者，註二十四 致函總號及五聯號，痛稱中外銀行林立，票號舊規已不適用，應請各聯號商股東會聯合資本聯合人材，改組銀行，以應世界潮流，以全晉商地位；無奈各總號經理，固執成見，復函不准，遂將自組銀行之議打消。

註二十四：李宏齡氏所著「山西票商成敗記」一書，內載致祁太平總號信及各通商口岸分號響應函件；據其序文中稱：「戊申春駐京師，與渠學士楚南商訂改組章程，先函達總號商酌者四次，當面陳述者兩次，是歲冬渠學士返里，復親蒞各總號開陳利害，其時各號之執牛耳者，首推某號某公，聞之大不爲然，于是一般庸庸無敢異議……戊申冬，復通函各埠，徵集意見，公信所至，居然異口同聲，函勸總號謂不及早變計，後將追悔無及。方期衆志可以成城，不料某公聞之，乃憤然曰，銀行之議，係李某自謀發財耳；如各埠再來函勸，毋庸審議，逕束高閣可也。」

自組銀行之不成

票號之自組銀行既不成立，而一般青年經理，已爲時代潮流所動搖，是以于光緒三十四年有天成亨之經理賈輔臣瞿克謙氏承辦四川之濬川源銀號，宣統元年繼有日昇昌經理王靖夫及蔚長厚之經理范元茂氏承辦廣西之廣西銀行。辦理期間均著成效，無奈政局變幻影響隨之，濬川源銀號于民國二年已爲川人收回，廣西銀行亦于民國十年爲政局所拖累而收歇。至若民四五年魏某之承辦湖南裕湘銀行，及宋某之承辦福建銀行，均于短期時間卽隨政潮以消滅。

時局之影響

2.時局之影響：銀行事業雖在前清末季，已有萌芽，然大清銀行之創設，社會信用未孚，人民之利用者甚鮮，官家匯兌存儲雖奪去大半，而私人方面大半信賴票號。間有少數外國銀行，僅爲外商所需資金之周轉，亦未嘗妨及票號之業務。迨武昌起義，全國響應，通商大埠，有被兵燹而化爲邱墟者，有當戰衝而遭蹂躪者。社會秩序，全被破壞，于是金融停滯周轉不靈，票號舊日之貸放，已屬散失無著，而存戶之提取，又復接踵而至，內外交迫，乃不得不清理帳目，停止營業，影響所及，因不堪擠兌而歇業者，爲數甚多。他方面票號中管事之狡黠者，陽藉市場變亂之名，陰施乘火打刼之計，利股東之監察不嚴，僞造賬目者有之，攜款潛逃者有之，更促票號倒閉之速成。

民國以後，國家銀行事業發達，中交兩行營業範圍擴張。中行爲國家銀行，享有代理國庫之特權；交行創辦之初雖僅經理輪路郵電各局存款，而三年修改章則，擴充範圍，於存儲路政各款外，得分理金庫及掌特別會計之國庫金，且有發行兌換券之權，與普通商業銀行之業務亦並行不悖。于是通都大邑，兩行之分支行星羅棋佈，資力既雄，信用自厚，宜商之匯解存儲貸放各大宗款項，悉操其手。前此票號經營之業務，全爲所奪，無力與之競爭。加之民國以後，連年內戰，迄無寧歲，天災人禍，苛捐雜稅，以及各省紙幣之紊亂與當地晉鈔之跌價，無一不受打擊，凡此均係票號倒閉沒落之催命符，遂致一掃而空，無可倖免。

本身之缺陷

3.票號本身之缺陷：除上述兩大原因之外，則爲票號本身之缺陷。票號匯兌存款，向以政府軍餉、丁銀、或官僚等私財爲主，而一般小商平民之款，均鄙棄擯斥，不事接洽，以爲零星存款，屑小匯兌，于事業盛衰，無關輕重，殊不知商業銀行之基礎，全在與商家往來之密切，票號由商業發展而創始，旋乃走入政府銀行之路，反擯棄其舊日之原旨。迨國家銀行收回其權利後，票號乃失其所依，欲退而經營商業上之業務，則已爲當時各埠紛紛成立之銀號與錢莊所有，後者之營業方法，較票號而上之，加利吸收存款，減費招徠匯兌，因之票號乃無退路。

其次票號既以大宗款項之經理爲其主要業務，而銀行應有之保險設備，防變策略，毫未顧及；一旦事變，秩序紊亂，軍餉迫提，貸放散漫，無法收集，遂陷于不堪之地位。

復次，票號營業向主對人信用，不重對物信用，往日有官勢可靠，卽有倒賬，亦不致大虧，迨後時勢變換，已無官勢可依，一遇倒賬，往往收五成而不足，如光緒丁未營口東盛和之事，乃不一而足，此則票號營業方法之缺陷也。

最後，票號之組織，向屬無限公司性質，號東負經濟上之全責，一日倒閉，放款無法收回，存款則不得不付，乃訟及號東。此種號東，平日養尊處優，不問號事，至此悉遭破產，變賣什物，不足以償債務，且爲階下之囚，受縲絏之辱，事後貲財全失，欲圖再起，已不可得，故票號有倒閉，而無重設，至今乃趨沒落之途矣。

第九編　交通

第一章　概況

山西地勢高亢，山嶺盤紆，交通殊爲不便。惟近數年來，該省對於經濟建設之成績頗有可觀，交通事業有蒸蒸日上之勢，鐵路除原有之正太及平綏兩路係國有者外，由該省府自修之同蒲鐵路一部份早已通車，餘各幹支線亦正在積極修築中，不久亦可次第完竣。公路自民國九年利用工賑及兵工修築以來，進步亦甚可觀，現已成路共有三千六百五十餘里，其在計劃中尙須繼續修造之公路，有一萬餘里。此外由人民義務服役所修之縣村路，亦較前日見猛進，據民國二十三年統計，各縣所修村路已有六萬零八百七十五里，平均每縣有五百七十餘里。將來與省縣各路及鐵道交錯聯貫，各地產品得以流通，互相調劑，地方狀況自必日趨發達。所缺者惟水路交通難於發展，該省河流之較大者爲黃河汾河及桑乾河，諸河既不能完全通行船隻，復不得終年航行，以冬季水淺例多不便行駛。故於運輸及交通上言，水道實少利便，僅能利用之以灌漑田畝。此外如滹沱、渾水、清漳等小河流亦惟在灌澆方面稍有俾益耳。

晉省郵局之創辦始自遜清光緒二十四年間，迄今已有局所三百九十餘處。其無郵局設立之各縣則有代辦所之設立，全省各縣幾無不通郵政者，至於電政，全省一百零五縣中，除二十九縣不通電信外，餘均有電政之施設，有屬交通部辦理者，有屬省辦及縣辦理者，亦有屬軍事專用者。但無綫電政至今猶付闕如。

第二章 鐵道

一 同蒲鐵道

一 沿革

緣起　同蒲鐵路之修築，爲山西省十年建設計劃案中，之一交通部門。前於民國十七年，晉省當局曾經聘請德國工程司王鼐謨勒兩氏組織測量隊，按修築標準軌出測，越時凡二十九閱月。至二十年三月工竣。

路長　南起大同，北迄蒲州，路綫全長八百二十五公里，又四百公尺。連同岔道棧道，全長九百八十一公里，建築費約估七千四百三十萬元，費用浩大，興築維艱，乃不能不分期修築，將全綫分爲三期，第一期，

分期修築　由太原南至介休，北至崞縣之原平鎭；第二期，南由介休至臨汾縣北由原平至朔縣，第三期，南由臨汾至風陵渡北由朔縣至大同。於二十一年十一月開始修築，當時成立晉綏兵工築路局及總指揮部，委謝宗周爲築路局局長，閻主任自任總指揮，又由太原綏靖公署各長官分別協辦其事，並由綏靖公署各處分任

成立傳習所　各項事務，且設築路傳習所，以造就管工，領工，測量員等人才。三個月畢業，卽分發各段實際工作。以後陸續訓練工務、機務、車務、電務各項人員，以備應用。

經費來源 本路修築之經費，十年計劃中規定由生產保護費及公營事業項下各任半數。其築路條件有三，一爲堅固，二爲經濟，三爲就地取材。將以前之兵工廠改設機車廠鑄造廠等以專製築路用品。

二 概況

同蒲路由太原出發，北達大同接平綏綫，南抵蒲州與隴海綫相聯絡，縱貫山西全省，爲交通之幹線。自二十一年冬季開始修築，分年進行，現已通車者共有六百餘公里，以一省之財力，完成此八百二十五公里之幹線，雖係窄軌，然在此農村破產，百業凋敝之情形下，完成此鉅大之計劃，實非易易也。茲將各段鐵路修築之現狀分述於次。

甲 原平介休段

測線 太原南至介休段之測線，於二十二年一月開始，因避免與大潼路榆次太谷段平行，乃由榆次西繞經永康鎮、徐溝、直達太谷。此段除太原榆次間，地勢稍有起伏，榆次徐溝段地勢稍窪外，由徐溝經太谷，祁縣，平遙，以達介休，地勢均平坦，

長度 共長一百四十二公里、最大坡度爲百分之一。最小曲線半徑爲三百公尺。

施工 二十二年一月至四月，先後成立太介三個公段，太平段因石嶺關改線關係，先成立一個工段，分別測量定線施工，同時調派兵工開始路基土石方工程。九月間開始橋樑工程，十二月太介段開始鋪

通車 軌，二十三年五月鋪至介休，先通工程列車，七月一日正式開始營業。太平段石嶺關改綫後，於二十二年十一月續成立四個工段，次第開工，至二十三年九月，路基完成，開始鋪軌，十二月底鋪至忻口，因天冷工程暫停，二十四年春，繼續完成橋樑工程。已於七月鋪至原平，原介段工程乃告完全竣工。沿線所經各城鎮，多係晉中票商會萃之區。

乙　介休至臨汾及原平至朔縣段

測線 (一)介休至臨汾　介休至臨汾段之測線，於二十二年九月開始，由介休至靈石，因經過沙河數處，且有高山突出，汾河縈繞，因避免開洞，以致彎度不能放大，僅用一百五十公尺之半徑。由靈石至南關段，因既繞山巔皆懸崖削壁，為減少開石工，是以多佔用汽車路路基，又南至趙城段，在霍縣南須鑿一山洞，長為二十九公尺。

長度 總計由介休至義棠鎮，靈石過南關至趙城臨汾因東依大山，西臨汾河，地勢轉變甚急，勘測困難，此段路線共長一百三十四公里。最大坡度為百分之一，最小曲線半徑為一百五十公尺。

施工 開始以來共成之六個分段，十二月起，陸續調派兵工開始路基土石方工程，因靈石段工程艱難費時較長。二十三年四月開始橋樑工程。

通車 十二月鋪至霍縣，先行通車。霍縣至臨汾因霍趙間工程較大，於二十四年三月，始鋪至臨汾，業已正式通車營業。二十四年八月一日通至侯馬。沿線所經過各城鎮均屬重要者。

長度　(二)原平至朔縣　原朔縣長約一百零五公里。因原平與寧武間崇山峻嶺，爲同蒲全縣最難之工程，

測量　於二十二年十一月開始定線測量，計前後測量凡五次，於二十三年六月，先後成立三個分段，七月起陸

施工　續調派工兵開始路基土石方及隧道工程。因隧道開洞，不能多容工人，非年半時間，不能完成。所以除

改定程序　原平至大牛店二十里已成外，因改定程序，限二十五年年底完成。大牛店至朔縣之陽方口，其間橋樑之較大者均已動工。此爲原定第二期介臨原朔段建築之情形。

丙　臨汾至風陵渡及朔縣至大同

長度定線　(一)臨汾至風陵渡　臨汾風陵段，長約二百三十公里。於二十三年一月開始定線測量，十月先成立

施工　三個工段，陸續調派兵工修築路基，二十四年春解凍後，開始橋樑涵洞等工程，六月一日開始鋪軌，預定八月鋪至風陵渡。全路鋪軌工程以此段爲迅速，每日鋪三公里之多，因是段路基極爲平坦之故。惟永

通車　濟縣境內，因二十四年黃河東移，故路線亦着手向東改，已於十月完成各項工程，開始通車營業矣。

長度　(二)朔縣至大同　朔同段，約長計一百二十六公里。二十二年十一月起，於原朔段測量完後，即繼

測量　續測量完竣。一切材料及計劃均全備妥。預定於北段通車至陽方口時，即開始進行，無論如何二十五年上季即可完成。

管理　現在完成南至曲沃之候馬，北至原平，八月一日開始營業通車，亦即移歸同蒲鐵路管理處管理，計

機車數　現有機車四十五台，車皮完成者三百二十餘輛，未完成者二百七十餘輛。本路採用鋼軌爲每公尺重一五・九公斤之鋼軌，

鋼軌枕木　枕木種類尚多，規定普通甲種枕木標準尺寸，長二公尺，寬十一公分，厚十四公分。

橋樑　晉省山嶺縱橫溪流縈繞，同蒲路所經之地，就太原至介休而言，應作橋工卽有三百四十六處之多，故規定橋樑枕木之標準尺寸，寬爲六吋，厚爲七吋，長爲六呎七吋，其修築路用之各種材料，除必需購外貨或向別省購買者外，凡山西省所有而能應用者，無不採用之，誠爲建築鐵路，提倡土貨之先導者。

支線　同蒲全路有支線三：1.曰忻窰支線。自忻縣經定襄至迭窰頭，長約五十四公里，鋪軌工程於二十四年六月五日完成，九月一日正式通車，2.曰白晉支線。自東觀鎭至洪鎭，路線已測定，於二十四年八月卽實施土石方工程，現已完成二分之一。不久卽可全部完成。3.曰平汾支線。自平遙至汾陽，於二十四年八月施工，土石方工程，不日卽可完成。又因西山煤廠單獨使用，與同蒲路斷絕關係，此爲各支線之大概情形也。

站名　本路路線北由大同南至風陵渡，共長八百二十五公里，現自原平至風陵渡口間，業已通車，計長六百餘公里。其沿線車站名稱爲原平，忻口、播明、忻縣、豆羅、平社、高村、黃寨、皇后園、太原、北營、鳴李、榆次、永康、徐溝、太谷、東觀、祁縣、洪遼、平遙、張蘭、義安、介休、兩渡、靈石、許家店、富家灘、南關、霍縣、辛置、趙城、洪洞、官亭、臨汾、張禮、史村、柴莊、高頭、候馬、禮元、東鎭、聞喜、水頭、牛坡、安邑、運城、解縣、董村、虞鄉、趙伊、永濟、韓陽鎭、風陵渡、風陵渡

口、凡五十五站。

三　運輸及營業

同蒲路爲一經濟路線，其目的卽在營業，在原則上已早規定也。所以該路分段修築，完成一段卽開始通車營業。二十三年七月一日原平介休段，開始營業。二十四年三月介休臨汾段，開始正式營業。二

車行速度

十四年八月一日通至侯馬，同時太平、太臨、臨侯間開駛區間列車，太平段，平均每小時速度爲十六公里，臨侯段，平均速度每小時十二公里，自十月一日太介段增加速度，每小時三十五公里。又自十月五

貨運及客運

日起，開駛原平永濟間，直通旅客列車，營業極爲暢旺，平均每日進款五千餘元，客運約二千餘元，貨運約一二千噸。又據十一月份統計，全線客貨收入，有二十五萬餘元，就中以太谷、臨汾、洪洞、曲沃等站，貨運收入最多，每日可收八百餘元，由晉南往北者，以麥棉爲大宗。棉花一部運至榆次，卽轉正太路運銷天津；一部份運銷晉北原平一帶。麥子則多運往太原一帶，以供磨麵之用，每日約數百袋。又晉北崞縣銅川一帶，所產之梨，由河邊村站起運，行銷太原及中路各縣，每日運出四百簍，約計有四萬斤。總計同蒲路每日客運收入，爲二千元，貨運收入約九千餘元。

同蒲路在未修築之前，曾詳細攷察晉南晉北貨運客運之情形，並推測若干年後之結果，凡該路線所經過之地均爲工商農產薈萃之區，故是路通後，實於山西任何方面均有莫大之利益。茲將沿線物產及工

商品擇其主要者分別列表於后：

同蒲鐵路沿線農作物主要出產表

類種	產地	產量	價值	備攷
小麥	臨汾等二十八縣	每年約二十五萬石	每石七元左右	量數價值約以新斗計
棉花	臨汾等二十四縣	每年約五千萬觔	每觔三角五分左右	
旱煙	曲沃縣	每年約八十萬觔	每觔三角左右	
焦煙	曲沃縣	每年約一百二十萬觔	每觔五角左右	
碱	永濟縣	每年約二千萬觔	每觔五分左右	
碱	聞喜縣	每年約一千萬觔	每觔五分左右	
白洋布	新絳縣	每年約二十疋	每疋十元左右	每疋均以十丈計
白麻紙	臨汾縣	每日約六百局	每局三角左右	每局一百九十二張
同上	襄陵縣	每日約四百局	同上	同上
同上	平遙縣	每日約一百箱	同上	同上
棗	稷山縣	每年約六百萬觔	每觔五角左右	
同上	安邑縣	每年約一百萬觔	同上	
棉子	永濟縣	每年約八百萬觔	每觔一角左右	

同上	虞鄉縣	每年約四百萬觔	同上	
汾酒	汾陽縣	每年約五千萬觔	每觔三角左右	
生鐵器	新絳縣	每日約十噸	每噸二十元左右	
葡萄	清源縣	每年約三千萬觔	每觔五分左右	
小米	陽曲等十縣	每年十五萬石	每石六元左右	量數價值均以新斗計
高粱	山陰等五縣	每年約四萬石	每石三元左右	同上
麵粉	大同縣	每日約九百袋	每袋四元左右	同上
高粱	平遙等八縣	每年約十八萬石	每石四元左右	同上
麵粉	榆次縣	每年約一千八百袋	每袋四元左右	同上
同上	臨汾縣	每年約一千八百袋	每袋三元左右	同上

同蒲鐵路沿線工商主要生產表

出品地名或廠名	品名	每年產額	約計價值	備考
晉華紡織公司	棉紗	二千五百二十六包	六十三萬七千五百元	
太原晉生織染公廠	三龍布	六萬餘疋	七十五萬餘元	
	晉鼎布	六萬餘疋	六十六萬餘元	
大益成紡織公司	棉紗	四千五百包	八千十一萬餘元	
榮昌火柴公司	火柴	二萬六十箱	二十六萬餘元	

雍裕紡織公司	棉紗	一千八百包	四十六萬八千元	
五台縣工藝局	布	一千二百疋	五千七百六十元	
五台縣新民等工廠	布	四千五百疋	二萬一千六百元	
晉記烟草公司	捲烟	三千箱	三十餘萬元	
猗氏貧民工廠	布	四千餘疋	一萬二千餘元	
太谷源泉泳工廠	洋襪	四千餘打	八千餘元	
太谷晉通工廠	布	三千餘疋	一萬餘元	
潞城泰興蛋廠	蛋	十萬斤	五萬元	
晉豐公司	麵粉	一百二十六萬袋	四十餘萬元	
安邑華美造胰公司	肥皂	四千餘箱	三萬二千餘元	
祁縣晉奋織染工廠	棉布	五萬餘疋	七萬餘元	
汾陽崑崙火柴公司	火柴	四千餘箱	二十萬餘元	
晉恆製紙廠	紙	三萬餘令	十五萬餘元	
平遙晉生麵粉公司	麵粉	一萬餘袋	四萬餘元	

二　正太鐵道

一　沿革

緣起

清光緒間建築蘆江鐵路之議既定，旋又決定開辦太原至正定鐵路，與蘆江幹綫銜接一氣，以繁榮山西，由山西商務局借外款興造。光緒二十四年（一八九八）山西商務局與華俄道勝銀行商訂借款之約，約定路綫由柳村堡起至太原止，計長五百華里，借法金二千五百萬法郎，限期二十五年付息還本，以三個月爲一次。是爲本路命名柳太，進行建築時期。

一九〇二年中國國家鐵路五釐借款

光緒二十六年，值拳匪作亂，路事中輟。二十八年，將正定太原借款，與造鐵路作爲蘆江分支，於是又另訂詳細借款合同二十八款，行車合同十款，計訂借法金四千萬法郎，當時約合華銀一千三百萬兩，九扣交付，周年五釐起算，名曰一千九百零二年中國國家鐵路五釐借款。山西商務局與華俄銀行前合同作廢。工程限三年告竣。

改用窄軌

光緒二十九年，因正太路山徑崎嶇，難用寬軌，乃決定改用窄軌，着手測勘，進行建築，三十年日俄戰起，俄將此項借款權利讓與法國巴黎銀公司，歸其承辦。

債權歸法國

至是正太鐵路債權遂爲法國所有。

全路完成

本路路綫起點，原定平江路經過之正定府，由此往西，直達獲鹿縣。後因經過滹沱河須建大橋，改在石家莊設首站，光緒三十年四月實行開工，三十三年八月全路竣工，十月通車。

收歸國有鐵道

法國巴黎銀公司借款截至民國二十一年本息全數還清；是年十二月十五日實行接收爲國有鐵路之

一〇

二 概況

本路經過各地

本路橫貫冀晉兩省，全路方向由東而西，自石家莊至獲鹿縣地勢平衍，一過獲鹿，漸入山路。至岩峯，(三十六號道牌)爲冶河流域。冶河乃滹沱河之支河。路綫自岩峯至第一百五十四號道牌，均沿冶河而行。由此至榆次縣，沿汾河支流而達太原。

沿路要地

石家莊屬河北獲鹿縣，爲平漢正太兩路交义點，交通便利，商務繁盛。獲鹿井陘，均爲冀邊重要商場。平定縣治所屬陽泉鎭，係本路車站之一，附近各礦所產硬煤皆先聚此鎭，再由車裝運。壽陽縣多農產品，故糧食爲輸出貨物大宗，榆次縣受汾河灌溉，農產較豐，尤以棉花糧食爲最多。太原係山西省會，客運貨運，均尙發達。

本路最艱鉅工程所在

山西爲太行山脈所在，岡巒起伏，澗谷相望。晉冀交界之娘子關，尤稱天險，本路工程以此爲最艱鉅。

站別及里程

本路幹綫長二四三公里。設站三十四。有支綫一，由南張村站至鳳山，長六公里九五三。玆將各站里程列表如左：

站別	里程（公里）
石家莊站	〇・〇〇
大郭村站	九・〇〇
獲鹿縣站	一七・〇〇
頭泉站	二二・〇〇
上安站	三一・〇〇
岩峯站	三七・〇〇
微水站	四二・〇〇
南河頭站	四四・〇〇
南張村站	五一・〇〇
井陘縣站	五七・〇〇
北峪站	六三・〇〇
南峪站	六七・〇〇
娘子關站	七四・〇〇
程家隴底站	八二・〇〇
下盤石站	九一・〇〇
岩會站	九九・〇〇
亂流站	一〇九・〇〇
白羊墅站	一一五・〇〇
陽泉站	一二一・〇〇
賽魚站	一二八・〇〇
坡頭站	一三五・〇〇
測石驛站	一四一・〇〇
芹泉站	一五一・〇〇
壽陽縣站	一六一・〇〇
馬首村站	一六七・〇〇
上湖站	一七六・〇〇
盧家莊站	一八五・〇〇
段廷站	一九三・〇〇
東趙村站	二〇二・〇〇
北合流站	二〇一・〇〇
榆次縣站	二一八・〇〇
鳴李站	二二三・〇〇
北營站	二三四・〇〇

鋼軌枕木橋樑

本路所用之鋼軌，均係威昂式，每一公尺計重二十八公斤，所用枕木，多係日本橡木。本路所經有鐵橋三百零八座，其中二十公尺及二十公尺以上者佔二十座。石橋五百四十九座，涵洞九百八十八座。

管理及組織

考本路以前管理情形，約分兩期，自光緒二十九年起，至光緒於十四年底止，爲工程時期，自宣統元年起，至接收前止，爲行車時期，組織亦極簡單，約分三大部份(1)管理局(2)總稽核室(3)總管理處是也。當客卿代管時代，其成績雖甚優良，而一切組織及規則不特有違部章抑且不合系統，至二十一年十月完全收回後，陸續興革，至二十四年四月始奉鐵部令修訂現行編制專章計設(1)總務處，其下又分文書課，人事課，庶務課，材料課，及醫務長室。(2)工務處，下分稽核課，工程課，及工務分段。(3)車務處，下分營業課，運輸課，車務分段及站。(4)機務處，下分計核課，工事課機廠及機務分段。(5)會計處下分綜核課，檢查課及出納課等以分掌各所屬事務。至職員方面計分局長，總稽核、處長、副處長、秘書、稽核員、課長、廠長、醫務長、醫院院長，醫師、工程司、幫工程司、分段長、查帳員、課員、工務員、客貨運稽查、事務員、站長、副站長、車長、驗票員及監工等。又本路接收前，因係法藉客卿代管，以致職員中洋員不少，而且全路所用文字除呈部外，多係法文，接收後次第改用中文，以期便利而洋員中解僱者有之，留用者亦有之，由是實權始操諸局長與副局長之手。

榆谷支線

鐵部所修之大潼路榆次至太谷段業已完成。已於二十三年十一月五日正式試車，鐵部因晉當局已將同蒲路完成大半，大潼路無再修必要，决卽停工。至已完成之榆谷段，卽改名爲正太路支綫，可由石家莊直通太谷，由太谷直達太原。

三　運輸

各項車輛統計

本路共有客運用機車六輛，貨運用機車五十輛，調車用機車十一輛，及寬軌小機車一輛，總計六十八輛，所有機車均分別存放於石家莊，陽泉太原三機車房。又本路客車除公事車不計外，計有頭二等合車十輛，頭等臥車三輛，二三等車三輛，三等客車四十三輛。除行李郵政開支及衛生等車十五輛不計外營業客車共爲五十九輛。至貨車除救援車及工程車六十八輛不能應用外，計有廿噸蓬車一四〇輛，廿五噸高邊車五九三輛，廿噸低邊車廿八輛，廿噸平車十輛，廿噸煤油車八輛、共計七七九輛。因本路之貨運以煤觔食糧雜貨爲大宗，對於低邊車平車煤油車等用途極少。足資營業上之應用者，厥爲七百三十三輛之蓬車與高邊車，其中除修理約佔百分之八以外，實在運行之車輛爲六百七十輛左右。

載客統計

本路載客情形，據民國二十二年統計，總數爲七八九、五二九人，其中商運計六三一、六七七人，政府計一五七、八五二人；二十三年總數爲六三〇、六八四人，其中商運計五五四、四二六人，政府計七六、二五八名，較二十二年度，共減一五八、八四五人，而商運計，減七七、二五一人，政府計減八

一、五九四人。

貨運種類及數量

本路沿綫所經之處，多窮鄉僻壤，地瘠民貧，主要貨運，爲由本路輸出之山西平定縣之硬煤，河北井陘縣之煙煤，山西各地之食糧棉花，毛皮等項農產品，及輸入之鹽、糖、布疋等雜貨。自本路通車以來，沿綫煤炭礦產，逐漸發展，銷路日增，本路貨運，逐年增加。二十三年度因華北各地社會秩序安定農產豐收；本路榆谷支綫通車營業；辦理貨物負責聯運日見發達；平漢路機車車輛敷用，能充分接運由本路運出之貨物；故本路貨運甚爲暢旺，與上度相較，商運貨物噸數增加二五八、四六三公噸七三〇公斤，約爲百分之十三；進款增加八一二、二七九元五四，約爲百分之二十一；延噸公里增加四一、四四三、八六〇噸里，約爲百分之二十三。由上述貨運噸數，進款，延噸公里增加之數目及比較之百分數，本年度貨運情形可以概見。

茲將二十三年度本路貨運噸數，進款，統計與二十二年度之比較，分別列表如左：

(1)貨物噸數表

	商運	政府	他路	本路	共計
二十三年度	二、一二四、四〇九・一四三	四四、三〇一・五七三	四一、一四八・六五〇	八四、五五九・一〇〇	二、二九四、三一六・四六五
二十二年度	一八六、五九四・四一三	四九、五一五・三六四	五一、三三四・二三〇	五九、二七一・三〇五	二、〇二六、二五四・三一〇
較二十二年增	二五八、四六三・七三〇			二五二八七・七九五	二六八、〇六二・一五五

較二十二年減		五、六一三・七九〇	一〇、〇七五・五八〇		

(2)貨物進款表(單位元)

	商運	政府	他路	本路	共計
二十二年度	四、五〇六、九一七・三三	二五〇、四五五・五〇	五三、二七七・五五	六四、七一七・四〇	四、八七四、三六七・七七
二十三年度	三、六九四、六三七・九八	二三三、五二〇・三〇	七六、八八六・五五	三九、九〇一・〇五	四、〇三六、九四五・六八
較二十二年增	八二二、二七九・五四	二六、九三五・二〇		二四、八一六・三五	八三七、四二二・〇九
較二十二年減			二六、六〇九・〇〇		

(3)貨物統計表

	共運噸數	延噸公里	平均每噸里程	進款總數	平均每噸進款	平均每噸每公里進款
二十三年度	二、二九四、三一六・〇六五	二二一、九三六・〇四三	九六・七三三	四、八七四、三六七・七七	二・一二	〇・〇二三〇
二十二年度	二、〇二六、二五四・三二〇	一八〇、四九二・一七八	八九・〇七七	四、〇三六、九四五・六八	一・九九	〇・〇二二四
較二十二年增	二六、八六二・一五五	四三、一四四・八六五	七・六五六	八三七、四二二・〇九	〇・一三	
較二十二年減						〇・〇〇〇四

四　營業收支

正太路歷年客運貨運進款均稱平穩，十五年達五百萬元，十六年徒然降落，較十五年減一百二十餘萬元，至十七年尚不能回復十五年之情形，以是年有軍事行動，致各項進款均受重大打擊，十八年以後始能重達五百萬元以上。

支出方面則歷年均有增加，按民國十五年各項支出總額計二、一四九、六五六・三二元，佔營業進款總數百分之四二・〇六元，十六年爲二、一八二、三七八・九五元，佔營業進款總數百分之五六・五四元至二十二年復增至三、三九三、二八六元，茲將本路最近數年營業收支概況列表於左：

正太鐵路最近數年營業收支概況表(單位元)

年份	營業收入	營業支出	盈或虧
民國二十一年	五、四一三、三三二・七六	三、三六〇、五二三・八一	(十)五二、八〇八・九五
民國二十二年	五、四七二、一九五	三、三九三、二八六	(十)七九、九〇九
民國二十三年	五、七五六、二九二・九一	三、二六二、〇〇三・四九	(十)二、四九四、二八九・四一
民國二十四年	六、七一三、五七九・二九	三、五四二、三四〇・〇〇	(十)三、一八九、二五九・二九

收入

本路營業收入共分五項，卽客運收入，貨運收入，其他收入，及租金收入與雜項收入。五項數字歷年均有增減，據二十年至二十二年，此三年中，客運及其他項下收入歷年均在減低，惟貨運一項，又每年遞增，按二十年貨運收入總計三、九七八、一一六・七九元，二十一年總計三、九九三、九三〇・四八元至二十二年則增至四、一三〇、九六四元，茲將最近二年營業進款概況列表如左。

營業進款概數表

科目／年份	客業務 旅客進款1	客業務 其他進款2	貨運業務 貨運進款3	貨運業務 其他進款4	租金進款8	雜項進款9	共計
二十三年份	八六六、三三九·〇二	八六、六五二·〇八	四、三五一、三七三·一七	三七三、五九三·七三	一六七、一二三·五三	一一、四三三·三八	五、七五六、二九二·九一
二十四年份	八六四、一五八·六九	八三、八五五·七九	五、三一六、九四八·四一	四三九、九五八·〇五	九一、〇六四·四四	一七、五九三·九一	六、七一三、五七九·二九

支出

本路營業用款，卽營業支出共分五項：卽總務費，車務費，運務費，設備品維持費，工務維持費。各項開支大概歷年均有加無減。按民國二十年支出總數計三、二一六四、〇五六·一七元，二十二年則為三三九二，二八六六元，其中歷年均以總務費項下用款為最多，次為設備品維持費，再次為工務維持費，計民國二十年總務費計一、一三八、〇一四·五五元，二十一年總計一、二三五、〇〇一·三〇元，二十二年總計為一、二四一、〇五三元。茲將最近二年來營業支出各項數字列表如下：

營業用款概數表

科目／年份	總務費	車務費	運務費	設備品維持費	工務維持費	共計
二十三年份	一、一六一、四一九·五九	三六二、九八四·六四	五三七、九四〇·五五	六一〇、八五二·二八	五八七、八〇六·四三	三、二六二、〇〇三·四九
二十四年份	一、一七七、一二五·〇〇	三七六、三一五·〇〇	五八〇、三五〇·〇〇	七〇四、四五〇·〇〇	六八六、一〇〇·〇〇	三、五二四、三四〇·〇〇

三　平綏鐵道

一　沿革

起線

遜清光緒二十九年（一九〇三），有商人名李明和者，呈請路礦局招集商股，興築北京至張家口鐵路，以股本不足恃被駁；於是官辦之議漸興。當時督會辦鐵路大臣袁世凱，胡燏棻，建議提撥關內外鐵路餘利建築。關內外路，餘利均存英商滙豐銀行，約定撥用時，須彼此協商。特派道員梁如浩與中英公司磋商。中英堅持非用英國工程司不可。俄使又以我國政府有長城以北鐵路不能由他國承辦之議出而反對。辯論年餘始與英公司議定按年提撥餘利辦法，幷聲明不用外國工程司，表示與他國均不相涉。光緒三十一年（一九〇五）四月，實行設局開辦，派陳昭常爲總辦，詹天佑爲總工程司，是爲國人自造鐵路之開端。

國人自造鐵路之開端

京張路建築未竣，議者以其原定計劃，里程太長，而且所經人煙寥廓，建築費既難，養路費尤恐無著。於是光緒三十三年決定先行展築由張家口經歸化至綏遠：這就是張綏路。張綏路議既定，光緒三十四年九月派工程司俞人鳳前往測勘，由郵傳部撥款展築。

當京張段開築之初，路綫所經有關溝天險，必須鑿嶺開山，工程既難且鉅，外人咸疑華員弗克勝任

京張段完成

，且有著論披露報章，謂中國造此路之工程司尚未誕生者。迨宣統元年八月，京張全綫告成，行開車禮，中外來賓數逾萬人。郵傳部尚書徐世昌親蒞致詞，謂『本路之成，非徒增長吾華工程司之榮譽，而後此從事工程者亦得以益堅其自信力，而勇於圖成。將來自辦之鐵路，繼興未艾，必以京張路爲先河：所關非細事也。』

工事中輟

宣統三年十月，路工築至陽高，而武漢革命軍興，京奉路餘利停撥部款亦艱於接濟，工事遂中輟。民國元年又力圖進展。是年冬由陽高繼續開工，至民國三年一月，工程車通至大同，復圖展築至豐鎭。三月同豐段興工。民國四年九月車通豐鎭。旋因東路款奇絀，工事艱於進行。交通總長朱啓鈐竭力維持，屢撥部款接濟。自是以後，受政治軍事影響，停工者四年有奇。至民國八年九月始由豐鎭繼續展築至卓資山。然工款仍異常竭蹶，當事者乃取臨時辦法，以迅速通車爲唯一要圖，並擬募集短期借款一

借款

百萬元，作爲京綏鐵路第六次借款，全數撥作由卓至綏工程之用。此項計劃於路軌未築至卓資山以前，呈明交通部核准，十年四月路軌即接至綏遠。計張綏全段開始興築以來，已歷八年矣。

民國九年五月張綏全路通車後，京綏局又派員測勘綏包綫。民國十年二月由部提出國務會議，議決展築。議定募集內國公債五百萬元，以充展築經費。是年十月興工，至十一年十二月底全路告成。十二年一月通車。

全綫完成

本路初名京張（由北京至張家口），繼築張綏綫（由張家口至綏遠）另設張綏路局。民國三年，二局合

收歸國有鐵道

併，統稱京張張綏鐵路。五年更名京綏鐵路。其後路綫雖展至包頭，仍沿京綏舊名未改。民國十七年七更名平綏鐵路。同年十月鐵道部成立，由鐵道部直轄爲國有鐵路之一。

二 概況

沿路要地

本路全綫，由豐台經北平，通縣、居庸關抵張家口，自西而北，蜿蜒達於綏遠，復向西南直行而至包頭鎭、貫察、綏、枕燕晉、爲西北一大幹綫；於安輯蒙旗，捍衞關塞，均有極大關繫。其中經過之平地泉，東通哈爾濱，西北通庫倫，西綏包頭達哈密、與張家口、綏遠、包頭均爲漢蒙貿易場所。張家口爲中蘇陸路通商要地、內外蒙古，察哈爾日用所需茶磚、火柴、煙草、紙張、綢緞等莫不取給於此。其他所產大宗物品、如牲畜皮毛藥材獸骨等類、亦均以此爲轉運之所。是以商賈麕集，京況繁盛，每歲貿易額在三千萬兩以上。綏遠商務均在歸化。凡甘青內外蒙古一帶之皮毛牲畜藥材及新疆之棉花葡萄，均集此轉運平津滬漢，而平均滬漢運來之物亦由此分運各處。每歲貿易額在二千五百萬兩以上。包頭居水陸之要衝，爲貨物所萃集之處，每歲貿易在一千萬兩以上。

站別及里程

本路幹綫自豐台起至包頭鎭止，其營業里數爲八一六•二三公里，站六十五，枝綫四。茲將各站里程列表如左：

站別	里程（公里）
豐台站	○・○○
廣安站門	七・三二
西直門站	一四・八三
清華園站	二〇・二一
清河站	二五・九七
沙河鎮站	三六・二四
昌平縣站	四五・六二
南口站	五四・九六
東園站	六〇・五六
居庸關站	六五・〇九
三堡站	六八・九五
青龍橋站	七二・九六
西撥子站	七八・八二
康莊站	八四・八〇
懷來縣站	九六・三七
土木站	一一一・七八
沙城站	一一八・九二
新保安站	一二七・八一
下花園站	一四三・八〇
辛莊子站	一五四・四二
宣化府站	一六八・九七
沙嶺子站	一八三・一二
寧遠站	一九一・九〇
張家口站	二〇一・二〇
孔家莊站	二一八・七五
郭磊站	二三四・九三
柴溝堡站	二四八・八二
西灣堡站	二六三・五九
永嘉堡站	二七九・六三
天鎮縣站	二九七・二三
羅文皂站	三一一・六一
陽高縣站	三二六・五六
王官人屯站	三四一・四三

聚樂堡站		三五五・九六
周士莊站		三六七・九六
大同府站		三八三・一五
孤山站		三九六・四五
堡子灣站		四一三・八九
豐鎮站		四二八・〇一
新安莊站		四四四・四五
永王莊站		四五二・九八
紅砂壩站		四六四・四八
官村站		四七八・六五
蘇集站		四九四・三五
平地泉站		五一〇・二八
三岔口站		五二五・一〇
八蘇木站		五三六・九八
十八台站		五四八・六八
馬蓋圖站		五六二・四七
卓資山站		五七五・五九
義豐村站		五八二・四〇
福生莊站		五八九・七五
三道營站		六〇四・八四
旗下營站		六一七・八五
陶卜齊站		六三五・九九
白塔站		五六一・八一
綏遠城站		六六八・三六
台閣牧站		六八七・〇六
畢克齊站		七〇四・四六
察素齊站		七一八・五五
陶思浩站		七三五・九五
麥達召站		七五三・九〇
薩拉齊縣站		七七二・一五
公積坂站		七八六・二六
磴口站		八〇一・六五
包頭站		八一六・二三

枝綫

本路有枝綫四，卽平門枝綫，環城枝綫，大同枝綫，宣化枝綫是也。平門枝綫，於光緒三十四年八月告成，由北平展至門頭溝，初名京門後改今名。爲平西運煤之路。設站四。營業里數爲二五・九六公里。

環城枝綫，環繞北平城，興工於民國四年六月，於同年十二月告成。有站四、長一五・〇五公里。

大同枝綫，爲運煤枝路，於民國七年四月興工，閱三月竣工。設站二、營業里數爲一九・八一公里。

宣化枝綫，於民國八年一月一日通車，長八六・五〇公里。此綫原爲運輸鐵礦而築。自該處鐵礦公司倒閉，鐵砂停運後，此枝綫亦遂廢除。

鋼軌枕木橋梁等

本路所用之鋼軌，計有每碼八十五磅鋼軌，八十五磅加硬鋼軌，七十磅鋼軌，六十七磅三鋼軌，六十磅鋼軌、三十磅鋼軌，二十五磅鋼軌及小鋼軌等八種；所用枕木多爲日本枕，間亦有用美國松及本國衫枕者，本路自豐台東六華里之椰村起，沿綫所經山巒起伏，河谷紆迴，故橋梁涵洞獨多，由豐台至綏遠，大小橋梁涵洞共一千五百三十六座，共長九千七百八十五公尺二寸七分。其中計鐵橋五百零九座，長七千四百六十六公尺二寸二分。石橋一百八十六座，長一千零三十一公尺九寸、木橋二十七座，長四百七十二公尺九寸五分。涵洞八百十四座長八百十四公尺二寸。

管理及組織

本路自清光緒三十一年，有人奏請修造京張鐵路，五月設京張鐵路總局於天津，設分局及工程局於北京，設材料廠於豐台，設購地所隨同工次購地總局，内分總務，電務及總收支三處，置提調總文案等工程局，以會辦兼總工程司領之，各工程司均歸節制，並兼領材料庶務。是爲本路組織之始。但以後歷年因工程擴大及各種需要，常有局部改組或全盤改組之事，至民國十九年鐵道部規定本路管理局，爲二等局，二十一年部令將原有警務課及督察室改組爲警務署，直隸於鐵道部路警管理局，並頒布本路編制專章，其大約如下：鐵道部設平綏管理局，管理自北平至綏遠區之包頭縣鐵路及其支綫，管理局依國有鐵道管理局編制組織之，分總務、工務、車務、機務及會計等五處。總務處下設文書編譯，材料、產業、庶務、醫院等課；工務處下設文牘，工程、藝務、工務分段等課；車務處下設文牘運輸，計核、電務、車務、分段等課；機務處下設文牘，工事、機務、機廠、分段等課；會計處下，設文牘、出納、綜核、檢查等課：以分掌各類所屬事宜。至職員分局長、副局長、總稽核、處長、秘書、課長、段長、分段長、廠長、所長、醫院院長、醫師、總工程司、工程司、副工程司、幫工程司、工務員、事務員、司帳主任、司帳員、查帳員、鍋爐稽查、站長、副站長、查票員、車長、總監工以及監工等。

三　運輸

車輛統計

平綏鐵路共有機車一三八輛，其中客車計二〇輛，貨車計五二輛，倒車六六輛；客車合計爲一八七輛，內頭等車計一三輛，二等車亦爲一三輛，三等車最多，計一〇五輛，其他用車計五六輛，貨車共計一、四七三輛，其中有蓋車計二六九輛，無蓋車計一、二〇四輛，此外尙有業務調用車二三輛。

旅客統計

本路載客數量，按民國二十年總計九七五、二六六人，二十一年約減，總計九五七、八六七人，二十二年驟增，共計一、〇八三、六四八・五人，其中以三等旅客爲數最多，計一、〇七五、六四二人，二等次之，計四、五一〇、五人，頭等最少，不過三、四九六人而已。

貨運統計

本路運輸成績，統計客運貨運以十四年爲最旺。達一千一百四十四萬餘元，十五年後一落千丈，爲歷年所未有，因受軍事重大影響，路旣破壞，運輸多半停止，十七年以後始漸轉入佳境，計二十年運輸物品總計一、三五二、四三六公噸；二十一年總計一、六二八、二五六公噸，二十二年總計一、六四九、二九一公噸，即以是年來說，運輸物品中，以商運貨物爲最多，共計一、二五六、五九五公噸，內鑛產品爲七七八、四八六公噸，農產品爲三二二、〇二公噸，工藝品爲七八、八〇一公噸，獸產品爲七三、三三〇公噸，林產品最少，爲三、四七六公噸。非商運貨物，合計三九二、六九六公噸，內以鐵路材料佔多數，計二五三、九二三公噸，政府用品僅佔一三八、七六三公噸。

四　營業收入

平綏路營業收入自民國九年至十三年均甚平穩，以十四年收入特多計一一、七四三、二六五・九五元。爲以前所未有之，但十五年因軍事關係，忽然減少甚鉅，計總收入不過五、一八四、三四八・四四元。至二十年復漸增加計總數七、四一八、九一六・四四元。佔營業進款總數百分之一〇〇・〇〇元支出方面歷年增減不一，民國十四年以前，約自五千六百餘萬元，至六千一百餘萬元之間，除十四年因特別情形，多開消七、〇六二、八三〇・七四元外，以後數年亦與前情形相似，惟自二十一年起復增至七千餘元以上。茲將本路最近三年來營業收入概況列表如左：

平綏路最近數年營業收支概況表(單位元)

年份	營業收入	營業支出	盈或虧
民國二十年	七、四一八、九一六・四四	六、八八二、七九二・六二	五三六、一二三・六二
民國二十一年	一、八八九、五八三・七六	七、〇九〇、九五一・九三	七九、八六三・八三
民國二十二年	八、七六四、四六八	六、九八五、三六五	一、七七九、一〇三

收入

本路營業收入，可分爲三項，即客運業務進款，貨運業務進款及其他業務進款是也。查本路歷年總收入均有增加，而三項收入數字中，尤以貨運一項爲特多，按民國二十一年貨運收入總數計五、七〇八、四〇五・五六元，至次年則增到六、三九五、〇〇七元，其他收入次之，客運收入比較最少，茲將近數年營業收入各項數字分別列表於左：

平綏路最近數年各項營業收入一覽表(單位元)

年份	客運收入	貨運收入	其他收入	共計

民國二十年	一、六九二、七五〇・三六	五、二七四、四五六・〇五	四五一、七一〇・〇三	七、四一八、九一六・四四
民國二十一年	一、五五五、〇五七・三一	五、七〇八、四〇五・五六	六二六、一二〇・八九	七、八八九、五八三・七六
民國二十二年	二、〇六一、七七三	六、三九五、〇〇七	三〇七、六八八	八、七六四、四六八

支出

本路支出共分六項：卽總務費、車務費、運務費、設備品維持費、互用車輛及工務維持費等，按民國二十年各項數字中，以運務費爲最多，次爲設備品維持費，二十一年則以設備品維持費居首位，運務費次之，總務費又次之：二十二年仍以設備品維持費一項支出爲最多，車務費又次之。互用車輛費在二十年及二十一年均無支出，二十二年是項有計三〇〇五元，玆將最近數年各項數字分別詳列於后：

年份	總務費	車務費	運務費	設備品維持費	工務維持費	互用車輛	共計
二十年	一、五七四、七九一・二九	七四五、六一九・二七	一、六六二、八四六・五〇	一、六四〇、八五三・四三	一、二五八、六六二・一三		六、八八二、七九二・六五
二十一年	一、四九五、二二四・二四	七七二、四八六・三三	一、六七七、六七三・七六	一、九四三、〇四四・〇〇	一、二〇二、五三三・五九		七、〇九〇、九五一・九三
二十二年	一、五二一、三二七	七四九、六七六	一、五七四、八二五	一、九四二、一五四	一、一九四、三八八	三、〇〇五	六、九八五、三六五

第三章　公路

一　概況

查山西物產豐富，煤鑛而外，如嶺南之麥棉，雁北之皮毛，均堪爲地方輸出商品，人民天然富源。祇以交通阻塞，運輸維艱，以致蘊藏居積，財匱民貧，原因固多，而交通不便，實爲其最大主因，故省政十年建設計劃案規定人民義務服役修路以利交通。民國八年創闢省汽車路，利用工賑及兵工修築太原至大同，太原至運城，平定至遼縣，太原至軍渡各汽車路，共長二千一百十二里。以後繼續進展，截至十八年止，復先後完成者有侯馬至河津，運城至風陵渡，祁縣白圭鎮至晉城，忻縣至五台河邊村，汾陽至平遙，介休至汾陽等汽車路共長一千五百三十八里。現在已成各路共有三千六百五十里。除平遙段僅行駛平輪大車外，餘皆通行汽車，茲將已成各支幹線列表於后：

山西省已成各公路幹支綫一覽表

路線名稱	寬度	長度	起訖地點	經過縣份	經過地點及站口	備註
太風南縱	七公尺	六九四（公里）	由太原起至永濟縣之風陵渡止	榆次徐溝太谷祁縣平遙介休靈石霍縣趙城洪洞臨汾曲沃聞喜襄陵汾城	鳴李村郭村東陽鎮狄村同戈站高花村南席村朝陽鎮孟高村戴村胡村黃村韓村孟家莊楊家莊太谷縣城沙河北濟鎮桑曹冀郝同洪善小沿村大閆村五里莊尹村城關蒲南姚橋頭杜村大甫村秦樹村張三鎮義安村河底村旌介村集展村靜昇鎮尹方村蘇溪村延安村南北王中村靈石縣城玉成村張家莊夏門鎮王廟村朱楊莊過沙北關南瓊聖佛蒲灘東灣郭莊辛置村邁城鎮蕭村胡村洪洞縣城西永縣等二十四村鄭黑村令伯村辛建村梁村史村鎮解村閻店址祉伯成蒙亭	省道

幹線				運城解縣虞鄉永濟	韓村東虞村樓上村趙堡村東關魏廟大韓村蒙城辛村曲沃縣城橋村候馬史店驛橋上院臨口衛家莊槐泉東林關壽縣城郭店鎮平坡村陶村鎮運城縣城李店鋪本莊頭趙村張耿龍店茂盛莊樊王羅又候村賈村西王村曾家營土橋村趙伊韓陽區鎮石莊三家店長旺村等	
大同北縱幹線	七公尺	三六九（公里）	由太原起至大同止	懷仁山陰代縣陽曲崞縣忻縣	郗東營辛寨西關村里八莊懷仁縣城陳家堡苑家辛店薛家園閻安榮村代岳鎮陽曲縣城青龍黃寨大盂鎮北周莊鄭家莊陽明堡下沙河村殿上村太和嶺村廣武鎮後腰鋪山陰莊營村界河鋪原平鎮北賈村崞縣縣城鄭家營王董堡班政鋪關城鎮豆羅村晏村忻縣縣城十里鋪泡池金山鋪忻口界河鋪等	省道
北晉南縱幹線	七公尺	三四八（公里）	由祁縣白圭鎮起至晉城止	沁縣屯留長子長治高平	西洋村牛寺村交口鎮固亦村口頭村沁縣縣城溫莊段柳村白家溝新店村魏家坡安澤磯城鮮店鎮嵐水草墻長子縣城大堡頭崇仁舖張店鎮滌村漳沂村漳澤村宋家店史家莊柴防村角沿村西關長治縣城朱家店信義村安城鎮馬村馮村段寺村比星鎮南星村六家村什善王報王莊高平縣治西關南關龍渠村邃河西鎮村喬村三家店村巴公鎮泊村王台南比石店司徒大嶺頭等村東關晉城縣城等	省道
太軍西橫幹線	七公尺	二八八（公里）	由太原起至離石之軍渡止	清源交城陽曲文水汾陽	大南關北營在城一在城二在城南一城三南營留北村水屯營柴家寨油房堡東於高白東截寨白截高白西高夏家營義望賈村楊渠北城外街西北街下關街瓦窰安定洪相廣興村文水縣城開柵鎮李義鎮南北徐村岳村夏祠上賢平村冀村鎮永安鎮盡善東西堡四錐城鎮莊化村吳城離石縣城柳林堡	省道
孟洪東縱幹線之平遼段	七公尺	一二一（公里）	由平定之陽泉起至遼陽止	昔陽和順	張莊渡海鋪溝高家嶺孟壁麻黃灘杜莊李陽泊里溫源后峪東塔邢村蔡家莊和順縣城會裏南窰西仁東喂馬上元弓家溝古窰東關北鄉豐堠鎮清河店塞王鎮南鄉等	省道
河清南橫幹線之候河段	七公尺	一〇四（公里）	由曲沃之候馬鎮起至河津止	新絳稷山	狄莊南關橋東橋西楊趙村官村原家莊羊牧頭稷山縣城南陽村吳城村下迪鎮薛村馬家巷西王村黃村河邊村瑤池村濟勝鐸智橋楊茅村張趙村蔣村砂村芳村羊城陳家營村等	省道
太軍西橫幹線之汾平支路	七公尺	四六（公里）	由汾陽起至平遙止		韓留村蒲左家堡油房堡南堡寧固阜五坊村蘇封村三家堡村馴村吉香樂村義安村薰家莊廖寧堡南社村等	省道
太軍西橫幹線之汾孝支路	七公尺	二三（公里）	由汾陽起至孝義縣止		趙家莊陽城村田留頭瑤圖東關梧桐村南北姚等村。	省道

大同北縱幹線代廣支路之代營段	七公尺	五八（公里）	由岱縣起至繁峙之大營鎭止		楊明堡東留屬村聖水頭村作頭村福進坊下茹越永興砂河鎭三泉村河南村大營鎭等	省道
合計	七〇公尺	二一一六（公里）				

以上各綫均早已通車，爲進一步明瞭全省公路概況起見，特再列調查表於左：

山西全省汽車路概況調查表

段別	里程 平路里數	里程 山路里數	里程 合計	橋數 石橋數	橋數 磚橋數	橋數 木橋數	橋數 合計	運輸 全年客車數	運輸 全年貨車數	運輸 合計	款項 全年收入數	款項 全年支出數	款項 合計	備考
南一段	三三〇	〇	三三〇	二五	八	一三	三六	四四	四八	九二	四八四〇六	四八二三	四三五八三	
南二段	六五	一二〇	二二五	三五	六七	二	一〇四	三一	一四	四五	一五六一六	九九六九	五六四七	
南三段	四五八	一二	四七〇	一一	七	〇	一八	四五	二五	七〇	二〇八九八	八〇一九	一二八七九	內包候河支路一百八十里
南四段	三三五	〇	三三五	七	一五	〇	二二	二三	一六	三九	一二六五三	一三三九〇	七三七	
北一段	三五五	〇	三五五	九	二七	二三	五九	二〇	二	二二	一四一一九	一七三一九	三二〇〇	內包忻台支路九十里
北二段	二四五	四〇	二八五	一二	七	一三	三二	二六	四	三〇	六四三〇	一四五九二	八一六二	內包代營支路一百里
北三段	一九〇	〇	一九〇	二一	二	四五	六八	一六	〇	一六	七三一八	七六九一	三七三	
西一段	二八〇	三〇	三一〇	三	一八	一三	三四	三五	〇	三五	一四五四二	六三一八	八二二三	內包汾平支路八十里

西二段	二三〇	一五〇	二七〇	七六	三	〇	八八	〇	〇	〇	六八〇五	一八一四八	
白晉一段	一九〇	三三〇	三二〇	六二	二	二	六五	一九	八	二七	一〇七三三	二〇八二〇	一〇〇八八
白晉二段	二〇五	九〇	二九五	一	二六	〇	二七	一四	三	一七	九二八九	四三七六九	三四四八〇
東一段	二〇〇	一〇	二一〇	六二	七七	三	一四四	〇	〇	〇	八一一五	五八二〇	二二九五
共計	三、〇〇三	五七二	三、五七五	三三二	二七七	八四	六九二	二七五	二二〇	三九三	一九二、五三四	三三、五三六	
說明	本表里數均按華里計算例如平路里數三百里卽指華里而言												

二　管理及營業

本省各段汽車路完成後，於民國十一年七月共劃爲十二段，計晉南四段，晉北三段，晉西二段，白晉二段，平遙一段。每段設段長辦理修路及收捐事宜，歸前省公署管轄，至十六年移歸建設廳，二十一年五月爲整理全省汽車路便利商人起見，將已成各汽路包歸專商專利行駛，取消各段長，改組汽路臨時管理委員會專司修路之責，至二十二年復將管理委員會取消，另設汽車路管理局接辦修路事宜，仍歸建設廳管轄，至修路費用原預算十六萬元，自二十一年度按七成扣發，實領十一萬二千元。因本省環境皆山，已成汽路多係依山修築，每屆夏秋兩季山洪暴發，不時汽車路之損壞頻仍，工程浩繁，故需款極多。

本省汽車營業晉南較爲發達，共有客貨汽車二百四十七輛。每年營業收入約有七十餘萬元，佔全省汽車營業收入二分之一，自同蒲鐵路通車後，客貨多改由鐵路，該項汽車營業日見銷減，現在已有一落千丈之勢。爲今之計，只有積極修築晉城至曲沃及黎城東陽關至臨汾兩汽車路，藉資救濟之一途。茲將省路行駛客貨汽車情形列表如左：

山西省路行駛商營客貨汽車調查表

公司名稱	汽車種類	輛數 客車	輛數 貨車	容量 客車	容量 貨車	行駛路線	所在地點
太濟汽車公司	飛得祿	二十一輛	十六輛	十五座	噸半	自太原至風陵渡	太原首義關街四十八號
	道濟	十五輛	二十輛	十五座	噸半		
	萬國	五輛	八輛	十五座	噸半		
	福特	十輛	六輛	十五座	噸半		
	通用	二輛	五輛	十五座	噸半		
	雪佛蘭	三十輛	十三輛	十五座	噸半		
	捷爲樂	三輛	五輛	十五座	噸半		
	毛瑞司		一輛		噸半		
	卜郎克盛		一輛		噸半		
	克利司	一輛	一輛	十五座	噸半		
	司提維		一輛		噸半		
	瑞歐	四輛	三輛	十五座	噸半		
合計	一二	九一	八〇				
太同汽車公司	司徒貝克	十五輛	二輛	十五座	噸半	自太原至大同	太原霸陵橋街
	飛得祿	十七輛		十五座			
	雪佛蘭	二十六輛		十五座			
	道濟	四輛		十五座			
	通用	五輛		十五座			
	瑞歐	一輛		十五座			

合計		七	六二	二			
太晉汽車公司	雪佛蘭		二十三輛	四輛	十五座	噸半	
	飛得祿		二輛	一輛	十五座	噸半	
	道濟		三輛	一輛	十五座	噸半	
	通用		二輛	一輛	十五座	噸半	
	福特		二輛	一輛	十五座	噸半	
	萬國		一輛	一輛	十五座	噸半	
	司提維			一輛		噸半	
						自太原白圭鎮至晉城	太原首義關街四十九號
合計		七	三三	一〇			
太安汽車公司	飛得祿		三輛	五輛	十五座	噸半	
	福特			四輛		噸半	
	雪佛蘭			三輛		噸半	
	拍克			一輛		噸半	
	道濟		一輛	三輛	十五座	噸半	
	萬國			七輛		噸半	
	通用			三輛			
						自太原至風陵渡	楡次北關
合計		七	四	二六			
太風汽車公司	雪佛蘭		十一輛		十五座		
	通用		三輛		十五座		
	道濟		十輛	二輛	十五座	噸半	
	萬國		三輛	二輛	十五座	噸半	
	飛得祿		七輛		十五座		
	瑞歐		五輛		十五座		
	司徒貝克		二輛		十五座		
	捷爲祿		一輛		十五座		
						自太原至風陵渡	太原首義關街
合計		八	四二	四			

太軍汽車公司	司徒貝克	三輛			十五座	自太原至汾陽	太原首義關街
	飛得祿	四輛			十五座		
	道濟	七輛			十五座		
	瑞歐	一輛			十五座		
	雪佛蘭	五輛			十五座		
	捷爲祿	一輛			十五座		
	維司納	一輛			十五座		
合計	八	二五					
交通汽車公司	萬國	一輛			十五座	自太原至汾陽	太原首義關街
	道濟	一輛			十五座		
	飛得祿	七輛			十五座		
	司徒貝克	一輛			十九座		
合計	四	一〇					
總合計	五三	二四二	四八				

三　以後計劃

本省汽車路雖已完成三千六百五十餘里，交通運輸較前稱便，然欲以發達全省實業，猶感不足。爰於已成幹支路線外，擇其有關各縣交通轉運者，縱橫聯絡，尙有六千八百九十餘華里。現正計劃而急待修築晉城至曲沃及黎城東陽關至臨汾兩汽車路藉資救濟營業，再晉西現因防戰吃緊爲便利軍運起見，擬將前岢嵐至山陰岱岳鎭及五寨三岔鎭至河曲之汽車路提前修築，現亦從事勘測，一俟計劃完畢，卽照進行。茲將擬修之公路里程列如下表。

擬修公路里程表

名稱	起訖地點	山路里數	平路里數	共長里數	備攷
孟洪東縱幹綫之遼洪段	遼縣至洪洞	二〇〇華里 一一五公里	一六〇華里 九二公里	三六〇華里 二〇七公里	經過武鄉沁縣沁源安澤等縣
河清南橫幹綫之侯清段	曲沃侯馬鎮至豫省之清化鎮	八〇華里 四六公里	四三二華里 二四九公里	五一二華里 二九五公里	經過翼城沁水陽城晉城等縣
廣保段北橫幹線	廣靈縣至保德縣	三六〇華里 二〇七公里	三六〇華里 二〇七公里	七二〇華里 四一五公里	經過渾源應縣山陰岱岳鎮朔縣甯武神池五寨等縣
偏軍西縱幹線	偏關縣至離石之軍渡	三〇〇華里 一七三公里	二〇〇華里 一一五公里	五〇〇華里 二八八公里	經過河曲保德興縣臨縣等縣
太同北縱幹線之太興支路	太原至興縣	五〇華里 二九公里	三六〇華里 二〇七公里	四一〇華里 二三六公里	經過嵐縣
太同北縱幹線忻台支路之河台段	五台河邊村至台懷鎮	三〇華里 一七公里	七〇華里 四〇公里	一〇〇華里 五八公里	經過五台縣
大同北縱幹線之同玉支路	大同至右玉	五〇華里 二九公里	一六〇華里 九二公里	二一〇華里 一二一公里	經崗左雲縣
大同北縱幹線代廣支路之大廣段	繁峙大營鎮至廣靈	六〇華里 三五公里	一二〇華里 六九公里	一八〇華里 一〇四公里	經過靈邱縣
太風南縱幹線之運茅支路	運城至茅津渡	二〇華里 一二公里	一〇〇華里 五八公里	一二〇華里 六九公里	

太風南縱幹線之吉浮支路	吉縣至浮山	五〇華里 二九公里	三一〇華里 一七九公里	三六〇華里 二〇七公里	經過鄉寧臨汾等縣
太風南縱幹線之霍甯支路	霍縣至大甯	一〇〇華里 五八公里	三一〇華里 一七九公里	四一〇華里 二三六公里	經過汾西隰縣永和等縣
孟洪東縱幹線之遼太支路	遼縣至太谷	六〇華里 三五公里	三七〇華里 九八公里	二三〇華里 一三三公里	經過榆次縣
白晉南縱幹線之虎東支路	襄垣虎亭鎮至黎城之東陽關	三〇華里 一七公里	一三〇華里 七五公里	一六〇華里 九二公里	經過襄垣黎城縣
孟洪東縱幹線之沁靜支路	沁縣至靈石之靜昇村	七〇華里 四〇公里	三〇華里 一七公里	一〇〇華里 五八公里	
太風南縱幹線之東垣支路	聞喜縣東鎮至垣曲縣		二一〇華里 一二一公里	二一〇華里 一二一公里	經過絳縣
太風南縱幹線之臨夏支路	臨晉至夏縣	二〇華里 一二公里	一〇〇華里 五八公里	一二〇華里 六九公里	經過猗氏縣
廣保北橫幹線之朔右支路	朔縣至右玉	八〇華里 四六公里	一八〇華里 一〇四公里	二六〇華里 一五〇公里	經過平魯縣
廣保北橫幹線之神偏支路	神馳至偏關	一八〇華里 一〇四公里	一〇〇華里 五八公里	二八〇華里 一六一公里	
白晉南縱幹線之長平支路	長子至平順	四〇華里 二三公里	一二〇華里 六九公里	一六〇華里 九二公里	經過長治潞城等縣
河清南縱幹線之稷虞支路	稷山縣至虞鄉	一八〇華里 一〇四公里	一〇〇華里 五八公里	二八〇華里 一六一公里	經過萬泉榮河臨晉等縣

盂洪東縱幹線之平盂段	平定陽泉至盂縣	二〇華里 一七公里	五〇華里 二九公里	八〇華里 四六公里	
太風南縱幹線之靈樓支路	靈石至石樓	一六〇華里 九二公里	一〇〇華里 五八公里	二六〇華里 一五〇公里	經過雙池鎮石咀會水頭鎮等地
太軍西橫幹線之汾孝支路	汾陽至孝義		四〇華里 二三公里	四〇華里 二三公里	
大同北縱幹線之原武支路	崞縣原平至寧武	三〇華里 一七公里	七〇華里 四〇公里	一〇〇華里 五八公里	
廣保北橫幹線之五嵐支路	五寨至嵐縣	一二〇華里 六九公里	八〇華里 四六公里	二〇〇華里 一一五公里	經過岢嵐縣
河清南橫幹線之晉陵支路	晉城至陵川	一〇〇華里 五八公里			
太風南縱幹線吉浮支路之蒲縣支路	吉浮支路之一點至蒲縣	三〇華里 一七公里	四〇華里 二三公里	七〇華里 四〇公里	
大同北縱幹線太興支路之嵐靜支路	嵐縣至靜樂	二五華里 一五公里	二五華里 一五公里	五〇華里 三五公里	
太軍西橫幹線之離隰支路	離石至隰縣	一二〇華里 六九公里	一二〇華里 六九公里	二四〇華里 一三八公里	經過中陽縣
太軍西橫幹線之離方支路	離石至方山	四〇華里 二三公里	三〇華里 一七公里	七〇華里 三九公里	
合計		二五一五華里 一四五〇公里	四三七七華里 二五二三公里	六八九二華里 三九八三公里	

四　各公路沿途情形

山西公路自民國八年修築以來，進步亦可謂速，現已成各路共有三千六百五十里，均已通行汽車。茲將各路沿途物貨運輸等狀況列表於下：

山西省公路沿途貨物運輸表

路綫名稱	經過縣份	運輸主要貨物	運費及客票價目	備註
太風南縱幹線	陽曲	棉麥	運費每噸每里約一角客票每里一分八厘	
	徐溝	雜糧	運費臨時由客脚商定之	
	太谷	棉麥	客票每里一分貨物每公里特等每百斤六角中等四角下等三角	
	祁縣	糧食		
	平遙	棉花	客票每里價一分	本路原通汽車近因受同蒲間之影響已無汽車行駛
	介休	棉花雜貨	客票每里價一分八厘	
	靈石	棉花小麥旱烟布疋煤油食糖	貨物每百斤每百里價約二角客票一元另八分	近因受同蒲路影響汽車營業十分蕭條
	霍縣	棉花麵粉小麥疋布雜貨	棉花每百斤一元二角麵粉每百斤一元	
	趙城	雜貨糖類火柴紙烟潞鹽		
	洪洞	棉花	貨物每百斤每百里平均五角客票每百里一元五角	

	襄陵	五谷棉花煤炭	貨物每里每百斤二分	
	汾城	棉花糧食		
	臨汾	棉花	客票每里一分八厘	
	曲沃	棉花京貨雜貨皮毛烟葉	客票由曲沃至太原十三元七角棉花運榆次每百斤二元九角菸葉運太原每百斤六元五角皮毛運太原每百斤二元九角京雜貨由榆次運曲沃每百斤三元四角	
	聞喜	布疋雜貨棉花皮毛糧食	貨物每百斤每百里六角客票每百里一元八角	
	運城	潞鹽棉花雜貨	客票每里一分八厘	
	解縣	煤油棉花鹽	貨物每千斤每里五分客票每里一分八厘	
	虞鄉	棉花	貨物每百斤每里二分客票每里仍二分	
	永濟	糧食棉花及各種雜貨	貨物按每十里每百斤二角客票每里二分左右	
大同北縱幹線	大同	羊毛及各種布疋雜貨	運貨每百斤五元至七元不等客票由太原至大同價十元	
	懷仁	運客爲主	客票每里一分八厘	
	山陰	同上		
	岱縣	同上	客票每里一分八厘	
	崞縣	同上	客票每里一分五厘	
	忻縣	同上	客票至太原一元八角	
北晉南縱幹綫	沁縣	蔴紙烟皮毛	客票每里一分八厘貨運每百里每百斤六角左右	

	屯留	雜糧	貨物每百斤每百里五角	
	長子	小米玉蔓小麥	自用小車裝運無客票及運費等	
	長治	鐵貨布疋雜貨	物運每百斤二元至三元客票每里一分二釐	
	高平	蘆紙烟口鹽	客票每里一分八釐現按六扣收售貨物每百觔每里六釐	
	晉城	載客及商界物品	客票每十里一角八分運貨每百斤每百里四角一分	
太軍西橫幹綫	清源	雜糧蔬菜及果品	客票由清源至太原一元貨物如洋車一輛一元七角	
	交城	客商及糧食		
	文水	煤油布疋麵粉	貨物由太原至文水每百斤八角餘由太原至汾陽客票二元九角	
	汾陽	雜糧棉花核桃	貨物每百斤每百里五角五分客票每里一元八角	
	離石	米麥千粉等		
平遼支路	平定	專供旅客乘坐無貨運		
	昔陽	雜糧為主	騾馬車運費約每十里洋六角	行駛汽車時甚少
	和順	雜糧為多次則衣用品	運費臨時面議並無一定規額亦無客票	
	遼縣	農產物	大馬車運輸由客商臨時面議並無一定價目	汽車向不售票
侯河支路	新絳	棉花布疋	少數乘客係臨時議價並無一定價目	因汾水漲落無常橋樑不便更兼無充分貨物故久不行駛汽車
	稷山	棉花及各種洋貨		

	河津	各種雜京貨	貨運隨意講價並無一定規律	
忻台支路之忻河段	五台	專載客人	客票一元六角	
	定襄	同上	客票每里一分二厘貨物每斤一厘	
汾平支路	汾陽至平遙	雜糧棉花核桃	貨物每百斤三角人力車每輛八角至一元五角	暫不行汽車只通人力車
汾孝支路	汾陽至孝義	雜糧棉花核桃	運費臨時酌議因路程很近人力車大約每輛四角	亦暫不行駛汽車
代廣支路之代營段	代縣至繁峙	衣布貨物兼營客商	現尚未通車故客票及運費無從知道	

第四章　水道

山西距海較遠，環境皆山，雨量缺乏，向有十年九旱之稱，河流南部有沁水，汾水。北部有漳水，桑乾河，滹沱河。此外西部尚有多數山河入黃河。茲分別述之如左：

一　黃河及其支流

一　黃河幹流

發源

黃河為中國第二大川，全長八千里，流域四千萬方英里。上流自青海至寧夏，自此出長城，成一大曲，名曰河套，復自綏遠而入長城，南下至潼關，為秦嶺所阻；折而東流，始為下流。其在山陝境上之

趨勢

黃河，在地文學為幼年。龍門砥柱黃河之奇險也。龍門山在河津縣西北三十里。砥柱山在陝西韓城縣東北八十里。龍門為黃河出峽之口，河面在峽中寬不過數十丈，兩岸峭壁高達千尺，一出龍門，峽谷變為廣川，河面達二里以上。

黃河迄今不能通一汽船，民船亦間斷行之，上下不過數百里耳。非惟無益，害且不可勝言。泛濫數千里，淹沒數萬家，公私交困，自古而然。考其病源，即因黃河為世界含沙最多之河。在上流水湍急，

且有深溝峽谷爲之範圍，故河流祗有剝蝕而無沈積，引渠灌溉水利頗溥；及其下潼關而過孟津，由山岳而入平原，於是流緩而沙停，淤淺而壅滯，不得遂其就下之性；一旦洪水泛濫，遂與滔天之禍。故謂黃河爲無益而有害之河也。

支流及長寬度

河在省內有沁水，汾水二支流，此外來匯合之小河流有姚暹渠，涑水河，東西馬關山間之溝水、蔚河、嵐猗河，洪水河，亳清河及流水河等。水流形勢既不十分平坦且有礁石處亦甚多，其長在晉省境內者不過九六四華里，寬則自一千五百尺至十公尺不等。

經流地點

其流經之縣爲永濟、臨晉、榮河、河津、鄉甯、大寧、興縣、保德、河曲、偏關、垣曲等十一縣。沿岸之重要市鎮爲永濟縣城、韓陽鎮、匼河鎮、曉里鎮、永樂鎮、廟前鎮、寶鼎鎮、禹門度、船窩鎮、東西門關、黑峪口、羅峪口、東關林、遮峪關、河口村、東灘渡等。

船隻種類及價目

河內通行之船隻，大別之約有九種，卽帆船、木船、七棧大船、民造木板渡船、手撥小船、瓢船、圓船、行船、小划等。船價則以路之遠近及河面之寬窄而有各種價目，大約渡船載客，每位自銅元十四枚至四十枚。載貨每車一元，或按重量論，每百斤約二三角。若從甲地到乙地運輸，則視貨物之種類及路途之遠近而定，大約按里計每里銅元五十枚，按斤計每百斤三角至六角，亦有按石計者，每石約在五角左右。倘係專僱，其價目當以船之大小而定，大約瓢船需費五十元。至僱船手續，簡便者，由船戶客商當面議商，並無若何手續，亦有雙方議妥後，還須書立合同字據，也有先付半價，然後起運，俟到達

貨物　目的地時全數交清者。

河內來往運輸之貨物雖多，其主要者有煤炭、石炭、黑炭、米麥、藥材、紅條木料、鹽、棉花、布疋、粮食，雜貨以及潞鹽等類是。

二　黃河支流

一　汾河

甲　汾河幹流

發源　汾水全長千五百餘里，為黃河最長之支流，源出本省寧武縣之管涔山。山高七千尺，山巔小湖甚多，水深而清澈，此卽汾水之上源也。按汾河中游自陽曲上蘭村出山後，至靈石復入於山，南流經陽曲、平遙、霍縣、臨汾、至曲沃縣折而西，經新絳至河津西入黃河。

趨勢　汾河水勢較弱，河牀亦窄，寬處不及百丈，窄處乃僅二三十丈，且沙石膠淺，水面亦祗有四五丈者，其淺狹可見。良以晉省雨量既少，其山復多黃土崖，雨水滲入，不易流出，其分注澗壑者頗小，無匯入之大源，且受黃河幹流之泛濫影響，沿河居民每遭水災之害無窮，深為可憾耳。然以汾河流域面積廣擴，土壤肥沃，農產亦豐富饒裕。要為晉省水道經濟著要命脈。在昔興辦水利，多用土法。近數年來對於水利已有通盤計劃，且按科學原理開通渠道，以與自然界相搏鬥，務求興利除害，將來必有可觀之成績，晉人當可樂觀也。

支流

經流地點

汾河支流以瀟水文峪爲大，此外來匯合之水有澗河、磁河、嵐州河、綠水河、大賢河、上明河、大山沙河、獅子河、原平河、孔河、官子牙河、澇河、濡河等十數小河。其經流之縣有靜樂、嵐縣、陽曲、太原、清源、文水、交城、祁縣、平遙、汾陽、孝義、介休、霍縣、臨汾、新絳、稷山等十六縣。沿岸之重要市鎮、爲永安鎮、城關、婁煩鎮、向陽鎮、太原市、小店鎮、古交鎮、西社鎮、徐家鎮、油房堡、劉家莊、南關鎮、干河鎮、城西鎮、楊趙河、下迪鎮等。

汾河自新絳以下，可通航者百二十里，然此段航路，每年亦有一定時期，約在每年夏秋季水漲時，且須用木筏或平底小船，船價並無規定，隨時面議，秭船載人，每位約五分，載貨大車八百斤約四角，小車二百斤約一角。

本河重在灌溉田畝，故運輸貨物甚少，其主要之貨品爲醋、瓜果、蔬菜、粮食、等類而已。

乙　汾河支流

（A）文峪河　起自本省交城縣界山至介休縣界歸入汾河、流經汾陽及文水等縣。沿岸所經之重要市鎮爲冀村鎮、羅城鎮、義安村、西河堡、百金堡、東雷堡、蕭家莊、青堆鎮、及開柵鎮等。全長二百八十華里。寬自六華丈，至十二丈。河內不通行船隻，專供澆灌之用，近年雨水過大，水災連年氾濫，現正賴此河消退水患，對於交通則尙未之利用也。

（B）瀟河　發源於壽陽榆次，全河長約二百餘華里。寬度平均自十八華尺至五六十華尺不等。河內亦不通行任何船隻，僅供農田灌溉之用也。

二　沁河

沁水，源出沁源縣霍山東麓，東南流經澤州之南，而入河南省，至修武縣西入黃河。沁水冬春之間，深不盈尺，夏秋霖雨，每致氾濫。沿岸胥受其害，以言交通非惟不便利，抑且阻礙太大。全河長約一千四百華里，平均寬度約在五丈左右。且不通行任何船隻。沿岸經過之地皆山僻村莊，並無任何重要市鎭，亦無何種物產運輸。

二　桑乾河

桑乾河起於本省朔縣馬邑，訖於沽河。長約九百餘華里。寬自九丈至一百九十華丈不等。所匯合之河爲玉河，十里河、恢河等小河。沿岸所經之地均係山莊，無市鎭之可言，且不通行船隻，亦無何種運輸物產。

此外尚有漳水，滹沱二河，均穿太行之谷，下流至天津合爲海河，二河在山西境內，皆水淺而濁，不任舟楫。

第五章　郵局

一　普通郵政

一　沿革

查山西省郵政創始於光緒二十七年（一九〇一），初係副郵界，設副總局於太原，當時極爲簡單，僅設有郵務局所四處，而所轄範圍則包括山西及河南之一部份，迨民國二年（一九一三）改爲正郵界，自是以後，凡屬省內重要地方，均設有郵局，民國三年，（一九一四）本省改組爲郵務區，同時並成立山西區郵務管理局，遂將原管豫省內一部份之郵局，劃歸河南郵區管理。至民國五年又增設村鎭信櫃，八年創村鎭投遞區段，收寄村鎭郵件，郵務因得漸次推廣。嗣後本區交通日便，遞送益加迅速，舉凡局所之添設，郵路之展長，以及各項郵政與匯兌數額之增多；莫不有蒸蒸日上之趨勢。至本區內之民信局，則自動紛紛停閉，民國九年而全體歇業焉。

二　概況

局所統計

山西郵區包括山西省陽曲等一百零二縣。本省尚有大同，天鎮、陽高三縣，則劃歸北平郵區管理。本區內計設郵局管理局一所，二等郵局二十一所，三等郵局七十一所，支局二所，代辦所三百另二所，總計爲三百九十七所。此外又設城邑郵櫃五處，村鎮郵櫃四百六十七處，村鎮郵站三百五十六處，代售郵票處六十九處，總計八百九十七處。

郵政管理局設於陽曲，爲統轄全區各郵局之總機關。二等郵局，三等郵局，及郵政代辦所，則分設於其他各縣鎮。茲將截至民國二十四年六月底止，本區各縣境內郵政局所分佈情形列表如下：

山西區郵政局所及代辦所分佈一覽表（截至二十四年六月底）

地點	郵政管理局	二等郵局	三等郵局	郵政支局	郵政代辦所	總計
陽曲縣	一			二	四	七
太原縣			一		五	六
榆次縣		一			一三	一四
太谷縣		一			一二	一三
祁縣		一			七	八
徐溝縣			一		三	四
交城縣		一			四	五
文水縣			一		八	九
岢嵐縣			一			一
清源縣			一		六	七
嵐縣					一	一
興縣			一			一
平定縣		二	一		一一	一四
昔陽縣			一			一
盂縣			一		三	四
壽陽縣		一	一		一	三
忻縣					六	七

定襄縣			一		一	二
靜樂縣			一		一	二
代縣		一			四	五
五台縣			二		四	六
崞縣			二		五	七
繁峙縣			一		二	三
保德縣			一			一
河曲縣			一			一
臨汾縣		一			三	四
洪洞縣		一			四	五
浮山縣					二	二
鄉寧縣					一	一
安澤縣			一		二	三
曲沃縣		一			三	四
翼城縣			一			一
汾城縣			二		七	九
襄甯縣			一		三	四

汾西縣					一	一
吉縣					一	一
霍縣				一		一
趙城縣				一		一
靈石縣				一	六	七
永濟縣				二	八	一〇
臨晉縣				一	四	五
虞鄉縣					二	二
榮河縣					五	五
萬泉縣				一	四	五
猗氏縣				一	三	四
解縣			一		一	二
安邑縣			一	一	六	八
夏縣				一	三	四
平陸縣				二	二	四
芮城縣				一	一	二
新絳縣			一		五	六

垣曲縣					二	二
聞喜縣			一		四	五
絳縣					四	四
稷山縣			一		五	六
河津縣			一		四	五
隰縣					三	三
大甯縣			一			一
蒲縣			一			一
永和縣					一	一
長治縣		一	一		五	七
長子縣			一		二	三
屯留縣			一		二	三
襄垣縣			一		五	六
潞城縣			一		五	六
壺關縣					三	三
黎城縣			一		一	二
平順縣					二	二
汾陽縣		一			一一	一二
孝義縣			一		五	六
平遙縣		一			三	四
介休縣		一			七	八
石樓縣					一	一
臨縣			一		一	二
離石縣			三		三	六
方山縣					一	一
中陽縣					二	二
沁縣			一		一	二
沁源縣			一		二	三
武鄉縣			一			一
晉城縣		一			一〇	一一
高平縣		一			四	五
陽城縣			一		二	三
陵川縣					二	二
沁水縣					二	二

遼縣			一			一
和順縣			一		一	二
榆社縣			一			一
*大同縣			一			一
懷仁縣			一		一	二
渾源縣			一		二	三
應縣			一		一	二
山陰縣			一		一	二
廣靈縣			一		一	二
靈邱縣			一		二	三
寧武縣			一			一
偏關縣					一	一
神池縣					一	一
五寨縣					二	二
右玉縣			一		一	二
朔縣			一		一	二
左雲縣			一		二	三
平魯縣					二	二
總計	一	二一	七一	二	三〇二	三九七

*大同縣劃歸北平郵區管理僅有口泉鎭三等郵局一處，仍屬山西區。

職工

山西郵區職工人數共計五百五十一人，職員部份分郵務長、郵務員、郵務佐、總計全區職員一百八十八人，其中以郵務佐人數最多，計百零六名，工役部份爲信差，郵差及雜項差役等，總計三百六十三名，其中以郵差爲最多，計一百九十一人。

郵路

山西區郵路向分郵差幹路，郵差支路，鉄道郵路，汽車郵路，水道及航空兩郵路，至今尚不通行，據民國二十三年一月至六月統計，本區郵路共爲一五、〇九二公里，此數與往年郵路數字比較約有增加，卽以二十二年論，亦多二二三公里，實因近年鉄道路線激增，郵路里程亦隨之增加之故。茲將山西區最近三年郵路里程列表如下：

山西區郵路里程表(公里)

年份	郵差幹路	郵差支路	鐵遞郵路	汽車郵路	總計
民國二十一年					
民國二十二年	一〇、一七四	二、八四五	二〇三	一、六四七	一四、八六九
民國二十三年(一月至六月)	一〇、二三二	二、八七一	三〇三	一、七八六	一五、〇九二

國內郵件

本區民國廿二年郵件寄交數，總計五、七〇九、〇〇〇、二十三年一月至六月總計六、〇一六、四〇〇，兩年相較則二十三年所增加三〇七、四〇〇。

交寄之郵件分爲兩類，一按性質分，一按手續分，按性質分者包括信函，明信片，平常及立卷新聞紙，總包新聞紙，印刷物及書籍，商務傳單，貿易契據及貨樣等等。民國廿三年一月至六月寄交之郵件，總數爲六、〇一六、四〇〇，其中以信函爲最多件數，計四、四二三、六〇〇，次爲平常及立卷新聞紙，計件數九七四、四〇〇，明信片件數，計三〇七、〇〇〇，印刷物及書籍件數，計三〇五、七〇〇，貿易契據件數計三、六〇〇，而貨樣件數最少，計二、一〇〇，總包新聞紙及商務傳單均付闕如。

按手續分類者爲普通郵件及特種郵件兩項，特種郵件中又分掛號郵件，快遞郵件及保險郵件等，按民國二十三年各類郵件交寄總數爲六、〇一六、四〇〇，其中普通郵件數佔五、八〇六、八〇〇，此外則全無也。

包裹

查國內寄交包裹向分兩類，卽普通包裹與特種包裹，特種包裹又分爲保險包裹與代收貨價包裹。民國廿三年一月至六月本區寄交之普通包裹總計爲六六、六五〇件，價值七五〇、四〇〇元，重量六三〇、五〇〇公斤；特種包裹總計四〇〇件，價值二七、二〇〇元，重量一、六〇〇公斤。其中保險包裹計一〇〇件，價值爲二三、二〇〇元，重量三〇〇公斤，代收貨價包裹，計三〇〇件，價值四、〇〇〇元，重量一，三〇〇公斤。

營業收入

郵政營業收入，分售票進款，立劵寄費，發售郵政出版物之進款，他國付到聯運費及雜項進款等項。山西區民國廿三年收入總數二七八、四七七•四四元、其中售票進款計二七五、〇四四•四六元，爲各次收入中之最多數。立劵寄費，計七一二•〇〇元。發售郵政出版物之進款，計二四七•三〇元。雜項進款，計八七四、五七元。

營業支出

郵政營業支出約分數類，卽薪工津貼，辦公用費，運輸費，賠償費……等。本區民國二十三年一月至六月總支出數爲二七七、五七六•七三元。內薪工一項最多，計一八二、五四八•八五元，運輸費次之，計四七、四六〇•七七元，津貼計三三、三三九•七七元，辦公費，計一四、二一五•三四元，賠償費最少計一二•〇〇元。

盈虧 本區歷年營業收入與支出相較，均獲相當盈餘，按民國廿三年一月至六月所獲之盈餘，計八七〇·七一元。

資本支出 資本支出，包括屋地，器具船隻，車輛，及零星用品等項。本區資本之支出，民國廿三年，總數為八三八·五九元，其中屋地，船隻及車輛三項全無一文開銷，僅器具用款一項為一二五·五〇元，及零星用品支出為七一三·〇九元而已。

茲將山西區最近三年來郵政概況，列如下表：

山西區郵政概況表

年份	局所數	郵路里程（公里）	國內郵件數	國內包裹件數	職工人數	營業收支（元） 營業收入	營業支出	盈（十）或虧（一）	資本支出（元）
民國二十一年									
民國二十二年	三九三	一四、八六九	二一、六四六、一〇〇	一三一、二〇〇	五五二	五三〇、八八九·四三	五五九、六一三·七五	（一）二八、七二四·三二	（一）一五、三八〇·九二
民國二十三年（一月至六月）	三九七	一五、〇九二	六、〇一六、四〇〇	六六、六五〇	五五二	三七八、四四七·四四	三七七、五七六·七三	（十）八七〇·七一	八三八·五九

二 郵政儲匯

一 沿革

四年矣，當時儲匯諸事概歸郵政總局辦理。至民國十九年三月乃另設儲金匯業專局，專司其事，直隸交通部，而與郵政總局無關係，後因種種原因以爲無另設儲匯局所之必要，於是郵局職工堅決提議將該局仍歸併於郵政總局管轄之下，纔經中央政治會議決定於民二十三年一月起實行歸併，迄今郵政總局之下，分爲郵政及儲匯兩部份，會計各自獨立。

二 儲金

沿革

儲金局

山西區儲金郵局，於民國八年（一九一九）始行創辦，當初僅有太原管理局，及榆次陽泉兩二等局舉辦，此後儲金業務，日趨發達，爲適應環境起見，擇較要之局所，次第議辦儲金，自民國十九年（一九三〇）郵政儲匯局成立後，推進各區儲匯業務，不遺餘力，於是該區辦儲匯之郵局亦大爲增多，根據最近之統計，該區辦理儲金之局數，計有三十一處，辦理匯兌之郵局數，計有九十六處。

存戶統計

儲金事業自開辦以來，存戶各年有增有減。據民國二十一年統計，總存戶爲三、三一六，民國二十二年則增到四、三四〇，但二十三年復退至四、二〇〇家。

存戶分析

存戶分析有兩種方法：一按職業種類分，一按存款數額多寡區分。若按職業分，則民國二十一年以軍界爲最多，計七七五戶，未報職業者次之，計七六四戶，學界又次之，計四二五戶，公共團體最少，計五四戶，二十二年，未報職業者居首位，計一、〇八二戶，次為軍界，計八五七戶，商界第三，計六八八戶，再次為政界，計五九六戶，此外學界，農界，最少者仍為公共團體，不過五五戶，僅比前一年多一家。二十三年仍以未報職業者居最多數，計一、三一五戶，政界次之，計七一八戶，公共團體增到五九戶，餘各界與往年差不多。

若按存款數額多寡分析，本區二十三年統計，總戶數為四、三四〇，其中以一百零一元至五百元者最多，十元以及十元以下者次之，十一元至五十元者第三，五十一元至百元者第四，五百零一元至一千元者第五，一千元至二千元者第六，二千元至三千元者第七，三千元以上者最少，僅五家。

本區存款儲金年有增加，按民國二十一年，總額為七二三、九五四元，到二十三年增至一、一三一、四七一元。一年餘之間增加如此之鉅，可見儲金事業發展之一般也。

存款按職業分析，民國二十三年統計，則以未報職業者為數最多，（三四八、〇三二・〇三元）服務於軍界者次之，商界第三，政界第四，郵政人員第五，學界第六、公共團體第七，農界最少（九、八六二・一二）

再按存款數額多寡分析，本區以一百另一元至五百元者為最多數，五百零一元至一千元者次之，一千零一元至二千元者第三，二千零一元至三千元者第四，五十一元至一百元者第五，十一元至五十元以上者第六，三千元以上者第七，十元以及十元以下者最少。

三　匯業

匯兌局

山西區匯兌局，多附設在普通郵局內，按郵局之兼營國內匯票開發事務者，計九十二所，兼營國內兌付匯兌事務者亦有九十二所，兼營國際匯兌之通匯事務者一所，兼營國際匯兌之限匯者亦只一處。除郵局兼營之外，代辦所之兼營匯兌事務者亦復不少，計有二百九十四處。

國內匯兌

本區國內匯兌按民國二十一年所開發之匯票共計三、五二三、四四七•八八銀元。二十二年共計三、一二七、九一二•三九元。二十三年共計三、三二二、二五六、〇四元。其匯來之處以北平、河北、河南、山東、上海等郵區爲最多。至兌付方面，則逐年增加，在民國二十一年時，兌付銀元總數爲三、〇四三，七五五•二七元。二十二年，共計三、一六八、三九七•一一元。二十三年，共計爲三、四四一、六一八•五二元。以上均以北平、河北、河南、陝西、山東及江西等郵區匯來者居最多數。同時匯票開發張數，民國二十二年總計一二九、八九五張，兌付張數總計爲一〇二、六五七元。迨至二十三年一月至六月統計，則開發之張數爲六六、四二二，兌付亦減爲五七、〇九七元也。

國際匯兌

本區國際匯兌，向不發達，而辦理國際匯兌之郵局祇一所。計國際匯兌，每年所開發之銀元總數，約爲二、一六六•五九元匯票約爲二三〇張，至兌付方面，每年總計，約爲八、四五七•七四元，張數約爲三六四。

小款匯兌

餘國內匯兌及國際匯兌外，又有所謂小款匯兌及航空匯兌者，惟山西區至今尙不通行空郵。按民國二十二年統計，小款匯票開發總數爲一〇七、七四七・五〇元，其張數則爲一二、〇七七張。又以兌付方面言，總數爲一二、〇九四張。所兌付之銀元爲一〇七，九四三・五〇元。

四　收支概況

營業收入

本區儲匯收入仍分儲金收入，匯劃收入，保險收入及雜項收入等四項，總稱之爲營業收入。此項收入按民國二十一年時尙爲一二三、一八一・一七元，迨二十二年間，則減爲八八、八九八・五六元，二十三年上半年之收入復增到四〇、〇九七・九二元。

營業支出

營業支出，民國二十一年統計，總數爲三四、九九五・一五元，二十二年增到三八、八三六・五九元，二十三年上半年所支出之總數，計三六、四八八・〇〇元。

盈　虧

儲匯收入與支出相抵，每年均有盈餘，二十二年所盈餘數，總計五〇、〇六一・九七元。二十三年上半年所盈餘之數，總計又爲一三、六〇九・九二元。

第六章　電政

一　有線電報

山西有線電報，係交通部經營，爲全國電報區域之一，故稱爲山西電政區。

本區現有電報局共十二所，報話營業處十四所，電報局有管理局一，一等電報局三，（本區無特等局，二等局三等局）四等電報局二，支局八，報話代辦處五。管理局爲統轄全省有線電報之總機關，現設陽曲，此外各電報局及電報營業與代辦處則分佈各縣，均可通報，玆將山西區電報局及營業所分別列表於后：

局所

山西區電報局分佈一覽表

局別	所在地點
一等電報局	陽曲三
四等電報局	榆次、新絳
支局	運城、大同、臨汾、平遙、太谷、忻縣、汾陽、磧口

山西區報話營業處分佈一覽表

設立地點	創辦年月
交城	廿一年十月由局改
祁縣	廿一年十月由局改
文水	同前

設立地點	創辦年月
原平	廿一年六月由局改
陽泉	廿三年十一月由局改
代縣	廿一年七月由局改
壽陽	同前
平定	同前
清源	廿一年七月由收發處改
柳林	廿四年十一月成立
洪洞	廿一年七月由收發處改
離石	廿一年七月由收發處改
侯馬	廿一年七月由局改
曲沃	廿一年九月成立

山西區報話代辦處分佈一覽表

設立地點	創辦年月
霍縣	廿三年十一月成立
崞縣	廿四年二月成立
介休	廿三年十二月成立
翼城	廿四年六月成立
韓陽鎮	廿四年二月成立

職工

本區電報職工總計一百八十八人，內分局長二人，一等電報技術員二人，一等報務員一人，二等電務員二人，三等報務員四十九人，線工六十七人，機工二人，雇員十五人，差役四十八人。

報機

山西區電報所用之報機，有莫爾斯機及韋斯登機兩種，皆係單工者（本區無雙工機），現共有莫爾斯單工機四十二架，韋斯登單工機一架，此外有電瓶一千零八十九只，交換器二十二具。

線路

本區電報無地下電纜及水底電纜之設施，現祇有架空線一種，按裸空線之裸線線路，長度計一、六八九•四九公里，綫條長度計二、四五六•七〇公里，電桿數計一五、七三五枝。

發電數次及字數

本區發電次數及字數，據民國二十三年上年度之統計，總字數三四二、〇四三，總次數計一二、六六三，其中政務電報，計五四、〇八三字，次數計六六四，加急電計三、五四九字，次數一四三，尋常電計一八二、二一六字，其次數計一〇、四五五，新聞電計一〇二、一六八字，次數一、四〇〇，此外賬務電計二七字，而次數僅一。

營業收入

電報營業收入，分兩大類：即報費收入與附帶收入。報費收入項下，又有出洋本綫報費，政務報費，軍務報費，商務報費、新聞報費，交際報費，賬務報費，回報費，追問報費，經轉本線報等費。據民國二十三年上年度之統計，本區電報費收入各項，合計二九、〇〇三•六五元。附帶收入項下，亦分數門：即掛號費，新聞執照費，分抄費，校對費，譯費及其他。

營業支出

電報營業支出，分職員薪給、報務員薪給、技術員薪給、職工薪給、差役工食、辦公費、維持費、修綫費、薪卹費及其他等項、茲將本區最近三年營業收支概況列表於左：

山西區有線電報營業收支概況表(單位元)

年份	收入	支出	盈餘
民國廿一年	一一、六六六、三一八•五七	八、八八六、八八三•七九	二、七七九、四三四•七八
民國廿二年	一〇、五四九、五五六•二二	八、七五三、七九七•一六	一、七九五、七五九•〇六

民國廿三年	一〇、五〇二、三七五・五三	八、三二六、九七七、二〇	二、一七五、三九八、三三

附註 一、本表關於雲南，遼吉黑，新青，廣東，川藏等邊遠區，因册報不全，並未列入。
二、歷年官軍電欠費，迄未收到。

軍用電報

本區因軍事上之需要，歷年有所謂軍用電報之設立，其名稱不一，有稱電報局者，亦有稱電信局者，至分佈之地方則有嵐縣、興縣、靈石、朔縣、永濟、保德、河曲及安澤等數縣。惟所通達之地點僅限於省內各處。至取費一層規定如下：凡軍事機關收發電報一概免費，行政機關發電，如係關於剿匪之電報亦免費，此外則定每百字以內收補助材料費洋四角，百字以外收一元。商民發電報，每字又需收補助材料費洋六分。

二 城市電話

一 部辦市內電話

一般沿革

前淸光緒七年，上海英商瑞記洋行就英租界內創辦華洋德律風公司，勸各商戶裝用，概不收費，此為電話輸入中國之始。嗣後漢口，廈門等洋商接踵而起，電話事業，均為外人所辦。斯時我國方創辦電報，未暇及此，至光緒二十五年，電政督辦盛宣懷奏准電話歸電局兼辦，並以電報餘利為推廣電話之需。其後廣州、上海、天津、北京、蘇州、靑島、南京、烟台，鎭江等處電話，陸續興辦，或係官辦，或係商辦，或爲外人所設立。迨至民國十四年，大部份均已逐漸改歸部辦。

太原電話局　山西省城市電話以太原爲最早，遠在遜淸光緒三十二年間，電話局設在太原城內棉花巷，資本計三、五五三、九六六元並有交換局二所。

線路　電話路綫計架空線長一四九•七七公里，電纜長•三二公里，線條分兩種：卽架空裸線與電纜心線，總共長一、一八八•九〇公里，此外有電纜分線箱一只，電桿二、〇〇三枝。

職工　本局職工總計六十二人，內分員司十人，技術員二人，話務員二十五人，技工十六人，工役九人。

機械　局內電話機計有磁石式交換機五座，乾電池五百八十七個，濕電池七十九個，又有電話機四百零三個。

用戶　電話用戶按民國二十四年統計，有四百四十三戶，若以用戶之職業說，內中以商號佔最多數，次爲公署，再次爲住宅，及學校，此外如銀行，警局、工廠，菜館等用者亦復不少最少者惟戲院。

收入　電話收入，分話費收入與附帶收入兩種，話費收入項下，又分月租費及專線費，本區月租費甲種六元，乙種七元，附帶收入項下亦分數門：卽裝置費，移機費，電鈴費及賠償等費，本區裝置費規定城內十元，城外十五元，查歷年收入略有增減，總計民國二十一年收入爲三、五七九九•七六元，二十二年收入計三四四八六・二八元，二十三年收入計三五二四五・八〇元。

支出

電話局支出，分營業支出及資本支出兩種。營業支出項下：計有職員薪給，話務員薪給，技術員薪給，技工薪給，差役工食，辦公費，維持費，獎卹金及其他。資本支出項下：計有綫路支出，機件支出，器具支出，房屋支出及土地支出等。兩項支出中，以營業支出爲最多。按民國十九年營業總支出爲三、〇三〇、七八三・二二元。資本總支出計三〇〇、三一五・二九元，二十年營業支出總計三、七五五、五一三・九〇元，資本支出，總計七六五、五七四・九八元。二十二年營業支出，總計三二、九三八・八五元，資本支出，總計八四・五〇元。

盈虧

本區電話收支相較，按民國十九年獲盈餘計八三〇、二六〇・七九元，二十年計虧六、六四八・九二元，二十二年又獲盈餘一、八〇〇・六三元，二十三年上年度，亦獲盈餘二、〇九三・六二元，可見電政事業中，電話一業之發展也。

榆次電話局

山西省區部辦城市電話除太原（陽曲）一局外，於民國二十三年七月又在榆次設立局所，資本共計八千元，機式爲一百門磁石式，現有用戶三十二家，裝置費概爲十元，月費分三元及四元兩種，話線長度約十華里强，民國二十三年成立後，數月間收入總計七百二十元。

二　省辦城市電話

山西電話，除交通部辦理者外，尙有省辦與縣辦之別，茲分述於后：

山西省辦市內電話分佈一覽表

縣名	成立年月	電話局名稱	機式及交換機門數	電線長度	其他
永和	民國六年	軍用電話局	西洋機式二架	九十里	
中陽	民國五年	同前			直接受太原總局管理
安邑	民國十三年	同前	西門交換機一部	二百十公里	
太谷	民國十九年	軍用電信局	交換機一架十六門掛機三架	二百二十里	綏靖公署所辦
平順	民國十二年	同前	西門話機四架	一百七十里	
昔陽	民國十五年	軍用電信分局	西門話機三架分電機一只	九十里	
孝義	民國廿一年	電話分局	話機二架	通介休及汾陽	

三 縣辦市內電話

本區電話以地方辦理者爲數最多，茲列表於后：

山西縣辦市內電話分佈一覽表

縣名	成立年月	電話局名稱	機式及交換機門數	電線長度	其他
永濟	民國十六年	永濟分局	交換機門八只	一百一十里	資本計四千元

安澤	民國廿二年	通區通卡	西門鐵盒話機交換機門十一具	三百五十里	
離石	民國廿四年		西門掛機一架交換機一架三門	二百里	爲防共而設
忻縣	民國廿二年		副機西門式機十二架	五十五里	用戶十一家
芮城	民國廿二年	電話局	瑞典式機五門交換機一架	一百五十里	
平陸	民國十七年	縣政府電話	五門交換機一架	通常東鎮下澗鎮	
神池	民國二十年	公用電話	磁石機三架	一百里	
介休	民國六年	軍用電話局		三百十里	初爲軍事用近年省垣各機關對縣政府有要事時亦暫用之
絳縣	民國廿年	電話局			專爲軍事用人民無用機會
聞喜	民國廿一年	電話局	話機九門	通縣政府及各局區	
夏縣	民國二十年		西門子搖鈴機交換機五門	一百二十里	係公事用並不營業
解縣	民國廿二年		掛式十門交換機一架	三十里	專爲縣政府及各區辦公設
萬泉	民國廿四年		五門西洋大掛機一只	七十里	
榮河	民國廿一年		掛式西門交換機一架	一百零五里	係爲公事而設
稷山	民國廿一年	電話分卡	西門子交換機八架	二十餘里	
山陰		岱岳軍用電話局			
盂縣	民國十五年		西門式機二架	一百十二里	
定襄	民國廿二年		西門子交換機三門	一百四十里	專爲縣區公用

五台	民國廿一年		坐機一門		專爲公用並不營業
汾陽	民國廿年		西門子交換機三門	七百四十五里	用戶四十家

三 長途電話

一 部辦長途電話

山西省長途電話亦分部辦，省辦及縣辦三種。交通部所經營之長途電話，約自民國十七年始；惟線路逐漸增加，迄今通話之地點日廣，除省內三十餘縣外，北由陽高以通河北，察哈爾兩省，又由大同以通綏遠省，南經韓陽與河南省相通，東與河北相通，西聯陝西，交通之便於此可見。本區線路均以報話雙用，其長計，一、六五八•○○公里，電話機共有四十七部，按民國二十三年上年度之營業狀況，其收入計八、八四○•四○元，支出計七、五四四•六○元，收支相較，尚獲盈餘一、二九五•八○元。茲將本區長途電話之線路及所在地方分別列表如左：

(一)山西區交通部長途電話區分表(單位公里)

線路名稱	起訖地點	長度
東路線	太原——平定	一六一
南路線	太原——韓陽	六一五
西路線	太原——磧口	三〇〇

北路線	太原——大同	三七七
太榆線	太原——榆次	三四
太谷線	太原——太谷	六四
新侯線	新絳——侯馬	一七
曲侯線	曲沃——侯馬	一七

（二）山西區部辦長途電話分佈一覽表

陽曲	榆次	太谷	清源	交城	文水	汾陽	離石	磧口	壽陽	陽泉	平定	祁縣	平遙	介休	霍縣
洪洞	臨汾	侯馬	新絳	曲沃	翼城	河津	運城	韓陽	忻縣	原平	崞縣	代縣	大同	陽高	

接民國二十三年調查，全區各長途電話機關營業概況，計話費一八、三六五•七元，專力費計一八九一•九元，去話計二四、二三九次，來話計二三、七二八次。

二　省辦長途電話

本區長途電話，除部辦者外，要以省辦者爲最多，縣辦者極少，此外尙有由綏靖公署辦理者，亦有商辦者，玆將各局概況分別列表於后：

山西區省辦長途電話一覽表

縣名	成立年月	電話局名稱	機式及交換機門數	通話地點	其他
五寨	民國十六年	軍用電報局	西門機	三岔岢嵐	

臨晉	民國六年	軍用電信分局	掛機二門	榮河永濟	
絳縣	民國十五年	電話分卡	鐵盒掛機一只交換機門三只分電機一具	曲沃垣曲聞喜等處	
夏縣	民國七年	軍用電話局	西門子機二架	運城安邑聞喜解縣	公用軍用兼營業
解縣	民國十年	軍用電話局	掛式十門交換機二架	運鋅虞鄉平陸芮城	
虞鄉	民國九年	軍用電話分局	西洋掛機	解縣永濟	
萬泉	民國二三年	軍用電信分局	西洋掛機一架	河津	
榮河	民國十一年	軍用電信分局	西門子機二架	河津臨晉	每年收入約一百七十餘元
汾西	民國廿一年	軍用電信分局	機器二架	霍縣隰縣	每年收入百二十餘元
盂縣	民國十二年	盂縣電話局			前名軍用電話二十年改長途電話
定襄		軍用電局第二分卡	西洋掛機一門	五台河邊村、忻縣	專係軍用並不營業
朔縣		電信局			
鄉甯		軍電局			
永濟	民國廿二年	軍用電話分局	掛機一架十門與三門機式各一具	虞鄉趙村臨晉	每年收入約六七十元
保德	民國五年	軍用電信局	西洋掛機交換機三門	河曲岢嵐	每年收入約二百餘元
河曲	民國六年	軍用電信分局		保德	
安澤	民國六年	軍用電信局	西洋掛機一具三處分電機一只	洪洞沁源	每年收約二十餘元

霍縣	民國六年	軍用電信分局	西洋掛機話機十五處	通達全省	專供軍政機關使用
隰縣		軍用電信局	西洋掛機電話交換五門	蒲縣永和汾西	
吉縣	民國六年	軍用電信局			
偏關	民國八年	軍用電信分局	西門子掛機鐵盒兩具	河曲三岔等處	
芮城	民國五年	軍用電信分局	西門子掛機二架	茅津渡趙村	每年收入約百元左右
平陸	民國十年	茅津鎮電話局	交換機門數五處	運城	
神池	民國六年	軍用電信局	磁石掛機一架	三岔寧武	
沁水	民國五年	軍用電話局	西式電話機及分機三門	翼城	
河津		軍用電局			
嵐縣	民國二二年	軍用電信局	新式交換機二門	興縣	
興縣		軍用電話局		方山嵐縣岢嵐	

二　縣辦長途電話

本區長途電話，是縣辦理者，祗垣曲一縣有之，查該縣爲使防務消息靈通起見，於民國二十年八月由縣地方籌款興辦、共用裝置費一千五百餘元，有西洋機式交換機門四個話線長度計十六萬二千尺，現每月支工食費十八元，此外之開支無從知道。

整理编纂委员会

主　任　李茂盛

副主任　赵群虎　刘益龄　郑小豹　张晓光

编　委　杨建中　董剑云　刘成虎　杨　杰
　　　　王欣欣

修版　贾　冰　李兴华　宋丽颖